CB033245

O HOMEM QUE *duvidava*

Título original: *A Doubter's Almanac*
Autor: Ethan Canin

Copyright © 2016 Ethan Canin
Todos os direitos reservados.

Tradução: Inês Fraga
Revisão: Isabel Neves
Paginação: João Jegundo
Capa de FBA sobre *design* de Joseph Perez
Ilustração da capa: Gérald Dubois

> *Biblioteca Nacional de Portugal – Catalogação na Publicação*
>
> CANIN, Ethan
>
> O homem que duvidava
> ISBN 978-989-99785-3-9
>
> CDU   821.111(73).31"19/20"

Depósito Legal n.º 424325/17
Impressão e acabamento:
Pentaedro, Lda.
para
Minotauro
em
abril de 2017

Esta obra está protegida pela lei. Não pode ser reproduzida,
no todo ou em parte, qualquer que seja o modo utilizado,
incluindo fotocópia e xerocópia, sem prévia autorização do Editor.
Qualquer transgressão à lei dos Direitos de Autor será passível
de procedimento judicial.

ETHAN CANIN

O HOMEM QUE *duvidava*

MINOTAURO

*Para Barbara, Amiela, Ayla e Misha,
e para os meus pais, Stuart e Virginia.*

PARTE I

1 INDUÇÃO

Uma chegada tardia

Da janela da cozinha, Milo Andret observava a ponte sobre o riacho e, mal vislumbrou o *Citroën* branco de Earl Biettermann cortar a paisagem, apressou-se a alcançar a porta e pegar numa pequena enxada. Biettermann seguia demasiado depressa. De forma descuidada, eis o termo mais preciso. Mas sempre assim fora. Arrogante. Omisso. Afortunado por deparar com a estrada certa, a carreira certa, a mulher certa. Afortunado até por estar vivo. Para qualquer condutor, o percurso entre a ponte e a cabana levaria cerca de cinco minutos. Andret calculou que a Biettermann levasse uns três.

Lá fora, sob as copas das árvores, caminhou o mais depressa que pode na direção do jardim, por um qualquer sortilégio os pés obedecendo-lhe naquele dia. Junto dos morangos, curvou-se numa cadeira desdobrável e usou a mangueira para borrifar a camisola e o cabelo. O sol estava alto. Seria expectável que suasse.

Ouviu o som da gravilha esvoaçar enquanto o carro descrevia a curva rumo ao trilho que conduzia a casa. O motor silenciou-se. Uma ventoinha disparou como ocorria sempre em carros franceses. É bem provável que Biettermann a adorasse. Uma porta bateu com estrondo. Andret aguardou.

De seguida, outra.

Deixou que batessem à porta de casa. O seu nome foi gritado: «Professor! Professor!» Tudo aquilo era artificial. Depois, passos no trilho atravancado que levava às traseiras, onde se encontrava debruçado sobre as plantas, arrancando vigorosamente as raízes de uma falsa vinha.

– Professor Andret!

Voltou-se para cumprimentar, semicerrando os olhos e limpando a água salpicada do sobrolho. Um choque. Earl Biettermann encontrava-se numa cadeira de rodas. Apercebeu-se, então, de que ouvira rumores acerca disso. Não teria sido ela a contar-lho?

Não se lembrava ao certo.

Ela lá estava – e isso é que importava – e conduzia o marido numa cadeira de rodas, empurrando-o diante de si ao longo do caminho acidentado qual oferenda. Poderia ter sido horrível, mas ele apercebeu-se de imediato de que não seria.

Também se apercebeu com um certo pasmo de que fora ela quem conduzira até ali.

Impossível

Milo Andret cresceu no Norte do Michigan, perto de Cheboygan, na zona ocidental do lago Huron, onde as águas profundas eram impenetráveis e negras. Ali, a sua cor aproximava-se mais dos tempestuosos matizes atlânticos do lago Superior do que do tranquilo e colorido turquesa do lago Michigan, que lambia as praias turísticas no lado longínquo do estado. O pai de Milo fora oficial da Marinha aquando da Segunda Guerra Mundial, um navegador de contratorpedeiro norteado pela esperança de um dia comandar o seu próprio navio. Contudo, aos vinte e quatro anos, após um incidente no mar de Salomão, abandonara tal intuito. O caso ocorrera em novembro de 1943, um ano antes de Milo nascer. Vindo do Norte, dos estreitos perto de Bougainville, o contratorpedeiro fora atingido por uma fileira de torpedos japoneses e, na deflagração das explosões, os salva-vidas haviam ficado à deriva em águas desconhecidas. O pai de Milo e outro marinheiro tinham conseguido entrar num dos botes e, antes que anoitecesse, haviam já recolhido outros dois homens. Porém, uma semana mais tarde, quando um cruzador inglês finalmente os avistou perto de Papua-Nova Guiné, todos à exceção do pai de Milo tinham sido devorados por tubarões.

Quando Milo nasceu, o seu pai havia sido dispensado e voltara para Cheboygan, onde encontrara trabalho como professor de Ciências na escola secundária de Near Isle. Nos trinta e nove anos seguintes, não recebeu qualquer promoção, nem o próprio a buscou.

A mãe de Milo fora a primeira mulher a licenciar-se *summa cum laude* em História na Michigan State University, mas também ela estava disposta a abandonar as suas ambições. Cuidou de Milo até que ele tivesse idade suficiente para ir para a escola, após o que encontrou trabalho como secretária numa esquadra da polícia em Alpena, a sede do condado. Aí, datilografava relatórios, servia café e lançava charme a um grupo polido de homens uns anos mais velhos do que ela, vários dos quais não sabiam ler ou escrever.

Eis grande parte do que Milo sabia da vida dos pais.

Depois das aulas, o seu pai corrigia trabalhos de casa no escritório e, terminado o expediente, a mãe, de quando em quando, ia tomar um copo com outras administrativas do edifício. Na maior parte das tardes, Milo subia a colina, desde a paragem do autocarro rumo a uma casa vazia. Por esta altura, eram já meados de 1950.

Então, Cheboygan destacava-se como uma espécie de cidade de veraneio, embora Milo disso só se tenha apercebido muito mais tarde. Durante a infância, conheceu apenas os bosques que se estendiam nas traseiras da propriedade: 350 hectares de bordo-açucareiros, faias e árvores de folha perene que conseguiram permanecer intactas aquando da imensa colheita de madeira que desnudara quase todo o restante estado. Passava grande parte dos dias neste bosque. O solo encontrava-se atapetado com uma camada de folhas mortas e agulhas, cujos aromas se fundiam num condimento fresco ao olfato. Não lhe sentia o odor quando estava mergulhado nele, antes, isso sim, a sua ausência quando se afastava. A escola, a casa, qualquer edifício onde se visse obrigado a passar tempo, todos lhe deixavam a sensação de que algo havia sido erradicado dali.

Os buracos sombrios do seu terreno eram povoados por guaxinins, furões e corujas, assim como pela ocasional raposa ou porco-espinho. Os pequenos prados encontravam-se rodeados de vetustas bétulas que caíam ao chão quando as árvores mais jovens as expulsavam, os seus troncos caídos e entrelaçados servindo-lhe de abrigos e pontes. Os bosques estavam em processo de transição, havia-lhe revelado o pai. Sempre que uma árvore grande se abatia, o som ecoava ao longo de vários quilómetros, num crescendo imprevisível de cicios e estalidos à medida que o tronco arrancava os membros à sua volta, culminando, por fim, num baque abafado qual malho a bater no musgo. De cada vez que isto acontecia, Milo partia em busca do cadáver. Tinha uma memória intrincada do claro-escuro da paisagem e conseguia detetar imediatamente se a mais pequena coisa havia sido alterada. Algo no seu cérebro apanhava um distúrbio com toda a precisão.

Quantas horas passara nesse bosque! Era filho único e desde cedo inventara brincadeiras solitárias – longas caminhadas com certas regras autoimpostas (virar duas vezes à direita por cada volta à esquerda, dar cem passos precisos desde a partida até à chegada, atravessar o riacho sinuoso apenas no local onde virava para a oeste). Passava os momentos mais preciosos do dia entretido nestes jogos, num interlúdio demasiado curto entre o instante em que o autocarro escolar o deixava no sopé da colina e as seis horas, quando a mãe se aproximava da orla do bosque com a tampa do caixote de lixo, onde batia três vezes com o cabo da vassoura para o chamar para jantar.

Os Andret viviam a 25 quilómetros das praias no lago Huron, mas bem poderiam ser cem. O pai agarrava-se à terra numa região do estado em que toda a gente se sentia atraída pela água. Naturalmente, tratava-se de uma consequência do que ocorrera no mar Salomão, mas Milo era demasiado jovem para o entender. Nos fins de semana, o pai ia caçar com os amigos, punha-se a consertar coisas pela casa ou, se o tempo estivesse desagradável, sentava-se junto à lareira e resolvia enigmas numa revista. Na família Andret, não se punha a questão de uma atividade recreativa em conjunto, nada de passeios de canoagem, de bicicleta ou caminhadas na praia. Tais devaneios eram coisa de outro universo. Também não havia animais de estimação nem jogos, excetuando um baralho de cartas e um velho tabuleiro de xadrez de marfim filipino que havia sido trazido da Marinha. Se Mr. Andret estivesse em casa, encontrava-se ou a classificar trabalhos escolares ou a reparar pequenas coisas, o cinto de ferramentas posto e encostando um escadote a calhas. Uma vez terminado um conserto, lançava-se a outro, nunca avisando quem quer que fosse acerca do que estava a fazer. Se a mãe estivesse, era na cozinha, a uma pequena mesa junto da janela, com uma bebida e um livro. Sempre que não se encontrava na escola, Milo andava pelo bosque.

A casa dos Andret era um edifício vitoriano de traça antiga, pintado de escuro e abundantemente ornamentado, que um agricultor endinheirado mandara erigir no fim do século, como se um dia viesse a encontrar-se na rua principal de uma cidade. Tinha três andares e um telhado íngreme cujas telhas trabalhadas radiavam uma solenidade escultural. Contudo, para Milo, havia algo de desapontante naquela solenidade. Desde miúdo que lhe parecia deslocada, como uma mulher num vestido de gala sentada numa paragem de autocarro. (A comparação não era dele; viera dos lábios da esposa, muitos anos mais tarde, quando subiu pela primeira vez a colina.) As paredes ostentavam um azul-escuro, tanto as interiores quanto as exteriores, e os parapeitos, um castanho profundo. Tudo num tom lúgubre. Na parte da frente, havia um passeio, mas terminava no limite da propriedade. Uma caixa de correio em bronze repousava sobre um poste no início do trilho e, nas traseiras, espreitava, sob umas calhas assentes em pilares, uma garagem pintada nos mesmos tons. A propriedade revelava todos os pormenores de uma residência fina numa cidadezinha elegante, exceto o facto de esta última nunca ter surgido.

A casa dos Andret era a única em vários quilómetros.

Mesmo numa tenra idade, Milo compreendeu que era, em grande parte, uma réplica do pai, aquele homem solitário de meia-idade que vivia com eles, mas que parecia querer distanciar-se de todos, mesmo em casa. Quando Mr. Andret não estava a corrigir trabalhos escolares, percorria incessantemente os seus domínios, consertando todo o tipo de estragos e deteriorações que só a ele eram percetíveis.

À semelhança do pai, também Milo aprendera desde cedo a esculpir madeira. Objetos delicadíssimos, na verdade. Contudo, também como o seu pai, nunca mostrara a ninguém o que fazia. Talhava apitos ornamentados que raramente soprava, animais que abandonava no subsolo e intrincados talismãs de desenho celestial, que escondia em pequenas covas nos nós dos bordo-açucareiros que emergiam da turfa do bosque quais cobras enroladas. Para o seu trabalho mais delicado, usava lupa.

Certo dia, enquanto talhava um apito de um pedaço minúsculo de um pinheiro, voltou a lupa de um certo modo e conseguiu observar um ponto amarelo escaldante erguer-se num anel de fumo da casca.

Saberiam os outros disso?

Voltou a colocar a lente daquele modo e manteve-a estática. Quando a madeira começou a arder, molhou o polegar e esfregou a brasa. De seguida, trabalhou a imperfeição e queimou cuidadosamente uma estrelinha naquele lugar. Depois disso, começou a tatuá-la em tudo o que fazia, em jeito de assinatura. Não que sentisse qualquer orgulho especial no seu trabalho, mas antes porque o sol miniaturizado, invertido e reverberando enquanto ele guiava o seu raio pelas ranhuras da madeira, parecia uma força apenas visível aos seus olhos. O fumo elevava-se e desaparecia: algo nascido do nada. Magia. Estava consciente de que poderiam existir outros poderes similares no universo. Naquela manhã, quando deixou um apito recém-talhado numa cama de fetos, sentiu que esboçara um gesto de humildade perante uma entidade inominável.

Certa noite, no verão dos seus treze anos, uma tempestade varreu os estreitos, e ele acordou com um estampido vindo do bosque. Na manhã seguinte, na orla de uma ravina, deparou com um tronco tão largo como uma roda de trator. Tratava-se de uma faia, partida ao nível da cintura. O resto da árvore repousava a vários metros, partida em três, como se a imensa coisa tivesse sido cortada com uma tesoura, transportada para uma zona de segurança e posicionada para inspeção. Sentou-se na borda da base quebrada. Ali se deixou ficar a manhã inteira, contemplando o que se lhe tinha apresentado, até que se sentiu bafejado por uma inspiração.
Passou o resto do verão a executar a sua ideia.
Nos longos dias de julho, depois nos mais curtos de agosto e de setembro, raramente saía do bosque. Descobriu que conseguia trabalhar dez a doze horas de seguida. Portanto, quando chegou o outono, apercebeu-se de que havia produzido algo milagroso. Era uma única e contínua corrente de elos de madeira, com mais de sete metros, esculpida em cima da base do tronco e repousando apoiada em centenas de minúsculas espora que haviam sido talhadas ao pormenor com a grossura de pregos. A corrente fechava numa espiral apertada em direção ao centro da árvore; de seguida, descrevia uma curva estreita e voltava a cerrar-se rumo à borda, regressando ao local onde o último elo fechava em redor do primeiro. Talhara uma volta em cada um dos elos, que produzia um efeito surpreendente: se passasse o dedo por toda a superfície de cada uma delas, este rodaria não uma, mas *duas* vezes no elo retorcido antes de voltar ao ponto de partida. Aquela peculiaridade parecia-lhe outro segredo.
Por fim, numa noite marcada pelo odor da turfa no quente outubro de 1957, percebeu que terminara. Precisara de que a sua criação ficasse perfeita e agora conseguira-o. Passou uma última vez as mãos por toda a corrente, em busca de defeitos. De seguida, partiu as esporas e lixou as saliências. Por último, ergueu toda a estrutura nos braços, passando-a uma e outra vez em volta dos ombros até nada estar solto. Parecia-lhe,

então, um ser vivo, embora tão liso e pesado como uma pedra. Quando respirava, aquilo estreitava-se-lhe em redor do peito. Ali, no bosque, lentamente a escurecer, as luzes surgindo em casas distantes, sentiu-se um ilusionista, preparando uma proeza.

Nessa noite, antes de ir para casa, arrumou a corrente no tronco de um bordo-açucareiro. A árvore havia sido atingida por um raio e ficara com uma cavidade no interior do tronco, a qual ele alisara com uma lima, acrescentando-lhe uma tampa talhada ao pormenor, que tinha cortado com uma serra de arame e unido às estrias de um nó. Criara o sistema de aparafusamento da tampa ao contrário, para que, mesmo sendo o seu esconderijo descoberto, a corrente ficasse a salvo: ninguém se lembraria de desaparafusar de uma nova maneira.

A seu ver, o assunto estava fechado. Não mostraria aos pais o que fizera, assim como não perguntaria o que estava o pai a arranjar montado no escadote ou a mãe a ler à mesa. Certa vez, em criança, dera com ela a chorar no canto da cozinha, segurando um velho jornal, mas nunca lhe perguntara o que acontecera. Desde então, o silêncio tornara-se a norma. Sentia amor pelos pais e compreendia que o inverso também era verdade. Contudo, os três raramente se questionavam uns aos outros ou tão-pouco revelavam algo com o mínimo de importância.

No dia em que fechou a corrente dentro da árvore, apercebeu-se de que transpusera um marco na sua vida: há muito queria fazer algo que merecesse ser escondido.

Afinal de contas, veio a mostrar a corrente a alguém: a um professor. Mr. Farragut lecionava Trabalhos Manuais na escola secundária Near Isle e, um ano depois, enquanto se debruçava sobre as aplicações industriais dos metais ferrosos e das madeiras, mencionou que ninguém, por exemplo, escolheria fazer uma corrente de madeira.

– Onde arranjaste esta coisa? – perguntou na tarde seguinte enquanto Milo retirava em grandes voltas a criação em madeira de faia de uma saca de farinha.

– Fui eu que a fiz.

Mr. Farragut soltou uma risadinha, que abafou mal pousou os olhos na expressão de Milo. Inclinou-se para examinar um dos elos.

Milo sabia o que o outro procurava.
– Não há nenhuma – declarou.
– Nenhuma quê?
– Cola.
– Estou a ver, rapaz. Como dizes tu que te chamas? – acabou por retorquir ao cabo de largos minutos de inspeção.
– Milo Andret.
– Bom, Milo, assim de repente, não estou a ver como possa isto ter sido feito. Detesto dizê-lo, mas é óbvio que não acredito que tenhas sido tu a fazê-lo. – Afastou os elos enroscados em cima da mesa, após o que, generosamente, acrescentou: – E devo dizer que duvido que os teus amigos acreditem também.

Aquilo não era um problema. Milo não tinha amigos.
Não é que não gostassem dele. Na verdade, muita gente *gostava*. De modo bastante geral, aproximavam-se. Contudo, havia algo nele que claramente os afastava – em miúdo, apercebera-se deste facto imutável –, uma força repentina que conseguia sempre demover as suas tentativas de amizade. Também não é que não gostasse ele próprio dos outros. Na verdade, por norma, gostava.
Só não sabia o que dizer a quem quer que fosse.
A corrente de madeira regressou a casa consigo. Enroscou-a na saca de serapilheira e armazenou-a de novo dentro do tronco do bordo-açucareiro.

Na verdade, tinha um amigo. Talvez não fosse bem um amigo, mas havia algo de diferente num certo rapaz da escola. Vene Wheelwrigt era o filho do faroleiro em Cheboygan Point. Tratava-se de um rapaz invulgar. Autossuficiente, como Milo. Rápido a sair da escola ao fim do dia, também à semelhança de Milo. Esguio – uma vez mais como Milo – e perito nos bosques, tal como qualquer outro rapaz nas redondezas de Cheboygan. Porém, ao contrário de Milo, Vene tinha paixão. Era um rapaz de aspeto vulgar, magro e lembrando um coelho, mas aonde quer que fosse as pessoas juntavam-se em redor dele. Embora não falasse muito, sabia sempre o que dizer. Vene era um escalador extraordinário e, de um momento para o outro, evadia-se de uma roda de colegas para escalar a vedação do pátio da escola, sentando-se alegremente no topo.

Certa vez, Milo observou-o a trepar o mastro da bandeira do recreio subindo o arame até ficar em equilíbrio no cotovelo em cima do pequeno globo na ponta. Com o outro braço, acenava.

De quando em quando, Vene e Milo falavam, embora usualmente não trocassem mais de umas poucas palavras. Não tinham aulas juntos, mas, sempre que se cruzavam nos corredores, Vene dizia algo nas seguintes linhas: «Como vai isso, Milo?» De seguida, estendia a mão, Milo apertava-a, retorquindo em resposta: «Vai andando, Vene. E contigo?»

O que surpreendia Milo, porém, era o facto de Vene parecer sempre feliz por vê-lo.

Certa vez, num domingo de manhã, depois da missa, Vene foi de bicicleta até casa de Milo. Mrs. Andret chamou o filho do bosque e preparou biscoitos para os dois. Pairava sobre a visita, à semelhança do que faziam as restantes pessoas, e convenceu-o a ficar. Depois dos biscoitos, Vene e Milo mergulharam de novo na mata, onde confortavelmente caminharam juntos ao longo da tarde, quase sem falar. Talharam lanças a partir de jovens nogueiras. Encurralaram um guaxinim. Treparam uma faia caminhando pelos ramos de um bordo-açucareiro até chegar até ao tronco principal. Tratou-se de uma travessia assustadora para Milo – embora aparentemente não o tenha sido para Vene –, e, quando ambos se encontraram de volta ao chão, caminhando para casa, Milo sentiu uma espécie de calma que nunca experimentara na presença de outrem. Quando estava com Vene, nenhum dos dois se sentia pressionado a falar. Isso resolvia o grande busílis de Milo.

«Que estranho nome» foi tudo o que mais tarde, nessa noite, Mrs. Andret disse enquanto observavam Vene afastar-se pedalando ladeira abaixo. Sentou-se de novo à mesa da cozinha e mexeu a bebida, mas Milo viu que manteve o olhar fixo na paisagem até a bicicleta ter desaparecido na curva.

Para ser justo, Vene ficava feliz ao ver *qualquer pessoa*. Ainda assim, o facto de mostrar satisfação por ver Milo espantava-o. Aliás, este esperava que essa alegria se desvanecesse. Na verdade, foi outro mistério para ele que tal nunca tenha acontecido. Vene tratou-o sempre bem enquanto se conheceram.

E, contudo, não era bem um amigo. Viam-se na escola e cumprimentavam-se de cada vez que se cruzavam nos corredores e, de quando em quando, até comiam juntos na cantina. Mas Vene nunca mais voltou a casa dele.

No ar pairava, porém, sempre a sensação de que teria ido caso Milo o houvesse convidado.

Milo nunca ficava satisfeito ao ver quem quer que fosse, nem sequer Vene.

Era tão-só o mundo que conhecia.

A sua infância não foi nem feliz nem infeliz, e dificilmente lhe ocorreria pensar se fora qualquer uma das duas. Vivera no bosque como um animal, consciente apenas da hierarquia da informação necessária: a proximidade da noite ou da madrugada, a humidade quente que antecedia uma tempestade, a reviravolta invernal da brisa e o surgimento de uma quietude acolchoada vinda do Sudoeste que, entre outubro e maio, era sinónimo de uma investida de neve. Guardava uma mão-cheia de livros numa velha caixa de ferramentas metalizada no coto de uma árvore e construíra diversos abrigos onde os podia ler, até num aguaceiro. Gostara de Jack London, de Willa Cather e Mark Twain, assim como da ocasional biografia de um jogador de basebol ou mafioso. Desconhecia a diferença entre livro infantil e de adulto e, naquela altura, leria qualquer um deles com igual prazer.

O remanescente do seu mundo era tão solitário como os bosques. De quando em vez, a mãe organizava jantares, mas ele não lhes prestava grande atenção. Comia silenciosamente e mantinha os olhos baixos, à semelhança do pai. Na escola, deparava-se com os usuais problemas com rufias e era um pouco maltratado – não muito – uma ou duas vezes por ano, sempre no outono. Depois, deixavam-no em paz. Tratava-se de um ritual que parecia estabelecer o que quer que precisasse de ser estabelecido no secundário de Near Isle. Acontecia com uma série de outros miúdos também. O pai esperava que ele ripostasse, mas Milo não arranjava força para o fazer. Em vez disso, embrenhava-se no bosque sozinho, qual animal ferido em busca de um abrigo familiar. Ali, a humilhação transmutava-se. Ele agarrava num tronco caído e passeava, batendo de encontro a fileiras de troncos até o desfazer. De seguida, fazia o mesmo com o fragmento que restasse, até nada mais haver do que a sua mão, fechada em redor de um caco. Ao sair do bosque, sentia-se redimido.

A mãe, caso soubesse deste ritual solitário, tê-lo-ia preferido a uma luta. Porém, o pai, que acreditava no primado da reputação, ficaria destroçado.

Com exceção destas pequenas humilhações outonais – que dificilmente resultavam em algo pior do que umas calças rasgadas, uns arranhões no rosto ou ainda um pequeno trilho de gotas de sangue na camisola –, os rufias da escola deixavam-no em paz. Talvez respeitassem o facto de o pai dele ser professor lá. Por esse aspeto em particular, Milo sentia uma ponta de gratidão.

Bem-vindo ao mundo

Depois, certo ano, algo diferente aconteceu.

Corria o mês de dezembro de 1958. O inverno sem sol tingira a costa de um cinzento uniforme. Nos noticiários, a integração seguia de autocarro para as escolas públicas e um outro foguete Pioneer não conseguira entrar na órbita da Lua. Perto do dia de Ação de Graças, um cargueiro, o *SS Carl D. Bradley*, afundara-se numa tempestade junto de Gull Island, afogando a maior parte dos homens a bordo. Uns quantos miúdos da secundária Near Isle haviam perdido os pais.

Na escola, foram celebradas missas nas salas, por vezes substituindo a aula, e, nas semanas que se seguiram, uma notável quietude desceu sobre o edifício. Lembrava algo que Milo poderia ter sentido no bosque, a proximidade de uma mudança climática. Certa tarde, percorrendo os corredores depois do toque, foi travado por um colega mais velho, um dos inúmeros miúdos polacos cujo pai era tripulante de um cargueiro ou trabalhava nas pedreiras onde os cascos dos navios eram carregados com calcite. Milo não estava habituado a ser abordado por colegas que não conhecesse. Este deu-lhe uma palmadinha no ombro.

– Talhaste uma espécie de corrente? – perguntou num tom suave.

Milo aproximou-se dele para o ouvir melhor.

– Sim.

– Para que fizeste tu isso?

Milo ponderou na pergunta.

– Não sei. Acho que queria ver se o conseguia fazer.

O rapaz empalideceu. Naquele momento, surgira um grupo de outros rapazes, adejando em pano de fundo.

– Levou-te muito tempo?

– Uns quantos meses – retorquiu Milo. – Como soubeste disso?

– Mr. F. disse-me que querias dar aquilo.

– Como assim?

O rapaz, que era tão magro que a camisola enchumaçava sobre o cinto, sussurrou algo.

Milo aproximou-se.

– Como? – retorquiu.

– Disse: O que é que pensas que eu tenho aqui?

O rapaz meteu a mão acima da cabeça para puxar o cordão da luz. Milo olhou para cima. Lembra-se de, deitado no corredor, reparar que não havia qualquer cordão de luz, apenas fileiras de tábuas de pinho no teto, pontilhadas de pregos. Depois disso, restaram apenas os golpes.

A enfermeira da escola rapou-lhe a têmpora. Quando afastou a pequena gaze, sangue tingiu o tabuleiro.

– Isso é *meu*? – perguntou Milo.

Não vira ainda um espelho.

– Belas pestes! – retorquiu ela. – Que fizeste tu para merecer isto?

– Não faço a menor ideia. Alguma coisa fiz.

– Mas o quê?

Milo encolheu os ombros.

– Uma corrente.

– Bateste em alguém com ela.

Soltou a custo uma risadinha.

Ela observou-o, os traços suavizando-se.

– Bom – disse, pousando-lhe uma mão no ombro –, fizeram-te cá uma maldade.

Limpou-lhe as feridas com tintura de iodo. Ele tentou não lhe mostrar quanto ardia. De seguida, ergueu-lhe a camisola e examinou-lhe as costelas. O rufia também havia levantado a camisola de Milo, cobrindo-lhe a cabeça com a parte de baixo, após o que lhe pregara uma rasteira, de modo que, quando a pancadaria começasse, ele estivesse no chão dentro de um saco, os braços imobilizados de lado. Estremeceu quando a enfermeira lhe passou o colarinho pela cabeça. Antes de prosseguir para as costas, trouxe-lhe um espelho. Ao longo de toda a coluna, avistavam-se manchas retangulares tingidas de um vermelho brilhante.

– Biqueiras de aço – disse.

– Porque é que ele te perguntou por uma corrente? – quis a mãe saber, afastando-se do lava-loiça.

– Acho que a queriam. – Encolheu os ombros. – Foi uma coisa que eu fiz.

Nesse momento, pediram-lhe que lhes mostrasse. Milo dirigiu-se até ao bosque e, quando voltou, os dois admiraram-na ao seu jeito reservado, o que quer dizer que a mãe a contemplou longamente com um sorriso nos lábios. Já o pai, pegou-lhe e inspecionou diversos elos. Tinha tomado um copo nessa noite, coisa que raramente fazia.

A corrente encontrava-se na mesa. Milo olhou para ela especado enquanto a mãe voltava aos pratos. Conseguia mentalmente ressuscitar cada elo, a mudança de cor a cada nova volta da madeira.

O pai pousou o copo com um tinido. Dirigiu-se para o armário e, ao voltar para a mesa, vestia o seu casaco de caça.

– As pessoas lutam – disse. – Batem nos que são melhores. Ninguém gosta de um miúdo que brilhe numa coisa. Foi isso que aconteceu.

Tratava-se de um elogio. Milo estava ciente disso.

No espelho agora sobre a cornija, contemplou o seu próprio rosto. Graças à intervenção da enfermeira, o cabelo ficara todo desalinhado sobre a fronte e, numa têmpora, repousava um curativo de gaze que gotejava uma nódoa castanha. O pescoço estava vincado de arranhões que na penumbra pareciam lagartas trepando-lhe pela pele. Não conseguia desviar os olhos deles.

Era uma pessoa mudada. Sentia-o. Quando as agressões haviam começado, tentara fugir e defender-se, mas, no momento em que desistiram das costas e avançaram para a cabeça, limitara a enrolar-se sobre si e a render-se. Foi então que se sentiu elevar-se, mas eis o busílis: houvera prazer nisso.

Tratava-se de algo que nunca poderia confessar a vivalma.

– Da próxima vez – estava o pai a dizer-lhe – bates-lhes. Antes de te conseguirem atacar. É assim que se faz. Bates-lhes com o que quer que tenhas à mão.

– Não fazes semelhante coisa, Milo. – A mãe segurava um prato encharcado. – Há maneiras melhores de se lidar com os problemas.

– A cana do nariz é ótima. Dás-lhes uma cabeçada mesmo aí, entre os olhos.

– Há...

– Bates-lhes com um taco, Milo. Acertas-lhes nos tomates. Espetas-lhes um livro nas trombas... Fazes o que tiver de ser. Ages *rapidamente*. Estás a ouvir? Mostras-lhes do que és feito. Caso contrário, nunca mais te largam. É assim mesmo. Estás a perceber?

– Henry – interrompeu a mãe –, o que lhe estás a dizer...

– *Estás a entender?*

– Sim – retorquiu Milo.

O pai levantou-se, quase deixando cair a cadeira. Depois, contornando a mesa, inclinou-se para sussurrar ao ouvido de Milo.

– Que foi isso? – quis a mãe saber.

– Estava a falar com o meu filho.

– Bom, e que lhe disseste?

– Se quisesse que ouvisses, tê-lo-ia dito em voz alta – retorquiu ele da soleira da porta, que, pouco depois, rangeu nas dobradiças.

Quando o som dos passos se afastou, a mãe sentou-se ao lado dele. Acabou a bebida que repousava na mesa, após o que se aproximou, pousando-lhe a mão no ombro. Ao cabo de uns instantes, retirou-a e voltou ao lava-loiças. A torneira borrifava a água sonoramente e as panelas chocalhavam na bacia.

– Bom – disse ao fim de algum tempo –, que disse ele?

– Não sei – replicou Milo. – Não ouvi.

Porém, mais depressa do que imaginava, as feridas curaram-se. Estava diferente agora, sabia-o, mas também estava ciente de que provavelmente não o pareceria muito aos outros miúdos na escola. As pessoas não lhe prestavam nem mais nem menos atenção do que dantes. Não muito depois do incidente, Vene, acompanhado de uns quantos amigos, interpelara-o na cantina e oferecera-se para o ajudar a encontrar os atacantes, mas Milo demovera-o, dizendo-lhe que não se lembrava do aspeto deles e que, de qualquer forma, todos os miúdos polacos lhe pareciam iguais. Havia centenas deles em Near Isle.

A verdade, contudo, é que aprendera algo. À medida que se sentira entregar-se aos golpes, entendera que estava totalmente sozinho no mundo. Vivia nele sozinho e, naquele momento, sozinho, poderia partir dele.

A verdade é que isso o confortara. Eis o que aprendera.

Vene não mais mencionou o incidente e, pouco depois, até Milo deixou de pensar nele. A vida voltou a estreitar-se. Todas as manhãs, percorria a pé a longa colina até ao autocarro e todas as tarde voltava, subindo a encosta rumo à casa escura, deixando os livros na cozinha e dirigindo-se para o bosque. De noite, no seu quarto, antes de se deitar, fazia os trabalhos de casa nuns minutos.

Estranhamente, nunca diria que se sentia sozinho.

Sempre que a mãe tinha um tempo livre, punha-se a ler um romance – e, claro, o pai era professor –, mas Milo, ao contrário de muitas almas solitárias, não era particularmente bom aluno. Gostava dos livros que escolhia para si, mas considerava aqueles que lhe eram impingidos uma tarefa, como arrancar a erva alta que crescia entre a casa e a garagem ou varrer o chão da oficina do pai. Tinha notas medianas a Ciências Sociais, Cidadania, Trabalhos Manuais e História. Certa vez, numa aula de Arte, um professor dissera-lhe que tinha talento, mas a disciplina não lhe despertava qualquer interesse. Como cortesia para com o pai, tirava boas notas a Ciências, mas mais não fazia. Matemática aborrecia-o.

É claro que *ouvira* o que o pai lhe dissera. Murmurara-lhe ao ouvido: «Bem-vindo ao mundo.»

Teoria da singularidade

Num sábado de junho, a mãe bateu na tampa do caixote de lixo à hora do jantar, mas, quando ele veio do bosque, deu com os pais sentados no *Plymouth*. O pai indicou-lhe o banco de trás com um gesto da mão. Mal entrou, o carro arrancou. O pai vestia uma camisa de flanela e um chapéu de feltro. Pararam no centro de Cheboygan. Os Andret raramente ali iam. O pai pagou para estacionar perto do cais, embora fazê-lo um quarteirão atrás lhe ficasse de graça. Já por si aquilo era estranho. E o chapéu também. O dia estava quente. No passadiço, um riquexó avançava aos solavancos pelas tábuas e os vendedores de algodão-doce enrolavam cones num movimento circular. O sol já se encontrava baixo e o lago negro piscava com um brilho doloroso sempre que era perturbado por uma embarcação, como se os navios em movimento polvilhassem atrás de si um rasto de vidro. Era o dia do aniversário de casamento dos pais, como veio a descobrir. Conseguiu, porém, pressentir que eles tinham discutido. A mãe segurava inquieta o cesto de piquenique.

Alugaram um barco na marina. Era estupendo. Um bote de madeira pintada de azul-claro, com quatro metros de comprimento, um banco desdobrável na toleteira e um de costas altas na popa, protegida por um toldo. Lembrava o navio de um monarca num passeio real. O pai examinou-o exaustivamente. De seguida, tirou o chapéu e saltou para o casco. A embarcação abanou, a quilha ferindo a superfície serena com o estridor de uma panela a bater na mesa, antes de se encostar à doca. Sentou-se no banco dos remadores, após o que esperou com uma expressão severa no rosto enquanto Milo e a mãe entravam e se instalavam sob o toldo. O cesto de piquenique foi colocado no chão. Um instante depois, seguiam rumo ao ponto norte do porto, uma curta distância pela enseada, a braçada rítmica do pai diminuindo rapidamente o pedaço de água que agora começara a refletir o dourado-arroxeado do pôr do sol. Os toletes rangiam, e as costas da cadeira ripada contraíam e descontraíam de encontro à coluna de Milo. Para lá do pontão, estendia-se o lago aberto. Enquanto atravessavam a extremidade do cais coberto de madeira, os sinos da igreja anunciaram as oito horas.

Quase quinze anos depois, na sua entrevista para o Mestrado na Universidade da Califórnia, Berkeley, o famoso Dr. Hans Borland, da invariante de Borland, perguntou a Milo como se interessara por Matemática.
– Estava a navegar com os meus pais – começou Milo. Algo mudara nele e, nos seus vintes, descobrira que conseguia narrar histórias, mesmo longas, com uma facilidade surpreendente. Apesar disso, permanecia tão sozinho no mundo quanto dantes e continuava a não ser capaz nem de prever nem de compreender o comportamento alheio. O Dr. Borland inclinou-se para a frente, um vislumbre manhoso no olhar acima das trifocais douradas. – Era de noite. Tínhamos entrado no barco tarde. Estávamos no lago Huron. Na parte norte.
– Lago Huron – murmurou o Dr. Borland, espreitando por cima dos óculos. – Um corpo de água pouco valorizado.
Alguém soltou uma gargalhada.
– O meu pai não gostava de barcos – continuou Milo.
– Uma desvantagem para quem vive na região dos grandes lagos, certo?
– Tinha os seus motivos.
Milo esperou por algo mais. Se lho perguntassem, contaria a história do mar Salomão.
– Continue, meu jovem – declarou outro professor do fundo da sala.
– Que aconteceu no lago?
– Corria o mês de novembro – retorquiu Milo. – Praticamente inverno na nossa região do estado. O meu pai remara para longe do cais, mas não levara em conta as correntes, nem tão-pouco o escuro. – Fez uma pausa, desfrutando do silêncio. – Quando o Sol se pôs, ainda estávamos bem. Foi então que surgiu o vento, e a água se agitou. Ondas de metro ou metro e meio. O barco era pequeno. Estávamos a ir bem fundo entre ondas. O braço esquerdo do meu pai é mais forte do que o direito, somos uma família de esquerdinos, e virámo-nos.

– Ah – exclamou o professor Borland. – Que interessante... E o senhor também é esquerdino?

– Sim, sou.

– Continue.

– Portanto, no escuro, começou a afastar-nos de terra. As colinas a norte da cidade bloqueiam a luz. Logo, quando estamos àquela distância, não conseguimos ver quase nada. Era o lago Huron, mas bem poderia ser pleno oceano. O meu pai é um bom navegador, mas devia estar a orientar-se por outro tipo de referência, talvez as luzes dos barcos de pesca do salmão para nordeste. Achei que sabia que nos estava a afastar da margem, pelo que nada disse. Porém, acabei por compreender que ele não tinha consciência de que estávamos a ir para o lado errado, rumo ao mar.

– E como sabia *o senhor* disso? – inquiriu o Dr. Borland, inclinando-se.

– Sempre fui capaz de o fazer.

– Fazer o quê?

– Ter noção das minhas coordenadas. Saber onde me encontro.

– Dia e noite?

– Sim, em qualquer altura. Não faz diferença. Não creio que seja uma questão visual.

– E que faz o seu pai?

– Afastou-nos um quarto de quilómetro...

– Quero dizer, qual é a profissão dele? Em que é que trabalha? Parto de princípio de que ainda é vivo.

– Ensina numa escola secundária. Na escola que eu frequentei. Física e Química.

– O que poderá explicar uma tal aptidão num rapaz – concluiu o Dr. Borland, voltando-se rapidamente para os colegas. Uns quantos anuíram. – Embora fosse expectável que o homem tivesse também ele aptidão posicional, coisa que obviamente lhe faltava.

Milo conseguia ver que a história impressionara os seus interlocutores e decidiu não continuar. Optou por não mencionar a mãe, por exemplo, que conseguia sempre dar indicções num carro sem consultar um mapa. Ou o irmão dela, que ganhava a vida em Las Vegas a jogar *blackjack* a partir de um sistema de memória.

Havia também outros problemas com a história. A parte de ser novembro, por exemplo. Não podia estar mais longe da verdade. Assim como o vento. Tinham-se, de facto, perdido numa noite sem luar, mas fora em junho, com o tempo quente, num lago calmo. Na verdade, o vento estival naquela parte do lago Huron quase sempre amainava ao anoitecer, ao invés de encapelar. E em novembro, quando os salmões estavam no rio, os barcos de pesca encontravam-se na doca. Porém, estava certo de que nenhum daqueles homens saberia tais factos. A água, para ser honesto, estivera muitíssimo suave e o vento revelara-se uma presença reconfortante na pele. A mãe fora ficando, todavia, preocupada à medida que a escuridão ia caindo sobre a costa, ao que o pai respondera com uma careta e silêncio, puxando os remos incessantemente até que, segundo os cálculos de Milo, se encontraram a meia milha do mar, sob um negro céu planetário. Foi então que Milo os conduziu a casa.

– Para dizer a verdade – declarou o Dr. Borland, voltando de novo a cabeça para os colegas –, muito poucos conseguem fazer este tipo de mapeamento espacial tão intrínseco. – Ouviram-se murmúrios, após o que o professor encarou de novo Milo. – E foi isto que marcou o início do seu interesse pela matemática?

– Julgo que sim.

– Conduziu os seus pais a casa nessa noite porque conseguia visualizar o plano da Terra e tinha noção de todos os vossos movimentos nela.

– Conseguia, sim. E tive, pois.

Efetivamente, há muito que conseguia visualizar o mundo, todas as suas seis direções, assim como a sua localização exata em qualquer topografia tridimensional. Talvez a aptidão tivesse advindo e sido aperfeiçoada com todos aqueles anos de bosques virgens porque, desde que se lembrava, o ambiente que o rodeava transformava-se numa taça pouco profunda e invertida, um hemisfério com coordenadas em ligeira mutação, no qual a sua posição se recalibrava continuamente. Aquela parte era verdade. Os restantes pormenores serviam tão-só para fazer da história algo mais memorável.

– Espantoso – comentou o Dr. Borland, espreitando-o de cima dos aros dos óculos.

– Para dizer a verdade, chamar-lhe-ia a taça da terra, professor Borland. Não um plano. Uma taça ao contrário. Um chapéu esférico, como um de vós poderia dizer.

– Aceito a correção.

Naquele momento, ouviu-se um riso. Borland silenciou-o com um dedo.

– Diga-nos, jovem, como se pronuncia o seu nome?

– Milo, senhor, como silo.

– E o sobrenome?

– Andret – retorquiu ele. Baixou os olhos. – Como se o «e» fosse acentuado e não existisse «t».

– Ah – declarou o professor, voltando-se por instantes para os colegas. – O Midwest.

De novo se ouviu uma gargalhada, mais solta desta volta, mas Borland, uma vez mais, silenciou-a com um dedo. Voltou-se para a sala.

– Alguns de vós devem ter notado – disse secamente – que este candidato não se submeteu aos exames usuais. Por recomendação de um colega do grande estado do Michigan – neste momento fez uma vénia, ligeiramente jocosa, na direção de Milo –, decidi que lhe fossem enviados uns quantos problemas, selecionados por mim. – Voltou-se para a audiência. – Deixem-me dizer-vos, meus cavalheiros, que não se tratavam das perguntas típicas para este tipo de exame. – Nesse momento, encarou Milo. – Sabe como foi a sua prestação?

– Não, senhor, não sei.

– Basta dizer – declarou, retirando os óculos – que vejo em si um enorme potencial. – Olhou para cima. – Este é um nome, meus senhores, Milo Andret, que devem fixar.

Ecoaram umas tossidelas pela sala. Depois, silêncio. Milo pouco sentido lhes atribuía. Quase uma década antes, enquanto caloiro, na Universidade de Michigan, obtivera a nota máxima em Álgebra Linear, melhor do que a de todos os alunos de mestrado na sala, sem ter tido necessidade de fazer uma única noite de trabalhos de casa. Contudo, nos últimos cinco anos, desde que se licenciara, estivera a trabalhar numa estação de serviço em Lansing.

– Meu jovem – disse o Dr. Borland –, o seu exame foi notável. – Retirou os óculos e olhou-o de cima. – Verdadeiramente notável.

Milo permaneceu em silêncio. Tivera uma série de suficientes em Humanidades e uma quase negativa a Sociologia.

– E passou os seus vintes a trabalhar numa bomba de gasolina?

– Era uma estação de serviço, para ser exato. Fazia muito trabalho de maquinaria. Queria ganhar um pouco de experiência.

O pai avisara-o de que aquela questão poderia vir à baila.

– Bom, o senhor teve uma nota excecional, embora um pouco inusitada, na faculdade – rematou o professor Borland. – Esperemos que a experiência o tenha amadurecido. – Silenciou o burburinho que entretanto surgira. – Esperemos que não tenhamos andado a perder o nosso tempo atrás de si. Estou certo de que se integrará muitíssimo bem no programa de Matemática da Universidade da Califórnia, Berkeley, que, já agora, consideramos a melhor do mundo.

2 DEDUÇÃO

A natureza nunca mente

O Dr. Borland foi o seu orientador de mestrado. Na altura, Hans Borland fora considerado o mais famoso matemático no país. O seu gabinete era do tamanho de uma sala de estar, as paredes feridas por uma faixa de sol californiano que iluminava o estuque e ornamentava o longo tapete persa com motivos florais, como se verdadeiras pétalas houvessem sido costuradas no tecido. Milo nunca vira mobília colonial. Tão-pouco estantes para livros com portas de vidro tão trabalhado. A luz peneirava-se em finos arco-íris nas lombadas dos livros do professor. Uma grande janela enquadrava a relva verdíssima debaixo da torre do sino e, na distância, sob nuvens altas, a baía brilhava lembrando uma folha de mercúrio.

O próprio homem era notável em todos os aspetos. Uma camisa engomada listada e uma gravata atada num laço. As já mencionadas lentes trifocais. Parecia, porém, ter envelhecido desde a entrevista e deambulava tenso pela sala enquanto falava – da secretária até à janela, da janela de volta à secretária – como que tentando dissipar um impulso físico. Milo encontrava-se sentado de forma circunspecta numa cadeira esculpida e com as costas em arco no meio do tapete.

– Eu também conseguia fazer o mesmo, sabe – disse o Dr. Borland, sentando-se finalmente na cadeira por detrás da secretária. – Pelo menos já o consegui em tempos. Reconheci-*o* a *si* imediatamente.

– Reconheceu-*me*?

– Como meu semelhante. O senhor... um jovem Hans Borland.

– Bom, muito obrigado, professor.

– A maneira como ambos conseguimos determinar o local exato onde nos encontramos no mundo. É algo raro de testemunhar. – Depois de sentado, os seus movimentos pareciam tornar-se líquidos. – E dois esquerdinos, ainda por cima. – Ergueu aquela mão e com a outra alcançou um canto da secretária para estender uma garrafa de cristal.

– Xerez?

– Não, não. Não, obrigado.

O professor serviu-se, após o que retirou um maço de ficheiros de uma gaveta, acenando-os sobre o mata-borrão.

– Recusámos centenas de candidatos com melhores notas do que o senhor, devo acrescentar. De departamentos muitíssimo melhores também, como é óbvio. – Aproximou o xerez dos lábios, fechando os olhos. – Porquê? Porque pressenti que deveríamos apostar em si, Mr. Andret. – Os olhos abriram-se e moveram-se sobre a borda do cristal. – Vou abrir o jogo, meu jovem: o seu exame foi notável. Talvez o melhor que vi. Não, *certamente* o melhor. Vislumbro a possibilidade de grandeza em si, Andret. O meu pai também era um professor de Química, sabe, tal como o seu. Escola Secundária East Scranton. Que sabe sobre topologia?

Milo sentiu uma vaga de calor nas faces.

– Professor?

– Que conhece sobre o campo da topologia?

– Li um pouco de Fréchet, talvez uma ponta de Euler e ainda um tanto de Hausdorff.

Borland olhou-o.

– Isso é o mesmo que um licenciado em Inglês dizer que leu um pouco de Shakespeare e de Melville e talvez uma ponta de Tolstói.

Milo corou.

– E que aprendeu do seu tanto de Hausdorff?

– Creio que talvez não o tenha lido com atenção suficiente, professor.

– Pois não, não leu. – O velho senhor voltou a arrumar as pastas.
– Mas deixe-me dizer-lhe algo: a topologia é o seu futuro, meu jovem. Pedirei à minha secretária para lhe deixar uma lista de leituras. Vá para casa e estude-as.

A Califórnia arrebatou-o. Os tambores nos parques. Os cabides de roupa à venda nas esquinas. A luz do oceano ondeando sempre no céu qual lençol esvoaçando num estendal.

Encontrou um apartamento no norte de Oakland. Uma cave iluminada por duas janelas afastadas bem no cimo da parede, através das quais o constante comércio da Groove Street lançava sombras. Um barulhento bulício de calças, saias, botas e saltos altos, lançando ao chão cigarros, copos de café e embrulhos de sanduíches a qualquer hora do dia e da noite. Todas as manhãs, abria a janela e limpava o que se acumulara nos vãos, qual vigilante de um aquário imundo e vazio. Contudo, ao mesmo tempo, havia algo naquela paisagem similar aos bordo-açucareiros e às faias da sua infância. A noção de um mundo constrangido que sugeria, ainda assim, um outro sem fronteiras. Durante as primeiras semanas, passou horas a contemplar o que se passava para lá das janelas altas. Uma monotonia contínua. Uma constante novidade. As pernas velozes dos pedestres cortando uma chama oscilante de sol.

Era uma maneira de pensar.

Começara de forma tremida no departamento. Continuava a sentir-se atraído por números, é claro. Essa parte estava resolvida. Teoria dos números. A singularidade carismática dos primos e semiprimos. A inevitabilidade das funções numéricas e a fantástica forma analítica como captavam o mundo: o alinhamento em v dos gansos em voo que observara em miúdo, as nuvens desagregadas rendendo-se à desordem bem acima das duas janelas por onde agora as contemplava hora após hora. Era como se os números houvessem sido fabricados de propósito, palavras mais perfeitas, para elucidar os pormenores da criação. Queria dizê-lo a alguém. Ao invés disso, sentou-se na sua cadeira barata e admirou as pernas em movimento: passos, travessias aleatórias, a probabilidade das multidões. A matemática não só descrevia tudo aquilo, como podia, de forma geral, prevê-lo. Deitado, amiúde refletia, ausente, se ela poderia ser desenvolvida de modo a alterá-lo.

Estava interessado noutros campos para além da topologia. Em álgebra comutativa, por exemplo, no trabalho de Gauss, Cayley e Lasker. Porém, sempre que o mencionava a Hans Borland, o velho homem parecia ficar enervado.

– Topologia é o seu campo, Andret – retorquiu bruscamente no encontro seguinte. – Garanto-lhe. Esqueça a álgebra. Esqueça o Gauss. O Lasker era só um jogador de xadrez com mania. A topologia enquadra-se perfeitamente nos seus dons. O sentido que ambos temos do mundo. O resto é uma perda de tempo. – Exalou, cansado. – E de talento. – Um copo de xerez repousava na secretária polida. Voltou a erguer a mão esquerda, de modo dramático, como se validasse a sua conclusão. – Eu próprio deveria ter sido um topologista.

– Ainda o pode ser, professor.

– Um desperdício. – Beberricou do copo estreito, após o que o pousou com cuidado, como que manejando um ovo. – Já leu Bott, Kuratowski e o resto da lista?

– Sim.

– E o que encontrou neles como ponto de partida?

– Acho que ainda não me decidi por nada. Nada de específico, pelo menos.

– Bom – fungou o professor –, foque-se. Encontre um ponto de partida.

De quando em quando, um ou outro colega de mestrado do seu departamento ia lá a casa para um trabalho ou para discutir um problema. A conversa começava otimamente; depois, esmorecia, tal como acontecera sempre ao longo da sua vida. Milo observava os colegas subirem de novo as escadas rumo à luz febril do dia. As pastas balouçando-lhes junto da cintura. A porta de mola rangendo e batendo.

Precisava de algo para passar as horas. A admoestação de Borland ecoava-lhe nos ouvidos. Aterradora. Não lhe agradara a ideia de que um aluno de mestrado fosse obrigado a escrever uma dissertação. Que idiota este seu desconhecimento de um tal requisito. Precisava de algo que o distraísse.

Certo dia, na Biblioteca Evans, reparou numa rapariga a observá-lo. Encontrava-se sentada a uma secretária perto da janela, e ele na outra ponta da sala, junto das prateleiras, olhando para um livro acerca de Tycho Brahe, o grande astrónomo do século XVI. Quando voltou a espreitar, a rapariga continuava com o olhar fixo na sua direção. Cabelo negro e uma camisa de homem. Era a única coisa que conseguia discernir. Desviou o olhar.

Brahe usara um quadrante para definir as órbitas dos planetas. Milo voltou a página e encontrou um desenho do instrumento, que se assemelhava a um sextante de marinheiro, mas muitíssimo maior. Desenhou na palma da mão os braços rodados e a circunferência dentada.

Quando se afastou dos livros, ela desaparecera.

Nessa tarde, num depósito de madeira junto da baía, comprou uns pedaços baratos de ácer de uma pilha de sobras. Num caixote nas traseiras de um armazém de quinquilharias, encontrou um feixe de balsa. Dali, foi sempre a somar. Umas semanas mais tarde, o arco e o eixo haviam emergido do ácer e a armação calibrada da balsa. Tratava-se de um trabalho meticuloso, mas também o fora a corrente de madeira e assim o era uma prova matemática. Insignificantes ataques aos céus.

Distrações, também. Estava bem ciente de que precisava de se distrair.

Nesse semestre, estava a tirar Geometria Algébrica, Grupos de Lie e uns temas especiais de Teoria dos Números. Seis conjuntos de problemas por semana, cada cálculo ilustrado, cada solução refeita para maior precisão. De novo: distrações. Também lecionava dois níveis de Cálculo. Enquanto isso, o quadrante cuidadosamente esculpido permanecia ao lado da porta do apartamento, emergindo firme. Voltando para a secretária com uma pilha de testes para classificar, imaginou-se num mundo onde os trabalhos dos céus permanecessem um mistério, um mundo onde a observação por si só pudesse fazer avançar a humanidade.

Aquela máquina astral iria conduzi-lo a uma descoberta. Eis o que disse de si para consigo. Não diretamente, mas de forma oblíqua. Como o impercetível nascer do Sol nos equinócios. Como as suas leituras diárias e progressivas acerca das escalas intricadas. A iniciativa inundando-o, inesperadamente, de uma calma rememorada. Aquilo libertá-lo-ia.

Sozinho numa cidade que corria qual rio sujo do lado de fora da janela, descobriu, pela primeira vez na vida, que desejava uma amizade. Também isso poderia libertar-lhe o pensamento.

*

– Bem? – perguntou o Dr. Borland, oferecendo a garrafa de cristal.
– Está bem, obrigado.

Uma tarde luminosa de novembro. Ao longe, um *frisbee* azul-claro erguia-se acima da moldura da janela, pairou qual disco voador e desceu aos gritos.

Borland encheu um copo de xerez e fê-lo deslizar ao longo da secretária, após o que voltou os olhos para o ponto que Milo fixara. O *frisbee* voltou a aparecer.

– Um conjunto imperfeito de coordenadas parabólicas – disse. – Mais aerodinâmicas do que quadráticas. Ainda assim, um dos benefícios da vista.

– Assim como os gritos dopplerianos – retorquiu Milo.

Borland soltou uma pequena gargalhada, recostando-se. Parecia estar a gostar da conversa.

– O Christian Doppler era mais matemático do que físico – declarou. – Filho de um pedreiro, sabia?

– A sério?

Os olhos dele pousaram nos de Milo.

– Verdade.

Algo ferira o homem.

– Só queria dizer que não fazia a menor ideia.

– O trabalho de Doppler não era particularmente impressionante – disse Borland, adotando um tom neutro. – Não quando comparado com a sua reputação.

– Não conheço grande coisa da vida dele.

– Como é evidente.

– Mas gostaria de saber. Gostaria de ler mais acerca desse assunto.

– A natureza nunca mente – replicou Borland, inclinando-se para voltar a encher o copo. – Eis o que nos diz a história.

– Estou a ver.

– Os homens mentem.

– Certo. – Milo bebeu um pequeno gole de xerez. Chupou as bochechas.

– Conhece o Lars Hongren, o teórico dos números?

Milo procurou na memória.

— Sou capaz disso.
— *É capaz disso?*
— Reavive-me a memória.

Borland ergueu o olhar.

— Nunca finja saber, Andret. Nunca faça isso. A aprendizagem deve ser desejada, não tratada como algo pouco importante.

— Peço desculpa.

— Então, mais uma vez lhe pergunto: já ouviu falar do Hongren?

— Não.

— É claro que não. O Lars Hongren foi o mais brilhante aluno que alguma vez vimos aqui. Eis quem foi ele. Só isso e nada mais. — Bebeu um gole. — Estava a trabalhar numa nova abordagem ao problema Catalan-Mersenne.

— Os duplos Mersennes são todos primos — avançou Andret.

Borland fez um gesto da mão.

— Estava a aproximar-se de uma solução. Um jovem muitíssimo talentoso. A dissertação despertava imenso entusiasmo. Liguei para Stanford e para Princeton a falar dele. E depois?

Milo olhou o professor nos olhos.

— Sim?

— E depois descobri o que ele andava a fazer.

Milo aguardou.

— Até lembrar-me disso me enoja. — Borland fechou os olhos. — Confiei na palavra do homem. Sem o investigar. Basta dizer que agora o Lars Hongren trabalha num banco qualquer, a agrafar empréstimos.

O velho homem abriu os olhos e deixou que o silêncio se instalasse.

— Uma história triste — concedeu Milo, por fim.

— Uma história importante. O Lars Hongren roubou a sua tese, meu jovem. Roubou-a. Mentiu-nos a todos. Se quer saber, deveria ser uma história muitíssimo mais triste. Ele deveria estar na prisão. Tentei metê-lo lá, sabe? Mas o nosso país não o considera um crime.

— A sério?

Borland inclinou-se.

— Olhe — disse —, o meu caro Andret tem talento. E bastante. Talvez como o do Hongren. Quiçá como o meu, o que não tem importância nenhuma dizer, já agora, se for *verdade*. Concorda comigo?

– Não lhe sei dizer.

– É isso mesmo que estou a tentar dizer-lhe, Andret. *Pressinto-o*. Foi escolhido por Deus, meu jovem. Pela humanidade. Pela ordem cósmica. Pelo quer que pense que comanda este lugar. Para traduzir uma linguagem. A topologia são as regras de Deus, Andret. Eis o que estou a tentar dizer-lhe. E foi escolhido para as traduzir. – Bateu na secretária. – O seu talento é *aquela especialização*.

– Muito obrigado, professor. Fico-lhe grato.

Borland olhou de novo para o outro lado da secretária, desta vez pestanejando. Serviu um outro copo de xerez.

– Se está grato – retorquiu, rindo-se e debruçando-se sobre o seu trabalho –, talvez não me tenha entendido.

Poetas

Certa manhã, enquanto folheava um jornal na sala comum de Evans Hall, deparou-se com um problema: a conjetura de Malosz. No início do século, Kamil Malosz escrevera a um amigo questionando se certas equações não teriam soluções em espaços projetivos complexos. Ao longo dos anos, a questão evoluíra para um problema cada vez mais profundo. Nenhum matemático conseguira encontrar uma solução. Em *Zentralblatt für Mathematik*, Milo descobriu uma longa história de tentativas.

Porém, era isso mesmo que procurava, percebeu: algo que lhe granjeasse o respeito de Hans Borland.

Mais tarde, nesse mesmo dia, ajoelhado diante do quadrante, os aspetos práticos começaram a assaltar-lhe a mente. Mesmo que não resolvesse o problema, Borland não poderia deixar de reparar na tentativa. Até poderia pegar apenas numa pequena parte como vira, no *Zentralblatt*, que outros matemáticos haviam feito. O próprio trabalho poderia facilmente expandir-se a partir dali, transformando-se, quiçá, numa dissertação. Talvez mesmo numa carreira.

À época, a maior parte dos seus colegas de turma esperava encontrar trabalho na Xerox em Palo Alto, na IBM em White Plains ou ainda numa qualquer das *think tanks* que pululavam ao longo da costa. Contudo, aos olhos de Milo, semelhantes ambições eram impuras. Não se considerava uma pessoa prática, mas nesse dia decidiu que precisava de o ser. A conjetura de Malosz. A sua mente acalmou-se.

No seu gabinete, o professor Borland declarou:
– Mais vale começar pelo topo.
– Como assim?

– Subvariedades de espaços projetivos complexos... Trata-se de um problema reconhecidamente difícil, meu caro jovem.

– Sim, li acerca do assunto.

– Pois, sim... Leu acerca do assunto! – Borland parecia estar mais bem--disposto naquele dia. Remexeu no lenço ao pescoço. Nesse momento, por mero acaso, ambos se voltaram para a janela, onde, contra a baía cinzento-escura, o sol transformou abruptamente os cabos de suspensão da ponte em parábolas prateadas.

– Ah – exclamou o velho homem. – Talvez tenhamos acabado de testemunhar um sinal.

– Tinha todo o ar disso.

Borland voltou-se.

– Meu jovem – declarou, a voz de novo ríspida –, muitos foram os navios que seguiram essa rota, devo dizer-lhe. Muitos homens morreram tentando superar a inteligência de Kamil Malosz. – Baixou os óculos e contemplou fixamente Milo, o olhar duro, embora os lábios, em baixo, expressassem um pequeno esgar. Milo não conseguiu discernir se o velho lhe queria bem ou mal.

Certa tarde, na biblioteca de matemática, quando voltou da zona das escadarias, onde estivera a beber um refresco, descobriu alguém sentado na sua cadeira. Contornou a mesa e abordou-o da outra ponta: tratava-se da rapariga que o estivera a observar anteriormente.

– Não – disse ela.

– Não, o quê?

– Não, não é confusão sua.

– Será que eu...

– Tem um minuto?

– Para quê?

– Para mim.

– Bom...

– Para falar.

Olhos negros, agitados. De novo uma camisa de homem, o cabelo negro enfiado dentro do colarinho.

– Depende – retorquiu ele.

– De quê?

– Do que deseja falar.

*

 Encontraram-se no Lime Rose, um café que ela conhecia, numa cave não longe do *campus*. Ele chegou cedo. Ela chegara ainda antes.
 – O Borland está impressionado consigo – disse ela, no preciso momento em que ele se sentou na cadeira diante de si. Os ombros da camisola salpicados de chuva. Àquela mesa pequena, o seu rosto era ainda mais bonito do que se lembrava. Os mesmos olhos inquietos, mas agora repletos de tristeza ou solicitude. Tinha um nome estranho: Cle Wells.
 – Como conhece o Borland? – quis ele saber.
 – Toda a gente conhece o Borland. Toda a gente no mundo da matemática.
 – E está no mundo da matemática?
 – Não, mas conheço muita gente que está. O meu pai, por exemplo.
 – Ah!
 – Um professor. De Análise.
 – Aqui?
 – Não, mas conhece o Hans Borland.
 Milo engoliu.
 – Certo, então que lhe disse ele?
 – Que ele anda a dizer que o senhor promete.
 Milo soltou uma curta gargalhada.
 – Ele não é propriamente conhecido pela sua generosidade, sabe. – Ergueu o queixo na direção dele. – Sabe disso, certo?
 – Estou a par do que se diz.
 – Então porque se ri?
 – Porque já sei o que ele pensa de mim.
 Ela levou o café aos lábios, com um sorriso afetado.
 – Pois, bem, aí tem.
 – Só não sei se tem razão.
 – Não sabe se ele tem razão acerca de *si?*
 – Não, de facto... não sei.
 Ela pousou a chávena.
 – Bem – afirmou –, ele tem toda a razão.
 – E como sabe disso?

Ela olhou para a janela.

– É um mistério, também, não é?

– Não creio que tenha mais certezas disso do que eu.

– Bom, está muito bem enganado.

– Um de nós está, isso é certo.

Ela devolveu-lhe o olhar.

– Errado – continuou. – Claramente.

– Certo. – Retirou da mala um maço de *Camel*. – A conjetura de Malosz – disse, tirando um cigarro. – Subvariedades, não é? Nalgum tipo do estranho espaço matemático. Reconhecidamente difícil. – Fez uma pausa enquanto vasculhava a mala em busca de fósforos. – Mortalmente difícil.

– Certo – retorquiu ele. – É uma maneira de ver a coisa. E então?

– Então que isso é só o início.

– De?

– Do que já sei acerca de si.

Exalou o fumo sobre a cabeça dele, que se baixou para o deixar passar.

– Já agora – afiançou ela, olhando-o nos olhos –, espero que não pense que o estou a tentar seduzir.

O quadrante terminado era do tamanho de uma mesa de cozinha, os quatro espigões profundamente esculpidos dividindo de forma exata a circunferência. Numa noite límpida de fim de inverno, esperou que a última camada de verniz secasse e colocou toda a estrutura num tripé no meio do apartamento. Dali, a vista bissetava as janelas.

Saiu da cama mesmo antes do nascer do Sol e sentiu um ar gelado soprar de baixo da porta quando se sentou, disposto a analisar o percurso do sol ao longo das duas iluminações trapezoidais de céu. Depois, dirigiu-se apressadamente para a biblioteca, onde trabalhou numa pilha de problemas em atraso.

No dia seguinte, ficou em casa de novo, despachando, irritado, trabalho escolar enquanto registava outro conjunto de coordenadas, seguindo cuidadosamente a órbita do sol baixo de inverno que surgia naquela minúscula parte do cosmos.

Era professor assistente de duas disciplinas nesse semestre: Equações Diferenciais, frequentada por alunos de Matemática e Engenharias,

Cálculo para Poetas, povoado por raparigas. Pelo menos, incluía algumas. Na aula de Equações Diferenciais não havia nem uma.

No fim do ano, entregou um dos exames. O professor Rosewater era conhecido por conceber exames dificílimos, pelo que houve imensas negativas e suficientes e apenas alguns bons. Um aluno, um jovem lânguido, que se sentava sempre na última fila e que Milo tomara por mandrião, obtivera cem por cento.

O nome nas folhas de teste: Earl Biettermann.

Guardou o exame de Earl Biettermann para o fim. Já se informara na secretaria do departamento de Matemática acerca dele. No fundo da sala de aulas, o jovem sentava-se espojado na cadeira, as botas coçadas de motociclista cruzadas nos tornozelos.

– O senhor está a tirar Matemática – declarou Milo, pousando o caderno de exame na secretária.

– E?

– E que está a fazer numa aula desta natureza? Está a assistir a Equações Diferenciais Parciais e verdadeira análise.

– E?

Milo sentiu um assomo de raiva.

– Então, porque é que está a tirar Cálculo para Poetas?

– Porque acontece que sou poeta – retorquiu Biettermann.

– É mesmo coisa do Earl – declarou Cle, de novo no Lime Rose. – É definitivamente algo que ele diria.

– Conheces mesmo toda a gente.

– Acho que toda a gente conhece o Earl.

– A propriedade comutativa.

Ela franziu o nariz.

– Chamar-lhe-ia antes associativa.

– Ah, não – retorquiu ele. – *Eu* não o conheço e também não *quero* conhecê-lo... Portanto, não é associativa.

Perante tal saída, Cle sorriu. Esticando o braço, tocou-lhe na ponta do nariz, um gesto que poderia ter feito a uma criança.

– Bom – afiançou –, *muito em breve*, será associativa.

O Newton de North Oakland

No primeiro semestre do ano seguinte, já ele se habituara. Berkeley tornara-se-lhe familiar: os balcões onde comia uma sanduíche de pé e as *head shops*, os automóveis, os autocarros e todas as multidões apinhadas. Passava as noites na biblioteca em Evans, a trabalhar na conjetura de Malosz. Dedicava boa parte desse tempo a meditar em trabalhos de outros matemáticos. Um professor em Kyoto. Um mestrando na McGill, no Canadá. Um topologista amador em Kiev. Nenhum dos seus trabalhos mencionava Malosz de forma específica, mas conseguia perceber o que estavam a fazer. Posicionavam-se nas orlas da sua conjetura.

Nessa altura, já voltara a falar a Borland e o problema tornara-se o assunto oficial da sua dissertação.

Em Evans, as publicações de topologia chegavam embrulhadas, lembrando compras de uma loja de luxo. No balcão de atendimento, a bibliotecária entregava-lhas em mão. Enquanto abria a capa, imaginava os seus concorrentes a fazer precisamente a mesma coisa em bibliotecas de todo o mundo. Não apenas os rivais de que ouvira falar, mas também aqueles que imaginava: mestrandos em Bombaim, Moscovo e Taipé. Homens tão focados quanto ele – ou ainda mais – na tarefa de desenterrarem os ossos do universo.

Na calma quente da sala de leitura, podia examinar cuidadosamente as publicações, antes de se entregar ao seu próprio trabalho. À precisa e progressiva lógica das geometrias. Por vezes, era bem-sucedido. Por vezes, as horas transformavam-se em números, os quais se fracionavam, por seu turno, noutros números. Minutos. Semanas. Seguia em frente. Naquela fase inicial, o problema não se lhe afigurava impossível. Era como uma imensa montanha que ainda vislumbrava à distância.

Certa noite, a caminho de casa, após uma proveitosa noite de trabalho, deu consigo a parar num bar no fim da rua, um antro escuro e desprovido de janelas, chamado Shed. Apenas um cavalete o demarcava do passeio. Desceu as escadas íngremes e sentou-se a uma mesa dos fundos. Apanhado desprevenido quando o empregado o abordou, pediu gaguejante um copo de xerez. Nunca pedira uma bebida na vida.

Fosse o que fosse que o fulano lhe trouxe, não se tratava decerto de xerez.

Ao cabo de alguns minutos, sentando-se num banco junto da caixa registadora, pediu outro.

Começavam a surgir rumores. Cle relatou-os. Apodavam-no de excêntrico. Um sábio das florestas. Um Isaac Newton em North Oakland.

– Esse tipo de coisas – disse, mexendo um chocolate quente com a ponta do dedo. Outro café, outra tarde. – O teu nome anda na boca do mundo. Estou sempre a ouvi-lo.

Mais tarde, enquanto abotoavam os casacos a caminho da saída, ela avançou:

– Lisonjeei-te, não foi?

– Nem um pouco – retorquiu ele, corando.

Ela sorriu, após o que lhe tocou com um dedo nos lábios.

– Pois sim... Nem um pouco.

Quando voltou a ver Biettermann, encontravam-se no carro juntos. Biettermann conduzia. Milo sentara-se no banco traseiro e contemplava o cabelo dele esvoaçar do boné sempre que mergulhava nas curvas. Seguia demasiado depressa. A estrada molhada da tempestade brilhava como gelo. Contudo, estavam na Califórnia, pelo que o ar quente os chicoteava das janelas abertas. Encontravam-se nas colinas, a caminho de casa, vindos de uma festa acima do *campus*. Um velho GTO de mudanças manuais sem silenciador. Biettermann abria nas curvas como um esquiador, acelerando mal se aproximava das retas. Milo, no banco traseiro, fora pressionado de encontro à porta por uma fileira de raparigas que não conhecia de lado algum. Cle sentara-se à frente, ao lado de Earl. As entranhas de Milo deram uma volta. Voltaram a rodar quando Biettermann meteu uma mudança mais alta. Não estava a olhar para a estrada. Não parava de desviar os olhos na direção de Cle, que lançava a cabeça para trás e ria a bom riso.

– Não gostaste daquilo – comentou Cle no dia seguinte quando ele a encontrou no Lime Rose. Não devia ter entrado, mas, ainda assim, fê-lo. Deveria estar na biblioteca.

– Não gostei do quê? – perguntou ele.

– Da forma como o Earl estava a conduzir. – Olhou para ele do outro lado da mesa.

– Na verdade – retorquiu Milo –, nem reparei.

Ela sorriu.

– Ah, vi que sim!

Ela estava certa acerca dos rumores. Não muito depois, no átrio, ele ouviu alguém referir-se-lhe como um sábio.

As pessoas estavam a par do quadrante, mas ninguém o vira e ninguém parecia saber o que quer que fosse acerca do seu verdadeiro trabalho. Ninguém o viu sozinho entre pilhas de livros a ler as obscuras deduções de Akira Kobayashi acerca do teorema Hirzebruch-Riemann-Roch. À medida que avançava na investigação, o seu rosto foi ficando cada vez mais quente. Kobayashi estava a preparar um ataque à Malosz. Isso parecia-lhe bastante claro. Milo ergueu o olhar para as cabeças dos restantes alunos de mestrado, debruçados sobre o seu trabalho nas salas reservadas em volta dele quais renques de torres de perfuração de petróleo. Mais tarde, tentou abrir caminho pela pré-publicação densamente fundamentada de Marat Timofeyev acerca de isotopia algébrica. Outro ataque.

Os seus rivais eram todos desconhecidos. A qualquer momento, um deles poderia tornar o seu trabalho inútil.

E, contudo, os rumores acerca dele persistiam. O seu brilhantismo inato. As suas ambições cruas. O quadrante era tema de perguntas constantes por parte dos seus alunos, sedentos de diversão, e também dos seus pares, que anuíam, os lábios franzidos, quando ele respondia, voltando-se para exalar o fumo. Na faculdade, todos competiam pela sua atenção. Os temas de dissertação eram discutidos quais movimentações militares.

Ficara conhecido como o *protégé* de Hans Borland.

Não fora do próprio Borland que o soubera, mas de um outro comentário que ouvira, certo final de tarde, no átrio do departamento. Nem sequer reconheceu o aluno que o proferiu. Uma vez mais, o movimento lateral. O fumo de cigarro exalado.

O pai dela era professor na Carleton College. Ela contou-lho na primeira manhã em que acordou na cama dele.
– Nunca ouvi falar – disse Milo.
– Porque és basicamente um iletrado.
– Bem, muito obrigado.
– É em Northfield, Minnesota. Os miúdos vão de trator para as aulas. – Ele examinou-a. – É a meia hora de Minneapolis, seu idiota. Uma excelente escola. Não te safas com aquilo que fazes aqui.
– Achas-me um iletrado?
– Sim, basicamente. És mesmo um idiota. Socialmente falando. Essa é uma das coisas de que gosto em ti.
– Em mim? Do facto de ser idiota?
– És charmoso – afiançou ela. – Mas tens um charme idiota.
Beijou-o na boca. A língua sabia a algo – ao chocolate quente com brandy que repousava junto à cama desde a véspera à noite, quando haviam chegado do Lime Rose. Mal haviam entrado no apartamento, ela pousara a chávena no chão, tirara a fita do cabelo e beijara-o.
– O facto de teres problemas com o conceito – disse ela, afastando--se – acaba por prová-lo.
– É entusiasmante ser chamado idiota – retorquiu ele. Tentou beijá-la de novo, mas ela sentou-se, recostando-se à cabeceira, e puxou os lençóis até aos ombros. Ele observou-a escondida, ali, na sua cama. – Não é bom que o teu pai seja professor de Matemática.
– Porquê?
– Porque vais comparar.
– A ti com *ele*? – Riu-se de um modo que lhe desagradou. Já reparara nisso nela, quão facilmente se transfigurava. – O meu pai é uma besta.
Aquelas palavras fizeram-no desviar o olhar.
– Então, talvez não me devesse importar com a comparação – acabou por dizer.
– Talvez *devesses*.
Mais tarde nessa manhã, quando ele voltou da loja com dónutes e café, encontrou-a finalmente fora da cama, usando apenas a *T-shirt*

dele dos Detroit Tigers e ajoelhada no chão a examinar os ajustes no quadrante.

– Não lhe mexeste, pois não? – quis ele saber.

– Não me atreveria. – Estava a espreitar por uma das ranhuras. – É mesmo incrível, não é?

– Nada mal para um idiota.

– Não, nada mal.

– É uma distração. Foi por isso que o fiz.

– Não, é estupendo. Já o mostraste a alguém?

– Só a ti.

– A sério? Só a mim? Sabes, estava a brincar quando te chamei idiota.

– Meio a brincar – retorquiu ele.

– Está bem. Tens razão. Estava meio a brincar.

Ela levantou-se e aproximou-se dele. Para ser franco, ainda se sentia incomodado, mas não conseguiu agarrar-se a isso. Ela arrancou-lhe os dónutes da mão, acompanhou-o à cama e encostou-se a ele.

Na véspera à noite, ele era virgem.

– É verdade? – perguntara-lhe ela mais tarde, enquanto comiam os dónutes reclinados sobre as almofadas. – Sou a única?

Milo precisou de vários minutos para perceber que ela se estava a referir ao facto de lhe ter mostrado o quadrante.

No fim dessa semana, uma casa que ele não reconheceu. Grandes quartos cheios de pósteres. Sofás de veludo. Seguia-a pelos corredores. A cascata estrelada de São Francisco tremeluzindo-lhe no copo. Esperava conduzi-la a um dos quartos, mas estava sempre um passo atrás. Um cão com coleira.

Ela parava diante de todas as quinquilharias. Cinzeiros feitos de conchas. Potes de incenso. Na escadaria escura, Milo seguia as missangas oscilantes na bainha da camisola dela. Ao longo da parede do sótão de teto inclinado, encontravam-se uma série de outros alunos espalhados por almofadas e colchões.

Seria aquele Earl?

Era. Encontrava-se numa esteira por baixo da janela, a cabeça estreita para trás. Sentava-se assim nas aulas de Milo, exatamente assim: na última fila, o longo cabelo encostado à parede atrás de si, as botas cruzadas. Um sorrisinho pegajoso colado aos lábios.

Quando Cle se aproximou dele, Biettermann tentou beijá-la.

– Isaac Newton – disse, quando se voltou, fazendo um gesto com a mão. Milo mexeu-se atrás dela –, gostaria que conhecesse Gottfried Leibniz.

Não era engraçado. Estava nervosa.

– É um prazer, Gottfried – avançou Biettermann.

Milo não se lembrou de nada para dizer.

Biettermann inclinou a cabeça e perscrutou os olhos de Milo, após o que estendeu a mão: um passou-bem. Parecia pedrado.

– Earl Biettermann – disse. – Da sua aula de Cálculo, caso se tenha esquecido.

– Não me esqueci. É aqui que escreve a sua poesia, Earl?

Foi Cle quem lho deu. Nem dez minutos mais tarde, depois de Biettermann ter saído. Um quadrado minúsculo na palma da mão. Um pequeno rato Mickey em azul e vermelho. Não maior do que a unha de um mindinho.

– Toca a abrir – disse.

Estavam sozinhos.

– Vá lá – insistiu, dando-lhe uma turrinha. – Toca a abrir a comporta.

– Pôs-se em bicos de pés e beijou-o.

A mordidela de fumo. A calma.

– Vá lá – disse, movendo-o até aos seus lábios. – Abre.

Uma dose normal para Berkeley naqueles tempos: provavelmente, 0,25 miligramas. Ácido lisérgico dictilamida, LSD. Podia-se comprá-lo nos parques públicos. O humor de Milo era expansivo. A sua experiência, nula. Cle espojou-se num colchão e arrastou-o para junto de si. A camisola de missangas douradas, o sabonete de limão. Biettermann desaparecera de vista. O tempo era difícil de determinar. Diante de si, a linha dos joelhos e ancas dela, um horizonte negro com colinas. Tudo o que sempre desejara.

Nada acontecia.

O teto: estanho trabalhado. Inúmeras espirais vitorianas, inúmeros quadrados dentro de quadrados. Eis que agora surgia algo, uma onda: uma coisa se deslindava. Certo, ali estava: um puxão longo e espiralado.

A banda no piso de baixo a ribombar no chão. Biettermann de novo presente, no outro lado do quarto. Depois, ausente. Uma luz negra tornando os pósteres mais vívidos, qual sol escondido.

Então, mergulhou.

No fundo, encontrou-se a si. Silêncio. Estava dentro de algo. Uma construção reluzente. Começou a ressoar como uma máquina enterrada. Imediatamente: a sua localização. Estava consciente de que a sua mente arderia, mas sobreviveria ao fogo. Só tinha de trepar. Um escorregadio muro de chamas, cuja inclinação aumentava de forma regular. Agarrado ao colchão, voltou-se. Ela encontrava-se a seu lado: mumificada. Envolvida em ouro. O ouro começou a arder em fogo lento e depois ateou-se em chamas. Ela enrolava-se em fumo. Ele cedeu, caiu mais fundo, estava ciente de uma fronteira suspensa, esticando e irradiando, erguendo-se em vagas em seu redor. Uma tenda ao vento. Amarelo e laranja. A fronteira era agora um ponto, caindo longe. Ganhava inclinação e velocidade até ele estar desamparado na sua ponta. Um homem num calhau num oceano.

Esticou-se, mas não conseguiu tocar nela. Foi então que soube que nem se mexera. Não havia história nas suas ações. Elas desapareciam numa goela. A superfície de um lago negro que engolia sem uma única ondulação e depois se transformava em vagas. As ondas canibalizavam-se. Depois, voltavam a crescer.

Uma dimensão inédita espicaçando uma fronteira.

Estava consciente, então, de outras formas, afastando-se flutuantes antes que as visse. Interiores sem volume. Ameias que se desdobravam. Um círculo – o corte bidimensional de uma esfera; depois, a própria esfera – o corte tridimensional do seu invólucro de luz. Oscilava. O próprio brilho num invólucro. Formas inéditas devorando formas inéditas. Excedidas por complexidades dardejando na orla da sua visão. Animais respirando no lado oposto da parede.

Tentou de novo alcançar a mão dela.

– Foi matemático – explicou ele, no dia seguinte. Estavam num bar. – Essa foi a parte interessante. O que vi era matemático.

Ela soltou uma gargalhada.

– Foi uma *trip* de ácido, Andret.

– Não. Foi a conjetura de Malosz, tenho a certeza.

– Qualquer artista acha isso.
– Vi ideias matemáticas.
– Só te lembras disso. – Beberricou de uma cerveja. – Por seres quem és. Se fosses como nós, a restante humanidade, estarias para aqui a falar de cores. É disso que me lembro.

Voltou a vê-las: os amarelos a derreter e os azuis-vermelhos.

Contudo, também sabia que compreendera algo. Algo geométrico, que, entretanto, desaparecera. Escondido atrás de algo.

Certa noite, acendeu duas velas e, na luz tremeluzente, leu todos os números do quadrante do mês. De seguida, lançou-se nos dos meses anteriores. As mãos tremiam-lhe enquanto folheava páginas e páginas. Algo se soergueu dentro de si. Havia ali uma forma. Imaginou o próprio Brahe, quatro séculos antes, num sótão em Copenhaga, a ver aquela mesma forma.

Começou a esquivar-se ao sono, optando por calcular à noite, após o que se dedicava ao trabalho letivo, a fim de poder registar dados durante o dia.

Um tempo houve na história em que o padrão de números que ele via nas colunas que enchiam as suas páginas teria voltado o mundo de cabeça para baixo.

O apartamento dele encontrava-se a uma meia hora a pé da escola, mas, ainda assim, havia ocasionais batidas à porta: alunos pedindo-lhe para verem o quadrante. Por vezes, limitavam-se a ajoelhar-se no passeio e espreitavam pela janela. Optou por fechar as cortinas. O tecido barato coava uma luz amarelada.

Cle batia de um modo só seu: três pancadas breves, três longas, três breves.

– O código Morse para SOS.
– Porquê SOS? – quis ele saber.
– Porque és o meu salvador.

Ele soltou uma gargalhada. Ambos sabiam que era o contrário.

Milo deveria dedicar mais tempo à Malosz. Borland decerto esperava provas de algum avanço. Contudo, entre as aulas que frequentava e as que lecionava, o quadrante e agora Cle – que o visitava tarde sim, tarde não, com uma caneca de chá e um livro –, não conseguia. Tentava trabalhar, mas ela fazia sempre algo – tocava numa perna, soltava o cabelo – que os levava num movimento frenético rumo à cama. De seguida, saíam para comer algo no restaurante indiano ali na rua. As especiarias deixavam os lábios dela de um vermelho-vivo. Ele quase não conseguia comer.

Ao longo de todo esse tempo, conseguia sentir Borland à espera.

Certo final de dia, ela bateu à porta. Apressou-se a entrar, fechou-a violentamente atrás de si e correu os cortinados. Trazia um café turco na mão, a chávena de cerâmica azul abanando no pires.

– É daquele restaurante oriental, ali na esquina – sussurrou, arquejante. – Vinha direta para aqui. – Ergueu uma das cortinas, deixando-a logo cair. – Mas vieram atrás de mim. Acho que ele anda por aí.

– Quem?

– O empregado.

Milo olhou para ela.

– Cle, acabaste de roubar esse café?

– Vai-te lixar, Andret. – Voltou a espreitar, escondida na sombra.

Foi então que aconteceu: estava confuso. Por momentos, pareceu-lhe que dois pensamentos lhe entravam no espírito ao mesmo tempo. Tratou-se de um instante – uma fração de segundo – de uma perceção errónea. Ela parecia-lhe estar muito longe, a voz chegando-lhe de um outro local.

Depois, tudo ficou nítido.

– Está bem – retorquiu. Pegou na chávena e indicou-lhe uma cadeira. – Parceiros no crime. Que te parece?

– Não é o teu género.

– Ai, não? Que tal isto? – Do armário, tirou uma garrafa de whisky, que comprara nessa mesma manhã. Mandara-a embrulhar para a oferecer a Borland pelo Natal, mas naquele momento rasgou o embrulho e fortificou o café. Precisava de calma. – A algo diferente – brindou. Quando ela terminou, serviu um *shot* para si.

No Natal, apanhou uma camioneta para Cheboygan. O trilho até casa encontrava-se cheio de neve e, ao longo das colinas, as fileiras de abetos, deixavam-se tombar sob o seu peso invernal. Embarcara em Berkeley com uma *T-shirt* vestida. Agora, movia-se sombriamente pela casa em flanela, contemplando a paisagem para lá das janelas enquanto a mãe se sentava à mesa a ler e o pai se dedicava aos arranjos lá fora. Lia o seu trabalho; dormia longas horas; passeava pelo bosque, embora, agora, se sentisse separado dele. Sentava-se junto do radiador e abria o curto texto de Pelado e Harkness acerca das classes características que Hans Borland lhe emprestara. Folheava as páginas, pensando em Cle.

Ligar-lhe afigurava-se-lhe como um gesto de fraqueza.

Só a dormir não ansiava por ela. As suas noites eram atormentadas por sonhos em que mergulhava. Todas as manhãs, pouco depois da alvorada, independentemente de ter nevado, o pai calçava as botas e tratava de salgar os trilhos. Depois, chegava o baque surdo da neve a cair das sebes enquanto o velho homem limpava os beirais em volta da garagem com uma vassoura. Milo voltava-se para a parede e tentava dormir, pensando na suave saliência de calor onde ele enrolara as pernas por detrás das de Cle, apenas umas noites antes.

Ela fora ver a família no Minnesota. Apenas uma estreita faixa de terra os separava agora, mas algo mais do que um mapa tornava essa distância intransponível. Telefonara-lhe na noite em que chegara, e ela parecera-lhe distante, uma torrente intermitente de riso emergindo na linha, vindo de algures na casa. Ela tinha irmãs. Esperou que lhe ligasse de volta, mas ela não o fez. Cedeu e tentou novamente duas noites depois, mas a irmã que atendeu o telefone hesitou por instantes antes de o informar de que ela saíra. Jurara que não lhe ligaria de novo até ao fim da semana.

Pensava no que estaria Earl Biettermann a fazer durante as férias.

O tempo era interminável. Sabia que deveria dedicar-se à Malosz, mas ver a mãe com os seus romances e o pai com as ferramentas – estava a começar outro dos seus projetos – mergulhava-o na apatia. Precisava de uma certa energia para elevar a mente até um plano onde teria força para lidar com um problema. Naquele momento, tal energia desertara-o.

Uma manhã, alguns dias antes do fim das férias, o pai trouxe-o até à garagem. Com alguma dificuldade, o velho homem baixou-se, rodou o ferrolho em forma de cruz e ergueu a porta rangente. Lá dentro, o velho *Valiant* azul-bebé havia sido limpo e polido.

– Sim? – disse Milo.

– Vamos receber um novo – retorquiu o pai. – Chega amanhã.

– Não estou a perceber.

– O *Plymouth*. É teu.

Milo não sabia o que dizer. Aproximou-se da janela do condutor e espreitou para os assentos familiares. Duas chaves no painel de instrumentos, atadas com um cordel. Contornou o carro e apertou a mão do pai.

– Com este tipo de tempo, usa gasolina 38. Quarenta no verão, se estiver calor.

– Assim farei. Obrigado.

– A tua mãe está lá dentro. A ideia foi dela. Gostará decerto de saber que gostaste.

– Gostei mesmo. Muito.

Nessa noite, voltou a ligar a Cle. A irmã passou-lhe o telefone. Contou-lhe do novo carro. Ela relatou-lhe as suas férias. A família Wells tinha um tobogã, e as irmãs haviam-no levado para as montanhas perto de Northfield e tinham preparado o jantar à fogueira. Assaram um peru para o Natal e passaram os restantes dias em Minneapolis, patinando no lago gelado e fazendo compras.

Instalou-se um silêncio.

– Não queres saber se te comprei alguma coisa? – acabou ela por perguntar.

– Quererei?

– Bom, posso ter comprado.

Aquilo deitou abaixo o muro que construíra dentro de si. Disse-lhe que atravessaria a Upper Peninsula e a iria buscar à porta de casa no *Valiant* para a escoltar de volta à faculdade.

– Já comprei o bilhete de avião, tonto.

– Guiarei debaixo do avião.

Ela soltou uma gargalhada.

– A sério – insistiu ele.

– Isso é uma parvoíce. Já te disse.

– Quando partes?

– Depois de amanhã.

– Em que voo?

– Porque queres saber?

– Para me certificar de que Deus o protege.

– Ele não trata de voos individuais.

Um silêncio. Depois ela disse:

– Na verdade, isso foi querido.

Dois dias depois no terminal da American Airlines em Minneapolis, ele correu pelo corredor agitando um boné de caçador amarelo. Na porta, os passageiros já se alinhavam para embarcar.

– Meu Deus! – exclamou ela. – Estarei a sonhar?

– Não, estou *eu*. – Agarrou na mala dela. – O carro está lá fora, Cle. Vamos, quase acabei com ele só para chegar aqui. Levo-te até à porta de casa.

Ela olhou em volta.

– Vais ter é de te livrar desse boné.

Foi uma viagem de três dias que lhes levou cinco. As estradas estavam boas, mas a neve, que lhes dava pelos joelhos, estendia-se até ao horizonte. Nos primeiros cento e cinquenta quilómetros, pararam três vezes, lançando-se um ao outro: nas traseiras de duas áreas de serviço entre Minneapolis e Albert Lea, onde ela pendurou a camisola da escola católica na janela e trepou para o banco traseiro; e, na terceira vez, numa mesa de piquenique junto de um aqueduto que passava debaixo da estrada, as calças dele para baixo e a saia dela para cima, tudo aquilo oculto dos carros, mas não dos camiões, que buzinavam ao passar. Ainda era dia.

Quando chegaram a Albert Lea, caía uma neve indolente. Voltaram para oeste, depois para sul, rumo à 60 em Worthington, e as nuvens abriram finalmente perto de Sioux City, pelo que chegaram ao Missouri River sob um límpido céu poente.

Uma enorme lancha iluminada da proa à popa percorria o escuro canal.

– A nossa constelação privada – disse ele.

– Flutuando até nós através dos céus.

Saíram do carro e admiraram aquele espetáculo. Ela aninhou-se debaixo do ombro dele. Devem ali ter ficado cerca de uma hora na noite calma, observando silenciosamente as luzes passarem por eles no rio. Depois, a paisagem escureceu de novo. Talvez tenha sido a hora mais feliz que passaram juntos.

Continuaram. Estavam quatro graus e, depois de jantarem bolachas de água e sal e uma lata de carne numa estação de serviço, passaram a noite na berma de uma estrada perto de Onawa, aconchegados um no outro no banco de trás, debaixo dos casacos e de um cobertor de lã, que ele encontrara dobrado em volta de uma lata de chocolates num camião. De manhã, ela acordou-o. Apontou para o buraco que limpara no gelo: uma manada de alces desfilava diante do carro.

— É um sinal — disse ela. — Obrigada.

— Porquê?

— Por me teres ido buscar. Parece que percebeste o que uma rapariga quer.

— Ai, sim?

— Em parte. Acho que se calhar não és idiota. Pelo menos, não totalmente.

À luz nascente, comeram as barras de chocolate e afastaram-se alguns metros do carro para beber de um riacho, cuja cobertura de gelo ele partiu com o tacão da bota. Ao meio-dia, perto de Ogallala, ela retirou uma garrafinha do saco. Dividiu o conteúdo pelos dois copos descartáveis de café que andavam a rolar no chão desde que haviam parado na estação de serviço na noite anterior, oferecendo-lhe um.

— Que é isso?

— Café irlandês.

— Onde está o café?

— Nos nossos estômagos.

Enquanto beberricava, ele manteve uma mão no volante. Era whisky do Tennessee. A sensação que então teve, a estrada deserta estendendo-se diante de si, rodeada de campos brancos, e o calor do álcool a percorrer-lhe as veias, abriu-lhe um mundo. Perto de Julesburg, voltou-se para a contemplar e topou com ela a observá-lo, os lábios entreabertos.

— Esse era o teu presente — declarou.

— O quê?

Ela ergueu o copo.

Ele dirigiu-se até à saída mais próxima e parou, deixando o motor ligado numa estrada de terra batida por detrás de uma eira. Cle deslizou para cima dele, mas, quando Milo tentou entrar, afastou-o e rebolou para o lugar do passageiro. Reclinou o banco e conduziu a mão dele até entre as suas pernas. Ele deitou-se em cima dela, mas Cle afastou-o.

— Beija-me sentindo-o mesmo — disse. Roçou a boca contra a pele dele. — Vai devagar.

Ele fê-lo. Ar quente saía dos aquecedores. Ela pousou a mão sobre a dele, levou-a entre as pernas e mostrou-lhe. Começou a gemer. Conduziu a mão livre dele até aos seus seios. Abriu as pernas e guiou-lhe a cabeça para baixo. Murmurava. Arqueou as costas, tremeu e puxou-o para cima de si.

Seguiram viagem. Pararam para comer mesmo a este da fronteira do Wyoming. Numa absurdamente luminosa área de serviço para camionistas, pediram uma sopa de carne a uma robusta empregada de mesa de meia-idade, que voltou com um prato cheio de pão quente e o pousou junto da taça. Meteram nos bolsos tudo aquilo que não conseguiram comer então.

Quando acabaram, ele deu-lhe as chaves do carro e dirigiu-se para a casa de banho. Lavou-se no lavatório e examinou o rosto no espelho lascado. O seu aspeto físico nunca lhe agradara, e nada se alterara exceto uma sombra estranhamente escura de barba. A testa permanecia demasiado grande, todo o rosto de longe mais dócil do que gostaria.

Ainda assim, voltara a mudar. Sentia-o.

Quando voltou para o carro, encontrou o porta-bagagens aberto. Ela estava sentada no seu lugar, um saco de serapilheira no colo.

– Meu Deus! – exclamou ela. – Que *é* isto?

– Uma corrente. – Fechou o porta-bagagens e contornou o carro, sentando-se ao volante. – Que te parece que seja?

– Meu Deus, Milo. Onde encontraste uma coisa assim?

– Fi-la.

– *Fizeste-a*?

– Sim.

– Com as tuas próprias mãos?

– Sim.

– Deves ter levado anos.

– Uns quantos meses.

– E é tudo madeira?

– Sim.

– Espera – disse ela. – Deixa-me ver essas mãos. – Pegou nelas. Tocou na pele das palmas, perscrutou cada calo quadrado e amarelado, roçou as unhas pelas articulações, que, sob aqueles cuidados, se lhe apresentaram como que pela primeira vez; ali, sentado com ela, viu os seus dedos não só como extensões retas e úteis da sua vontade, mas como os distintos istmos de forma que realmente eram, ora estreitando ora alargando, ora ocultando ora exibindo as suas rugas. Na luz perlada da tarde nas Hight Plains, Cle levou-as, uma de cada vez, aos lábios e beijou-as. Depois, ergueu-as e, por um longo momento, manteve-as encostadas ao seu rosto.

Por fim, deixou-as cair; ele ligou o carro e conduziu-os rumo à Califórnia.

A forquilha do diabo

De volta a Berkeley, sentou-se no lugar habitual na Biblioteca Evans e contemplou a pilha de revistas, cujos índices há muito se haviam tornado litanias de preocupação. Todas as semanas, pelo menos, uma dezena de publicações poderia ter chegado com um avanço alheio relativamente à Malosz.

Pousou o braço sobre a capa da *Acta Mathematica* e tentou focar-se por alguns minutos. Por fim, cedeu e abriu a primeira página. Felizmente, não havia motivos para preocupações, assim como não os havia na restante pilha. Colocou-a de lado.

Por norma, chegado a este ponto, fechava os olhos. Tinha um dom peculiar para a cartografia lógica e, ao longo de toda a vida, fora capaz de, sempre que se decidia a descansar, libertar-se dos pensamentos e voltar a eles no dia seguinte no local exato onde os deixara, como se os seus mapas internos – mentalmente, estava naquele momento a desfazer nós tridimensionais e a refazê-los de forma antiquiral – fossem um livro ilustrado, ao qual tivesse tão-só dobrado o canto de uma página.

Porém, naquela vez, algo distinto acontecera. Um tremeluzir dardejante no ecrã da sua cognição. Por momentos, não conseguiu reaver a imagem da noite anterior. A confusão não durou muito.

Andava a dormir pouco.

Numa noite, sob uma chuva torrencial, quando ambos se encontravam no edifício de matemática, Biettermann ofereceu-lhe boleia para casa. Só os dois, dessa vez, no velho e ruidoso GTO, os faróis vermelhos vacilando contra o asfalto escorregadio até à College Avenue. O carro deslizou entre ruelas, atravessando o tráfego. As buzinas esmoreciam atrás deles.

— Não consegues ir mais depressa? – perguntou Milo.

Biettermann soltou um riso escarninho. É verdade que o outro o enervava, mas também havia nele algo de agradável. O cabelo longo sobre aqueles olhos apaixonados. O desejo revelava-se nos traços de Earl como nos dos animais. Estava inclinado sobre o para-brisas, uma mão no volante, a outra batucando no manípulo das mudanças. Os intelectuais que Milo conhecia – lembrava-se do exame perfeito de Earl – não se comportavam como o tipo ao seu lado. Não conduziam como se a bandeira axadrezada tivesse sido agitada. Os pneus chiaram e o GTO entrou por uma nesga no trânsito; pouco depois, encabeçavam a fila acelerando para sul através de Oakland, os limpa-para-brisas revelando um mundo astigmático em breves semicírculos de claridade.

— Estava a brincar – retorquiu Milo. – Talvez seja melhor teres cuidado.

— Sei que estavas a brincar, pá. Ri-me disso.

Num semáforo vermelho diante da nova estação de comboios, a chuva começou a abrandar, e os limpa-para-brisas pintavam novos diagramas de Venn no vidro.

— Na verdade, Andret – disse Biettermann –, tu é que deverias ter cuidado.

— Eu? Com o quê?

— Com *ela*.

Voltaram a acelerar.

— Estás a falar da Cle.

— Sim.

— Tenho todo o cuidado com ela, Earl.

— Não é isso que quero dizer.

— Então que queres tu dizer?

Apanharam outro vermelho. Naquela zona, as ruas eram mais calmas, os limpa-para-brisas chiavam de encontro ao vidro. Earl olhou em frente.

— Não é para *cuidares bem* dela, mas para teres *cuidado com* ela.

— De que estás para aí a falar?

— Ela é perigosa, meu caro amigo.

— Está bem.

— Eu cá – retorquiu Biettermann – *gosto* de perigo. – Voltou-se para Milo –, mas *tu* não.

— Tens razão, Earl. Não gosto.

Quando o semáforo mudou, Earl arrancou de modo mais moderado. À esquina da rua de Milo, perguntou:

– E porque será?

– Porque será o quê?

– Porque é que não gostas de perigo? O que é que temes?

Tratava-se de uma questão interessante, o tipo de pergunta que os matemáticos gostam de fazer uns aos outros: inquirir acerca de algo aparentemente óbvio. Milo ponderou no assunto.

– Não sei – retorquiu. – Tenho de pensar melhor nisso.

À porta do prédio dele, despediram-se – de novo um passou-bem –, e Milo saiu sob um leve chuvisco. Enquanto abria a porta de casa, ouviu o chiar do GTO. Antes de preparar um chá, pousou os seus pertences, na cave gelada e chamou por ela. Não houve resposta. Quando a água ferveu, adicionou-lhe um dedo de whisky e pousou a chávena na mesa de cabeceira. Voltou a chamar por ela. Nada de resposta.

Debaixo dos cobertores, a chuva batendo na vidraça, pensou na pergunta de Earl. Conseguia ver em cada gota no vidro o orbe muito aumentado da luz proveniente do solitário candeeiro de rua que brilhava do outro lado da estrada. Aquilo em si era um enigma. O mundo, se nos permitirmos pensar nele, é um enigma em qualquer plano de focagem. Porque *teria* tanto medo dele?

De seguida, o corolário: Porque *quereria* ele viver?

Pouco antes de adormecer, a resposta veio-lhe, pelo menos, para o corolário: queria viver para poder resolver um grande problema.

Certo dia, estava ele numa casa de chá com Cle quando Biettermann entrou e lhe deu um beijo. Dessa volta, ela não fugiu. Earl sentou-se e os três passaram a manhã a conversar nas cadeiras apinhadas. Vindo da porta ao lado, o som dos Jefferson Airplaine fazia a mesa vibrar. Biettermann abanava a cabeça ao ritmo da música, o cabelo balouçando--lhe sobre os olhos.

– O prazer que temos ao contar – murmurou.

– O quê?

– Música – retorquiu ele, olhando para cima.

Ela soltou uma gargalhada.

Milo abanou a cabeça.

– Leibniz disse isso, Earl.
– Bem verdade, meu caro amigo. Bem verdade. Venceste a primeira ronda, parece-me.
Milo desviou o olhar.
Passaram o resto da manhã ali sentados, naquelas cadeiras de rotim, a conversar sobre ninharias. Tratava-se de algo que Milo desprezava, mas não ia sair dali. A dado momento, Biettermann usou uma palavra desconhecida. Depois, ao fim de alguns minutos, mesmo antes de finalmente se levantar para ir para uma aula, voltou a usá-la.
– Que raio queria aquilo dizer? – perguntou Milo mal o outro se foi embora.
– O que queria o quê dizer?
– Aquela palavrinha pomposa que ele fazia questão de trazer à baila.
– *Enteógeno*?
Escreveu-a num guardanapo.
– Procura-a num dicionário, Andret – replicou ela, piscando-lhe o olho.
– Está bem, fá-lo-ei.
– Espera um segundo – disse ela, aproximando-se. – Espera lá... Isso também te irritou, não foi? Desconhecer uma palavra que *ele* sabia.
– Interesso-me pelo conhecimento.
– Claro que sim.
Silêncio.
– Já agora – avançou, sorrindo –, eis outra só para ti: *teodiceia*. Leibniz também a usou. Já que vais ao dicionário, mais vale procurares logo as duas. – Beberricou o chá. – Aliás, ele escreveu todo um livro acerca disso.
– Está certo – retorquiu ele. – Assim o farei. Gosto de aprender.
Ela inclinou-se na direção dele, a mão roçando-lhe na perna.
– A propósito, também gosto de aprender. – Passou-lhe os lábios pela face e parou junto à orelha. – E, caso estejas confuso – murmurou –, o Earl percebeu tudo ao contrário. *Ele é* o Leibniz. *Tu és* o Newton.

Então, numa noite gelada de dezembro, em que se vira forçado a sentar-se a uma secretária diferente – a divisão onde normalmente trabalhava estava a ser alcatifada –, ficou ciente, por breves instantes, da presença de algo. Uma força, ou quiçá um ser, mesmo atrás dele. Uma carga no ar. Por instantes, teve a sensação de que uma rede estava prestes a apertar-lhe os braços. Lutou contra ela. Graças a uma disciplina férrea, conseguiu não olhar para trás.

Claro que não havia nada ali. Porém, de quando em quando, a ideia materializava-se sem aviso prévio, uma sensação que lhe pairava sobre os ombros.

Recusou-se a voltar-se.

Quando o fazia, sempre que cedia ao desejo, não via nada, naturalmente. Apenas as filas vazias de cabines de estudo e as fachadas de lojas na rua Euclid, colorida pelas luzes, alongando-se até desaparecer na escuridão.

Olhava de novo em frente e fechava os olhos. Para mudar de ares, começou a frequentar a biblioteca principal em vez da Evans. Ainda assim, havia sempre outros alunos de Matemática por perto. Se os olhos de Milo Andret estivessem abertos, os outros alunos notá-lo-iam. Milo Andret trabalhava de *olhos fechados*. Era o *protégé* de Hans Borland. O sábio.

Nesse momento, regra geral, daria o dia por terminado. Deixava cair a máscara e limitava-se a aproximar-se de uma das grandes janelas para contemplar a baía. O ar que lhe chegava cheirava a nevoeiro e transformava as luzes dos candeeiros de rua em fileiras de luas amarelas. Por vezes, aquilo era o bastante, mas, regra geral, precisava de sair. Para se acalmar tomava o caminho mais longo até casa. Os casais com os seus cães. Os renques de bangalós com os alpendres iluminados. O aroma a casca de laranja das árvores. Tudo aquilo congregado na batida regular dos seus passos. Em casa, agarrava imediatamente no bloco de notas, agora repleto de números. Naquele trabalho simples, conseguia esquecer-se de si.

Felizmente, a própria noite nunca cessava de o purificar. De manhã, acordava cedo e voltava a registar informações. Na esteira de Copérnico ou Leonardo, extrapolava tão-só a partir dos seus próprios dados. A sua vista perfeita do universo, enquadrado por duas janelas. Números atrás de números.

Estava agora certo do que via naqueles intervalos progressivos: uma reconhecível prova de uma harmonia. Os números nas suas colunas perfeitas faziam-no avançar.

Não muito depois: outra fileira de quadrados na palma da mão de Earl. Foi num início de tarde que deixou que Cle lhe metesse um na língua. Horas mais tarde, quando se libertou do seu poder, ela desaparecera. Assim como Earl. Daquela vez foi diferente: não houvera matemática, não fora visitado pelas suas fontes.

Ainda assim, compreendeu algo.

O modo como ela o visitava ultimamente: tarde sim, tarde não.

Em redor, a divisão estava escura. Halos finos de luz farejando os perímetros das sombras. Corpos nos tapetes e sofás. O efeito da droga deixando-o enjoado. Reconheceu uma rapariga algures, ergueu-se e aproximou-se dela, tocando-lhe no ombro.

Na rua, estavam já de braço dado. A curva dos seus lábios. O cérebro dele perdido e a droga ainda a atuar: as cores inundando-o. Os amarelos das alteias a quarteirões de distância. O brilho prateado e esverdeado da baía. A atenção dispersa. Cle. Aquela nova rapariga a seu lado, a voz subindo e descendo. Quarteirão após quarteirão enquanto as cores o atingiam de longe. A noite caíra antes que se cansassem, algures abaixo das colinas de Albany. Um bar minúsculo, escuro e calmo. As cores por fim esbatidas, mas a droga ainda a atuar nas orlas da sua consciência. Um sítio de estivadores: bancos de ferro e uma *jukebox*. Uma insinuação de perigo. Vodca para ela, *bourbon* para ele, duplo.

O toque lenhoso arranhou-lhe a garganta e devolveu-lhe o mundo.

Sozinho, mais tarde, acordou numa cama desconhecida. O quarto brilhante: manhã. Cobras cinzentas de incenso volteavam no teto. Roupas no chão: as suas. Calças de ganga, botas. Num cabide junto à porta, um casaco de cabedal com franjas. Desviou o olhar: não era o tipo de coisa que Cle usasse.

Quem quer que fosse, desaparecera. Os lençóis desalinhados. A cova na almofada. Olhou em redor em busca de um recado. De seguida, pela janela, procurou uma placa na rua.

Era estranhíssimo não saber onde se encontrava.

Não se recordava do que quer que fosse: eis a parte estranha. Um buraco no mundo, que recomeçava no bar. A rua. As escadas. O calor dela sob o seu corpo. Mas, antes disso, nada.

Apercebeu-se de que deveria estar nos apartamentos algures perto de Gilman. Reuniu os seus pertences e partiu.

Quarteirões atrás de quarteirões de casas baixas, cães a ladrar amarrados por correntes. A paisagem sombria. Por fim, numa esquina, vislumbrou água e o mundo voltou ao lugar. A caminho de casa, tentou perceber o que acontecera.

O planetário

O pensamento ou o acordou ou surgiu-lhe mal abriu os olhos. O escuro da noite. Levantou-se e voltou a verificar o bloco de notas, inseriu as coordenadas do mês. De seguida, calculou.
Escreveu de forma límpida:

1. A órbita de cada planeta é uma elipse com o Sol num dos dois focos.

$$r = \frac{p}{1 + \varepsilon \cos\theta},$$

Em baixo o seguinte:

2. O raio vetor que liga um planeta ao Sol descreve áreas iguais em intervalos de tempo iguais.

$$\frac{d}{dt}\left(\frac{1}{2}r^2\theta\right) = 0,$$

Após o que surgia:

3. O quadrado do período orbital de um planeta é proporcional ao cubo do eixo médio da sua órbita.

$$P^2 \propto a^3$$

Ei-las, congregadas tão-só pela sua devoção. As *Epitome Astronomiae Copernicae*. Trabalhando às cegas, obtivera aquilo que o grande Johannes Kepler deduzira três seculos e meio antes.

As leis do movimento planetário.

Quando chegou às aulas na segunda-feira seguinte, os alunos já se encontravam a ler o artigo. A primeira página do *Daily Cal*. Não fora avisado. A ilustração era o famoso retrato do século XVII do próprio Kepler, um estudo artístico, pensara sempre Milo, tanto da maleabilidade quanto da inflexibilidade. A segunda linha saltava da página.

Cle não dissera nada acerca do assunto.

As pessoas elogiaram-no todo o dia. Professores. Outros mestrandos.

Nessa noite, Hans Borland arrastou a garrafa até à outra ponta da secretária.

– Xerez?

– Obrigado – respondeu Milo, retirando um copo da fileira e deslizando-o na sua direção. – Mais vale celebrar. – De seguida, uma absoluta mentira: – Estou a fazer progressos na tese.

Borland remexeu no botão de punho.

– Progressos?

– Sim.

– Que engraçado porque li hoje que anda a perder o seu tempo.

– Bem...

– Com o seu sextante.

– É um quadrante, professor. Obtido a partir de um sextante náutico, pois sim.

– Sei o que é um quadrante, Andret. – Lançou-lhe um olhar gélido sobre o mata-borrão. – É uma tolice. O que tem que ver com a conjetura de Malosz?

– É um passatempo, senhor. Interessei-me pelo trabalho de Tycho Brahe.

A expressão de Borland gelou.

– A invariante de Borland – disse. – Tinha dezoito anos quando a fiz. Ainda nem tinha passado um mês desde o meu aniversário, sabia? Estava em Caltech, já a fazer trabalho de licenciado. Um ano depois, dava aulas.

– Como o professor bem sabe, comecei tarde.

Tratou-se de uma observação patética, que Borland ignorou.

– Tycho Brahe... – Alcançou uma pilha de ficheiros. – Tycho Brahe pensava que a Terra era o centro do sistema solar.

– Era um génio.

– Não era de todo genial, Andret. Percebeu tudo mal.

– Ninguém acerta em tudo.

– Desculpe?

– Ou quase ninguém. Kepler, talvez.

– Preste bem atenção, Andret. Deixe-se de disparates. É a desculpa dos incapazes e está a conspurcar este *campus*. Está a conspurcar todo este nosso país, para ser honesto. O senhor não é incapaz, Andret. Está a ouvir-me?

– Pelo menos, tento não o ser.

– Tolices, Andret. Preste bem atenção. Está a *ouvir-me*?

Borland parecia de facto esperar uma resposta.

– Estou, sim – retorquiu Milo.

– Tem de ir contra o seu tempo. Tem de ir sempre contra o seu tempo. Sabe o que significa isso? Que acha que Kepler estava a fazer? Que acha que Galileu estava a fazer? É daí que nasce a descoberta, Andret. Não deste seu comportamento e não quando se segue a maralha.

– Sim, eu sei, mas...

– Agora, volte ao trabalho. Tudo o que fez foi derivar um cálculo antigo. Tem talento e disciplina, e vejo que está a desperdiçar ambos. – Voltou a pousar os ficheiros na secretária. – Não me faça pensar que cometi um erro consigo.

– Bem – disse ela –, gostaste do artigo?

Haviam-se passado vários dias. Ele andara a trabalhar, a tentar mudar as coisas.

– Andas com o Biettermann – declarou ele, sem erguer os olhos.

– O quê?

Agora levantou a cabeça.

Ela exalou o fumo de um cigarro.

– E se andar?

– Bom, para começar, poderias ter-me contado.

Ela acendeu um outro cigarro.

– Para de ser burguês.

– Não há nada de burguês nisto.
– Para de te preocupar com a moralidade dos teus pais, Andret. Estás acima disso.
Ele desviou o olhar. Não era claro se ela sabia o que ele fizera. Milo ainda não se lembrava do nome da rapariga.
– Deixa de ser tão feio.
– Obrigado. Fico feliz por saber o que pensas.
– Andret, queres mesmo ouvir o que penso?
– Não.
– Acho-te incrível.
– Tretas.
Ela perscrutou a distância.
– Quero salvar-te – disse. – Acho que é isso. Salvar-te do teu próprio brilhantismo. – Bateu noutro cigarro para o retirar do maço. – Ou talvez *em nome* dele.
– O quê?
– O que disse.
– Não preciso de ser salvo, Cle. Isso é ridículo.

Estava acordado havia quase dois dias, escrevinhando notas num minúsculo caderno de capa dura, que levava para todo o lado desde a última conversa com Borland. Para as refeições. Para as aulas. Para qualquer lugar para onde se dirigisse. Penetrara mais fundo no problema. Certa noite, caminhando sozinho junto à linha de água, contemplara os navios de carga deslizarem para sul sob a ponte. Minúsculas cidades de luz na água. Garrafas estreladas à deriva no escuro. Por incrível que pareça, foi aí que vislumbrou uma brecha. Estreita. Um pensamento voltara atrás. Brilhos encaixados noutros brilhos. Formas sem volume. Afastou-o deliberadamente e permitiu, depois, que voltasse. A brecha permanecia. Era real.

A Malosz não era intransponível. Podia ser resolvida nas dimensões mais elevadas.

Foi aí que a resposta se lhe deu a conhecer, no escuro lamacento de uma doca salpicada de lixo sobre as salinas em Emeryville. Um ligeiro aroma a podre no ar. Os faróis de nevoeiro deslizando incessantemente de oeste, dividindo norte e sul na margem. Complexas curvas brancas fazendo incisões num papel negro representando o mundo. Os navios arrastando-se em baixo. Seria demonstrável noutra dimensão. Eis o caminho. Os seus rivais nunca se lembrariam disso por se tratar de uma ideia tão profundamente contraintuitiva. Porém, quando mais nela ponderava, mais nitidamente sabia que aquela via seria várias ordens de magnitude mais simples.

Encontrara-a.

De um monte molhado de alcatrão, lançou o cigarro para a areia malcheirosa. Bebeu um gole do frasco no bolso traseiro e voltou para casa.

– O Earl e eu somos mortais – disse ela.

Desta vez, numa loja de dónutes. Shattuck Avenue.

– Tretas.

– Os mortais andam com mortais, Andret. Fazem coisas de mortais.

– Tretas, Cle.

– Conversamos. Passeamos. Por vezes, tripamos. Não nos preocupamos com grandes enigmas que a mente humana ainda não desvendou.

– Andas a dormir com ele.

– Talvez ande.

– O quê? Cle?

– Disse que talvez ande.

– Suplico-te.

– Não supliques.

– Por favor, Cle.

– Já te disse para parares com isso.

– Então, vai-te lixar.

– Brilhante. Obrigada. – Ela olhou para lá das janelas amareladas, deu uma passa no cigarro. – Se quiseres ir para a cama comigo, sabes, podes continuar a fazê-lo. – O fumo pairou. – Podes sempre fazer isso.

– Obrigada.

Silêncio.

– Achas que não sei o que fizeste, Andret?

– Desculpa.

– Não peças desculpa. Não tem importância.

– Tem, sim. Sinto tanto. – Há muito esperava por poder verbalizá-lo. – Sinto tanto, Cle.

Agarrou na mão dela. Era a mão de outra pessoa.

— Achas que me importo, Andret? Não me importo. Não quero saber dela para nada.
— Nem eu. Estou a suplicar-te.
— Olha para mim, Andret. Só os mortais suplicam. Tu não tens de o fazer. — Agarrou-lhe na cara, aproximando-a da sua. — Tu não, Andret. Para de seguir as regras das outras pessoas. Estás acima delas.

Nessa noite, outra festa: de novo, Biettermann. Sorriso rasgado. Uma rapariga a seu lado na multidão agitada.
— *China White** — disse Biettermann.
A rapariga ergueu o punho. Um dragão azul, torcendo-se em volta dos nós dos dedos.
— China *quê*? — indagou Milo.
Biettermann soltou uma gargalhada. A rapariga também. Bietterman agarrou-lhe na boca e beijou-lhe os lábios carnudos. A rapariga olhou para Milo. Beijou Biettermann e olhou para Milo. Ele desviou o olhar. Quando o voltou de novo, ela continuava a contemplá-lo. A boca na de Biettermann. Anuiu, inclinou a mão na direção dele e abriu-a. O fogo do dragão enrolava-se-lhe na mão.
Então, surgindo por detrás dela: Cle.
Biettermann beijou-*a* também, mesmo diante dele. O braço em volta de ambas. Cle fechou os olhos.
Milo fitou especado.
Os três olharam para ele.
— *White* — retorquiu Biettermann. — *China White*.
Todos se riram.
Então, Biettermann abriu a mão: uma seringa.
— Estás pronto para viajar?

Mais tarde, pensou no motivo pelo qual recusara. Poderia, pelo menos, ter ficado com ela. Ao invés disso, saíra sozinho, a pé, e passara o resto da noite num bar perto de casa.
Um mês e duas semanas: eis quanto tempo se passou antes que a visse de novo. No calendário, foi riscando os dias.

---

* China White é o nome pelo qual ficou conhecida, no mercado negro, uma heroína com um grau de pureza muito elevado. *(N. da T.)*

China White

Havia, pelo menos, duas maneiras de resolver qualquer problema: do princípio, a abordagem usual; e do fim, que não o era. Também qualquer teorema poderia ser provado quer direta, utilizando a lógica progressiva, quer indiretamente, conjeturando a negação da hipótese e demonstrando uma contradição. Assim sendo, existiam, pelo menos, quatro permutações por onde escolher.

Eis como ele começou.

Um caderno. Uma divisão. Uma vista minúscula. Nada de números, apenas geometria. Não se conseguia desenhar uma quarta dimensão. Aquela era uma máxima matemática e, claro, desafiou-a, mas, ao cabo de dias a tentar negá-la, acabou por aceitar a sua verdade. Contudo, podia extrapolar-se.

Certa noite, experimentou. Com os olhos fechados, construiu um mundo unidimensional e aprisionou-se dentro dele. Dali, imaginou uma segunda dimensão – um imperscrutável embate de um universo maior. Depois, ao fim de dias disto, aprisionou-se em duas dimensões e imaginou uma terceira. A quebra do conhecimento experiencial. Tratou-se de um trabalho violento. Um trabalho físico. Obrigava-o a limitar o pensamento. Só conseguia manter a ficção por alguns minutos de cada vez. O esforço deixava-o faminto.

De certa forma, era semelhante à idiotice – Cle tinha razão. Porém, ao mesmo tempo, compreendeu a imensa dificuldade do que estava a tentar fazer. A disciplina necessária para desaprender o mundo e refazê-lo de raiz.

A intuição também importava. Não se avançava sem intuição.

Por fim, abandonou esta experiência e lidou com o problema em si, atacando-o inicialmente nas dimensões vulgares. Aquilo constituía apenas a base que confirmaria a sua abordagem. Tratava-se do trabalho que Akira Kobayashi abraçara em Kyoto. Um mês mais tarde, estava ciente – através do insucesso na articulação das proposições – de que aquele caminho não o levaria a lugar algum. No fundo do seu próprio labirinto argumentativo, vislumbrou uma espiral infinita, uma cadeia de vários ramos, fechada apenas pelos seus primeiros dogmas. Um beco lógico. A perceção encheu-o de alívio. Kobayashi não era uma ameaça.

Por outro lado, Marat Timofeyev, em Kiev, parecia estar a lidar com o problema a partir da negação da hipótese, trabalhando apagogicamente – o caminho para o qual Andret se voltou então. Os *papers* regulares de Timofeyev acerca de variedades complexas, as suas provas meticulosas de conjeturas estruturais indicavam que se tratava de um homem a estabelecer uma base. Porém, em breve, Andret sentiu-se igualmente confiante acerca de Timofeyev. A menos que os trabalhos do seu rival fossem uma tática de diversão, estava a avançar centímetros numa jornada de muitos quilómetros. Um carreirista, apercebeu-se certa noite na Biblioteca de Evans, enquanto desembrulhava um novo conjunto de revistas. Um homem apenas interessado num cargo permanente de professor.

Ante tal perceção, permitiu-se um fim de semana de descanso. Uma garrafa de *bourbon*. Beberricou-a de uma caneca de café em casa.

Não telefonou a Cle. Não queria lançar-se de um precipício.

Depois, voltou ao trabalho. A sua primeira tarefa consistia em contornar o que Timofeyev fizera. Começou por assumir o resultado, pegando numa conjetura provada e recuando. Se isto for verdade, também aquilo o terá sido. Pois, para tal ter sido verdade, então, também isto tem de ter sido. Os passos individuais eram simples, cada um deles exigindo apenas uma ínfima conclusão. No entanto, a complexidade deles todos juntos afigurava-se exaustiva. Era como se de manhã construísse, mentalmente, uma casa de mil cartas e à tarde escolhesse retirar uma. Depois, na manhã seguinte, construía uma casa de novecentas e noventa e nove cartas. Era isto que Timofeyev andara a fazer, mas ao contrário. Certa manhã, apercebeu-se de que, daquela maneira, precisaria de anos até chegar a uma prova.

Também se apercebeu de que a sua própria hesitação desaparecera. As brancas. Havia semanas que não tinha uma que fosse.

Comprou outra garrafa de *bourbon* e pousou-a na secretária. Um gole ou dois parecia alinhar-lhe o pensamento. Durante um período de projeção mental, vislumbrou fugazmente um caminho até ao fim: apresentou-se-lhe como uma pedra saltando num rio. Depois, desapareceu.

Foi capaz de reconstruir as proposições apenas o tempo suficiente para divisar que tal caminho, embora momentaneamente discernível, em breve ficaria soterrado por cálculos. Cada vez mais confiante, adotou a sua ideia inicial – de que as dimensões mais elevadas, pese embora a sua invisível complexidade, deteriam a resposta.

Aquele era o caminho certo, sentiu perentoriamente enquanto se dirigia até Emeryville, onde, diante dele, na baía escura, os barcos lançavam uma luz rastejante contra a noite. Aquele era o caminho no qual firmaria o seu futuro.

Encontrara agora a sua abordagem. Estava bastante ciente disso.

No entanto, já não conseguia trabalhar na biblioteca, a calma acelerava-lhe os pensamentos a ponto de correrem diante de si. Optara por trabalhar em cafés e até numa pequena pastelaria perto de casa, onde o barulho lhe abafava o pensamento. O cérebro precisava de funcionar a uma certa velocidade. E sozinho. As partes que constituíam Milo Andret precisavam de desaparecer.

Numa noite chuvosa, enquanto esperava pelo sono, foi sobressaltado pelo telefone. Uma hora e vinte e três minutos. Sentou-se na cama.

– Andret...

Era Cle. Aquilo seria a sua ruína.

Não conseguia proferir palavra. Não queria dizer o que quer que fosse, mas não era capaz de desligar. Pousou o auscultador nos lençóis. Agora, ela não falava. O único som que lhe vinha era o da música. Mais vozes. Forçou-se ao silêncio. O ponteiro do relógio moveu-se.

– O que queres? – perguntou, por fim.

Não houve resposta. Atrás dela, de novo, vozes breves no meio do barulho: uma festa.

– Vou desligar – disse ele. – Não quero, mas vou desligar.

Que não o tenha feito – que não tenha pousado o auscultador no descanso, que, em vez disso, o tenha colocado em cima da almofada, junto ao ouvido, onde se manteve um murmúrio –, por ter tido uma intuição tornou-se um consolo que o encorajaria muitos anos mais tarde, quando a dúvida o assaltava constantemente.

Cinco minutos mais tarde, ela proferiu, com clareza suficiente:
– Socorro.

Era leve. Não pesava nada. Correndo. O corpo dela saltava-lhe no peito. Uma multidão. Vozes.

Na Durant, a sirene de um carro da polícia e uma viragem na curva. Agora estavam nas traseiras, a cara pálida dela erguida. Correndo noite dentro. O estroboscópio rodopiante dividindo o mundo.

A maca de metal. As portas duplas. A máscara cinzenta sobre a boca dela.

– Que é que fizeste? – perguntou ele, por fim, quando o deixaram entrar, na tarde seguinte. Fora para casa de madrugada e colhera flores com uma lanterna. Esperava no átrio desde manhã.

Um tubo saía-lhe do nariz.
– Podia estar adulterada – disse ela.
– O quê?
Ela olhou em volta.
– Como hei de eu saber?
– Onde é que a arranjaste?
Ela descartou a pergunta com um gesto da mão.
– Cle, onde é que a arranjaste?
– Onde é que achas?
– O que era?
– Não... – Voltou a esboçar o gesto.
– Não o quê?

Beliscou-lhe a mão. Estava lívida. A pulseira com o nome em volta do seu pulso encontrava-se manchada de sangue ou vómito. Uma intravenosa fora colada na curva do braço.

– Obrigada – murmurou Cle. A mão apontou para as flores. – Por tomares conta de mim...
– De nada.

Ela é capaz de ter sorrido. O braço estremeceu involuntariamente. Ele cobriu-o com o lençol. Cle dormia, mas, ainda assim, ele disse-o.

– Parece que não era eu quem precisava de ser salvo.

*

Num quarto no fim do corredor, encontrou Biettermann, encostado à cabeceira a ler a *Rolling Stone*. Um som gotejante. Andret afastou a cortina. O tubo havia sido retirado do nariz de Biettermann, mas a fita branca ainda se encontrava colada.

– O que foi, Earl?
– Como poderei eu saber?
– Boa.
– Obrigado, pá.

Milo contornou a cama. O gotejar era a intravenosa a cair no chão.

– Abordagem interessante ao tratamento, Earl.

Biettermann esboçou um sorriso triste.

– Ah, uma anedota.
– Podiam ter os dois morrido.
– Ah, sim... Tens razão. – Abanou a revista para voltar a página. Depois, olhou para ela e fingiu lê-la. As pálpebras fechadas.
– Bom, acontece que me preocupo com ela – retorquiu Milo.
– Que querido.
– Que é que lhe deste?
– Que é que lhe dei? Não lhe dei nada – Abanou a revista, mas a página não se voltou. Andret baixou-se e ergueu o lençol. O outro pulso estava algemado à barra da cama.
– Meu Deus, Earl. Que é que fizeste?
– Como é evidente, alguma coisa fiz.
– Nem sequer te lembras, pois não?
– Ouve, Andret. Eu compro o melhor.
– De que é que estás a falar?
– Tomo conta dos meus amigos. Tomei conta da *tua* amiga.
– Que é que lhe deste?
– Porque não lhe perguntas a ela?
– Acabei de o fazer.
– E?
– Ela não sabe.

Biettermann soltou um riso escarninho.

– Ela não sabe – repetiu.

– Ouve, Andret. Ela *suplicou*. Não forço nada nem ninguém. Ela não é a Branca de Neve que pensas que é. E tu não és o Príncipe Encantado.
– Estás no conto de fadas errado.
– Não muda nada. Achas que a vais salvar com um beijo?
– Nem o poderia. Ela não estava a respirar.
– Então, porque não me carregaste a mim, também? Porque não voltaste para me ajudar *a mim*?
– Diria que tiveste sorte por chamar uma ambulância.
– Bom, alguém chamou também a polícia. – Biettermann olhou para ele. – Foste tu, certo?
– Deveria ter sido.
– Ouve, Andret, não somos drogados. Aquelas coisas dão-me ideias.
– Que coisas, Earl?
– Não quero falar disso. – Inclinou-se e abanou a revista. – Mas, quando te sentires preparado para experimentar, diz-me.

Em março, três semanas antes das férias da Páscoa, saiu da faculdade. Um saco de sandes e o depósito atestado. Sinos tocando nas torres e uma luz prateada nas colinas. A norte, na 80, um pequeno cantil em inox de pé a seu lado. Parou nos mesmos locais onde parara a caminho da universidade – Reno, Elko, Salt Lake, Rock Springs – e percorreu sozinho os mesmos trilhos que haviam percorrido juntos. Adormeceu nas mesmas áreas de serviço. Amontoado no mesmo frio com os mesmos ruidosos e grandes camiões. Queria demoli-la da sua mente. Dormitou, um casaco a cobrir-lhe o peito, no banco traseiro do carro, onde outrora se enrolara no seu calor.

Iria pensar nela uma e outra vez até que desaparecesse.

Num carreiro devastado perto de Rawlins seguiu o trilho que haviam feito naquele inverno, piscando os olhos ao vento frio. Nos bancos de um rio a leste de Cheyenne, onde, de mãos dadas, se tinham sentado numa rocha lançando pedras ao rio pintalgado de neve, sentou-se lançando-as à corrente veloz. Cada uma delas salpicou e desapareceu. Também Cle desapareceu, rumo à escuridão. Na terceira noite na estrada, mesmo depois da fronteira do Nebrasca, parou no mesmo restaurante brilhante, onde a mesma empregada de meia-idade lhe serviu a sopa, mas não voltou com o pão.

Quando terminou, encontrou o caminho até à casa de banho. Bebeu um longo gole do cantil. Diante do mesmo espelho lascado, examinou o rosto. Endurecera. Transformara-se em pedra.

Algo também fora retirado. Permanecera a ambição.

Bebeu um novo gole. De volta à sala de jantar, a empregada encontrava-se já a limpar a mesa. Postou-se a seu lado até que ela ergueu o olhar e sorriu.

– Onde está a sua amiga? – perguntou. – Deixou-a algures?

Ele retirou o casaco das costas da cadeira e enfiou as mangas.

– Na Califórnia. As coisas não resultaram.

– Vai encontrar outra.

– Não sei.

– Bom, sei *eu* – retorquiu ela, inclinando-se para arrumar a cadeira. – Vai encontrar outra.

Chegou a Cheboygan estavam os pais a sentar-se para o jantar de domingo. A mão da mãe dirigiu-se à boca. O pai retirou do móvel mais um prato.

Faltava quase um mês para que as aulas recomeçassem depois da pausa. Na manhã seguinte, o telefone tocou. Era da secretaria. As suas aulas haviam ficado por dar. A polícia fora enviada a sua casa. Desejaria ele retirar a queixa? Quatro dias depois, chegou uma carta registada com a mesma pergunta. A sua bolsa de estudos estava em risco. Por fim, uma chamada do reitor. O pai lidou com ela.

Trabalhava no bosque. Dias gelados. Neve brilhante. O seu trigésimo segundo ano na Terra – tarde, de facto, para um matemático. Casaco de lã. Caderno de argolas. Cantil. Trouxera a corrente consigo e, no primeiro dia no bosque, voltou a colocá-la no bordo-açucareiro, o seu devido lugar. Depois disso, passou um mês quase sempre na rua, num dos seus antigos abrigos sob as árvores. Não tinha fome e raramente sentia sono.

Fá-la-ia arrepender-se.

– Está com péssimo aspeto – disse Borland mal Andret lhe entrou no gabinete. Ainda restava um dia de férias. O *campus* encontrava-se calmo, os alunos chegando a conta-gotas.

– Kamil Malosz e eu temos estado em contenda – retorquiu Andret.

– Bom. Bom. É bem visível. – Ao invés de xerez, o professor pegou numa garrafa de *whisky* e limpou a secretária. Dois copos, cheios até ao topo. – E derrotou-o?

Andret bebeu de um só trago e pousou o bloco de notas ao lado do copo.

– Sim – retorquiu. – Creio que sim.

3 CONTRAPOSIÇÃO

Fine Hall

Universidade de Princeton. Milo chegou num dia de queda de granizo – milhares de esferas brancas do tamanho de bolas de açúcar saltitavam pelos relvados e ruas do centro de New Jersey enquanto segurava na pasta de encontro ao quadríceps. Um milagre. Céu azul. Um dia quente como um secador de roupa. E eis que, de súbito, o granizo pulava do passeio numa dança ruidosa, chegando-lhe ao cinto – milho numa máquina de pipocas. Em segundos, a aba do chapéu orlara-se-lhe de branco.

Depois, de um momento para o outro, parara.

Comprara o chapéu – um *Borsalino* –, assim como o fato, para celebrar o início de funções. Seguira o conselho de Borland: não se parecer com a restante maralha. *Ir contra os tempos*. Era isso mesmo que fazia, caminhando a passos largos entre os estudantes de cabelos compridos, baixando-se, aqui e ali, para apanhar minúsculos fragmentos do universo a derreter-se. À sua volta, os docentes desleixados levantavam os descansos das bicicletas e seguiam caminho. Os estudantes emergiam de baixo das cornijas para pontapear de novo uma bola na luz brilhante do pós-tempestade.

Dr. Milo Andret, mestre.

Tivera tempo para pensar. A vida que levara até então – o quadrante, as festas escapistas, as visões obtusas e exigentes de Cle – ficara para trás. A partir daquele momento, viveria segundo outras regras. Vendera o *Valiant* e livrara-se das roupas velhas. Agora usava um fato feito à medida e um perfume adstringente. O mundo abria-se à medida que ele avançava. Não sentiria saudades nem de uma molécula do que vivera.

A pasta fora um presente de Borland aquando da defesa da sua dissertação; aliás, triunfal. Mal chegou a Fine Hall, pousou-a, tirou o chapéu e depositou o granizo da aba na palma da mão. Pequenas mensagens da estratosfera, ameias retangulares dos céus.

Num gabinete do departamento encontrou um trio de administrativas – duas loiras com camisolas de lã a datilografar às secretárias, logo à entrada, e uma morena, ao fundo, a cabeça baixa. Ele estendeu a mão.

– Trouxe-nos doces – disse uma das loiras.

– Quem me dera – retorquiu ele. – Para dizer a verdade, é granizo. Bolas de naftalina dos céus. Não nos acontecem destas coisas em Berkeley. É espantoso, a sério.

– Isso é relativo, acho – opinou a outra loira, não levantando os olhos da máquina de escrever. A primeira riu roucamente.

– Até poderia ser se te dignasses a ver – disse a morena ao fundo da sala, sem erguer a cabeça.

– Verdade – retorquiu uma das loiras, olhando para o relógio de parede –, mas apetecia-me mesmo que fossem doces.

Um silêncio. Era sexta-feira à tarde, apenas uns minutos antes das cinco. Ele próprio mirara de relance o relógio pela primeira vez. Parecia que todas as outras pessoas no edifício haviam dado o dia por terminado.

– Bom – explicou –, só queria mesmo ter a chave do meu gabinete. Sou Milo Andret. O novo contratado. Acabei de chegar. – Lançou os restos derretidos no caixote do lixo.

As loiras continuaram a datilografar. Uma delas olhou novamente para o relógio.

– Bom – avançou a morena –, já que ninguém vai ajudar o professor Andret, vou eu.

– Não sou professor – replicou ele, uns minutos mais tarde, depois de terem os dois subido no elevador e de ela ter destrancado a porta do gabinete. Era uma divisão ampla com duas janelas junto de um passeio e com vista para um campo desportivo truncado por árvores de folha persistente. Princeton fizera de tudo para o recrutar. Ainda assim, era mais do que esperava. – Sou professor *assistente* – acabou por dizer.

– Eu também – retorquiu ela, afastando o cabelo dos olhos. – Quero dizer, sou uma secretária administrativa assistente.

Alguns meses antes, a horas de mostrar a prova a Borland, começaram a correr boatos do seu feito. Pouco depois, a tese fora aceite pelo *Annals*. Publicação em outubro: uma reviravolta inaudita. Aos trinta e dois anos, encontrara a solução para um dos maiores problemas da história da matemática. O artigo chegaria no mês seguinte às bibliotecas de todo o mundo: a conjetura de Malosz, graças a Milo Andret, transformara--se no *teorema* de Malosz.

Pensou por instantes em Kobayashi e em Timofeyev.

No primeiro dia passeou pelo *campus* incógnito. O fato engomado. O chapéu. Tinha a sensação de ser outrem, de que lhe fora oferecido um disfarce. Até no departamento de Matemática, só a secretária morena, que se chamava Helena Pierce, lhe havia prestado alguma atenção.

Naquela segunda-feira, no primeiro dia de trabalho dele, mostrou-lhe o edifício. O semestre só começaria dali a uma semana, mas a sua caixa de correio encontrava-se já repleta de cartas.

– Uma série de questões burocráticas, parece-me – avançou ele.

– Sim – retorquiu ela. – Hum, na verdade, não – corou. – Provavelmente, não serão assim tantas, pelo menos por agora. O presidente Hay tenta que o corpo docente júnior tenha tempo para o seu trabalho. – Voltou a afastar o cabelo dos olhos, antes de apontar para as aberturas perto do nome dele. – Não que o senhor seja júnior – corou ainda mais –, talvez no título. Li acerca da teoria Malosz, confesso. Parabéns, professor Andret.

– Professor assistente Andret.

Ela ignorou o charme que lhe fora lançado.

– Os novos elementos do corpo docente estão aqui, aqui e aqui. As caixas não estão tão cheias quanto a sua... Como pode, aliás, constatar.

Fez uma pausa, como se se tivesse excedido.

– Obrigado – retorquiu ele. Ergueu uma mancheia de envelopes. Diversos haviam sido ali deixados por mão própria. Pegou numa segunda fornada. Ainda antes de ter deixado Berkeley, já havia sido convidado para dezenas de seminários.

– Reparei que recebe muita correspondência, professor. Mais do que alguns dos professores mais antigos da casa.

– Prospetos do Clube do Livro do Mês.

Ela voltou a corar.

– Os restantes professores decerto pagarão as contas a tempo e horas – declarou, deitando-lhe um olhar de relance. Era um pouco formal, mas bonita quanto bastasse, com um pescoço longo e uma tez pálida. Uma mulher saída de uma pintura da escola flamenga. A blusa cor de vinho realçava-lhe os olhos.

Dirigiu novamente a atenção para os envelopes.

– Bom – continuou ela, cuidadosamente –, ia dizer-lhe que há uma peça acerca de si na *newsletter* do departamento. É muito lisonjeadora, naturalmente.

– Ai, sim?

– Acerca da teoria de Malosz. É bastante impressionante, mas é claro que já sabe isso. Bom, é melhor calar-me.

– Talvez ainda não saiba isso – replicou, voltando-se para lhe sorrir.

Mais tarde nessa noite, num bar na Baixa, um local elegante perto da Bank Street, onde ele a convencera a parar para uma bebida, ela quebrou uma pausa na conversa, perguntando-lhe acerca da sua investigação.

– Diga-me só uma coisa ou outra acerca de topologia – pediu-lhe. – Para propósitos profissionais. Gosto sempre de aprender um pouco no trabalho.

– Claro, claro. – De uma sala distante chegaram-lhes os sons de um quarteto de cordas. Ele retirou o anel de peltre do guardanapo enrolado e pousou-o no meio da mesa. De seguida, fez uma ligeira vénia e aproximou-se dela. – Uma lição introdutória acerca de topologia – disse – pelo professor Milo Andret, por ocasião da sua estupendamente afortunada contratação.

Ela corou.

– Para mim, este anel para guardanapos – explicou ele, erguendo-o diante de si – é igual a esta chávena de café. – Enfiou o polegar no anel para guardanapos e, de seguida, colocou o dedo mínimo da mesma mão

dentro da pega da chávena de café. Erguendo-os lado a lado, continuou:
— Vê, são ambos elos, nos quais posso enfiar um dedo. Porém, a chávena de café tem um pequeno bojo agarrado ao *seu* elo, para conter o líquido, ao passo que o anel para guardanapos mais não é do que um elo.
— Estou a ver.
— Em contrapartida, a chávena de café é fundamentalmente diferente de um copo de uísque. — Com a outra mão, ergueu o copo de *bourbon*, rodou-o no ar e esvaziou-o. — Não tem pega. Na verdade, uma chávena de café e um copo de uísque não poderiam ser mais diferentes, topologicamente falando.
— Sim — retorquiu Helena —, topologicamente falando.
Havia algo nela.
— Com tudo isto, só pretendo dizer que uma chávena de café e um anel para guardanapos são *topologicamente* equivalentes. Um dos objetos é apenas um elo e o outro pode facilmente ser reduzido a isso. Eis outra maneira de ver a coisa: se o anel fosse feito de barro, conseguiríamos moldá-lo até o deixar com a forma de uma chávena de café. Está a ver? — Fez uma série de movimentos com os dedos, como se estivesse a moldar uma pequena taça a partir da lateral do anel, levando-a de seguida até aos lábios. — Não teria de se fazer quaisquer buracos, nem cortar, ou usar cola. Contudo, o mesmo não seria possível com um copo de uísque, certo? Por mais que tentasse, não o conseguiria transformar numa chávena de café com pega. Está a perceber?
— Porque não conseguiríamos fazer a pega?
— Exato. Não sem furar algo, de modo a que o meu dedo passasse.
— Sim, julgo estar a compreender.
Retirou a pilha de cartas da pasta. Estavam todas presas por um elástico, que ele colocou na mão dela.
— Para um topologista — explicou —, o elástico é um objeto fundamental, porque o nosso campo trabalha aquilo a que chamamos *deformações contínuas*. Pode esticar-se ou torcer-se um elástico na direção que se quiser, até ao ponto que se desejar, tal como fiz com o anel para guardanapos, mas nunca se pode cortá-lo, colá-lo ou esburacá-lo. — Sorriu-lhe, fazendo uma ligeira vénia. — E pronto. Eis as regras da topologia.
— Decerto será mais complicado do que isso.
— Talvez no que respeita ao grau.

Fez-se, então, um silêncio. O som do quarteto de cordas aumentou. Helena Pierce parecia estar a pensar, beberricando água absortamente.

– E também não poderia transformar o anel para guardanapos num copo de uísque – disse ela –, a não ser que o colasse, certo? Não teria fundo a menos que conseguisse fechá-lo, colando-o de alguma forma.

– Precisamente. Agora somos pares.

Ela soltou um risinho abafado.

– Eu também sou um anel para guardanapos – declarou ele. – Assim como a Helena.

Um rubor acendeu as faces dela.

– Quero dizer – continuou ele –, todos os seres humanos são *anéis para guardanapos*, topologicamente falando. Também temos isso em comum.

Foi nesse preciso momento que lhe foi servido o segundo *bourbon*. Aceitou-o e, com um pequeno gesto da cabeça, pediu outro à empregada. Tecnicamente, um ser humano não era um anel para guardanapos, mas, sim, um duplo toro, embora aquilo fosse demasiado complicado de se explicar naquele momento. Bebeu um gole do líquido lenhoso. Ela ainda estava corada.

– Será que me poderia ajudar com a correspondência? – perguntou-lhe Andret.

– Com certeza, professor.

Ele retirou o primeiro sobrescrito da pilha.

– «Caro professor Andret» – leu, inclinando-se na direção dela e baixando a voz – «, é favor desculpar o nosso não tão bom Inglês. No entanto, devo selecionar e pedir para entregar este ano a nossa primeira conferência com o nome de Leonardo Fibonacci, convidado do Departamento de Matemática na Universidade de Pisa, Itália. A data será no ano próximo na cidade de Pisa, ou abril ou maio, escolha sua.» – Leu o restante em silêncio. – Não é do departamento de Inglês, isso é certo – acabou por declarar.

– Não, mas é amoroso.

– Acho que me convidaram para uma conferência algures.

– Sim, professor. Na Toscânia.

A empregada voltou. Milo saudou a nova bebida antes de lhe entregar a que terminara.

– Será que devo aceitar? – perguntou.

– Julgo que sim.

– Talvez, mas seria muito mais agradável se convencesse outro anel para guardanapos a acompanhar-me.

Naquele momento, ela ficou da cor da camisa.

– Retiro o que disse – declarou ele. – Agora que penso nisso, não creio que estivesse a falar a sério.

– Claro que não, professor.

– Vamos embora, então.

– Está bem.

Na mesa entre os dois, repousava um *bourbon* intocado e, para grande surpresa de Andret, só então ela o ergueu e se decidiu a experimentá-lo. Porém, beberricou como uma miúda a tomar xarope à colher. O primeiro gole nem sequer descobriu os cubos de gelo. Na verdade, até era encantador. Experimentou uma vez mais, franzindo os lábios e, dali a nada, ele apercebeu-se de que teria de o terminar por ela.

Mais tarde, nessa noite, à porta do prédio dela, Helena disse-lhe:

– Obrigada, professor Andret, por me ter ensinado tudo aquilo. Aprendi bastante.

– Professor *assistente* Andret.

– Bom, obrigada.

– De nada, senhora dona secretária administrativa assistente Pierce.

O edifício era uma residência estreita, construída por detrás de um enorme sicómoro. Ela encontrava-se uns quantos degraus acima dele na escadaria de tijolo, procurando as chaves na carteira.

– Só um instante – disse ele. – Deixe-me segurar-lhe a porta.

Não chegou a cair, mas, quando se endireitou, ela segurava-o pelo ombro.

– Está bem?

– Claro que sim.

– De certeza?

– Claro que tenho a certeza. No entanto, o professor assistente Andret lamenta não fazer conferência hoje do Clube na Baixa para Pisa esta noite... Como eu escolha, é bem-vinda.

Ela soltou uma gargalhada.

Andret baixou-se para apanhar o chapéu e, mal se endireitou, deu consigo novamente encostado a ela, que subiu um outro degrau.

– Está bem, secretária administrativa assistente. Talvez seja verdade que o professor assistente Leonardo Fibonacci em pessoa... Talvez seja melhor sentar-me só por uns segundos, Helena. Acho que preciso de água.

– Certo. Pode subir, mas só por um minuto.

Enquanto galgavam as escadas até ao apartamento, ela virou-se diversas vezes perguntando-lhe incessantemente se se sentia bem.

– Sim – retorquiu Andret, agarrando-se à balaustrada atrás dela. A escadaria nunca mais terminava. – O corrimão é que está solto. – Abanou-o, embora naquele momento lhe parecesse perfeitamente ajustado. – Heisenberg – murmurou.

O apartamento dela situava-se no último andar. Quando finalmente o alcançaram, Andret retirou o chapéu e encostou-o ao peito, qual pastor na casa de um paroquiano. Mal ela conseguiu abrir as fechaduras, seguiu-a e pendurou-o no cabide.

– Aqui – disse ela, afastando uma cadeira de uma mesa pequena. – Sente-se. Foi uma grande subida. Vou buscar-lhe água.

– Água é o meu inimigo – declarou ele solenemente.

Aquilo calou-a. Andret não fazia ideia do que quisera dizer com aquilo. Porém, estava certo de que ela não lhe pediria explicações. Naquele momento, poderia ter falado acerca das variedades de Hilbert sem que ela lhe pedisse qualquer explicação. Na cozinha atravancada, Helena retirou um copo do armário e remexeu no frigorífico até ter encontrado uma bandeja de gelo, após o que teve dificuldade em libertar os cubos. Andret ignorou a cadeira que ela lhe estendera e instalou-se no sofá. À sua frente, na mesinha de café, repousava um livro de arte. As primeiras páginas ostentavam pinturas a óleo: arte absurda ou talvez paisagens abstratas. Pousou-o e olhou em volta. O apartamento em si era invulgarmente pequeno. Umas quantas impressões emolduradas encontravam-se apoiadas na consola em cima da lareira de tijolo. Uma secretária apinhada à entrada. Debaixo dela, reparou num terrier despenteado a tremer no tapete. Detestava cães. Através da porta entreaberta, viu uma cama: de solteiro.

– Bem – disse. – Onde é que estávamos?

Ela saiu da cozinha, deu-lhe a água e sentou-se numa banqueta... Para grande surpresa dele, saiu da parede, lembrando um banco do metro. O sofá onde se instalara era pequeno, mas profundo, afundando nas almofadas. Ao fim de uns instantes, Andret aproximou-se da beira. Entornou um pouco de água, mas cobriu a zona onde caíra. Da parede, ela estava a comentar alguma coisa acerca das secretárias administrativas no departamento, as pernas cruzadas e as mãos juntas sobre os joelhos. Andret apercebeu-se de que ela receava o silêncio. Já ele, não imaginava nada que lhe agradasse mais.

Junto da porta do quarto, o olhar tombou-lhe num crucifixo. Pendia numa corrente de um gancho acima do interruptor.

Bem.

Sentiu uma vaga de azedume. A ilogicidade da religião sempre o exasperara. Ocorreu-lhe que toda a noite iria ser um desperdício.

Contudo, naquele momento, ela dirigiu-se até ao armário, regressando com uma garrafa de vinho.

– Quer que a abra? – perguntou ele, levantando-se a custo do sofá. Na mesa, deitou uma olhadela mais atenta à cruz. Era uma bugiganga; o gancho, um prego velho. Assim já lhe parecia melhor. Voltou-se e, limpando-lhe o pó, atentou no rótulo do vinho. Tratava-se de um Borgonha.

Nunca provara.

– Está bem – retorquiu ela, por fim, embora ele já houvesse retirado o alumínio e espetado o saca-rolhas. – Abre-o. Duvido de que seja bom, mas sempre é mais o meu género do que aquilo que pediste no bar. – Sentou-se na banqueta. Um instante depois, voltou a levantar-se e aproximou-se do gira-discos no canto. Ao fim de uma curta pausa, o ar ornou-se com as primeiras notas de uma sonata para piano.

De manhã, saiu cedo. O sol ainda não despontara no horizonte no momento em que fechara a porta do apartamento e enfiara os sapatos no patamar. Embora não conhecesse mais ninguém na cidade de Princeton, New Jersey, estugou o passo até casa, com o chapéu a cobrir-lhe o rosto. À saída do bairro dela, virou e encaminhou-se para o bosque. Não deveria ter levado o crucifixo, mas ei-lo, ali, na sua mão. Na sombra fresca da primeira fileira de árvores, enquanto a madrugada tocava nos galhos, baixou-se rapidamente e deixou-o cair no tapete de folhas mortas.

A navalha de Occam

Na primeira reunião do corpo docente desse ano, Knudson Hay, o diretor do departamento, apresentou todos os professores assistentes recém-contratados, os quais foram sentados numa fileira de cadeiras desdobráveis junto da parede do seu considerável gabinete. A cadeira de Milo encontrava-se no meio do grupo. Quando o seu nome foi chamado, fez um ligeiro aceno da cabeça, à semelhança do que haviam feito todos os que o precederam. Porém, do fundo da sala, uma voz gritou:
— Parabéns, Andret.
Quando olhou na direção do som, não conseguiu discernir o orador. Contudo, notou que alguns dos seus colegas novatos haviam corado.

Houve uma pausa, seguida de, no fundo, um aclarar de voz. O telefone tocara enquanto ele preparava o jantar. Eram seis da tarde. Reconheceu cerimónia no tom do velho homem.
— Oiça, Andret – disse Hans Borland de forma direta –, estou a ligar-lhe para o informar de algo. Antes de mais, como vai aquela sua amiga?
— Não sei de quem está a falar.
— A rapariga Wells. A filha do Jim Wells. A Cleopatra.
— Ah, isso... Bom, isso já acabou, professor.
— Lamento.
— Não lamente. – Pela janela, observou uma rapariga passar em calções. – Já a esqueci.
— Ainda assim, lamento ouvi-lo. – Fez uma pausa. – Oiça, Andret, recomendei-o para esse cargo, sabe disso, certo?
— Sei, sim, professor, e estou-lhe grato.

– Comporte-se com dignidade aí, está bem? Faça aquilo de que é capaz. Terá um reflexo positivo para ambos.

– Assim farei.

– Usa a pasta que lhe ofereci?

Conseguia vê-la ao fundo do corredor, caída junto da cama, regurgitando um maço de trabalhos de alunos.

– Tenho-a mesmo aqui ao meu lado – retorquiu.

– E está a lidar com as suas obrigações tal como discutimos?

– Sim.

– Agora, é um professor, não um jovem licenciado. As pessoas reparam.

– Sou professor assistente.

– Bom, sim, por enquanto.– Borland tossiu, um som bastante cavo, e cobriu o bocal. Quando voltou, aclarou novamente a voz. – O teorema Malosz... Se não estou em erro, Andret, considera-o um acaso. Não se acha merecedor.

Andret sentiu a verdade daquelas palavras.

– Talvez se creia uma fraude – continuou o velho homem. – Tudo isso é perfeitamente natural. Acredite, já o vi acontecer com muita gente. O Lars Hongren era uma fraude. O senhor, Milo Andret, *não* o é.

Do lado de fora da janela, a rapariga de calções desapareceu na curva e, nesse preciso instante, a tarde fez-se noite. Andret tornou-se consciente da sua própria silhueta no vidro, da catenária branca e torcida do fio do telefone, uma ponte sobre a escuridão da sua secretária atravancada, que atravessava as estantes dos livros e chegava à lua pálida do seu rosto.

– Sim, estou a ver – disse Borland. – Agora, preste atenção, Andret. Tem um tempo muito limitado. Foi por isso mesmo que lhe liguei. Para o *alertar* para isso. Arriscaria uns dez anos, pelas minhas contas. Depois, as coisas começarão a ficar nubladas. Fui ao médico ontem. Tenho sessenta e dois anos, sabia? Acho que ninguém pode esperar ter um cadastro limpo eternamente.

Milo ouviu um vidro tinir.

– Está tudo bem, professor?

– Bom... Felizmente, sim. Mas apanhei um susto. Corro cinco quilómetros todos os dias. Faço-o há mais de vinte anos.

– Então, já quase correu uma volta ao mundo.

O velho homem soltou uma gargalhada.

— No Equador, isso está certo. Na latitude de Berkeley, já estou na segunda volta. Mas falei disso porque me pôs a pensar. Que idade tem o Andret, posso saber?

— Trinta e dois.

— Bom, então, tem cinco ou dez anos, com toda a certeza, e depois um possível desvio padrão. Dois no exterior.

— Sim, senhor.

— Para terminar o seu trabalho.

— Compreendo.

— O trabalho *da sua vida*, Andret. Tem de começar algo novo. Algo tão fantástico quanto aquilo que já realizou. Preferencialmente, *melhor*.

Andret calou-se.

— Já estou a trabalhar numa coisa.

Conseguia ouvir a respiração do velho homem.

— O que estou a tentar dizer-lhe – continuou Borland – é que o teorema de Malosz foi apenas o início do que Milo Andret pode realizar. Do que *irá* realizar.

Andret não conseguiu falar.

— Apenas o início – repetiu Borland.

— Sim, já percebi.

Não tencionara ser tão ríspido.

— Estou a ver – retorquiu o professor. Ao fim de algum tempo, acrescentou, bastante atabalhoadamente: – Bom, era só isso que lhe queria dizer. Então, adeus, Milo.

No trabalho, não conseguia, agora, encarar Helena Pierce. Rapidamente descobriu que ela sentia igual dificuldade em encará-lo.

Ao fim de um mês, não haviam sequer voltado a falar um com o outro. Estaria ela zangada? Não sabia. Ferida? Seria aquilo insignificante para ela? Não fazia ideia. Teria sido o crucifixo? Não... Se fosse aquilo que a estivesse a incomodar, teria dito alguma coisa. Podia ser que fosse tão-só tímida. Era, certamente, inexperiente e, quase de certeza, estava bêbeda. Estavam ambos.

Agora, sempre que aparecia no gabinete de matemática, ali estava ela, à secretária, mas no fundo da sala, a cabeça inclinada sobre a máquina de escrever. Era como se conseguisse senti-lo através das duas paredes de cimento, a antessala alcatifada e as duas portas de vidro fosco que davam para o corredor. Quando ele entrava, as duas administrativas loiras continuavam com as suas gargalhadas sonoras e os seus comentários atrevidos, mas Helena Pierce já não se levantava para o defender.

Poderia trabalhar em algo relacionado com a Malosz, como inúmeros outros matemáticos teriam feito, se estivessem no seu lugar. Porém, Hans Borland tinha razão: teria de ser algo maior.

Nesse inverno, enquanto examinava cuidadosamente as publicações, a sua atenção aterrou no trabalho de um homem chamado Ulrich Abendroth, um austríaco de meados do século, que, aos dezanove anos, propusera um problema eminente. A própria precocidade de Abendroth fora legendária: aos dezasseis, havia sido nomeado para o corpo docente tanto de Cambridge quanto da École Polytechnique; aos dezoito, fora pai de dois pares de gémeos, filhos de duas mulheres nos dois lados do Canal da Mancha; e, aos vinte, um mês depois de ter proposto a sua conjetura, tinha sido encontrado morto num café. O seu problema entrara no cânone com um toque de intriga. Na verdade, se os matemáticos acreditassem em algum tipo de superstição, talvez até o considerassem amaldiçoado. Era reconhecidamente difícil – quase decerto tão difícil quanto a Malosz – e, desde que surgira, resistira a qualquer avanço.

Tudo aquilo se adequava lindamente a Andret. Ele era, de facto, supersticioso, mas ao contrário: sentia-se atraído por tudo o que supostamente estivesse amaldiçoado.

O enigma central da conjetura Abendroth dizia respeito a um subconjunto de CW-complexos de Whitehead que eram infinitos e, contudo, finito-dimensionais. Bastante claro. Embora fizesse parte da topologia algébrica, Andret pressentia que a sua solução – se é que existiria alguma – adviria não de uma equação, mas, antes, da capacidade de visualizar formas estranhas e sobrenaturais.

Era bastante dotado nesse campo.

Naquele tempo, acontecia que a disciplina mais lata de topologia se encontrava no auge do seu poder. O campo adquirira grande relevo na viragem do século com a publicação de «Analysis Situs» e, nas décadas subsequentes, ganhara uma notável eminência, não só entre matemáticos, mas também entre estudiosos de todos os ramos das ciências naturais.

Os anos anteriores à sua chegada a Princeton, haviam-se alinhado perfeitamente para a vaga de novos pensadores que começavam a popular os níveis superiores das universidades. Estes homens já não se encontravam sujeitos à simbologia, passando os dias, ao invés disso, a construir formas hipotéticas que nunca antes tinham sido vistas – tão-pouco imaginadas – pela mente humana. Os topologistas imaginavam figuras impossíveis de ser desenhadas; de seguida, torciam-nas e dobravam-nas. Dedicavam o seu tempo a inventar uma cosmologia na qual o mundo como era conhecido – o mundo de terra, mar e céu – mais não era do que a tradução tridimensional de um espaço dimensional infinitamente maior, tal como um projetor de filmes bidimensional pode parecer conter um quadro tridimensional. No novo paradigma, a experiência sensorial não contava para nada. Uma ingenuidade matemática pura – a capacidade de ignorar o senso comum, de construir um mundo a partir apenas de princípios derivados – começara a suplantar o empirismo.

O campo em si exigia um modo de pensamento peculiar. Não só as típicas aptidões matemáticas, mas também uma destreza visual que conseguia reter construções complexas na mente por longos períodos de tempo, transformando certos parâmetros e deixando outros intactos. Tratava-se de um árduo e desagradável esforço intelectual, uma mutação vincada nos moldes de pensamento, nos quais o cérebro efetuava uma cartografia multidimensional. Havia topologistas capazes de construir mentalmente estruturas arquitetónicas, depois voltá-las de pernas para o ar e metê-las do avesso, rodá-las, abri-las e entrar nelas.

Este seu dom para tais representações internas parecia a Andret advir do sentido posicional que em tempos o orientara nos bosques. Não só o guiava quando projetava objetos mentalmente, mas também quando os desenhava a lápis. Descobriu que podia começar qualquer representação topológica no canto superior de uma folha de papel e descer na diagonal rumo ao canto oposto. Independentemente da complexidade da figura, da quantidade de camadas de primeiro plano, intermédio e plano de fundo que interviessem, conseguia por norma dar vida a toda uma construção teórica, com as suas manchas e pontilhados, retratando sombra, volume e transformação num único movimento. Tratava-se de uma aptidão espantosa, na verdade. Tanto quanto sabia, mais ninguém no departamento a tinha.

É claro que também o conseguira nos seus anos em Berkeley, mas só raramente tivera oportunidade de dar uso a este dom; nenhum dos seus pares e ninguém do corpo docente tivera alguma vez consciência do que conseguia fazer – nem sequer Borland – e o próprio Andret não ficara mais impressionado com isso do que ao topar com o seu reflexo no espelho todas as manhãs.

Já em Princeton, a meio do semestre, fora abordado numa esplanada por um dos professores dotados naquele campo, pedindo-lhe que fizesse uma representação em toda a volta de uma superfície Steiner, formada da união suave de três paraboloides hiperbólicas. Andret acedera imediatamente, deslizando um guardanapo até ao meio da mesa e usando a caneta que guardava no bolso do casaco para se mover sem hesitação do canto esquerdo do papel até ao inferior direito. Quando terminou, o professor limitou-se a declarar: «Extraordinário!» Os dois trocaram elogios por alguns instantes. Depois, o professor afastou-se levando o guardanapo consigo.

Contudo, igualmente extraordinário era o facto de até àquele ponto na sua vida Andret nunca ter sentido qualquer desejo de se aproveitar de semelhante talento. Nunca desenhou o mundo à sua volta. Nada de árvores. Nada de paisagens. Nem um corpo humano. Nunca desenhou a terra nem o lago no bosque onde crescera. Nem os rostos que conhecera. Em criança, não se sentira minimamente atraído pela arte e, enquanto adulto, essa total indiferença ao mundo do visual manteve-se. Princeton tinha um museu de arte. Nunca lhe passara pela cabeça visitá-lo.

A meio do inverno, restringira a sua busca a Abendroth e a outras duas possibilidades. Uma era a conjetura Goldbach, um problema da teoria dos números que existia desde que Goldbach o colocara a Euler. O seu enunciado era simples: *Todos os números inteiros pares maiores do que 2 podem ser expressos como a soma de dois primos*. Todavia, dezenas de gerações de matemáticos haviam trabalhado nele sem descobrir a prova.

Por outro lado, a primeira hipótese Kurtman era fruto de um homem que ainda dava aulas na Universidade Livre de Berlim. Andret só soubera da sua existência quando contemplara o rosto de Dietrich Kurtman na capa de um exemplar do *Der Spiegel*, pousado na mesinha de café no gabinete do departamento.

Um matemático na capa de uma revista internacional. Sentiu-se enraivecido.

No entanto, bem vistas as coisas, tanto a Goldbach quanto a primeira Kurtman se afiguravam como problemas de teoria dos números. Gostava de números, mas não era um teórico de números. Era um topologista.

Precisaria de se disciplinar. Precisaria de fazer uma escolha sábia.

No fim de janeiro, no auge do frio, guardou as notas acerca de Goldbach e Kurtman. Arrumou o gabinete. Enfiou numa gaveta tudo o que se encontrava numa mesinha de apoio; depois, com fita-cola, colou uma caixa de cartão. Na tampa, escreveu: CONJETURA ABENDROTH – 1977/19 –. Tinha a sensação de que Ulrich Abendroth propusera um problema que ficaria por resolver durante décadas, mas, ainda assim, aproximou a mesinha da secretária e colocou-lhe a caixa em cima.

Tangente

Sentado no gabinete aquecido, começava a dispor mentalmente figuras umas em cima das outras. Quando chegava ao fim de uma construção, retirava o caderno da gaveta, colocando-o no meio de uma base de secretária em pele já manchada e desenhava o que havia imaginado. Preparava estes desenhos da Abendroth não tanto porque iria necessitar das referências mais tarde, mas porque o ato de representar uma figura a fixava indelevelmente na memória. Era assim que o seu cérebro funcionava.

De quando em quando, na festa mensal do departamento, pela qual começara a ansiar, pediam-lhe para demonstrar o seu talento artístico. Regra geral, era a mulher de um colega. Ei-la, uma beldade discreta, a bebida colorida na mão, apontando pela janela para a luminosa fileira de árvores e de telhados espiralados que compunham a vista dos andares superiores do edifício de matemática. Será que poderia desenhar-lhe aquela cena? Bom, talvez pudesse fazê-lo. O quarto dedo coberto de joias. Os olhos pestanudos. Se tivesse bebido o suficiente, aceitaria, e a imagem emergiria do envelope, guardanapo ou da ficha catalográfica, como se uma capa estivesse a ser levantada do canto de uma fotografia. Sabia que aqueles desenhos seriam mostrados mais tarde, no fim da festa ou na viagem de carro para casa e talvez até acabassem num álbum de fotografias ou emoldurados numa parede de gabinete, um símbolo de admiração que ele não só não merecia como não compreendia plenamente. Sentia aquele assombro à sua volta e, embora não o entendesse, agradava-lhe.

Por vezes, de facto, pensava que a sua ânsia por aquele tipo de satisfação era a única coisa que o impelia para a frente.

A seu ver, na verdade, aquele dom afigurava-se-lhe próximo da idiotice. Cle tinha razão. Era como se não visse o objeto que estava a desenhar, mas antes todo o espaço – tudo o que era o objeto e tudo o que não era o objeto – com igual ênfase. Tratava-se de um sintoma de algo que reparara em si próprio desde criança – a incapacidade de prestar atenção aos sentidos, como faziam as outras pessoas enquanto instintivamente navegavam pela existência. Naquele aspeto, ele assemelhava-se à própria matemática: a supremacia do axioma em detrimento da experiência. Questionava-se porque os outros não veriam aquilo.

Constituía, sentia-o no seu âmago, uma manifestação de confusão.

Nos dias em que o trabalho na Abendroth corria mal, ou ocasionalmente quando temia sequer enfrentá-la, decidia passear pela Nassau Street, no centro da cidade, entre lojas. Havia lá uma drogaria, a Brandt, de que gostava porque lhe lembrava algo que poderia ter encontrado em Cheboygan. A Brandt usava uma roldana para entregar os pedidos através de uma abertura na parede, no fundo da loja. Sempre que uma prescrição estava pronta, soava uma campainha e um cesto preto de ferro do tamanho de uma gaiola para pássaros deslizava de um buraco acima do balcão da farmácia, transportando um saco de papel branco agrafado. O cesto parava a cada puxão do cabo acima de um corredor onde se encontravam expostas meias de descanso, andadores desdobráveis, humidificadores amarelos, descendo aos solavancos até chegar junto da caixa registadora na noutra extremidade da loja. Ali, encontrava poucos mecenas da universidade. Aquele tipo de lugares, os cantos poeirentos nas ruas marginais do centro da cidade, eram frequentados pela segunda falange dos cidadãos de Princeton, uma população de administrativas, de homens da manutenção e de trabalhadores municipais de terceira categoria, que funcionavam como o sustentáculo dos professores e da classe profissional que começara a surgir ali havia gerações. Estes últimos eram todos uma espécie de casos únicos, homens e mulheres que, como ele, chegavam sem história ou ascendência, deixando a sua marca nos campos que haviam escolhido – ou não o conseguindo – e depois mandando os filhos para outro lado ou mudando-se eles próprios. Eram alheios ao drama: Andret achou este facto reconfortante.

Num dia de inverno, enquanto saía da Brandt, manteve a porta aberta para que uma mulher entrasse. Era um membro da segunda falange de cidadãos, uma secretária administrativa, uma agente de viagens ou uma empregada de balcão. Trazia um casaco de lã castanho e um chapéu de inverno, um cachecol escuro ocultando-lhe o rosto. Tinha os ombros sarapintados de neve. Entrou num passo apressado, e Andret só a reconheceu no momento em que ela bateu os pés e se libertou do cachecol.

Algo o deixou sem ar.

Não sabia o que dizer, pelo que saiu para o frio. Lá fora, atravessou rapidamente a rua, ocultando também o rosto com o cachecol. Como havia ali um café, sentou-se junto à entrada. A neve caía copiosamente, e a janela da Brandt estava branca, mas ainda a conseguia ver. Parara junto da caixa registadora.

Era Helena Pierce.

Inclinou-se e limpou o vidro. Ela voltou-se na sua direção e tapou-se novamente com o cachecol. Seria mesmo quem ele pensava ser? Olhou com mais atenção, mas, ainda assim, não conseguia ter a certeza.

Era estranhíssimo: poderia ter-se cruzado com ela a qualquer momento no departamento, mas ali, na cidade, sentiu-se perturbado. Questionou-se se ela sentiria o mesmo. Com a mão enluvada, voltou a esfregar a janela.

Então, nesse momento, como se o tivesse sentido do outro lado da rua, ela encaminhou-se para a porta. Tirou o chapéu e olhou diretamente para ele. Não baixou os olhos.

Ao cabo de um instante, Andret ergueu a mão e agitou-a.

Ela não esboçou o menor gesto em resposta.

Quando girou de novo sobre os calcanhares e se encaminhou para o fundo da loja, ele apercebeu-se de que, fosse quem fosse, não era Helena.

Em vez de regressar ao gabinete, decidiu parar no Clip, um bar escuro, frequentado por polícias e operários de estrada. Sentado ao balcão com o seu *bourbon*, olhava para a rua, observando todos os clientes e lojistas, os estudantes de mochila estugando o passo na neve. Às cinco da tarde, a multidão aumentou e, pela hora do jantar, já as ruas haviam voltado a ficar calmas. Deixou-se ali ficar até muito depois de as luzes dos candeeiros terem sido acesas. Pensou umas quantas vezes ter visto de novo Helena àquele brilho amarelado, aproximando-se dele pelo passeio lamacento. Porém, sempre que a figura se aproximava, apercebia-se de que se tratava de outra pessoa qualquer.

*

Todas as reuniões começavam com Knudson Hay a endireitar a gravata e a ajeitar a pilha de papéis diante de si; depois, apontava as comparências e lia a ordem de trabalhos. Ao fim de minutos, o debate degenerava numa altercação. Os colegas de Andret mais antigos na casa pareciam discordar em todos os pontos imagináveis, inclusive se o código de honra permitia que um estudante retirasse um livro de exames da sala onde iriam ser servidas as bebidas no convívio de outono. Abordava-se cada *item* com a seriedade de um assunto de Estado. Algumas das vozes eram decorosas e niveladas; já outras, assemelhavam-se a pragas numa rua estrangeira. No meio de tudo aquilo, Hay mantinha a mão pousada num exemplar de *Robert's Rules of Order*.

Parecia não existir um único assunto que não gerasse uma meia hora de renhida oposição. Iria ser acrescentada uma terceira cadeira de Cálculo? Deveria haver um banco em todos os corredores ou apenas naqueles que desembocavam numa casa de banho feminina? Graças a uma qualquer disciplina autoimposta, as novas contratações sentavam-se em cadeiras desdobráveis de metal no meio da grande sala, regra geral pouco desejosas de falar, enquanto os professores titulares se entrincheiravam entre as poltronas de pele ao longo do perímetro. Era óbvio que existiam fações e alianças, mas Andret não as conseguia entender. Juntamente com o restante corpo docente recém-contratado, deixava-se ali ficar, sentado, em silêncio.

A meio do semestre, deliberou-se se se deveria plantar um carvalho ou um sicómoro, em honra de um recém-falecido professor jubilado, que fora um talentoso marceneiro. Os professores discutiam animadamente enquanto Knudson Hay tomava notas à secretária. Assim se passava com a maior parte das questões, que terminavam, regra geral, com uma votação.

Andret já não se conseguia conter.

– Porque não uma faia? – acabou por deixar escapar bruscamente. – Não há árvore mais magnífica do que uma faia.

Por instantes, ninguém falou. Depois, para grande surpresa de Andret, Knudson Hay, declarou:

– Bom, então uma faia será.

Era verdade: por vezes, julgara tê-la visto noutros sítios também. Certo dia, entre um grupo de peões, sob um semáforo onde ele esperava que a luz mudasse; noutra tarde, no parque de estacionamento de uma lavandaria, quando corria para o carro sob uma copiosa chuva; até mesmo, numa noite primaveril, no passeio diante do seu prédio, quando abriu as janelas pela primeira vez após o inverno e vislumbrou uma mulher a afastar-se com um cãozinho pela trela.

Porém, não podia afirmar com certeza se alguma delas seria de facto Helena Pierce.

Não conseguia discernir o que sentia ao vê-la. Vergonha? Deceção? Desejo? Estava ciente de que algo tentava dar-se a conhecer dentro de si, mas não era capaz de decidir do que se tratava.

– Parece nervoso – declarou uma voz atrás dele. – Fez alguma coisa de mal?

Andret voltou-se e soltou uma gargalhada falsa.

– É assim tão óbvio?

– Não, não é bem óbvio.

Ela era bonita. Cabelo curto castanho e saia justa. Feições vagamente orientais. Andret postara-se junto da taça de sangria e agarrava agora a concha sobre o copo dela. Era a primeira festa do novo semestre.

– Obrigada – retorquiu ela. – E vejo que escolheu um lugar estratégico para pescar, professor Andret. – Olhou para baixo enquanto ele a servia.

– Não me diga!

– Não esperava menos. Certamente, não de um homem que venceu Kamil Malosz. – Bebeu um gole e franziu o sobrolho. – Mas porquê pescar nesta água suja?

Vinte minutos depois, ele e Olga Petrinova caminhavam em direções opostas pelo *campus*: ela insistira em levar o seu carro. Dez minutos mais tarde, encontravam-se lado a lado num bar contraplacado em cima de uma casa de leilões moribunda nos arrabaldes da cidade. Diante deles, repousavam dois copos de *bourbon* sem gelo.

Ela era uma investigadora bolseira da Universidade de São Petersburgo, recém-chegada após o degelo das relações soviéticas. Até o seu trabalho estava em voga: geometrias hiperbólicas e elípticas. Bebeu o *bourbon* como se fora água.

Depois do segundo, deixou de o tratar por professor.

Depois do terceiro, ele sentia um joelho de encontro à sua coxa.

Pediu licença. Na casa de banho, Andret olhou-se no espelho minúsculo e contemplou o mesmo rosto de sempre: longo e impassível, largo nas têmporas, o nariz demasiado definido, os olhos negros proeminentes devido à grossura das suas arestas. Jovem para a idade, era um rosto maculado pelos abusos. Sempre o envergonhara ligeiramente.

Porém, desde o teorema de Malosz parecia ter ganho um novo carisma.

Apertou o nó da gravata, o *bourbon* separando-o um pouco dos seus pensamentos. Voltou a verificar o espelho, decidiu que o nó estava melhor solto e regressou ao bar, alargando-o.

Nesse semestre foi-lhe atribuída a cadeira de Introdução ao Cálculo. Dava consigo três dias por semana diante de um poeirento quadro verde num anfiteatro cheio de alunos de primeiro ano. Não eram estudantes de cursos de Matemática ou de Engenharia Eletrónica; também não eram os poetas da cadeira do professor Rosewater em Berkeley; eram, isso, sim, os médicos, os contabilistas e os banqueiros, enfim, os jovens rapazes – Andret não conseguia ver qualquer rapariga – suficientemente inteligentes para chegar ao topo, mas, nem de longe nem de perto, com a capacidade intelectual para mudar o que quer que fosse. Apercebeu-se de que sentia inveja.

Nesse ano, tendo aceitado todas as palestras para que havia sido convidado, descobriu que era um orador competente. Contudo, aquela audiência de adolescentes de aspeto submisso não se parecia interessar. Contemplando as suas caras vagamente ausentes, suspeitou de que ainda não surgira em cena aquilo que os induziria rumo ao seu destino histórico. Por vezes, baixava o tom de voz quase a um murmúrio – um truque que aprendera em conferências – ou fazia uma pausa por alguns instantes, esperando chamar-lhes a atenção.

Bebia sempre um copo ou dois antes das aulas e, de quando em quando, a mente devolvia-o aos seus próprios tempos de estudante em East Lansing. No segundo ano, já estava a frequentar aulas avançadas, sentando-se no fundo da sala e pensando nas diferenças entre si e os rapazes de que fora colega em Cheboygan, a maior parte dos quais estava, nessa altura, na sua segunda ou terceira comissão no Vietname. Ele não fora recrutado por ter pé chato – ainda pensava se o médico não teria exagerado –, e em Berkeley fora-lhe atribuída uma prorrogação de mais cinco anos. Agora, a guerra acabara, assim como a recruta, e, quando olhava para as suas turmas, a seriedade daqueles tempos não parecia, para os alunos diante de si, mais relevante do que um antigo épico assírio. Em East Lansing, nos anos sessenta, os homens – quase todos eles futuros ou ex-soldados – usavam gravatas nas salas de aula, onde havia uma gravidade, que, desde então, não voltara a encontrar. Nem sequer nos seus tempos de mestrado em Berkeley. Certo dia, diante da turma, lembrou-se do incenso que ardia ao fundo do Lime Rose e aquilo desalentou-o. No outro lado do pódio, nas filas recém-estofadas, encontravam-se os filhos de advogados e financeiros. Pousavam os ténis nas costas das cadeiras, passavam recadinhos pelas coxias e abriam sonoras latas de refrigerante enquanto ele falava. Alguns brincavam com os *skates*.

Certa manhã, no fundo da caixa de correio, deparou com um envelope com o seu nome.

Estava a comprar um humidificador para o escritório. (Nunca lá faço compras para mim, os preços são absurdos.) Se precisar de algo relacionado com o departamento, estou à sua disposição e espero que mo peça. Não sinto vergonha do que aconteceu, mas também não me orgulho disso, pelo que acho melhor que ignoremos o que se passou e finjamos que nada foi. (É claro que acho que é melhor para <u>ambos</u>.)

Cães e cavalos

Não havia como negá-lo: o tempo passara e, porém, quase não fizera progressos na Abendroth. Não conseguiria vencê-la nos moldes em que vencera a Malosz.

Tática em detrimento da força: eis do que necessitaria.

À primeira vista, o problema quase parecia fácil, mas o essencial rapidamente se escondeu. Começou a percecionar a prova como um castelo fortificado trespassado por dez mil portas brilhantes, cada uma delas concebida para o enganar. Todas as dez mil se abririam – a questão não era essa –, mas até agora nenhuma lhe permitira a passagem.

Talvez nunca o permitissem.

Após um ano e meio de esforço, apercebeu-se de que fazia sentido limitar as suas aspirações. Talvez fosse benéfico desistir de encontrar uma solução, focando-se antes em localizar uma vulnerabilidade conveniente.

Também compreendeu com uma sensação de bom augúrio por que motivo tantos homens dotados haviam andado às voltas com o problema durante quase um século. Para todos eles, o trabalho deve ter parecido uma amante sedutora. Por aquela altura, já se habituara a acordar a meio da noite com alguma premonição eletrizante, a precipitar-se no escuro até ao edifício de matemática, a trabalhar sozinho de madrugada enquanto os radiadores à sua volta estalavam como se o próprio fantasma arrogante de Ulrich Abendroth neles batesse. Porém, no decurso daqueles nasceres do Sol pálidos e obscurecidos pelas árvores, que iam colorindo as paredes do seu gabinete de um azul-acinzentado, de um laranja-escuro e, por fim, de um nauseante amarelo-claro, as emocionantes premonições foram-se esbatendo. Não conseguia encontrar uma passagem.

*

Certa tarde, perto do fim do seu segundo ano em Princeton, alguém bateu à porta do gabinete. Ele ignorou a interrupção, mas, ao cabo de uns instantes, uma nova batida fez-se ouvir. Quando abriu a porta, uma mulher exclamou:

– Ah, sempre está aí!

– Desculpe – retorquiu Andret.

Ela estava bem vestida, quase formal – da idade dele ou ligeiramente mais nova. Saltos altos vermelho-escuros e um conjunto algo deselegante de uma cor similar. Embora não confiasse na sua memória para caras, estava bastante seguro de que nunca a vira.

– Devia estar embrenhado no trabalho – explicou.

– O que eu não dava para ter isso.

Voltou a observá-la. Um rosto bonito. Talvez uma ponta de rebelião no olhar. Não; de certeza que nunca se haviam cruzado.

– Faça favor – convidou Andret.

– Deve estar ocupado. Só queria saber se poderia marcar uma entrevista, mas posso voltar noutra altura.

Para uma mulher que o interpelara no gabinete sem ter sido convidada parecia insistentemente tímida. Contudo, por outro lado, não fizera qualquer menção para dali sair. Na verdade, parecia manter-se diante dele numa calma demonstração da vontade, qual místico com o dedo sobre a chama.

Retirou um caixote de trabalho de cima da cadeira do convidado e fez-lhe um gesto para se sentar.

– O problema – declarou, sentando-se à secretária – é que da próxima vez posso estar ainda mais ocupado. Também tem de ponderar *essa* probabilidade. Que posso fazer por si?

– Tem a certeza absoluta?

– Não – Andret abanou a cabeça. – Nada é absolutamente seguro – sorriu. – Mas agora é tão bom quanto qualquer outro momento.

Ela sentou-se diante dele e devolveu-lhe o olhar. Chamava-se Annabelle Detmeyer e era professora associada de História.

– O meu marido, Yevgeny Detmeyer – fez uma pausa –, o meu marido tem a cátedra de Economia e é copresidente em Ciência Política.

– Ah... Uma dupla ameaça.

Ela soltou uma gargalhada. O seu riso não era assim tão deselegante.

– Como posso ajudá-la?

– Só queria saber em que consiste a matemática – explicou ela. – É tão diferente daquilo que eu faço e ouvi falar tanto de si... Li um artigo acerca do teorema Malosz e fiquei intrigada. Na verdade, tentei lê-lo. A prova, quero dizer – sorriu. – Consegui ler meia linha.

– Bom, história também é capaz de me ultrapassar.

– O seu trabalho é bastante misterioso para alguém de uma área como a minha. Só isso. Queria saber o que faz uma pessoa como o Andret todo o dia. Enquanto historiadora, sei o que faço.

– E que é que faz?

– Viajar, procurar fontes e tomar nota. Ensino. Escrevo. De momento, estou envolvida numa pequena escaramuça acerca de Sigismundo III da Polónia. Mas não o imagino a passar os dias incomodado com algo assim – levantou-se. – Bem, está obviamente ocupado. Posso voltar noutra altura.

Sob as roupas deselegantes, ele vislumbrou um corpo que, à semelhança da gargalhada, não era nem um pouco desajeitado.

– Não, não – retorquiu. – Na verdade, até agradeço a interrupção e, quase de certeza, estaria mais ocupado da próxima vez. Acontece que também eu estava a tentar descobrir isso mesmo.

– Isso mesmo?

Ele recostou-se na cadeira.

– O que alguém como eu faz todo o dia – explicou.

Ela era uma rapariga do campo. Crescera numa quinta, a um dia de distância de carro de qualquer biblioteca, e agora achava hilariante estar a ensinar História do século XVII na Ivy League.

De certa forma, era como ele.

Contou-lhe tudo aquilo na tarde seguinte, quando se encontraram na esplanada de um café na Chambers Street. Ela pediu um copo de vinho. A primavera despontara. Sentaram-se junto do passeio, por onde deambulavam bicicletas, carrinhos de bebé e *skates*. O pico da tarde no pico da estação. Enquanto falavam, ela cumprimentou uma série de professores que paravam junto da mesa. Muitos pareciam bastante mais velhos – botões de punho e laço – e todos endereçavam os seus cumprimentos ao marido dela.

Quando um deles se afastou, Andret ergueu o copo de *bourbon*e e analisou-o.

– O seu marido é claramente um homem muito importante – disse.

– Sim, na verdade, é. – Ela olhou-o de viés, ajeitando o cabelo, e bebeu um gole de vinho.

– Sim, pois – retorquiu Andret. Ficaram em silêncio por uns instantes, durante os quais o ar pareceu aquecer. – Porque não vamos a algum lado menos público? – acabou por finalmente propor.

Certo dia, quase três anos após ter mergulhado na investigação, deparou com um *paper* de Paul Erdös. Tratava-se de um teorema mais antigo de topologia combinatória que Erdös e um colega, de nome George Breville, haviam provado de forma magnífica, mas também bastante excêntrica, exemplificando a sua análise num jogo infantil. Chamava-se Kutyák és Lovak, ou, traduzido de forma livre, Maçãs e Laranjas. Erdös jogara-o em miúdo, em Budapeste.

No jogo, uma criança nomeava um objeto – um limão, por exemplo – amargo e a outra contra-atacava com um objeto que possuísse alguma qualidade antitética: um cubo de açúcar, que era doce. A primeira criança tinha então de fazer o mesmo com o último objeto nomeado, mas relativamente a outra qualidade: era ortogonal, por exemplo, ao passo que uma folha de papel se destacava como lisa. E daí por diante, até que uma das crianças nomeasse acidentalmente um *item* que partilhasse com o limão as qualidades anteriormente citadas. O jogo, tal como Erdös e Breville assinalavam, era suficientemente simples para crianças, mas, caso se começasse com diversos objetos e diversos jogadores, tornava-se bem mais difícil. Havia também outras alterações. Se ao cabo de um certo número de jogadas, por exemplo, fosse permitido aos jogadores mudarem secretamente de direção, a fim de que um grupo se afastasse do limão ao mesmo tempo que o outro se aproximava, o jogo tornava-se diabolicamente complexo. Era esta última versão que Erdös e os amigos jogavam para ganhar dinheiro para comprarem bebidas na universidade.

O *paper* foi publicado no fim do *Journal of Combinatorics*, na primavera de 1978. Andret leu-o numa segunda-feira ao fim do dia. Olhou fixamente para a página mal impressa na pequena sala onde o departamento arquivava a sua literatura. O sino do campanário bateu a hora, mas ele quase não o ouviu. Alguém entrou na divisão, serviu-se de um café e saiu. Andret voltou a página e releu o parágrafo.

Erdös havia citado um método que desenvolvera para descobrir a probabilidade de um dos seus adversários ter mudado de direção no jogo. Andret fechou os olhos por uns instantes, após o que releu uma vez mais o parágrafo.

Era aquilo mesmo. Era assim que venceria a Abendroth.

Fechou a revista, pousou-a no seu devido lugar na prateleira e olhou em volta, como se estivesse a fazer algo de errado.

Outra cova, outra prova

Agora, iniciava uma pesquisa. Eis o prémio que desejava alcançar: o exemplo teórico ilustrativo. Quando chegava ao escritório, retirava da secretária as notas da véspera, passando a manhã imerso em pensamentos: poderia precisar de três ou quatro horas para montar mentalmente uma única figura. À tarde, desenhava, confiando no que compusera à memória. De início, tentou conceber figuras que invalidassem a abordagem que aprendera com Erdös, mas, depois, uma vez que todas elas, uma atrás da outra, se revelaram atacáveis, começou a trabalhar em exemplos que pudessem validar a dita abordagem. Em casa, na mesa de cabeceira, repousavam papel e caneta, não fosse dar-se o caso de algo lhe surgir durante a noite.

Prosseguiu durante meses. A prova talvez lhe tomasse mais três anos de trabalho, quiçá quatro... Mas, e daí? Resolver dois grandes problemas numa vida elevá-lo-ia ao auge da sua profissão. Pediu a uma das secretárias para lhe comprar meia dúzia de embalagens de blocos de notas. Quando chegaram, numerou-lhes as capas e encheu as páginas de variações de certas formas teóricas: 3-variedades analisadas em todos os tipos de decomposições de Heegaard e decomposições de toros que conseguiu imaginar.

De seguida, lentamente e de início por negação, começou a construir uma ponte sobre o fosso em torno do problema. Tratava-se de um trabalho entediante, mas o fosso precisava de ser transposto antes de poder trepar os muros. Num dia, enchia um caderno de desenhos. Enquanto trabalhava, sentia calor pelo corpo inteiro, das mãos aos pés, como se se estivesse a exercitar fisicamente e não a entregar-se a uma prova imóvel de resistência, ali, sentado, quieto à secretária durante horas.

Deixava a janela aberta para arejar. Porém, aconteceu-lhe ficar ofegante ao aproximar-se da orla do fosso e depois quando o começou a atravessar. Avançou. Guardou blocos de notas numerados em caixotes de papel numerados, que, por seu turno, empilhava numa sequência numérica ao longo das paredes nuas do seu gabinete. Não precisava de desenhos para pensar, como acontecia aos seus colegas menores, mas sabia que, mais tarde, precisaria deles para referência – dali a um ano ou dali a cinco anos – quando, depois de ter trepado o muro, entrasse no castelo.

No apartamento de Olga Petrinova, uma cave, o aquecedor estava sempre no mínimo, de tal forma que ela usava camisola em casa. No entanto, sob a camisola trazia sempre um vestido, agradavelmente justo, e, sob o vestido, uma peça interior, cosida de forma invulgar, ao estilo bolchevique, que ele aprendera a desejar. Entre os joelhos e os seios havia uma espessa lã cinzenta, mas, em redor das bainhas, surgiam apontamentos rendados de seda que poderiam ter vindo de uma loja em Paris.

O estado animado do seu trabalho deixava-o voraz.

Visitava-a à tarde. À porta, que ficava no fim de um lanço de escadas, ela cumprimentava-o, as mãos nas ancas, os seios empinados na camisola de um modo tanto sedutor quanto acusatório. Estaria ele a imaginar? Bebiam uns quantos *bourbons* à pequena mesa barata junto do frigorífico, depois arrastavam as cadeiras para o meio da sala à espera do sol. As mãos dela cheiravam a funcho e havia algo irreal na cor daquele cabelo, mas a sua beleza angulosa nunca deixou de o seduzir. Por volta das duas e meia da tarde, quando o sol e o *bourbon* a haviam aquecido o suficiente, estreitava os olhos.

Ela gostava de falar na cama, um pouco antes e um pouco depois, cortesias que a bebida lhe permitia, a ele, fazer. Antes de deixar que Andret lhe tocasse, conversava solenemente, por alguns minutos, acerca das políticas soviéticas ou sobre a matemática académica, tal como outras mulheres teriam falado de rosas ou da casa. Parecia encarar aqueles momentos como uma prova de caráter. Enquanto ela falava, Andret ia deslizando os dedos ao longo da bainha do vestido para lhe expor as partes rendadas da roupa interior, qual criança a tirar as velas da orla de um bolo de aniversário. Depois, começava a beijar as rendas. Olga achava aquilo sedutor. Durante o sexo, calava-se, deslizando de repente para cima dele, uma leoa a prender a presa. Mantinha os olhos abertos. Andret gostava de os ter fechados, mas, sempre que os abria, ali estava ela, a observá-lo fixamente, as pupilas negras giroscopicamente inertes. De novo: leonina. Não conseguia deixar de pensar que aquele olhar, mesmo quando ela se inclinava sobre ele e esticava os ombros para trás lembrando um animal encoleirado, lhe parecia, na verdade, uma acusação.

O ato em si era ardente. Como um rápido jogo de ténis ou uma prova de atletismo estival, algo executado em pleno dia entre adversários. O colchão barato abanava. Ela gostava de o fazer mais do que uma vez, e Andret, regra geral, estava à altura do desafio. *Bourbon* era a sua gasolina. Entre sessões, bebia-o na cozinha enquanto ela ofegava nos lençóis. O suor iluminava-lhe o corpo. O pescoço esguio. Os seios surpreendentemente cheios. Deitava abaixo outro copo e voltava. A competição continuava na busca implacável dos olhos dela, que nunca descansavam. De quando em quando, chegava a haver uma terceira vez, na qual aqueles olhos, mesmo enquanto se abriam de desejo e depois se enevoavam nele, continuavam a acusá-lo: ele era um canalha; limitava-se, na verdade, a usá-la; preocupava-se pouco com quem quer que fosse.

Naturalmente, Andret estava ciente de que tudo aquilo era verdade.

Annabelle Detmeyer, por seu turno, cumprimentava-o junto da porta de serviço na propriedade dos Detmeyer, os olhos húmidos e já envolvida numa roupa fácil de despir. Na cozinha, estaria pronta uma refeição. Algum guisado de aroma sumptuoso a arrefecer num tacho de ferro, junto de duas taças de salsa. Pão aquecido sob um quadrado de linho. Os Detmeyer eram pais de duas filhas, de cinco e nove anos, mas a casa tinha meia dúzia de quartos só no segundo andar e um último piso acima desse. Por detrás da propriedade estendia-se um trecho de uma reserva florestal. Andret usava-a como disfarce, entrando na reserva por detrás do parque de estacionamento na cidade e emergindo qual espião quase no fim, diante do larício que escondia a porta das traseiras da garagem dos Detmeyer. Annabelle preferia que ele a visitasse de manhã, logo depois de as meninas terem saído para a escola. Tirando uns metros de relvado entre a floresta e os primeiros ramos do larício, tratava-se de uma viagem totalmente encapotada, mas, ainda assim, usava um sobretudo e óculos escuros. O marido dela viajava quase todas as semanas.

Estantes de livros cobriam as paredes da casa, não só na biblioteca e no escritório, mas na sala, na cozinha e nas casas de banho. Para Andret, aquilo dava a todo o piso de baixo o aspeto de uma pintura geométrica incoerente, na qual as lombadas coloridas de centenas de livros formavam refúgios involuntários de cor – predominantemente, verdes aqui, predominantemente castanhos ali –, à semelhança do que tende a ocorrer com todos os padrões aleatórios. Na secção de matemática – Yevgeny Detmeyer lecionava Economia Quantitativa –, havia tratados acerca desses mesmos padrões. Andret divertia-se com os títulos.

Acerca de matemática, Annabelle nada sabia. Gostava de *bourbon* e, após o primeiro encontro na cidade, haviam começado a bebê-lo regularmente em casa. Com as crianças na escola, podiam estender-se nos luxuosos colchões europeus. Só no segundo piso havia três quartos de hóspedes, mas, para sua grande surpresa, Annabelle preferia o quarto do casal, apesar da taça com botões de punho no toucador. Ele satisfazia aquela sua preferência. O quarto tinha toda a largura da casa e nos dois lados dava apenas para a floresta, o que lhe permitia levantar-se no fim e contemplar a vista da janela como um lorde.

Nesses momentos, a sua mente encontrava-se inundada de calma, e o trabalho desaparecia. Considerava Annabelle um refúgio, de onde bebia todas as manhãs que conseguia. Obstinada e não particularmente brilhante – pelo menos, para os padrões de Princeton –, revelava-se inabalavelmente generosa.

Enquanto amante, era um pouco reservada – talvez fruto da sua educação rural – e, tal como Olga, precisava de conversar. Porém, com Annabelle, parecia ser sempre acerca dele. O seu trabalho. Os seus planos. A narração pormenorizada dos seus esforços, tanto profissionais quanto quotidianos. Nesse aspeto, lembrava-lhe Cle Wells, constantemente instigando-lhe uma ambição, da qual, de algum modo, se haviam apropriado.

Na cama, ela gostava de se deitar de bruços. Andret começava por lhe beijar a coluna em cima do vestido enquanto respondia às indagações acerca da sua vida, aproximando-se suavemente das regiões vizinhas – as suas suaves omoplatas, a húmida elevação no pescoço, os seios quentes enquanto os libertava do tecido. A sua pele emanava um aroma a menta. Enquanto se movia, ela continuava a questioná-lo, até que os olhos por fim se fechavam quando as respostas dele se assemelhavam cada vez mais a grunhidos, a mão tocando-lhe no cabelo. Quando ficava excitada o suficiente, um silêncio caía entre os dois e, com um suspiro, ela rebolava e ficava deitada de barriga para cima, qual corça voltando-se num tapete de folhas.

Como ele adorava aquela cama! Yevgeny Detmeyer, como acabou por perceber, passava imenso tempo no estrangeiro, em Tóquio, Zurique, Londres, Berlim e Zagreb. Era uma personalidade pública extrovertida e imparável, um reconhecidíssimo macroeconomista e um consultor muito procurado em assuntos de política internacional. Além disso, como veio Andret certa tarde a descobrir enquanto folheava a *Princetonian* na cozinha do próprio homem, era também regularmente mencionado como candidato ao Prémio Nobel.

O Prémio Nobel.

Assim era Princeton. O facto aumentou-lhe a libido.

Certo dia, perto da hora de almoço, de uma das janelas do quarto, viu as duas meninas Detmeyer subir os degraus do alpendre com as suas mochilas. Annabelle sentou-se na cama e arquejou: esquecera-se de que elas sairiam mais cedo de uma visita de estudo. Enquanto remexia no armário à procura de roupa, ele dirigiu-se para a porta, ajeitando-se e descendo atabalhoadamente a escadaria de serviço.

Depois disso, passou a vê-lo apenas depois das onze da manhã, o que não era problema. Na verdade, até simplificava as coisas. Descobriu nesse dia que, se atravessasse os bosques na diagonal e saísse nas árvores junto do campo de futebol, ainda tinha tempo para parar no Clip para um copo e chegar a casa de Olga Petrinova antes que o sol batesse nas vidraças da janela.

Tempo e oportunidade

Porém, devido à natureza instável do trabalho, o seu otimismo depressa começou a esmorecer. Na maior parte das manhãs, acordava com uma ideia vívida do dia de trabalho, mas também começara a reconhecer que esta nova esperança constituía igualmente um estado de agitação. Ora, a agitação esgotava-o.

Estava em Princeton há tanto tempo quanto estivera em Berkeley. Nas festas em setembro, os novos contratados tinham adquirido o hábito de lhe pedir que lhes fizesse o retrato, uma prática que se tornara um ritual de boas-vindas ao departamento de matemática. Começara a fazê-lo com um certo humor: olhava para o rosto de um qualquer assistente que o houvesse abordado e depois para o papel, novamente para o rosto e de seguida para o papel, desenhando firmemente até, por fim, presentear o indivíduo com um retrato perfeito de Descartes, Pascal ou Grothendieck, de acordo com a área dele. Os trabalhos eram emoldurados em meia dúzia de gabinetes no Fine Hall.

Persistia no trabalho. Passeava pelo *campus* atacando as lições do *paper* de Erdös, como quem mete o dedo numa ferida. Parecia-lhe agora possível que a conclusão do *paper* não fosse mais crucial para o avanço final na Abendroth do que uma dúzia de outras que lera. E, contudo, aquilo atormentava-o. Tinha a certeza de que havia ali uma pista, ainda que não a tivesse conseguido nomear. Assim era a natureza da matemática. Escavava-se até se provar que um palpite estava ou certo ou errado. Até então, ele não conseguira provar nem uma nem outra possibilidade.

Entretanto, tornara-se amigo de um homem no Clip. DeWitt Tread era um ex-membro do departamento de Matemática, a quem ou havia sido negada titularidade ou se despedira, trabalhando agora como construtor na Escola de Engenharia. Aquilo pouco importava a Andret. O importante, pelo menos de início, era que Tread gostava de beber. Nascera numa família aristocrática da costa leste e tinha os traços faciais de um governador colonial, mas a sua vida fora uma longa e turbulenta procissão de drogas, bebida e negócios obscuros que o haviam deixado com dois dentes da frente partidos. À semelhança de Andret, usava fato no Clip, mas, ao contrário dele, o seu estava completamente gasto. Tinha uma enorme casa em ruínas na Princeton Junction, que enchia com todo o tipo de tralhas que comprava e vendia. Na maior parte das noites, era o último cliente a sair do bar. Começaram a conviver.

A questão era que Andret podia falar a Tread da Abendroth. Não haveria, decerto, mais de uma dúzia de pessoas no mundo sequer capazes de compreender a questão que o problema precisava de resolver; e, contudo, Tread, um bêbedo inveterado que tinha de pagar à cabeça as bebidas antes que o empregado de balcão lhas servisse, revelou-se uma delas. Era um absurdo. Um infeliz numa espelunca a poucos quilómetros do escritório de Andret. Sim, um matemático; sim, um antigo membro do departamento; sim, um homem com fama ter um número de Erdös igual a dois – o que, de certa forma, dava a Andret um número de Erdös igual a três –, mas, decerto, um homem desgrenhado, quase mudo, que se sentara certo dia ao seu lado num bar por mero acaso.

No Clip, Andret começava por resumir o dia de trabalho, por vezes desenhando formas nos minúsculos guardanapos, e Tread ouvia-o, comentando quaisquer suposições indevidas que pudessem ter sido tomadas. Tudo aquilo enquanto emborcava duplos sem gelo. Na conta de Andret. Tread conseguia beber o dobro dele, mas Andret pagava por achar a análise do amigo muitíssimo útil. Por vezes, mais do que perspicaz. Ler um trabalho de matemática era difícil em quaisquer circunstâncias, mas analisar rapidamente os pensamentos de outro matemático afigurava-se quase impossível. Contudo, Tread conseguia fazê-lo. Era, pensava Andret amiúde, um génio.

Parecia também não ter qualquer jeito para se promover. Os matemáticos estavam sempre a celebrar esforços em equipa – grandes colaboradores como Erdös eram adorados em todo o mundo –, mas Andret nunca desejara fazer parte de qualquer tipo de cooperação. Iria vencer Ulrich Abendroth totalmente sozinho. E, quando o fizesse, não partilharia créditos com ninguém.

Enquanto Andret falava do problema, Tread afundava-se no banco a seu lado, os lábios entreabertos revelando um dos dentes partidos, e olhava fixamente para o balcão do bar. Parecia nem estar a ouvir. Porém, sempre que se deparava com uma ínfima falta de rigor matemático, olhava logo para cima, os olhos raiados de sangue a brilhar. Nem precisava de falar; a expressão – combinada com o facto de o próprio Andret também possuir um sensor inato para o mais trivial lapso de lógica – bastava para assinalar o erro, que, no encontro seguinte, Andret teria cuidadosamente alterado.

No entanto, Tread nunca falou de colaborarem. Nunca mencionou trabalharem juntos numa investigação.

Outra sua peculiaridade era que, quando se voltavam a ver – regra geral um ou dois dias depois –, Tread tinha esquecido tudo o que havia sido discutido. Eis uma segunda qualidade nele de que Andret gostava.

Num dia de primavera, Knudson Hay ligou-lhe para casa e pediu-lhe para vir ao escritório. Era tarde e Andret não sentia a menor vontade de regressar ao *campus*, mas acabou por concordar. Mal ele chegou a Fine Hall, Hay encaminhou-se para o armário onde guardava as bebidas e serviu dois uísques com gelo. Andret já estivera umas horas no Clip.

– Como está a correr a sua investigação?

– Com trabalho e perseverança, tudo se alcança. Não poderíamos ter discutido isto pelo telefone?

– Tenho constatado que há coisas que é preferível discutir pessoalmente, Andret. Por favor, sente-se. – O rosto de Hay crispou-se e lançou um olhar à porta. – Lamento ter de lhe dizer isto. Portanto, oiça com atenção. Prefiro não ter de o repetir. – Pareceu ponderar na frase seguinte por longos minutos. De seguida, num tom neutro, declarou: – Espero que não ande a entreter a professora Petrinova.

Andret devolveu-lhe o olhar, não revelando o que quer que fosse.

– Tem de compreender – continuou Hay – que o Ministério dos Negócios Estrangeiros acaba comigo. O marido dela é coronel da Força Aérea Soviética. Tem noção disso?

– Sim, tenho.

– Anda a *entretê-la*?

Andret remexeu os cubos de gelo. Gostava do uísque puro.

– Que mal tem? – retorquiu. – Tem receio de que ela seja do KGB?

– Devo recordar-lhe de que a Olga Petrinova é uma convidada do departamento de Matemática, já para não falar do Ministério dos Negócios Estrangeiros. Que fique registado que o avisei acerca dela. Anda a entretê-la?

– Pensei que só mo iria perguntar uma vez.

– Estou a avisá-lo, Milo.

– Bom, prefiro responder-lhe só uma vez – replicou Andret. – Portanto, oiça com atenção. – Apercebeu-se, irritado, de que estava bêbedo. Retirou os cubos de gelo do copo e lançou-os no caixote de lixo, após o que emborcou o resto do uísque. – Sim – disse, mal se sentou novamente –, ando a fodê-la. Não é do melhor que tive, mas é bastante boa. Um bom *entretenimento*, para dizer a verdade.

– Meu Deus – exclamou Hay, mexendo no maxilar.

– Não me diga que está surpreendido.

– Sim, *estou*. Nem sei o que dizer.

Na verdade, fora Andret quem ficara surpreendido: ela não lhe contara que era casada.

Não se pode pentear o pelo de um coco

No início do quinto ano no problema, a sua energia começou a declinar. A bebida matinal geralmente cansava-o ao invés de o revitalizar e, nos dias em que lecionava, começou a fazer uma sesta a seguir ao almoço. De quando em quando, em tardes assim, não voltava ao escritório e tratava de ir ter com DeWitt Tread.

Aquilo que ainda faltava descobrir da prova era formidável – na verdade, desencorajador. Considerava-se flexível no ataque – a sua abordagem alterara-se da mera visualização para um misto de visualização e cálculo –, mas não conseguia negar que uma certa monotonia entrara no trabalho. A própria abordagem metódica tornara-se, de algum modo, um fim. As horas de reflexão. Os registos e desenhos constantes. Como se fazendo ambos, mesmo que por breves períodos, pudesse sistematicamente colocar um visto no conjunto de passos que iriam, a seu tempo, desembocar numa solução. Como um homem transportando um fardo de areia com um carrinho de mão. Sabia que era absurdo. Sabia que a sorte que procurava era quimérica e não poderia ser conseguida apenas através do método. Brilhantismo. Sorte. Um momento de inspiração divina. Precisaria de todas essas coisas, mas, à semelhança do que ocorria com todos os mortais, não as poderia convocar. Restava-lhe tão-só sonhar, enquanto se sentava silenciosamente à secretária, que uma delas lhe fizesse uma cuidadosa visita. Estava ciente de que marcara rota para uma costa que poderia nunca alcançar.

Intuição: eis do que precisava. A intuição sempre o ajudara.

De quando em quando, a sua mente regressava a Tycho Brahe e àquele período da história em que qualquer expedição razoável nas ciências parecia produzir uma descoberta digna de nota. Quão injusto tudo lhe parecia. Sabia que Hans Borland nunca teria tolerado tal apreensão, mas não conseguia deixar de encontrar conforto numa ideia: nascera no século errado.

Ao mesmo tempo, e quase sem que notasse, o seu gabinete começara a escurecer. De início, de forma curiosa e depois enfadonha. Apercebeu-se de que a árvore diante da janela crescera. Certa manhã, levantou os estores e viu que os ramos ultrapassavam o teto do escritório. Comprou um candeeiro. De seguida, um outro. Contudo, a luz elétrica não conseguia substituir-se à natural. Os caixotes empilhados obscureciam a metade inferior da vista e a própria divisão ganhara o odor do seu conteúdo, as centenas de páginas de hipotéticas desenhadas à mão, repousando dormentes ao longo do verão húmido. Num canto, as notas haviam alcançado o teto.

Certa noite, foi interrompido por uma outra batida na porta do gabinete. Quando a abriu uma nesga, Hay encontrava-se diante de si, uma expressão grave no rosto. Andret tinha noção de que o maltratara da última vez em que haviam falado, mas os pormenores estavam nublados.

– Ah! – exclamou, abrindo mais a porta. – Diretor Hay... Outra visita pessoal.

– Sinto-me hesitante em dizer isto – retorquiu Hay, tirando os óculos e massajando a cana do nariz –, mas preciso de lhe pedir um favor.

– É claro que estou à sua disposição, Knudson.

Hay voltou a pôr os óculos.

– Está a sentir-se bem, Milo?

– Julgo que sim. Sim, estou.

– O Pentágono precisa da nossa ajuda.

– Desculpe?

– O Pentágono. Querem simulações de guerra. Um ataque de um bombardeiro a um caça. Pediram-nos para o estudarmos em papel antes de o passarem à prática. O risco/benefício é muito elevado e precisam de uma mente forte e estatístico-algébrica. Têm sido muito generosos connosco ao longo dos anos.

– Portanto, um pequeno *jeu de hasard*.

– Exatamente.

– E um pouco de *quid pro quo*.

— Talvez, mas gostaria que o fizesse, Milo. Precisam disso com brevidade. Não é o seu campo, mas tem o talento e é rápido. Poderia fazê-lo em dois dias. O seu pai foi militar, não foi?

— Sim. Marinha. — Andret ponderou por instantes. — Está a testar-me, Knudson, não é verdade?

— Porque precisaria eu de o testar? Só lhe estou a pedir um favor. Preciso que alguém do departamento o faça. Tenho a certeza de que alguns dos seus colegas não gostariam nada da ideia. Tanto quanto sei, talvez também a si não lhe agrade este pedido. Como é óbvio, é livre de dizer não.

— Sou?

— Claro que sim.

— Nesse caso — retorquiu Andret–, direi sim.

Na tarde seguinte, caminhou para casa com um opúsculo dentro de um envelope selado marcado como classificado. Eram modelos de simulação. Secretos. Um bombardeiro com munição limitada lança-se sobre um caça, que o ataca com uma única descarga de mísseis. Teoria do jogo. Passou uma noite a rever os escritos de von Neumann e Morgenstern, após o que pôs de lado a Abendroth. Teve a sensação de tirar as botas depois de uma longa caminhada.

Mentalmente, visualizou as possibilidades e, de seguida, fraturou-as. Postulou os diferentes cenários para o bombardeiro perseguido: fogo regular, fogo intermitente, ataque distante ou ataque próximo. Para sua grande surpresa, o ato de simulação alegrou-o. Trabalhou até de manhã.

Tratava-se de uma satisfação que não sentia desde miúdo.

Dois dias depois, no gabinete de Hay, pousou uma dúzia de páginas datilografadas na secretária. No ínterim, mal dormira. Hay pegou na primeira página e passou o dedo pelo parágrafo de abertura, lendo metade em voz alta, como fazia quando estava a pensar.

1. Preâmbulo. O jogo considerado tem compensação

$$V(x, p) = A(x) \underline{Q}(x, p)$$

onde

$$\underline{Q}(x, p) = e^{-\int_0^x p(y) r(y) dy}$$

O resto examinou cuidadosamente em silêncio. Mal terminou, levantou-se, aproximou-se do armário das bebidas e serviu dois uísques, puros.

— Obrigado, Andret — disse. — Conseguiu-o.

— Parece que sim.

— Já agora, deixe-me dizer-lhe que está com bom ar. Há algum tempo que não o via com tão bom aspeto. Cansado, como é óbvio... mas feliz. Parece que finalmente se divertiu com alguma coisa. Tenho ou não razão?

— Considere-o um favor — retorquiu Andret.

Nessa tarde, a caminho de casa, repetiu as palavras de Hay. *Parece que finalmente se divertiu com alguma coisa.* Era verdade, certo? Pela primeira vez em muitos anos, voltara a divertir-se com algo na matemática.

Na primavera, numa viagem a Palo Alto, uma jornalista do *The New York Times* foi incumbida de o entrevistar. Andret iria falar na Distinguished Lecture Series*, em Stanford, e ela falou com ele após a sua palestra. O *Times*, reparou ele, gostava de abordar a matemática da mesma forma como trabalhava as festas locais ou uma corrida de automóveis: com uma piscadela de olho aos seus leitores. Ora, por norma, enviava correspondentes da secção do Social. Contudo, aquela jornalista, uma jovem com ar grave num fato de listras cinzentas, parecia genuinamente intrigada com o que ele dissera. Pediu-lhe uma entrevista.

Chamava-se Thelma Nastrum e, quando entrou no bar do hotel naquela noite para conversar com ele, não parecia nem tão grave quanto estivera na conferência, nem tão jovem. Mudara de roupa.

— Um belo nome — declarou Andret, mal o empregado se afastou. — Como o de uma flor. Uma flor subtil da zona do centro-oeste americano.

— Uma erva veloz escandinava — retorquiu ela. Eis que surgia o bloco de notas e a caneta. Bebeu um longo gole do Martini. — Bom... O que fazem os matemáticos ao longo do dia?

— Evidentemente, essa é uma pergunta popular — respondeu ele. — *Pensamos.* É isso que fazemos ao longo do dia.

Ela agitou o *cocktail*, após o que pegou numa azeitona, metendo-a na boca.

---

* Trata-se de um ciclo anual de conferências, organizado pelo departamento de Matemática de Stanford, para a qual são convidados um punhado de matemáticos extraordinários. *(N. da T.)*

– E bebemos.

Thelma escrevinhou algo.

– Embebendo – disse – e derivando.

Andret gostou dela.

Ao cabo de alguns minutos de perguntas, a jornalista quis saber se ele acreditava poder ganhar o Prémio Nobel graças ao seu trabalho na conjetura Malosz. Pegou no bloco de notas, sorriu e disse:

– Entrevistei o seu colega no outono passado. O Yevgeny Detmeyer.

Andret ficou sério.

– Quando ele ganhou o Nobel – acrescentou ela.

– Sim, sim. Estou a par. – Fez novamente sinal ao empregado, apontado para os copos. – Não há Nobel para a matemática – retorquiu, tão secamente quanto Hans Borland poderia ter proferido aquelas palavras. Estava irritado por já se sentir bêbedo, mas queria salvar a noite.

– Ah, não sabia – respondeu ela. – Porque não?

– Há quem diga que é porque a mulher de Alfred Nobel teve um matemático por amante.

– Ah... Bom, essa seria uma boa explicação, não acha? – Anotou qualquer coisa no bloco. – Mas decerto haverá um outro equivalente. Qual é o prémio mais cobiçado em matemática?

– A medalha Fields.

– Certíssimo... Julgo que terá grandes hipóteses de a ganhar com a sua prova do teorema de Malosz. Acha que a vai ganhar?

– Não é uma proposição inverosímil.

– Ah! – retorquiu ela – Uma dupla negativa! – O empregado chegou, e Thelma lançou-se de forma impressionante sobre o outro Martini. Quando o ergueu, o copo tetraédrico dividiu-lhe o sorriso em três.

– Correto – disse ele. – Porém, vinda de um matemático, uma dupla negativa é uma proposição aceitável.

– Menos com menos dá mais, certo?

Andret sorriu.

– Está corretíssima. Pelo menos, para operações em que a identidade seja *um*.

A jornalista anotou também aquilo. De seguida, dirigiu-se para a casa de banho. Quando regressou, trazia a camisola dobrada em cima do braço. Andret contemplou-a enquanto a pendurava nas costas da cadeira. Ela era uns quantos anos mais velha do que aquilo que inicialmente imaginara, mas ainda estava em excelente forma.

Mais tarde, no quarto de hotel, disse-lhe que já fora para a cama com dois vencedores do prémio Pulitzer.

– Mas nunca com uma medalha Fields.

Ele ergueu-se para se servir de outra bebida.

– Ainda não a ganhei.

– Bom – retorquiu ela. – Na altura, eles também não.

O problema começou intermitentemente naquele outono. Certa manhã, a caminho do trabalho, passou junto de um candeeiro de rua, cujo tampo havia sido desaparafusado. Quando olhou para cima, a lâmpada explodiu de súbito num halo de estrelas flamejantes. Piscou os olhos. Quando voltou a olhar, regressara ao normal.

Mais tarde, nesse mesmo dia, enquanto olhava pela janela, viu o guarda-lamas de uma bicicleta fazer o mesmo. Por instantes, transformou-se num polígono ardente e com inúmeros pontos de acesso que cintilava e encolhia. Depois, voltou ao normal.

– Sente-se, Andret.

– De novo nada que possa ser discutido pelo telefone?

– Receio que tenha razão – retorquiu Hay. – Não aquilo que preciso de falar consigo desta vez, meu amigo.

Meu amigo. Andret sentou-se diante da secretária e aceitou um uísque. De novo, Hay não lhe juntou gelo.

– Aproveito para lhe dizer que já me esqueci do seu comportamento com Mrs. Petrinova – começou Hay por declarar, fechando a garrafa e devolvendo-a ao armário. – Bom, como é óbvio, não com Mrs. Petrinova, mas comigo quando falámos dela. Já está tudo enterrado. – Franziu os lábios bruscamente e tirou um pedacinho de cotão da manga. – No ano passado, Milo... quando falámos no meu gabinete.

– De que é que precisa, Knudson?

– Sou um homem prático. Não me enervo a troco de nada. Faço o que é melhor para o departamento.

– Sim, bem sei.

– Fiz-lhe um favor com Mrs. Petrinova.

— E eu fiz-lhe o trabalho para o Pentágono em troca. Estamos quites.

— Bem verdade, Milo. Bem verdade. — Pegou noutro pedaço de cotão e entrelaçou as mãos. — Chamei-o aqui para lhe dizer que foi feita outra doação ao departamento. Bastante agradável, por sinal. — Inclinou-se para a frente. — Poder-se-ia mesmo dizer que é *obscenamente* maravilhosa. Para uma cátedra recém-nomeada. A cátedra Hyun de Matemática Experimental. Tratar-se-á de todo um novo subdepartamento, ainda sob a minha direção, naturalmente, mas *novo*. Man-Sik Hyun dirige a Hyun Electrics Company, em Seul, na Coreia do Sul. E agora também em Camden, New Jersey. É um geómetra. — Sorriu eficientemente. — Queria chamar-lhe Cátedra Hyun Electrics, mas alguém lhe explicou o problema.

Andret soltou uma curta gargalhada.

Hay apontou para os copos.

— Mais uma dose?

— Por favor.

— E o seu nome é um dos que estão a ser estudados.

— Ainda não sou titular.

— Passará.

— Resolvi *um* problema na minha carreira, Knudson.

Hay ergueu o copo.

— Mas que problema era, Milo!

— Bom, obrigado.

— Bem, de qualquer das formas, trata-se de uma situação que posso tratar. Aqui, dão-me esse tipo de liberdade de ação. Como vê, estou a falar de o passar antecipadamente a professor titular e de uma promoção. A cátedra de um subdepartamento e uma grande doação.

Andret endireitou-se.

Hay baixou o tom de voz.

— Em que está a trabalhar nos dias que correm?

— Ainda ando às voltas com a maldita conjetura de Abendroth.

Hay recostou-se, soltando um assobio.

— Bom, não pode ser acusado de desistir seja do que for.

— Não, não posso.

— Mas diga-me uma coisa: está perto?

— Perto do quê, Knudson?

– Não seja dissimulado. Dr. Hyun gostaria de ter o nome ligado a algo resolvido. Algo grande e famoso. – Ergueu o copo. – Como a última conjetura de Abendroth.

Andret contemplou-o calmamente.

– Pode ser que tenha – declarou.

– Um ano?

– Talvez.

Hay estudou-o.

– Devo desde já dizer-lhe – continuou, acabando de servir as bebidas – que, no departamento, há quem esteja contra.

– Certo.

– Acham-no... Bom, como devo dizer isto? – Olhou para a pilha de papéis na secretária. – Abrasivo. Arrogante. Ouvi ambos os termos.

– Que quer que eu lhe diga?

– Não quero que me diga nada, Andret. Estou apenas a informá-lo. Estas são as dificuldades que enfrento numa tomada de decisão. Podia ajudar-me, sabe disso, certo?

– E como?

Hay pousou a bebida e ajeitou a pilha de papéis.

– Podia começar a agir de forma mais civilizada.

Mais tarde, nessa semana, uma nota na sua caixa de correio. Desta vez, uma tira de papel de escritório cor-de-rosa, dobrada, as iniciais de Helena Pierce no topo. O quadrado ao lado de MENSAGEM TELEFÓNICA fora assinalado com um visto. Quem ligara? *Professor Earl Biettermann*.

Com que então, o filho da mãe era agora professor. Parecia-lhe estranho que não tivesse sabido.

Desdobrou a folha e leu as palavras datilografadas na *Selectric*:

Triste notícia. Hans Borland faleceu. Pediu que fosse informado.

Meu Deus! Ainda então ouvia a voz amarga do velho homem. Pousou o braço de encontro às caixas de correio e sentiu o maldoso torneio de justa entre os dois, como se até na morte o professor tivesse conseguido desferir-lhe um último golpe de lança. Abanou a cabeça e voltou-se para a parede.

Atrás dele, a porta do gabinete gemeu. Continuava a contemplar a parede quando uma mão lhe tocou no ombro.

– Professor Andret?

Havia anos que ela não se lhe dirigia de forma carinhosa.

– Estou bem.

– Professor Andret...

– A sério... Estou bem.

Os passos recuaram. Uns instantes depois, uma caixa de lenços. Andret aceitou um.

– Sei que ele deve ter sido importante para si.

– Foi, foi. Ele foi... Nem o consigo explicar. – Ficou surpreendido com as suas próprias palavras. – Oh – exclamou, voltando-se. – Oh, Helena...

– Para ser franca, andei toda a manhã à sua procura, professor Andret. Desde que a chamada chegou. – Parecia haver lágrimas nos olhos dela. – O professor Biettermann avisou-me de que decerto ficaria muito perturbado, mas julgo que o professor Borland lhe pedira para lhe transmitir a notícia, quando a situação acontecesse. Sei que estava doente há algum tempo, mas deve ter sido um choque imenso sabê-lo assim. Lamento imenso, Milo.

Ele olhou-a mais atentamente; sim, aquilo eram lágrimas.

– É graças a ele que cheguei aqui – disse, suavemente.

Ela anuiu com um gesto da cabeça, as mãos cobrindo a boca.

– Oh, Milo. Lamento tanto. Nunca deveria ter deixado a nota. Deveria tê-lo dito pessoalmente. Sinto mesmo muitíssimo por isso. – Pousou a mão no braço dele.

Andret tocou nela e olhou para cima: sim, conseguia vê-lo. Ela *estava* mesmo arrependida. Ele não o merecia nem um pouco, mas ei-lo, o arrependimento.

Ao fim do dia, o telefone de casa dele tocou. Daquela vez, a voz de Hay era seca.

– Precisamos de si aqui, quanto antes, Andret. É importante.

Quando abriu a porta de vidro fosco do gabinete do diretor, uma linha de caras pasmadas ergueu-se de repente e contemplou-o. Tratavam-se dos nove elementos mais antigos do departamento, dispostos em volta de uma elegante mesa de carvalho.

Hay levantou-se da cadeira na cabeceira.

– Julguei que bateria, mas obrigado por ter vindo tão em cima da hora.

Após a notícia da morte de Borland, Andret passara o dia no Clip, onde, vá-se lá saber porquê, se acabara o *bourbon* e lhe serviram uísque. Naquele momento, sentia-se triste. Obscurecido e envolto, como se estivesse dentro de uma saca. Hay falara, mas precisou de alguns instantes para perceber que os rostos na sala aguardavam por uma resposta. O reflexo na janela transformou-se numa fileira de prismas oblíquos.

– Bom, não o fiz – disse, afastando-se.

Um silêncio. Alguns dos rostos entreolharam-se.

– Não bati à porta – clarificou ele, pousando os olhos na carpete.

– Bom – retorquiu Hay. Aclarou a voz. – Trata-se de uma situação pouco usual, mas alguns dos membros do departamento querem falar pessoalmente consigo. Vou ser franco... Como sabe, foi nomeado para a cátedra Man-Sik Hyun de Matemática Experimental, a qual, é claro, será outorgada com a titularidade e um cargo de subpresidente. Há alguma coisa que queira dizer?

– Queira dizer?

– Ao comité, Milo.

Ele olhou para cima.

– Farei um trabalho magnífico, meus senhores. – Acenou às caras, após o que retorquiu com gravidade: – Sou um excelente matemático e agradeço a oportunidade.

Hay sorriu, Andret entrelaçou as mãos. Quando voltou a olhar para a janela, era apenas isso, uma janela. Voltou então o olhar para as familiares feições da Europa do Leste na sala. Os seus colegas à mesa pareciam sobreviventes de um *ferry* lituano afundado, com exceção de Hay, que se assemelhava ao capitão do navio nórdico que os salvara. O Departamento dos Ingleses Macarrónicos – eis como eram conhecidos pelo *campus*. Uma alarmante parede uniforme de bolbosas feições semíticas, *blazers* puídos e gravatas sem cor. Foi apanhado pela abrupta e amarga noção de que os odiava a todos.

Então, enquanto ali permanecia, tentando libertar-se desse sentimento, apercebeu-se de súbito do óbvio: de que *eles o* odiavam também, de modo igualmente selvático. Rostos emergiam do fundo repleto de livros. Pequenos tiranos e invejosos descarados da grandiosidade.

Trepadores sociais de segunda categoria: cada um deles. E todos ansiosos por destruí-lo. A convicção ganhou força. E eis que da sua boa saiu:
– Olhares vis não me deterão.
– Desculpe?
– Vocês não valem nada. Uma elegante mesa de pés rapados.
Alguém soltou uma gargalhada sonora. Depois, instalou-se um silêncio. As janelas dispararam um outro lampejo de cor.
– Vamos todos tentar ignorar – disse Hay. – Por favor.
– É exatamente disto que estava a falar – declarou uma voz.
– Oiça, Andret – avançou Hay –, vamos ser específicos. No que anda agora a trabalhar? Será que pode dizer ao comité?
Andret baixou novamente o olhar para a carpete. A premonição esbateu-se. Piscou os olhos.
– Na última conjetura de Abendroth. Sabe bem no que ando a trabalhar, Knudson.
– Estou a perguntar-lhe em nome do comité. Havia algumas dúvidas acerca disso. E quão longe está de alcançar uma solução?
– Essa é uma pergunta parva.
– Ele tem razão – declarou alguém.
– Refiro-me a meras estimativas por alto. – Hay riu-se como se estivesse a gostar do diálogo. Abriu as mãos. – Milo... Discutimo-lo há uns dias, aqui mesmo. De quanto tempo precisará para chegar a uma prova?
Andret ergueu o olhar. A sala permanecia uma sala. Contudo, agora algumas caras haviam-se ajustado um pouco. Acenavam. Moviam-se. Os pormenores eram menos decifráveis. Começou a acreditar que talvez estivesse perante amigos e não inimigos. É possível que se houvesse equivocado. Enrico Petti, um geómetra, parecia ser aquele que soltara uma gargalhada, antes de o defender. Riney Burtsfield lançou um olhar em redor furioso, mas a malícia era, sem dúvida, direcionada a Hay. Raul Shortkopf, um dos pequenos déspotas do departamento, batia desastradamente com os dedos minúsculos enquanto levava a cabo uma computação compulsiva. Hay continuava a sorrir.
– Por alto – repetiu Hay. – Diga-nos o que lhe parece, *por alto*, professor Andret.
– Um ano – respondeu ele. – Talvez dois.
Alguém assobiou.

– Obrigado – rematou Hay. – Era dessa informação que precisávamos. Agradecemos o tempo que lhe tomámos.

Uma mão no seu ombro. Estava a ser conduzido para fora da sala. Libertou-o à soleira da porta. No corredor, escondido dos outros, tapou os olhos. Quando os descobriu, o mundo era de novo banal. O chão escuro. O quadro de cortiça demasiado cheio. Deu um passo. A janela perlada da sala do correio. Apercebeu-se de que Hay continuava atrás dele. Mal se voltou, o diretor inclinou-se da porta e murmurou:

– Logo lhe darei as novidades.

Palavras saíam de dentro da sala. Alguém disse:

– O porco maior come as melhores maçãs.

Andret olhou Hay nos olhos.

– Estou-me a lixar para todos vocês – declarou. – Nada disso me interessa nem um bocadinho.

Hay pareceu ficar pasmado, mas depois a sua expressão alterou-se:

– É aí que somos diferentes, Milo. Para *mim*, importa. Importa, e muito.

Fechou, penosamente, a porta atrás de si.

– Não sei – respondeu ela, a linha ecoando. – É muito longe.

– Significaria muito para mim.

Uma pausa. Música clássica a tocar em fundo. Ele imaginou a cama estreita.

– Ficaríamos em quartos separados, certo?

– Sim, como é óbvio. Quartos separados.

– Quero dizer, isto *se* eu concordasse em ir.

– Sim, *se* concordasses. Estão a ponderar promover-me, sabias?

– Sim, já ouvi dizer. Isso é maravilhoso. Parabéns.

– Obrigado.

– Bom – disse ela –, ainda assim, não sei.

– Filas separadas no avião.

Uma gargalhada.

– Helena...

– Vou pensar no assunto.

– A sério? Farei o que quiseres. *Prometo*. E, como é óbvio, pago tudo.

– Na segunda-feira, estarei aqui a horas de ir trabalhar?

– Podes ficar o tempo que quiseres. Pago até mais uns dias, se te apetecer. Quero dizer, para ti, sozinha. Podias pedir uns dias de férias. Eu próprio falarei com o Knudson. Só te peço que venhas comigo ao funeral. Conheces alguém na Califórnia?
– Não sei. Talvez.
– Por favor, Helena – insistiu. – *Por favor*. Não tenho mais ninguém a quem pedir.

Regressão à média

Berkeley. O mesmo lugar que deixara. Quase seis anos desapareceram, tragados por uma goela metafísica. O mesmo vendedor ambulante aos gritos, com o mesmo lenço vermelho. O mesmo cão de beiços negros saltando atrás de um *frisbee*. Na Telegraph, uma fileira de *hippies*, espojados de encontro a uma fachada de lojas, as sandálias de pele repousando no alcatrão. Helena enfiou o braço no dele, e caminharam entre as pernas. Ela trazia uma saia plissada.

– É por aqui que planeias passear? – indagou.

Ele conduziu-a até Bancroft. Ainda lhes restavam algumas horas até ao funeral. Na College, apanharam um táxi. Na velha esquina onde morara, pagou ao taxista para parar e aguardar uns minutos. Aproximaram-se do edifício em ruínas. Por fim, ele parou e olhou para baixo, para as janelas familiares. Por detrás das duas vidraças escuras, conseguiu discernir a orla de um tapete ligeiramente enfeitado com borlas. De repente, viu Cle Wells sair do chuveiro com a *T-shirt* dele.

– O quê? – perguntou Helena.

– Oh, meu Deus.

– É aqui? É aqui que vivias? – Inclinou-se de lado e olhou para cima, para o edifício.

– Está tudo diferente.

Andret conduziu-a de volta ao táxi. Saíram em Rockridge. Os cafés, os pequenos restaurantes, tudo na mesma. O mesmo menu especial colado na janela do Lime Rose. O mesmo empregado magro e pálido que lhes servia o usual café turco.

Porque continuaria a pensar nela?

Precisava de uma bebida.

Num mercado de esquina, enquanto Helena usava a casa de banho, bebeu uma mini. De seguida, pegou-lhe no braço e dirigiram-se para Claremont, em direção às colinas. Ali, as casas eram maiores, com eucaliptos e árvores azuis de goma arqueando-se sobre os telhados. Limoeiros nos jardins cuidados, os limões pendendo como brincos. Elevando-se acima de todos encontravam-se os majestosos sicómoros, estendendo os seus ramos marmóreos.

– O Hans Borland vivia aqui – disse ele. – Numa destas mansões com vista para a baía.

– Como era ele?

– Na verdade, não sei. Nunca o consegui entender. Não me decidia se ele era meu amigo ou inimigo.

– Era teu amigo – retorquiu ela. – Defendeu-te.

– A sério?

– Sim.

Helena estugou o passo. Talvez estivesse a corar. Andret alcançou-a. A rua ficara mais íngreme. Subiram-na em silêncio, os saltos dela esburacando um caminho. A saia plissada sibilando. Não era tão bonita quanto Olga nem tão acolhedora quanto Annabelle, mas havia algo mais nela. Os braços balançavam compassadamente.

Perto do cume, um pátio de pedra abria-se para uma paisagem. Sentaram-se frente a frente num murete a desmoronar-se.

– Fala-me de ti – pediu ele.

Ela voltou a corar.

– Oh, não sei o que dizer.

– Vá lá, diz-me. Que gostas de fazer?

– As coisas habituais.

– Tais como?

– Como jardinar. Trato das rosas nas traseiras do meu prédio. Acho que também se pode dizer que pinto um bocadinho.

– Que tipo de pintura?

– Acima de tudo, paisagens. Não muito boas. A sério, o que mais faço é ajudar a minha irmã com os filhos. Além disso, trabalho muito no departamento. Gosto de levar tudo a sério. Até a jardinagem. – Parecia mais confortável com ele e até sorriu. – Trato de vinte e cinco rosas e de uma espécie rara de peónia.

– E gostas?

Helena olhou para ele.

– Gosto de trabalhar muito, se é a isso que te referes. Adoro ser uma formiga.

Andret estava espantado.

– Interessante – retorquiu. – É um pensamento sugestivo, não é?

– O quê?

– Ser uma formiga. Desistir de tudo o resto. – Baixou-se para apertar o sapato. Mal se ergueu, apercebeu-se do erro que cometera. – E tu? Não queres ter filhos?

Naquele momento, Helena contemplava a vista. Daquela altura, conseguiam ver os pináculos de ambas as pontes.

– Sim, quero – acabou por responder. O olhar de Milo dirigiu-se para o ponto que o dela fixava, na direção dos prédios amontoados de São Francisco e da tortuosa fita negra da autoestrada. A água barrenta. As tiras apagadas de navios. Eis a vista que lhe dera a primeira revelação da Malosz, mil anos antes. A sua defesa de tese. A cabeça de Borland a anuir... a aprovação tão raramente dada. O emprego em Princeton. Fechou os olhos.

– E tu? – quis ela saber.

– Que tenho eu?

– Queres tê-los?

Andret olhou para ela.

– Filhos... Meu Deus, não. – Depois acrescentou: – Isso seria crueldade.

No funeral parecia haver marcas de luto no rosto de Helena... como se tivesse sido ela a perder uma grande figura na sua vida. No banco estreito ao lado dele, limpava os olhos com pequenas pancadinhas.

Uma multidão impressionante. Centenas de enlutados enchiam os longos bancos de madeira. Quase todo o departamento de Matemática se encontrava espalhado ao longo das filas diante do púlpito. Tudo aquilo o intrigava: Borland fora uma figura importante, mas também um homem duro e cruel. Porém, parecia haver uma tristeza genuína na igreja. Em Helena também.

Andret sentia-se desconfiado. Imensas pessoas teriam de se estar a sentir aliviadas.

O seu próprio sentimento fugia dele. Bebera uns copos no hotel, mas, por aquela altura, o conforto aveludado que lhe davam reduzira-se a um trapo de aborrecida melancolia. A dor que o andara a rondar aterrou por fim. Uma pontada no meio do crânio. Esfregou-o. Por instantes, o chão de mosaico oscilou. Fechou os olhos. Ocorreu-lhe a ideia de que o reitor já deveria andar à procura de um substituto para Borland; bem, não ficaria com o cargo. Princeton continuava a dever-lhe a titularidade, independentemente do quanto ferisse os invejosos. Havia ainda a possibilidade da cátedra Hyun, se não tivesse estragado completamente as suas hipóteses.

Ainda assim.

O espetáculo de longos elogios fúnebres e o mar de rostos consternados continuavam a pasmá-lo. Que estariam todas aquelas pessoas a sentir de facto? Uma inutilidade afundou-o no banco. Que passaria, mesmo, na mente de todos aqueles charlatães de aspeto académico? De todos aqueles pobres homens nas suas gravatas mal-amanhadas? Daquelas mulheres lúgubres nos seus vestidos de luto? Centrou os sapatos em frente aos joelhos e bateu no chão. Os ladrilhos voltaram a inchar. Depois, estabilizaram. O mundo vacilou. A mão enluvada de Helena entrou no seu campo de visão. Um animal rendado em repouso num colo. Agarrou-o.

Nesse preciso momento, o olhar de Andret caiu naquilo que andara a procurar.

Na festa, pediu licença e deixou Helena junto do balcão principal do bar. No outro, pediu uns quantos *bourbons*, após o que se posicionou entre a turba. Sim, tinha razão: ali estava ela, junto do piano de cauda, contemplando pelas janelas a Vine Street. Alguém que não a conhecesse como ele poderia nem a ter reconhecido: o cabelo bem arranjado, um vestido negro de linho, uma fiada de pérolas ao pescoço. Contudo, Andret soube que, tal como a cidade, Cle não mudara nem um pouco.

Pensou se ela não teria vindo para *o* ver.

Quando a alcançou, murmurou-lhe a uns metros de distância:

– Eis o tipo de evento em que se *espera* um encontro com fantasmas.

Ela voltou-se.

– Milo?

– Gottfried Leibniz, para ser mais preciso. Chegando com uma prenda.

Ela pegou no copo e beijou-o na cara.

– Não... O Leibniz está comigo. Já te disse isso. – Soltou uma gargalhada. – Mas fico feliz com a prenda.

Aproximou-se e beijou-o na boca.

– Bom – retorquiu ele.

Um pouco de papos em redor dos olhos, mas sim: fora isso, ainda a mesma. Ela apontou para um homem num ponto distante, junto da porta.

– Ah – exclamou Andret. – Está vivo.

Biettermann também parecia mais velho e tão superficialmente mudado quanto Cle. A pele bronzeada. Uma gravata preta bem justa ao pescoço. Porém, mesmo do outro lado da sala, a arrogância ainda brilhava qual chama piloto. Cle arrastou Milo por um braço. Quando se aproximaram, Earl voltou-se, um súbito traço de apreensão no rosto. Transfigurou-o num sorriso.

Andret deu-lhe um passou-bem. Dois homens em fatos igualmente caros, mas Biettermann agora com laivos brancos no cabelo bem penteado.

– *Touché* – disse Andret secamente.

– *Touché*, meu caro – retorquiu Biettermann, com idêntica secura.

Cle estava entre os dois, sorrindo.

Naquela noite, no átrio do hotel, Andret preparou Helena. Deveria evitar dizer o que quer que fosse acerca de si; ele forneceria os pormenores. Eram apenas amigos. Ela estava no departamento de Física, a fazer licenciatura. Não... Biettermann era capaz de lhe fazer perguntas. Estava no departamento de História de Arte. Ao lado dele no sofá faustoso do átrio, ela soltou uma risadinha. Andret trouxera-lhe um copo de *Chablis*.

– Porque estaria eu a estudar História de Arte? – perguntou ela.

– Na verdade, deverias pensar nisso. Seria bom para ti. Disseste-me que gostavas de pintar, não foi? – Bebeu de um gole a bebida. – E o Earl não percebe nada acerca disso.

Um instante depois, os amigos dele aproximavam-se. Um elegante carro europeu. Assentos de pele. Vidros fumados. Como sempre, Biettermann guiava belicosamente. Mudava de faixa e colava-se aos carros nas ruas movimentadas. Tudo aquilo sob uma contínua chuva de inverno.

No restaurante, um porteiro conduziu-os até à entrada sob um chapéu de chuva com uma pega de marfim. Ali, no ligeiramente bruxuleante lóbi, o *maître* pegou-lhes nos casacos.

– Professor Milo Andret – disse ele, fazendo uma vénia –, é uma honra recebê-lo.

Aquilo tinha mão de Biettermann. O sarcasmo era evidente.

À mesa, o seu velho inimigo não perdeu tempo, lançando-se, de imediato, no relato dos pormenores da sua carreira. Trazia um outro fato, de corte ainda mais elegante. Os pulsos de Cle brilhavam com fiadas de pulseiras. Quiçá diamantes. Andret fez questão de não olhar. Ao seu lado, Helena tinha o mesmo vestido que usara para a cerimónia, mas, pelo menos, arranjara o cabelo. Estava preso num coque. Biettermann continuava monotonamente. Acabara Matemática em Berkeley e fora aceite em todos os programas de topo – Harvard, Stanford, MIT e Princeton – antes de mudar de ideias.

O empregado chegou com vinho, um *Vega Sicilia*. Biettermann provou-o e mandou-o para trás. Uma nova garrafa surgiu. De seguida, os aperitivos – ameijoas, *bruschetta*, tâmaras. Biettermann parecia ter sido desmontado por uma máquina e refeito. Mãos bronzeadas. Dentes brilhantes. Andret não se importava de o olhar fixamente. Conseguia ouvir Helena murmurar a seu lado sobre os pratos fumegantes de alho e pimenta. Biettermann tirou a nova garrafa ao empregado e serviu-os, um ar de satisfação no rosto. Um *Château Latour* de 1971. Cle assumiu o controlo da conversa. Tinham-se casado havia quatro anos no Cabo – uma «cerimónia pequena», acrescentou, quando Andret lhe deitou um olhar. Depois, mudaram-se para Manhattan, onde o pai de Earl o colocara na Dean Witter.

Andret cuspiu o vinho.

– A firma de *corretores*?

– Nem sequer lá ficou um ano – explicou Cle. – Agora dirige todo o navio em Piper Jaffary Hopwood.

– O que é isso?

– Especialistas em investimento. Sofisticados. O Earl dirige a arbitragem. Eles subornaram-no para sair da Dean Witter, Milo. – Abriu a bolsa e entregou-lhe um cartão com um endereço em Park Avenue. – Em cinco meses, tornou-se um dos líderes de topo.

– Arbitragem? – retorquiu Andret. Pousou o copo. – Será isso um enteógeno?

Cle soltou uma gargalhada sonora.

– Por acaso – explicou Earl –, até pode ser.

– Então, já não há mais poesia?

Para felicidade de Andret, Cle riu-se a bom rir. Milo voltou-se para ela.

– E *tu*? – quis saber.

– Eu? – retorquiu ela. – Eu quê?

– Que tens feito contigo ao longo de todo este tempo?

– Bom, não tenho feito nada desde Berkeley.

– Isso não é verdade, querida.

– Claro que é.

– Para começar, frequentaste o mestrado. Agora, estás na direção de uma fundação e não te esqueças...

– Oh, meu Deus – exclamou ela. – O mestrado foi pavoroso. Nunca acabei a minha dissertação. – Olhou em volta, pousando o olhar em Helena. – Para ser honesta, nem a comecei.

Helena sorriu, submissa.

No silêncio que se seguiu, Biettermann declarou:

– Por acaso, *é* mesmo uma espécie de poesia.

– O quê? – quis saber Helena.

– O meu trabalho. A arbitragem. É mesmo uma espécie de poesia, já que o meu amigo aqui quer saber. Diria que futurista, se tivesse de a rotular de alguma coisa. Embora também formalista. Com claras regras de prosódia. – Sorriu da sua própria graça. – O que fazemos é jogar o risco de outras entidades. Empresas. Organizações. Nações. Sem assumirmos nós mesmos riscos proporcionais. Ora, isso é essencialmente a rima e a métrica. Tomamos como tema aquilo que encontramos no mundo. – Voltou-se. – E dirijo apenas uma secção de arbitragem – explicou à mulher. – Não o navio inteiro, querida. Mas, sim, na verdade – e aqui ergueu o copo –, a finança é mesmo um enteógeno. Um enteógeno dos tempos modernos, trazido da selva.

– Fascinante – declarou Helena.

– O porco maior fica com as melhores maçãs – afiançou Andret.

– Bem verdade – concordou Cle.

– Espera lá – disse Andret a Earl. – Pensei que fosses professor.

Biettermann olhou-o espantado.

Cle soltou uma gargalhada. Uma curta ária em crescendo, que terminou numa tosse engolida.

– Era isso que dizia a tua mensagem telefónica: professor Earl Biettermann. A mensagem que deixaste à minha secretária.

Helena encolheu-se.

– Estava a brincar, Andret. – Encheu novamente os copos de todos. – Acho que não apanhaste. Nunca foste rápido com piadas. – Ergueu o vinho. – Enfim, ao Hans Borland. Um grande matemático. Um grande professor. Um grande homem.

– Ao Hans Borland – disse Helena, debilmente.

– Estou a ver – replicou Andret. – Estavas a brincar. Que engraçado.

– Oh, por favor, Milo – retorquiu Cle.

– Olha – explicou Milo –, por acaso, agora até contrato regularmente professores. Tenho vários a trabalhar para mim neste preciso momento. Estavam em pulgas para sair da *academia*. – Prolongou a palavra. – Física, matemática e filosofia. Qualquer área onde se empregue a lógica pura: eis a minha regra. Para ser honesto, Andret, deverias pensar nisso. Fazemos trabalho pioneiro.

– Estou certo que sim.

– Um campo desconhecido.

– Parece interessantíssimo.

– E é – afiançou Cle. – É por isso que tem um nome tão francês. – Terminou o seu copo de vinho e serviu-se de novo. – *Château Latour. Lazard Frères. Arbitrage*. Algo minimamente interessante envolve sempre uma palavra francesa, nunca tinham reparado? A tudo o que o Hans Borland vos ensinou. *Tout de quel*.

– Já chega – rematou Biettermann.

Helena baixou os olhos. Cle fungou.

– Nenhum *cash-flow* negativo em qualquer estado probabilístico – sussurrou Bietterman, inclinando-se e aproximando a cabeça de Andret – e *cash-flow* positivo em pelo menos num.

Andret rodou o pé do seu copo de vinho.

– Por outras palavras – disse –, lucro sem risco.

– Temos de lhes dar o que eles querem, meu amigo.

– Sim, creio que é isso que fazes, não é?

– Também o podias fazer, Milo – incentivou Cle. – Podias ganhar dinheiro com o que Earl faz.

– Não, obrigado.

– Querida – retorquiu Biettermann –, lembra-te de que, até no meu ramo de arbitragem, é preciso gostar-se de riscos. Tem de *se saber lidar* bem com eles. A finança assenta nisso, por amor de Deus. O nosso Milo não gosta de riscos. Todos o sabemos.

– E também não apanho piadas. Já disseste, Biettermann. Daqui a nada está gasto.

– Como nós os dois, caro amigo?

– Somos amigos?

– Ora, ora – disse Cle, rodando lentamente o copo à luz da vela, tal como Andret fizera uns momentos antes. – Podemos falar de outra coisa? – Agarrou na cigarreira de aspeto luxuoso que o marido pousara na mesa. – Olhe para isto – disse, voltando-se para Helena. – Não acha a escultura simplesmente encantadora?

– Oh, sim, é, Mrs. Biettermann. É mesmo adorável.

– Reconhecerá o artista, porventura? – Cle ergueu-o à contraluz. – Parece um Fra Angelico, talvez? Ou um Giotto? Quem sabe se não é um Dürer?

– Dá-me isso – ripostou Andret.

– Na verdade, é um Maitani – explicou Cle, esboçando-lhe um sorriso sedutor. Estendeu-lhe a cigarreira enquanto Milo a olhava espantado. Depois, voltou-se para Helena. – O friso da grande Duomo di Orvieto. Na Úmbria. Uma visão brutal, não acha? – Baixou a voz. – Mas é difícil tirar os olhos dela, não é?

– Deixa-me decidir por mim – retorquiu Andret. Quando lha tirou da mão, viu que a cigarreira havia sido feita de um único bloco de prata. Minúsculas figuras esculpidas de forma intrincada contorciam-se numa cópula violenta, a carne em ferida. – É apenas o inferno – disse. Deixou--a cair de novo na mesa como se não o tivesse fascinado minimamente. – Naqueles tempos, só pintavam isso.

– Isto é esculpido, Milo – retorquiu Biettermann.

Cle pousou o copo de vinho e focou-se em Helena.

– Também gosta de correr riscos? Há muito risco na história de arte?

Helena piscou os olhos. Uma amêijoa fumegava no seu garfo. Andret viu a humilhação desconcertá-la.

– Toda esta noite é ridícula – exclamou.

– Olha, Milo – disse Biettermann –, vamos mudar de assunto. Que achas? – Ajeitou os punhos da camisa e voltou a encher cerimoniosamente os copos. – Li a tua prova do teorema Malosz. É muito, *muito* boa.

– Bom... Então obrigado, Earl.

– Sabes, ainda me vou mantendo a par das investigações matemáticas. A tua é um trabalho espetacular. Uma abordagem inesperada a um problema reconhecidamente evasivo. – Ergueu o copo. – De facto, é brilhante. O avanço matemático mais brilhante numa década. Não, não só numa década... talvez em toda a nossa vida.

– Sinto-me lisonjeado.

– Bem, não sintas – retorquiu Cle, pegando de novo na cigarreira e retirando um cigarro. – O Earl está a tentar rebatê-la.

– O quê?

– Todas as noites trabalha na tua prova, Milo. É uma obsessão dele.

– Cle, querida... por favor.

– Bem, mas é *o que fazes*, meu amor. Mais vale seres honesto. Embora não tenhas a mais pequena hipótese de encontrar algo de errado nela.

– Aonde queres chegar com isso, querida?

– Estás mesmo a tentar pôr em causa o meu trabalho, Biettermann? O seu arquirrival pousou o garfo.

– No amor e na guerra, vale tudo – acabou por dizer.

– Finalmente, um pouco de poesia. Obrigado. – Andret levantou-se, pegou no braço de Helena e lançou o seu copo de vinho ao fato de Biettermann.

No hotel, tentou engolir a raiva. Estava grato pela presença de Helena, grato por ela ter entrado na farsa, grato por ela ter saído com ele do restaurante rumo à noite. Queria mostrar-lhe a sua gratidão. A sério que sim. Mas tinha a cabeça num nó. No táxi, perseguira todas as gotas de chuva luminosas que caíam no vidro. Agora, no átrio do hotel, o olhar tombava-lhe numa urna de latão que logo se transformou num esferoide. O esferoide aumentou. Junto do elevador, manteve os olhos fixos na carpete. Mas o elevador não vinha. Avançou e deu um pontapé num vaso. A terra espalhou-se pelo chão. As portas de metal começaram a luzir.

Acendeu um cigarro.

– Que estás a fazer?

– A tentar acalmar-me.

Ela apontou.

– Mas já estás a fumar um.

– Que se lixe.

– Não é suposto fazeres isso aqui.

– O diabo é que não é.

Helena agarrou-lhe na manga e sussurrou-lhe algo. Oh, aquela boca. Andret inclinou-se. Aquele cabelo voluptuoso. Por fim, o elevador. Mais sensações. O abandono de uma subida em cabos. As borlas girando no padrão dos painéis das paredes. As colunas de fumo transfigurando-se em mapas desenrolados. Alcançou, com o nariz, um deles. Saíram no andar devido e, à entrada do quarto dela, Andret apagou os cigarros no tapete. Quando ergueu a cabeça, sentiu uma rajada de calor emanar da pele dela. Fechou os olhos e beijou-lhe o pescoço. Helena deu um passo atrás e enfiou a chave na fechadura.

– Por favor – gemeu ele.

– Estás bêbedo.

– Não estou bêbedo.

Andret desceu, agarrando-lhe os botões do vestido.

– Milo – disse ela –, fiz o que pude para gostar de ti. – Afastou-o. – Mas tu não me deixas. Estás podre de bêbedo.

– Não estou bêbedo, Helena. Estou perdido. Ajuda-me.

Ela libertou-se e esgueirou-se pela frincha da porta, que se fechou abruptamente.

– Por favor, ajuda-me.

Silêncio.

Andret tirou um sapato e começou a bater com ele na parede.

– Helena, abre o raio da porta!

Do fundo do corredor uma voz masculina berrou:

– Cale-se de uma vez por todas!

– Vá à merda! – gritou-lhe de volta Andret. – E merda para a Helena Pierce! – Voltou a bater com o sapato. – Vão-se todos lixar.

– Vou chamar a polícia – ameaçou a voz.

– Então, cale a boca e chame-os de uma vez por todas!

Foi então que ouviu o ferrolho destrancar-se atrás de si. Helena surgiu, pousou-lhe as mãos nos ombros e arrastou-o para dentro do quarto.

Bem-vindo ao futuro

– Bem, não gostaria de saber se ficou com ele?

Hay não lhe oferecera bebida alguma.

– Porque não me liga amanhã a dar a notícia? – propôs Milo, agarrando na maçaneta.

– Pronto, Milo. Está bem... Conseguiu. Ficou com o cargo. Parabéns. – Hay sorriu negligentemente. – Eis as cartas de nomeação, uma minha e outra do reitor. O Milo não nos facilita nada a vida.

– O meu trabalho não passa por vos facilitar a vida.

Hay inclinou a cabeça.

– Está a ser engraçado – disse pensativamente. – Certo?

– Estou a ser honesto.

– A cátedra Hyun de Matemática Experimental, Milo. Professor titular no melhor departamento do país. Um cargo de subpresidente. Nada mau, até para alguém que se está a lixar para tudo isto. Parabéns, de novo, meu amigo. Mas, ainda assim, precisa de ter mais cuidado.

– Com o quê?

Hay inclinou-se para a frente, semicerrando os olhos, como se tentasse ver algo que Andret não lhe queria revelar. Por fim, disse:

– Soube que esteve no funeral do Hans Borland.

– E que importa isso? – O olhar avaliador do outro continuava. – Que importa? – repetiu Andret.

– Não tenho bem a *certeza* – retorquiu Hay devagar. – É *mesmo* beligerante ou, pura e simplesmente, não compreende a forma como é percecionado pelos seus pares? Quero dizer, pelo mundo inteiro. Soube que não cumprimentou um único elemento do departamento em Berkeley. Nem um só dos seus antigos professores. Teve consciência disso?

– Não são meus amigos.

– Talvez não, mas sabe que eu sou, não sabe? Sou seu *amigo*, Milo. Tem de compreender isso.

Andret aproximou-se.

– Posso ver as cartas?

Hay afastou-as.

– Tem sorte por eu lhe reconhecer brilhantismo, Milo. Tem sorte por eu saber lidar com ele. E tem sorte por eu compreender que o resto é só o preço a pagar. Faço de tudo para o proteger, sabia? Sou seu aliado e nem toda a gente acha que o deveria ser.

– Mostre-me as cartas, por favor.

– Sim. Sim. Está bem... e também há aí uma terceira. – Enfiou um cartão de visita no envelope. – Este tipo é um conhecido meu, Milo. Dr. William Brink.

Andret deu uma espreitadela ao cartão e desatou a rir à gargalhada.

– Não há motivo para isso. O Bill é um psiquiatra, e muito bom. Poderia pelo menos pensar em ligar-lhe.

– Não preciso de um psiquiatra.

– Então, do que precisa ao certo?

– Não vou responder a isso, Knudson.

A sua dificuldade começava a vir à tona mais regularmente. Não eram só as estrelas no candeeiro de rua ou a urna que inchava no átrio, mas outras formas mais complexas e transitórias. Enquanto fizesse as suas tarefas diárias, o olhar tombar-lhe-ia sobre alguma entidade vulgar – uma caixa de correio metalizada, um papagaio de papel nos céus, uma chaminé de tijolo cuspindo fumo – e o cérebro imediatamente se lançaria em geometrias estranhas. A caixa de correio, derretida como caramelo, transformar-se-ia numa chávena de chá; o papagaio de papel, num vaso bulboso; a chaminé, num trapezoide ondeante. Nunca o conseguia prever. Certa vez, enquanto regressava a casa, uma linha de gansos transfigurou-se numa matriz volúvel e sinuosa de espirais com um só lado e uma só aresta, as curvas negras e distantes remexendo como as pás de um moinho de vento. Depois, num segundo, toda a cena voltara ao normal. Tinha pestanejado.

Posteriormente, reparou também noutra coisa: as suas visões ocorriam sempre pouco depois de ter sido assolado pela velha sensação de que alguém, atrás dele, o observava. Ainda nesses dias, umas horas mais tarde, sentiria uma dor de cabeça peculiar, como se o crânio houvesse encolhido à ponto de ficar pequeno demais para o seu cérebro. Mais tarde ainda, um estranho resíduo de sensação centrar-se-ia num ponto estranho no corpo. Por vezes, sentia-o nos dedos, os quais pareceriam ter-se invertido, amiúde de forma instável. O dedo mínimo seria então o polegar, por exemplo – por uma veloz fração de segundos – ou as articulações não estariam no devido sítio. Era como se uma telefonista tivesse ligado um cabo à linha errada; depois, tentando corrigir o erro, lhe tivesse mexido fugazmente – mas para outra posição incorreta – antes de o arrancar. Contudo, também não era bem isso. As sensações – na verdade, eram mais as *memórias* de sensações – nunca duravam tempo suficiente para que as pudesse compreender. Nesse aspeto, eram muito similares às visões. Se bebesse um copo de água antes do *bourbon* seguinte, regra geral, desapareciam. Estaria, decerto, ótimo na manhã seguinte.

Nunca mencionou este problema a quem quer que fosse. Certamente, não a Helena, que, no avião, na viagem de regresso da Califórnia se sentara muito direita, três filas à frente dele e pagara o seu táxi do aeroporto a casa; não a Knudson Hay, que, examinando-o com atenção, lhe perguntava, de quando em quando, pela saúde; não a Annabelle, que, decerto, o teria pressionado a revelar pormenores; não a Olga, que nunca se teria preocupado nem um pouco; e nunca a um médico, como é óbvio. Aliás, Andret não tinha o hábito de consultar médicos.

A calma veio numa manhã de outono, tinha ele trinta e oito anos, não muito depois do seu aniversário. Estava sentado à secretária em Fine Hall, a preparar uma aula enquanto tentava sistematizar uma enchente de ideias recentes acerca da Abendroth. Encontrava-se de mau humor, frustrado com as tentativas de manter a sua vida na linha. Queria estar no Clip, mas tornara-se-lhe difícil preparar uma aula num bar. Hay mencionara-lhe a questão do ensino: houvera queixas. Ainda não tinha bebido nada desde a véspera à noite e, quando o telefone tocou, entornou café na manga.

Um sotaque estrangeiro. Quiçá francês.
– Professor Andray?
– Não. Andret.

– Professor Meelo Andray.

– *My*-lo An-*dret*. Quem *fala*, por favor? Estou a trabalhar.

– Parabéns, Professor Andray. Tenho notícias importantes.

Ele juntou os pés e endireitou-se na cadeira.

No Clip, fechou a porta lateral e dirigiu-se para o fundo do bar, para uma das mesas que ficavam escondidas atrás do pilar. Como é óbvio, conseguia ver as costas do fato de DeWitt Tread ao balcão. Porém, sabia que o amigo era capaz de passar uma noite inteira sem tirar os olhos do copo.

Era sexta-feira à noite. Hay ficara surpreendido com o convite, mas aceitara-o e, naquele momento, Andret estava ali para aquecer. Pediu um duplo. Precisamente à hora marcada, Hay entrou, olhando em volta. Estava, é claro, bem vestido. Andret levantou uma mão e fez-lhe sinal para que se lhe juntasse à mesa.

– Bom, bom – disse Hay, escorregando numa cadeira diante dele. – Isto promete. A que devo o prazer?

– O que está à espera da sua vida? – perguntou Andret.

– O que estou à espera da minha *quê*? – Hay libertou-se do casaco e pendurou-o no cabide. – E que tal se começasse por uma bebida?

– É claro. Desculpe.

A empregada chegou e anotou o pedido. A Andret, perguntou:

– Outro?

Enquanto esperavam, Hay começou a contar uma história. Ouvindo-o divagar, Andret olhou para o balcão onde DeWitt Tread conversava com um homem sentado ao seu lado. O indivíduo era da laia de Tread – um académico de aspeto maníaco num blazer puído – e, mesmo à distância, parecia claro que os dois pouco difeririam do típico vadio. Andret sentia-se abalado. Seria esse o seu aspeto quando ali estava? A cabeça de Tread balançava sempre que ele falava e afundava-se lentamente na direção do peito quando ouvia. Enquanto Andret observava aquela cena, o empregado de bar inclinou-se e arrancou uma nota da camisa de Tread, após o que o serviu.

Hay olhava-o expectante.

– Então? – inquiriu.

– Então o quê?

– Perguntou-me o que esperava da minha vida – bateu na mesa. – Agora diga-me o que pretende da sua.

– Tenho pensado um pouco nisso, Knudson. Recebi uma notícia recentemente e creio que me deixou um pouco filosófico.

Hay ergueu o sobrolho.

– Posso saber que tipo de notícia foi essa?

– Nada que possa revelar de momento.

– Acerca da conjetura Abendroth, talvez?

– Já disse que não poderei descortinar. Não por agora, pelo menos.

Hay beberricou a sua bebida.

– Julgo que não sei o que pensar, então.

– Acerca do quê?

– De si, Milo. Por vezes, é perfeitamente discreto e encantador. Como agora, por exemplo.

– Obrigado, Knudson.

– Doutras vezes, insulta toda a gente do departamento.

– A sério?

– Sim, Milo, insulta... Com as coisas que deixa escapar.

– Digo a verdade, só isso.

– Bom, nem sempre a verdade deve ser dita.

Andret pensou naquelas palavras.

– Oiça, Milo, parece que recebeu boas notícias. Pelo menos, nisto acertei?

– Não sei. Ainda não pensei bem no assunto. Podem ser.

– Mas, olhe para si... Não consegue parar de sorrir.

– Não me diga? – Milo tocou no seu próprio rosto. Sim, Hay tinha razão... Parecia-lhe diferente. Decerto, estaria mesmo a sorrir.

Precisava de uma assinatura num qualquer misterioso formulário departamental e finalmente encontrou Hay no seu gabinete satélite, uma pequena sala gelada nos confins de Fine Hall, onde ele trabalhava na sua matemática. Andret bateu à porta antes de a entreabrir.

O seu diretor encontrava-se no extremo oposto da divisão, concentrado em algo na secretária. De trás dele, chegavam os cliques de uma pequena máquina, como uma bicicleta com um dente da engrenagem lascado.

– Absolutamente notável – exclamou Hay, sem se voltar. Ao cabo de uns instantes, acrescentou: – Entre e venha dar uma vista de olhos, Milo.

– Ao quê?

– É um TI-99. Venha espreitar.

Andret aproximou-se.

– É um 99/8 – explicou Hay orgulhoso. – O público ainda não tem acesso a eles. Não ao 8, pelo menos. Nem terá tão cedo.

Andret sabia para onde estava a olhar. Já vira computadores, mas grandes, no departamento de Engenharia.

– Esta pequena máquina diante de si é o mais poderoso portátil construído – afiançou Hay. – Pelo menos, para uso civil. Quinze megabites de memória de silício. Imagino que haja um general no Pentágono que tenha mais – baixou os óculos bifocais –, mas nem *disso* tenho a certeza. E é espetacular para um departamento de Matemática.

Os computadores que Andret vira no edifício de engenharia ocupavam todo o comprimento da sala, as suas bobinas de filme gaguejando por detrás de painéis espelhados. Aquele ali era do tamanho de uma caixa de cereais. O teclado assemelhava-se ao das *Selectrics* que as secretárias administrativas usavam no escritório. Da parte de trás, saía um cabo que o ligava a uma caixa de televisão num pedestal. Hay bateu nalgumas teclas, e uma fileira de letras azuis tremeluziu no ecrã.

– E daí? – retorquiu Andret. – Não é a primeira vez que vejo um computador.

– De certeza que nunca viu um deste tamanho. E está na minha secretária. Podia ter um em casa, se quisesse. Esta coisa vai mudar *tudo*.

– Não tenha tanta certeza, Knudson.

– Meu Deus, Andret. Do que está a falar? Não seja tolo, homem. Já tem uma linguagem chamada Pascal... Um pouco irónico, não acha? E, sempre que precisar, posso pôr-lhe outra qualquer que queira. Eis a beleza disto. Já pedi Fortran, C e Simula. – Sorriu maliciosamente. Depois, remexeu num saco que repousava na secretária até ter encontrado um envelope grosso, coberto de selos. – Um velho amigo meu em Cambridge acabou de me enviar isto.

– E o que é, Knudson?

– Por acaso é um protótipo da mais poderosa linguagem de programação alguma vez vista, Milo. Estão a chamar-lhe C++.

– Parece a nota que eu mais dou por aqui.

Hay soltou uma gargalhada negligente.

– Oiça, Milo... Mal a domine, poderei fazer qualquer simulação que me passe pela cabeça. – Olhou de viés para os copos. – E em breve, devo acrescentar, também qualquer matemático poderá. – Sorriu... vitoriosamente, pareceu a Milo. – E se não está preocupado com *isso*, meu amigo... Bom, deveria estar.

– Não sou parvo, Knudson. Sei que estas coisas têm muito potencial.

– *Potencial?* Está a brincar comigo? Todos temos de nos preparar *agora mesmo*, antes que fiquemos para trás. Antes que toda a nossa desgraçada geração seja vítima de uma pequena caixa de silício.

Andret passou a mão pelo plástico opaco da caixa.

– São objetos curiosos, Knudson, até aí vou. Mas posso garantir-lhe que haverá inúmeras coisas que não conseguirão fazer. Ora, felizmente para *a nossa desgraçada* geração, a matemática abstrata é uma delas. Para ser franco, prefiro investigar à moda antiga.

Hay deitou-lhe uma olhadela. Depois, abriu um armário por debaixo de um balcão, e o clique ficou mais alto.

– Vá lá, Andret. Deixe de parecer tão arrogante. Venha cá.

Por detrás da porta encontrava-se uma espécie de impressora. Um rolo de papel deslizava para a frente, parando junto de uns quantos estiletes que surgiam dos lados, e que depositavam tinta. Na ranhura da saída, um longo gráfico colorido avançava devagarinho pela prateleira. Um plano trapezoidal a vermelho a cruzar uma curva algébrica de segundo grau a azul, a interseção das duas formas realçada numa hipérbole perfeita num castanho molhado, que, ao secar, se transformava em púrpura, afastando-se do cilindro.

– Bem-vindo ao futuro, Milo.

Andret endireitou-se.

– Não fazia ideia... Não fazia ideia de que já tinham chegado aqui. – Esticou-se por completo, ficando mais alto do que Hay. – Mas fique sabendo que continuo a não me sentir minimamente preocupado.

Ordem de operações

Perdera tempo crucial.

Mandou uma das administrativas à biblioteca, mas todos os manuais acerca de Pascal tinham sido requisitados, pelo que a pôs a ligar à editora para encomendar diretamente um. Três dias depois, arrancou a embalagem da caixa de correio e disparou corredor fora rumo ao seu gabinete. À secretária, serviu café no *bourbon* e acendeu todas as luzes. De seguida, fechou os cortinados.

Pela manhã, deduzira que a técnica em si era elementar. Muito elementar mesmo. Programação era algo não só muitíssimo lógico como perfeitamente sistemático. Por outras palavras, trivial. Pouco depois de ter amanhecido, quando os terminais de raios catódicos abriram na Escola de Engenharia, apressou-se a lá ir sob uma chuva gélida. No dia seguinte, tinha já lido todo o livro. Os terminais de engenharia eram aparelhos rudimentares, muito maiores do que o TI-99 de Hay, todos eles desfigurados por zonas sem sinal no ecrã ou teclas encravadas, mas o computador principal, ao qual estavam ligados – conseguia vê-lo a agigantar-se por detrás do vidro espelhado qual polícia sinistro –, era monstruosamente poderoso: um vislumbre do gigante que se aproximava. Nessa noite, só se levantou da cadeira quando o porteiro lhe deu uma pancadinha no ombro.

Na manhã seguinte, decidiu ir ele mesmo à biblioteca, onde conseguiu encontrar livros acerca de Fortran, Simula e C. Precisava de escolher uma linguagem, e fazê-lo bem depressa. Cada hora que transcorria era uma hora que perdera. Começou a passar os dias na sala de computadores. Sempre que chegava o momento de dar aulas, uma administrativa chamava outra administrativa, que lá ia e deixava uma nota no canto da mesa. Em Fine Hall, postava-se diante dos alunos piscando os olhos. Na sua mente, bobinas de fita saltitavam para trás e para a frente.

Por aquela altura, os seus rivais levavam meses de avanço. Anos, talvez. Disso estava terrivelmente ciente. Todas as horas intermináveis em que se escondera sozinho, desencaminhado pela sua obsessão irascível.

De volta ao gabinete, os caixotes empilhados troçavam dele. Saía de Fine Hall e voltava para os computadores, digitando afogueado e furioso, aprendendo sozinho tudo o que podia acerca daquela nova máquina.

Alguém, algures, disso estava certo, já estaria a digitar a Abendroth.

– Presumo que tenha visto isto – declarou Hay, estendendo-lhe uma pré-publicação.

– O quê? – perguntou Andret. – Não, não vi. De que se trata?

– Foi aceite nos *Annals*.

Andret deu-lhe uma vista de olhos, depois percorreu as páginas. Um nome desconhecido: Seth Kopter. «Semelhanças entre CW-complexos e Complexos Simpliciais de Hong nos Precursores de Abendroth.» Seria publicada dali a poucas semanas.

– Porque é que não me telefonou?

– Sabe que prefiro fazer este tipo de coisa pessoalmente.

Andret aproximou-se da janela para ler. Segundos depois, percebera: Seth Kopter tinha elucidado um ponto fundamental.

– Meu Deus! – exclamou. – *É claro!* – Voltou à primeira página. – Quem é ele?

– É da Costa Oeste.

– Será por isso que nunca ouvi falar dele? Kopter? – Folheou até ao fim. – Stanford?

– Palo Alto, Milo... Bom palpite, mas não Stanford. – Hay ajeitou os punhos.

– O que é, Knudson?

– Sente-se.

– Vá para o diabo.

– Tenho a certeza de que quererá ficar a par disto.

– Diga-me o que sabe.

– Ele tem catorze anos, Milo.

– Como?!

– Catorze anos. Estuda na escola secundária de Gunn. – Hay abanou a cabeça. – Creio que é em Palo Alto.

Quando o candeeiro se estilhaçou, Hay olhou aborrecido para o chão. Fragmentos de cerâmica azul e branca espalharam-se ao acaso pelo tapete.

– Está a rir-se de quê? – gritou Andret. Avançou uns passos e arrancou um maço de publicações da prateleira, pontapeando-as depois de terem caído no chão.

– Não me estou a rir, Milo.

– *Está*, sim senhor.

– Meu Deus! – exclamou Hay. – É que nem por sombras. Apenas constato que me partiu o candeeiro.

– Preciso de um computador, Knudson. E preciso dele já.

– Desculpe?

– Preciso de um computador só para mim. Hoje.

– Talvez depois de me pedir desculpas.

– Peço desculpa.

– Que comovente!

– Preciso do raio do computador.

– Isso é pedir demais. – Hay ajeitou a gravata. – Ninguém neste departamento tem um. Talvez em engenharia, mas não aqui. Já agora, o de engenharia custou quatro mil dólares.

– *O senhor* tem.

– Sou o diretor, Milo, e é emprestado.

– Bom, e eu tenho a cátedra Hyun! Tenho a merda da cátedra Hyun! Tenho a porra da cátedra de merda Hyun!

Hay levantou-se.

– Esteve a beber?

– Não.

– Posso então saber que mal têm os de engenharia?

– Não percebe mesmo nada. A partir de agora, preciso de trabalhar nisto, vinte e quatro horas! A partir de *agora*, Knudson. Vinte e quatro horas por dia. Não percebe? Este filho da mãe da Califórnia acabou de me apanhar de surpresa. Um merdoso de um puto no oitavo ano!

– Oiça, Milo – Hay levantou-se e agarrou-lhe no cotovelo –, ligou ao Dr. Brink?

– Largue-me.
– Já lhe ligou?
– Tire já essas mãos de cima de mim.
– Vai correr tudo bem, Milo. Incorpora o trabalho deste miúdo no seu. Por amor de Deus, homem, não há ninguém no mundo capaz de resolver este problema mais rapidamente do que você. Tenho a certeza absoluta. Milo, oiça-me e acalme-se. – Hay voltou a pegar-lhe no cotovelo e guiou-o até à porta. No caminho, parou e disse: – Sugiro-lhe mesmo que entre em contacto com o Dr. Brink, Milo. Se preferir, posso falar eu com ele. Ele telefonar-lhe-ia pela manhã.

Milo afastou o braço.

– Só um anormal pensaria que eu preciso de um psiquiatra, Knudson. Não preciso de um maldito psiquiatra. Preciso é do raio de um computador.

– Que é que acabou de dizer?

– Disse que preciso do raio de um computador. E da melhor qualidade.

– Acabou de me chamar anormal?

– Oiça, já lhe pedi desculpa. Por favor, arranje-me o maldito computador.

– Pediu? Pediu-me desculpa? – Hay abriu a porta e acompanhou-o até lá fora. – Deve-me ter escapado.

Tread levou-o no seu carro desconjuntado. Andret não gostara da ideia, mas Tread insistira. Quando Milo abriu a porta do passageiro, um saco de papel enrolado numa bola caiu no asfalto. Pegou nele e atirou-o de novo para junto dos outros.

– Tens o dinheiro? – perguntou Tread.

Andret anuiu. O interior do carro tresandava.

– Posso vê-lo?

– Ao quê?

– Ao dinheiro.

Andret mostrou-lho.

– Aonde vamos buscar esta coisa, Dewey?

– A um passarinho que conheço. – Tread passou-lhe o pequeno cantil em inox. Andret bebeu um gole e devolveu-lho. Quando arrancaram, o silenciador do escape arrastou-se pelo asfalto. Pouco depois, viraram para norte.

Ao fim de alguns quilómetros, Andret declarou:

– Então, e onde é que o teu passarinho a conseguiu?

– O passarinho pode ter trabalhado para uma empresa. Ou talvez um dos primos o tenha feito. – Bebeu mais um gole.

Umas quantas saídas antes de Elizabeth, viraram e seguiram por uma faixa esburacada. Tread já não partilhava o cantil. Ali, só camiões circulavam. Junto do passeio estendia-se um longo corredor de armazéns com as janelas entaipadas. Ao cabo de algum tempo, Tread acabou por abrandar, após o que entrou por um buraco numa vedação e estacionou por detrás de um monte de neve suja. O armazém diante deles em nada diferia dos outros. Aço incolor. Um telhado de metal inclinado. Pingentes de gelo pendendo teatralmente das goteiras. Quando Andret saiu, Tread disse:

– Aonde vai, professor?

– Não vamos entrar?

Tread estendeu as mãos.

– Receio que só possa ir eu, meu caro.

Tratava-se do tipo de coisa que se vê em filmes. No bolso, Andret passou o polegar pelo maço de notas. Olhou em volta, depois contou-as, depositando-as na palma da mão do amigo.

Quando Tread desapareceu nas traseiras do edifício, Andret voltou a entrar no carro, esfregando as mãos uma na outra para se aquecer. Umas quantas entradas à frente, um camião entrava de marcha-atrás numa zona de descargas, e um homem de fato-macaco escuro entregava caixas a um transportador. Na outra direção, só se via a estrada vazia. Diante de si, todas as janelas do edifício haviam sido entaipadas.

A caminho de casa, depois de terem saído da zona de armazéns, voltaram para uma estrada secundária rumo a uma área residencial. Pararam numa das ruas mais pequenas. Tread permaneceu no carro, beberricando do cantil enquanto Andret se encaminhava para o porta-bagagens.

A impressora não lhe interessava. Trava-se de uma velha *Centronics* toda riscada que haviam juntado ao negócio por uma bagatela. Afastou-a para chegar à mala em baixo. Com os dedos gelados, abriu-a num clique. No meio do revestimento de espuma encontrava-se uma caixa baixa e de aspeto futurista feita de plástico cinzento. A parte de cima estava atarraxada com parafusos desirmanados. À frente, encontrava-se uma cavidade retangular onde deveria possivelmente entrar um logotipo. Andret calculou que tivesse meio ano, talvez um pouco mais. Depois, aquilo ficaria acessível ao público em geral. Seth Kopter decerto só estaria a utilizar um TRS-80 ou um VIC-20. Talvez até um TI-99/4.

Aquele era um protótipo do TI-120.

Fizeram o resto do caminho até casa em silêncio. Diante de Fine Hall, Tread manteve o motor ligado e Andret propôs com pouco entusiasmo:

– Queres entrar?

– Tenho aspeto disso?

Porque àquela hora poderia ainda dar de caras com algum colega no elevador, decidiu ir pelas escadas, galgando os degraus o mais depressa que conseguia com uma impressora e uma mala a pesar-lhe nos braços. No gabinete, caixotes e caixotes cobriam o mobiliário. Atirou a impressora para cima de uma dessas pilhas. Com o computador ao seu lado, libertou com o cotovelo o tampo da secretária, os caixotes desfazendo-se ao caírem no chão. Afastou-os ao pontapé para abrir caminho para a saída.

Transire suum pectus

Nem sequer queria deixar de trabalhar. Era essa a ironia. No fim da semana, tudo na sua vida estaria diferente; sabia-o, mas não conseguia deixar de se estar a lixar para isso. Três dias em que não trabalhara na Abendroth – eis tudo o que aquilo significava para ele. O TI-120 encontrava-se parado no seu gabinete e, em vez de aprender a programá-lo, estava metido num avião rumo à Europa.

    Varsóvia, Polónia. Uma manhã sem nuvens. Fumo industrial no horizonte. Um *Trabant* preto, tinha ido buscá-lo ao aeroporto e conduzira-o diretamente à cerimónia. Fora do anfiteatro, estudantes de todos os postos avançados do mundo da matemática caminhavam de um lado para o outro no átrio de pé alto. Por respeito a Hay, fez um esforço por cumprimentá-los. Porém, chegara mesmo em cima da hora e em breve todos se encontravam sentados.

    O anfiteatro ficou silencioso.

    O nome dele foi o primeiro a ser anunciado. O aplauso elevou-se, e ele subiu ao púlpito para se colocar ao lado do presidente da União Internacional de Matemática. Só então, quando o solene homem se afastou do atril, conseguiu perceber plenamente o que lhe acontecera. Ficou com os olhos embaciados. Por momentos, teve de olhar para a cortina. A citação foi lida com cuidado para o microfone: «A Milo Andret, da Universidade de Princeton, pela sua prova topológica da conjetura de Malosz, por desenvolver uma ampla teoria de estruturas com ramificações em altas dimensões e por estabelecer novas ligações entre topologia, álgebra e análise harmónica.»

    Ele endireitou-se e avançou até à mesa dos jurados, onde a elegante caixa lhe foi colocada nas mãos. De novo uma vaga de aplauso vibrou no ar, transformando-se pouco depois numa ovação.

Finalmente.

Passara toda a viagem de avião sobre o Atlântico a analisar os méritos estruturais de Pascal *versus* Fortran *versus* C *versus* Simula, e até uns momentos antes estivera a imaginar sequências lógicas de blocos para um ponto de entrada eficaz para o seu próprio algoritmo. Porém, naquele instante, os seus pensamentos libertaram-se. O aplauso moveu-se por cima dele numa ondulação e depois, como uma onda, elevou-o. Quando pousou de novo no chão, Andret parou uns minutos, recompôs-se e dirigiu-se para uma ponta do palco. Mãos estenderam-se para apertar a sua.

Mais tarde, foi apenas a uma conferência, uma conversa com uma assistência escassa acerca de programação orientada a objetos, após o que encontrou uma sala abandonada onde caiu a dormir tão profundamente que só acordou de noite. Felizmente, o *Trabant* continuava à espera para o levar até ao hotel. Ali, bebeu uns quantos copos de algo chamado Krupnik – havia sido colocado na sua mesa de cabeceira – e tomou um banho demorado, do qual emergiu como não se sentia havia anos. Teria de dar a sua própria conferência no dia seguinte, mas isso não o preocupava nem um pouco. Bebeu outro copo de Krupnik e saiu com o grupo para um passeio pela cidade.

A comemoração começara com um belo repasto num restaurante elegante com chão de mármore no coração da cidade velha, tendo prosseguido num clube noturno. Enquanto os matemáticos se levantavam para abandonar o restaurante, a jovem empregada, lindíssima, inclinou-se e entregou-lhe um presente embrulhado:

– Pela conquista de uma famosa medalha – disse ela.

Andret abriu-o. Tratava-se de uma luxuosa garrafa de vodca com uma sereia roliça esculpida no vidro.

– Do povo da Polónia – anunciou a jovem mulher com gravidade.

– Obrigado – retorquiu, elevando-a no ar. – Obrigado a cada um dos meus colegas e a cada um dos meus notáveis anfitriões na vossa belíssima cidade de Varsóvia.

Mais tarde na noite brilhante, uma multidão mais pequena reuniu-se em seu redor num bar junto do Vístula. Um lugar antigo e elegante com janelas vetustas que davam para uma linha de *ferries* iluminados pescando no escuro. Dentro da sala privada por detrás do bar, ele estava no centro da pândega e por diversas vezes deu consigo a ter de voltar a cabeça para outro lado.

Na comprida mesa de madeira diante de si repousava a Fields.

Foi examinada pelos que ali se encontravam. Independentemente de serem titulares de uma cadeira prestigiada ou do sucesso extraordinário que tinham na matemática, todos os seus colegas se sentiram atraídos pela medalha sublimemente esculpida. O seu pesado brilho dourado queimava--lhes o olhar como uma chama. Um por um, todos se inclinaram sobre a caixa forrada a veludo, tocando no pesado disco e lendo o nome dele, gravado na orla. Voltavam-no para ver a figura esculpida de Arquimedes rodeada de uma inscrição. Aonde quer que fosse, sentia a densidade da admiração. Aquele era o grande elixir da sua vida. Fizera-lhe tanta falta.

Pegou na medalha. TRANSIRE SUUM PECTUS MUNDOQUE POITRI: Eleva--te acima de ti e agarra o mundo.

Quando acordou em Princeton, a dor de cabeça chegava-lhe à ponta dos lobos das orelhas. Na viagem de regresso, relera todos os manuais e decidira qual a linguagem que iria usar. Depois bebera até adormecer.

Levantou-se da cama, barbeou-se rapidamente e vestiu-se com um aprumo pouco usual. Na cave do edifício de matemática, comprou uma lata de refrigerante de laranja e encaminhou-se para a sala de trabalhos de Hay. Pela janela de vidro fosco, espiou a silhueta rígida do diretor. O barulho da impressora fugia por debaixo da porta.

Certificou-se de que esperara uns minutos depois de bater.

– Olha, olha, olha... Se não é o distinto medalhado Fields – disse Hay jovialmente.

– Bom dia, Knudson. – Por detrás da cabeça de Hay não havia envelopes nas estantes.

– Eram estas as notícias que não me podia contar, não eram? – Hay atravessou a sala e apertou a mão de Andret, mantendo-a na sua. – Era um grande segredo para se guardar, meu amigo. Parabéns sinceros para si, de todo o departamento.

– Eu sei, Knudson. Eu sei. Obrigado.

Hay soltou-o.

– Então, a que devo eu o prazer desta visita, tão pouco tempo depois de ter regressado?

— Vim pedir-lhe desculpa.

Hay deu-lhe uma palmadinha no ombro, os olhos pousando na lata de refrigerante.

— Estou à espera da piada.

— Não há. Só queria dizer-lhe que sinto imenso pelo que aconteceu no nosso encontro no outro dia. – Avançou e pousou a mala ao lado da secretária. Também ali não havia envelopes à vista. – Queria desculpar-me pessoalmente e agradecer-lhe a sua decisão quanto à Cátedra Hyun.

— Este é o Milo Andret bonzinho?

— Como queira.

— Bom – retorquiu Hay –, estou a ver que um pouco de reconhecimento não lhe faz mal nenhum e, para ser honesto, também não gostava muito do candeeiro. Era do meu predecessor.

Andret aclarou a voz.

— Sinto mesmo muito, Knudson, e estou, de facto, grato.

Hay baixou-se por detrás da secretária.

— Por acaso – disse ele – tenho aqui uma coisa para si. Uma pequena recordação de todos nós em honra do seu feito. – Abriu um saco de compras e retirou uma caixa embrulhada. – De todo o departamento, quero dizer. Julgo que faz sentido entregar-lho já.

Andret abriu-o e sentiu um baque: tratava-se de uma cópia antiga e encadernada a pele dos *Elementos* de Euclides.

— A edição de Heiberg – explicou Hay.

— Estou a ver. Uau! Muito obrigado.

— De todos nós, no departamento de Matemática de Princeton... com os mais sentidos parabéns.

Andret não sentiu nada. Ao invés disso, compreendeu que poucos dos seus colegas teriam ido a uma festa em sua homenagem. Eis o motivo pelo qual a prenda lhe fora dada no gabinete de Hay.

— Muito bem – retorquiu. Tentou concentrar-se na razão por que ali fora, mas sentiu-se fraquejar. O peso da Fields já se abatia sobre ele. Disse: – Também lhe comprei uma coisa, Knudson. – Retirou da pasta a garrafa de vodca que a empregada lhe oferecera em Varsóvia.

— Oh, meu Deus – exclamou Hay. – É muito gentil da sua parte. – Examinou-a com atenção. – Que garrafa tão interessante.

Andret sorriu.

– Mas adiante – rematou, aproximando-se da ruidosa impressora. – Que anda a fazer nos tempos que correm com o seu computador?

Também ali não havia envelopes. Apenas os livros acerca de Fortran, Pascal e Simula que podiam ser encontrados nas prateleiras do escritório de Andret.

– Ainda ando a aprender programação – explicou Hay. – A tentar manter-me a par das novidades. – Aproximou-se do computador e começou a digitar um enunciado lógico que Andret fingiu desconhecer enquanto se postava respeitosamente atrás dele e lançava uma vista de olhos à sala. Também não havia envelopes nas prateleiras de baixo. Hay digitara outro enunciado lógico. Inseria uma linha no teclado e, de seguida, ilustrava a sua aplicação, abrindo o detetor de erros para parar a meio de uma sequência do programa.

Era dolorosamente rudimentar.

Ao cabo de alguns minutos, Andret avançou a mão e entornou o refrigerante de laranja.

– Raios! – exclamou. – Peço-lhe imensas desculpas, Knudson.

– Pode crer.

A casa de banho era na outra ponta do corredor, e Andret viu-o correr até à porta e sair disparado.

O envelope também não se encontrava em nenhuma das gavetas da secretária, nem entre a pilha de pastas ao lado do computador. Afinal, estivera guardada no outro lado do gabinete, deitado numa bandeja de metal debaixo de umas revistas. As disquetes estavam lá dentro, todas presas com um clipe. No corredor, passos aproximavam-se. Andret fechou rapidamente a pasta, agarrou no Euclides de Heiberg e fingiu estar fascinado com o *pons asinorum*.

No seu gabinete, ouviu a disquete entrar e depois começar a ler. O tubo catódico do TI-120 iluminou-se – aqui respirou fundo –, depois tremeluziu as suas letras verdes no ecrã até que, por fim, o zumbido parou e, numa bênção silenciosa, a máquina mostrou o seu @ pronto. Exalou. Mesmo com o C++ carregado na placa-mãe, o 120 teria memória suficiente para fazer uma série imensa de cálculos. Esfregou as mãos e atirou para o chão tudo o que se encontrava em cima da secretária.

Era aquilo mesmo.

Sabia que conseguia lidar com a programação. Ainda não existia manual para aquela linguagem, mas juntamente com as disquetes havia um maço de folhas fotocopiadas a explicar a sintaxe. A lógica em si não era mais obtusa do que qualquer um dos exercícios de treino que fizera para a Pascal ou para a Fortran. E *objetos* – era essa a razão pela qual escolhera a C++: simplificariam incomensuravelmente a sua tarefa. Kopter também era, como é óbvio, um programador. Andret apercebia--se agora disso tendo em conta a estrutura do *paper* que lera. Porém, Kopter teria de labutar com uma das antigas linguagens; por uns breves instantes, aquilo quase lhe pareceu injusto.

Bom, para a merda com Seth Kopter.

Nas semanas que se seguiram, Andret não largava a máquina noite e dia. Sempre que fazia uma pausa, tentava não pensar no que estaria o prodígio de catorze anos a fazer em Palo Alto naquele preciso momento. Na sua prateleira, encontrava-se uma caixa de garrafas *Marker's Mark*, um jarro de água e uma fila de sacos de compras cheios de embalagens de massas japonesas. O ecrã tremeluzente libertava-o da necessidade de dormir. Via Olga apenas umas quantas vezes – ela não se importava com o facto de ele sair apressado logo depois –, mas nunca Annabelle. De três em três dias, ia a casa para mudar de roupa e barbear-se, limitando-se a dormir umas sestas nas filas mais baixas de caixotes junto da porta. Haviam adquirido a forma do seu corpo.

Da primeira vez que tentou executar o programa, descobriu que estava cheio de vírus. Precisara de um mês para terminar a estrutura, mas, quando o pôs a correr, nem sequer compilava. O código tinha quase dez mil linhas e precisou de outra semana para o reduzir a algo que o TI conseguisse ler. Quando a máquina finalmente o aceitou, a primeira série de funções produziu resultados caricatamente incorretos.

Decompôs os objetos a fim de os tornar mais específicos. Também aquele se revelou um processo moroso, mas não existia outra hipótese. Ao cabo de cerca de meia hora, o TI ia-se abaixo numa falha de memória. O modo mais rápido de o reiniciar passava por arrancar a tomada da corrente. O programa parecia ter uma resistência vingativa, e o papel de impressão, que roubara ao departamento de engenharia, tentava inexoravelmente enrolar-se de novo num cilindro. Os seus olhos ficavam turvos.

Deixava um antivírus a correr durante horas, suspendendo a tempestade de cálculos que tremeluziam no ecrã, e assistia à combinação das suas táticas e depois à combinação dos seus erros, que deixavam o engenho louco, multiplicando por mil a má colocação de um toque de tecla ou o mais trivial lapso na lógica. Esta nova máquina de computação era brutal. Tratava-se de um impiedoso mestre de masmorra, agigantando-se sobre ele com um cacete.

De quando em quando, pensava em Brahe, olhando para o céu virgem da janela de um sótão em Copenhaga.

Certa noite, já tarde, bateram-lhe à porta. Apagou a luz e deixou-se ficar quieto. O relógio assinalou as 2h35. A batida fez-se ouvir de novo.

Descobriu o envelope do C++ e enfiou-o numa gaveta.

– Vi a luz acesa, Milo.

Sentia-se confuso.

– Está aí alguém contigo?

– Annabelle – retorquiu ele, levantando-se. Ligou um candeeiro e, ao deixá-la entrar, agitou os braços na direção de toda a confusão. – Desculpa por tudo isto.

– Que encantadora receção no castelo de Drácula – disse ela. Deu um passo atrás para o observar. – E tu deves ser o Vlad.

Precisava regressar à programação.

– Drácula quer dizer *diabo* – explicou ela languidamente, sentando-se numa das caixas amolgadas. – Em romeno. Alguns dizem que o nome veio do grego, da palavra *dragão*. Já agora, deixa-me dizer-te que estás com péssimo ar. Pareces mesmo o diabo.

– Mas sinto-me como um deus. Extático.

– Ai, sim?

– Ouve, Annabelle, julgo estar prestes a descobrir algo. Este é um dos computadores mais poderosos do mundo. Preciso de o pôr a trabalhar.

– Este aqui? – Ela aproximou-se da secretária.

– Por favor, não lhe toques.

– *Louco* poderá ser o termo mais adequado. – Mexeu no cinto do casaco, tirou o chapéu e passou uma mão pelo cabelo. – Pareces mesmo louco, Milo. Enlouqueceste desde a última vez em que nos vimos?

– Muito pelo contrário.

– Há semanas que não te ponho a vista em cima. Não te apercebeste disso? Estava a começar a sentir-me um pouco sozinha. Julguei que me tivesses dado com os pés.

– Não te dei com os pés, Annabelle.

– Bom, pensei que sim. – Fez beicinho. – O Yev está fora.

– Não sabia.

– Eu sei que não sabias. É precisamente essa a questão. És um dos homens mais presunçosos do mundo, percebes? E acredita que tens muita concorrência. Tens noção de que não me ligas há quatro semanas. Aliás, amanhã fará cinco. Mas porque haverias de saber?

– Estou a braços com algo crucial.

– Claro que sim, e porque haverias tu de saber o que quer que fosse acerca da *minha* vida? És tão egomaníaco, Milo. És mesmo um vampiro. Milo, *o vampiro egomaníaco*.

– Estiveste a beber.

– Estou completamente sozinha naquela merda de casa.

– Annabelle, tenho estado a trabalhar.

– Certo, mas não deixas de ser um monstro, estás a ouvir-me? Não tens um único sentimento nessa tua cabeça extravagante.

– Este é um momento muitíssimo crítico, Annabelle. Preciso de voltar ao trabalho.

– Nem sequer sabes o que *é* um sentimento, pois não? – A voz dela estava a aumentar de tom. – Não consegues amar quem quer que seja. Percebes isso? Tu. Não. Consegues. Amar. Ninguém.

Andret sentou-se. Urgia uma mudança de tática.

– Bom, é um assunto em que nunca pensei.

– Então pensa nisso! Pensa nisso agora mesmo!

– Não há razão para gritares. Chiu – admoestou-a ele. Levantou-se e aproximou-se dela, levando um dedo aos lábios. Com uma mão agarrou numa garrafa e com a outra puxou-a pelo cinto do sobretudo. O tecido estava húmido. Levou-lhe o *bourbon* aos lábios e bebeu, também ele, um gole.

– Oh, mas *tenho* – murmurou ele. – *Tenho* sentimentos.

Sob o casaco, Annabelle só trazia a roupa interior. E um lenço, que ele desenrolou.

– Oh, meu Deus – disse ela enquanto os lábios de Andret lhe pousavam no maxilar. – Odeio-te, Milo. Odeio-te.– Onde o colarinho do casaco estivera fechado, a pele de fria passou a quente. – Mas desejo-te.

– E eu também te desejo de igual forma.

Ela deixou cair o pescoço.

Uns minutos depois, mesmo após o clímax, ela pegou no lenço e começou a fungar, um som abafado e subaquático que o sobressaltou com uma vaga de ternura indesejada. Pegou-lhe na mão. Porém, no momento em que os seus dedos encontraram os dela, apercebeu-se de que havia revertido dois operadores booleanos no meio do programa. Quando digitou a correção à secretária, já ela soluçava.

Certa noite, bem tarde, introduziu o código para outra sequência problemática, compilou o programa de novo e recostou-se para observar os cálculos. Estava a trabalhar no mesmo segmento há dias, avançando em cada pormenor, mas a dar consigo constantemente bloqueado por descuidos – estava habituado a suspender a lógica de tantos em tantos segundos para erradicar alguma falha. Porém, naquela noite, de alguma forma, a execução foi limpa. De cada vez que acrescentava um novo bloco, o pequeno autómato verde subia no lado esquerdo do ecrã e fazia aquilo para que fora concebido.

Pouco depois, deixou de suspender o programa. Acrescentou os restantes blocos e pura e simplesmente deixou a coisa correr. Durante quase uma hora, o fogo verde ardeu de modo constante, a unidade de disco e a ventoinha rodando de forma irregular – eis o som de uma implementação bem-sucedida – até que, por fim, a sua atenção regressou com um sobressalto e ele se apercebeu de que o ritmo da máquina se alterara uma vez mais. A unidade disco zunia de modo constante, sem variações. Aquilo só poderia significar uma coisa: a *motherboard* estava a repetir-se.

Outra falha na memória.

Deus estava a testá-lo.

Antes de arrancar a ficha da tomada, decidiu fazer uma pequena pausa e recostar-se na cadeira. É possível que tenha adormecido. Quando despertou, o copo estava tombado e uma poça de *bourbon* alastrava-se. Ainda não havia alcançado o computador, mas, por instantes, pensou em deixá-la. Àquele ritmo, Seth Kopter iria arrasá-lo.

Inclinando-se na cadeira, pousou o dedo no líquido. Primeiro fez o lago: Georgian Bay; Saginaw Bay e o North Channel. De seguida, o crescente onde Cheboygan deslizava numa meia-lua até à água. Com a ponta do dedo mínimo, colocou uma gota no local onde se encontrava o seu velho bosque. Por instantes, quase voltou a adormecer.

Depois, verteu o que conseguiu da extremidade da impressora para o copo e, baixando-se, lambeu o que restava.

Foi quando acordou algures mais tarde, a cabeça ainda na secretária, que se apercebeu do que lhe perturbara o sono: o TI-120 silenciara-se. Olhou para cima. O fogo no ecrã extinguira-se, restando tão-só uma pequena brasa verde, piscando calmamente no topo. Algo brilhava de modo regular ao seu lado. Aproximou-se.

Um número.

Copiou-o para vinte lugares e verificou-o da forma tradicional.

Annabelle atendeu o telefone numa voz atordoada.

– Milo – disse –, olha para o relógio de parede. Diz-me que horas são.

Ele inspirou fundo.

– Funciona – sussurrou.

Formiga numa corda de borracha

Um dia era agora uma semana. Um dia era um mês.
A Abendroth seria solucionada... Disso, já não havia dúvida.
De manhã, abria a porta do seu gabinete. Fechava-a. A luz dilatava. Ia desaparecendo. Abria-a. Fechava-a. Uma semana. Outra semana. O sono era uma interrupção. A sua energia mental estava parabolicamente focada pela *motherboard*, reduzida a um escaldante ponto amarelo como o minúsculo sol que marcara os berloques talhados da sua infância. O TI-120 incinerava tudo aquilo em que tocava. Os números. Os diagramas multivariáveis. A geometria curva. Ardia e ardia.

– Milo – disse Hay –, um computador mais não é do que uma ferramenta. Sem indicações específicas, a ferramenta seria inútil. Completamente inútil.
Encontravam-se de novo à mesa recatada no fundo do Clip. Desta vez, a saída fora ideia de Hay.
– Mas decidi que o Milo estava certo acerca de outra coisa – continuou ele. Aclarou a voz. – Vou comprar máquinas para todos no departamento. E boas. – Deu um pequeno gole na sua bebida. – Como o que está no seu gabinete.
– Como?! Quando é que esteve no meu gabinete?
– De passagem. Onde arranjou aquela coisa? Nem consigo perceber qual o modelo.
– Que estava a fazer no meu gabinete?
– O Dennis estava lá dentro, Milo. E só me limitei a espreitar. Andava por ali à procura de um dos seus colegas. Deixe-me dizer-lhe que tem um espécime de aspeto poderoso.

– Quem diabo é o Dennis?

– O responsável pela manutenção do edifício, Milo. O Dennis Alberts. Trabalha no Fine Hall há mais tempo do que o Milo.

– Porque estava a porta aberta?

– Já lhe disse que o Dennis estava lá.

– Entrou no meu gabinete sem que eu estivesse presente?

– A porta estava aberta. Espreitei para o cumprimentar.

– Que responsável pela manutenção do edifício?

– Está a brincar comigo, Milo? Por favor, é melhor não irmos por aí.

– Que responsável pela manutenção do edifício?

– O Dennis Alberts, Milo. O responsável pela manutenção do Fine Hall. Acabei de lhe dizer.

– Há um homem da manutenção que entra no meu gabinete?

– Trabalha aqui há vinte anos, Milo. Acha que os cestos de papéis se esvaziam *sozinhos*?

– Que estava ele a fazer lá dentro?

– Oiça, Milo.

– *O quê?*

Hay bebeu um gole e pousou a mão no braço de Milo.

– Quero dizer-lhe uma coisa – declarou. – Oiça-me. O Milo é um magnífico matemático. Mesmo. *Este* computador, *aquele* computador... Nada se compara com o que o Milo é. O Milo é um matemático *de nível internacional...* um teórico da mais alta envergadura. – Ergueu o copo. – E o mundo já o reconheceu. – Fez sinal à empregada para uma nova ronda de bebidas. – É só isso que lhe queria dizer.

– Ora, muito obrigado, Knudson.

– Sabe quem lhe arranjou a cátedra Hyun, certo?

– Sim, tenho noção.

– Não foi nada fácil.

– Já me disse isso. E eu já lhe agradeci.

– E, porque acredito em si, Milo, quero que fique com as disquetes.

– Desculpe?

Hay pousou o copo.

– Está tudo bem, Milo. Pode ficar com as disquetes do C++.

– Contava devolvê-las.

– Eu sei que sim. Tudo bem. De qualquer das formas, consegui que me arranjassem outro conjunto para mim. Fique com as que tem. Na verdade, *faço questão* de fique com elas.

– Estava cheio de pressa, Knudson. Desculpe.

– Bom, para ser honesto, podia ter-me pedido que lhas emprestasse.

– E se me dissesse que não?

– Porque faria eu isso?

– Não sei, Knudson. Diga-*me*.

– Digo-lhe o quê, Milo? Certo, olhe... esqueça. Está tudo bem. Sei que fará algo muito maior com elas do que aquilo que eu conseguiria. São suas. Tenho toda a confiança de que serão bem utilizadas.

Chegaram mais bebidas. Milo bebeu a sua num só trago.

Hay olhou para a mesa.

– Sei o que não sou – disse. Milo olhou para ele. – Estou bem ciente das minhas limitações.

– Não estou a perceber.

– Não sou um grande matemático, Milo. Sei-o muitíssimo bem.

Milo voltou a cara para a rua.

– Nunca se sabe, Knudson.

– Sei, sim. Posso dizê-lo com toda a certeza. Não sou um grande matemático. Estou em paz com isso. Mas *sou* bom a entender *outros* matemáticos. A tomar *conta* deles. A motivá-los e a fazê-los avançar.

– Trabalho muito, Knudson.

– Não é isso que quero dizer. Sei que trabalha muito.

– Certo, então. – Milo bebeu um gole. Lá fora, ouviu-se uma ambulância. Enquanto passava, contornando o trânsito, o estroboscópio detonou contra as garrafas na parede do fundo do bar. Fechou os olhos.

A meio do inverno, havia já preparado quatro *papers*. Os quatro pilares de lógica que iriam formar as provas contributivas para o seu *coup de grâce*. Annabelle suplicou-lhe que lesse os manuscritos terminados em busca de erros antes de os enviar para as publicações. Porém, Andret conseguia sentir a proximidade do assalto final e já se lançara na série seguinte de derivações. Portanto, Annabelle contratou um professor assistente para rever o que ela datilografara. Anos antes, ajudara o marido daquela mesma maneira.

– E ele nunca me agradeceu sequer – disse. – Sabias?

Andret levantou o olhar.

– Bom – retorquiu. – Obrigado.

Os quatro *papers* foram publicados num só mês. Dois num número de *Inventiones Mathematicae*, um na *Acta Mathematica* e um no *Annals*.

– Não foram umas semanas nada más – disse Hay. – Até para o Milo Andret.

Desta volta, encontravam-se no gabinete do diretor, que havia feito um gesto para que Milo se sentasse, apontando, de seguida, para o molho de revistas na orla da secretária.

– Sem dúvida, as três melhores publicações na área. Mas nem vale a pena dizer, não é? Bebida?

– Obrigado.

– Não consigo imaginar o que estará esse tal Kopter a sentir agora.

– Não penso noutra coisa, Knudson. Que é que o impede de me passar a perna?

– Ninguém o publicaria se usasse o seu trabalho sem lhe dar o devido crédito. Ponto final. – Passou a mão pelas revistas. – E tem todas as boas publicações por sua conta.

– É um novo mundo.

– Não tão novo quanto possa pensar. – Hay ergueu o copo. – Fez de facto um trabalho magnífico, meu amigo. Honra este departamento. Telefonei ao Manny Hyun na semana passada, só para me certificar de que estava a par da novidade. Diga-me, quão perto julga estar agora?

– Do quê?

– Porque insiste em testar-me constantemente, Milo?

O *bourbon* de Andret fora, uma vez mais, servido puro. Bebeu o que restava.

– Consigo quase tocar-lhe.

Olga tornou-se o seu único alívio. Ao contrário de Annabelle, não falava dos seus feitos. Não lhe perguntava pelos seus progressos. Não o felicitava e não o incitava a continuar. Certa tarde, avistou, na casa de banho minúscula dela, debaixo de um molho de jornais da semana anterior, o número da *Inventiones Mathematicae* onde surgiam os seus dois *papers*.

Era como se a própria exaustão o carregasse de desejo. De tantos em tantos dias, ia vê-la. Descobriu que a queria duas ou três vezes por visita.

– Minha nossa – exclamou ela, certa noite, depois de ele ter prolongado a sua estada para lá do que era usual. – Deves andar a comer uns belos nacos de carne.

– Tu é que és o meu naco de carne.
– Ai sim?

Olga encontrava-se em cima dele, os olhos negros queimando-o quais lentes de uma máquina radiográfica. Andret mordiscou-lhe o mamilo.

– Responde-me – instigou-o ela.
– Ao que queres que te responda?
– Sou tudo o que queres comer?
– Claro que sim.
– Então, quem é a Annabelle?
– Como?
– Quem é ela?
– Não sei.
– Não sabes? – ecoou Olga ao ouvido dele.
– Não é ninguém. Onde é que ouviste esse nome?
– Onde é que ouvi? Bom, isso pouco importa. Importante mesmo é quem é ela.

Olga surpreendeu-o beijando-o com emoção. Depois, ergueu-lhe as ancas.

– Quem é a misteriosa Annabelle?
– Não sei.
– Achas que me importo, Milo? – perguntou-lhe de novo ao ouvido.
– Não sei se te importarás ou não.
– Não me importo.
– Então, não te importas.
– Sim, tens razão. – Naquele momento, ela acelerou, as mãos pressionando-lhe os ombros, a respiração tornando-se mais pesada à medida que se aproximava do peito dele e depois o libertava, aproximava e libertava, abanando-o como se ele fosse uma árvore que ela estivesse determinada a trepar. Quando Olga se chegava, Andret sentia-lhe o hálito quente na cara e, mal recuava, cheirava-lhe o suor, apimentado por uma nota

fumada de *bourbo*n que o enfraquecia qual gás enervante. Murmurava em russo. Por fim, ficou hirta, fechando os olhos.

Depois, deitou-se ao seu lado. Andret contemplava a lua pela janela, mas não deixava de sentir o olhar dela pousado no crânio.

– É verdade que não quero saber – explicou, acendendo um cigarro. – Mas julgo que *ela* poderá não sentir o mesmo.

Outra batida na porta. Daquela vez, de manhã bem cedo. Estivera a pé a noite inteira.

A batida surgiu de novo.

– O que é?!

– Sou eu, Milo.

Knudson Hay.

– Estou ocupado. Agora não.

– Então, acho que não viu isto.

Quando Milo abriu a porta, ela fez ricochete numa das caixas e bateu-lhe no ombro.

– Caramba, Knudson! Estou tão perto! O que é agora?!

Hay trazia um envelope na mão.

– Lamento, meu amigo – disse. – Continuo a ter toda a fé em si. – Apontou para a cadeira. – Mas creio que é melhor ouvir isto sentado.

Andret pontapeou a porta.

– Que raio se está a passar, Knudson?

– É o Kopter – explicou Hay, estendendo o envelope. – Parece ter encontrado a prova.

A velha e corpulenta empregada de bar no Clip parou diante dele.

– É seguro dizer – declarou, limpando o balcão – que é o único aqui a ler um artigo de matemática.

Ele pedira-lhe que deixasse os seus copos vazios diante de si. As orlas cortantes projetavam mosaicos estrelados ao longo do mogno. Andret inclinou um e os seus raios moveram-se certeiramente pela matriz dos prismas. A natureza nunca quebra as suas regras. Qualquer pedaço de código se encontra guardado em cada átomo da criação. E tudo aquilo se limitava a estar à espera. Uma rapariga bonita a bater com a bota no banco enquanto o inválido pensa nas suas palavras sentidas. Eis o que ele era: o inválido, iludido com um único vislumbre amável. Uma vida dedicada a um sonho anacrónico de glória. Uma versão há muito apodrecida da caçada. Mesmo depois de a lâmpada na caixa registadora se ter deformado ante os seus olhos num retângulo enevoado de amarelo – também isto era explicável –, não conseguia afastar da mente a ideia de que fora publicamente humilhado por um miúdo de catorze anos.

Seth Kopter usara um método completamente distinto. Provavelmente, nem soubera dos *paper*s de Andret. E dera muito melhor uso ao computador.

– Deixa a minha conta em aberto, sim? – Deslizou para fora do banco rumo à casa de banho dos homens.

– Claro, meu querido.

Ele próprio não estaria a mais de um mês da prova.

Reductio ad Impossibilem

Em Chicago, a longa cadeia de gelo imundo ainda apinhava a margem do rio. Um fosso de destroços de um branco-acinzentado que se estendia para leste ao longo de quatrocentos metros, elevando-se firmemente ao vento. As ondas erguiam e pousavam aquela camada rachada num ritmo lento, qual empregada doméstica a sacudir uma toalha de mesa. Milo estivera à espera em O'Hare pela ligação para Cheboygan, mas decidira apanhar um táxi até ao lago. Que importava agora o que fazia?

Caminhou do cais até à margem e pousou o pé numa das placas de gelo. Era do comprimento de um campo de ténis; uma parte repousava na areia e a outra, na água, a superfície marcada com manchas de fuligem do trânsito rugindo atrás dele. Quando se postou em cima dela, a placa nem reagiu ao peso dele. E porque o faria? Milo deu umas quantas passadas. Sentia a batida da corrente na biqueira dos sapatos. Os pés vibravam-lhe quando as pontas das placas, lá ao longe no lago, batiam umas nas outras. Caminhou em frente até chegar à linha de junção: um ziguezague negro, balançando com beatas de cigarros e algas. O vento do Norte era gelado e, com todos os edifícios atrás de si, os guinchos das massas de gelo mais profundas pareciam estar a barrir da margem.

Quando finalmente olhou para cima, havia uma mulher sentada no cais. Ajeitou o casaco contra o corpo e saltou sobre a fenda para a placa seguinte, onde se voltou para acenar. Ela não respondeu. Contudo, conseguia vê-la a observá-lo. Portanto, avançou mais, saltando a falha seguinte e a outra até se encontrar bastante afastado da margem. O bloco onde agora se encontrava não tinha nem metade do tamanho do primeiro, mas ainda se aninhava sob ele como uma entrada. Tentou sorrir-lhe, mas ao frio não estava certo de os lábios se terem mexido. Mais a mais, ela estava muito longe para sequer o ver. Teria gostado de encetar uma conversa. Uma conversa com uma mulher.

Ela voltou-lhe costas.

Ele era irrelevante.

A Abendroth era irrelevante.

Não havia nada, na verdade, que não fosse irrelevante.

A verdade naquilo poderia tê-lo feito cair de joelhos, mas, ao invés disso, provocou-lhe uma gargalhada – uma curta explosão baixa que lhe escapou dos lábios e deslizou até ao gelo, lembrando um sacão a escorregar-lhe pelos dedos. E continuou a avançar, mais fundo. Nada que pudesse fazer iria esclarecer a mais insignificante força num único átomo. Quando mais alterá-lo. Deus não era a explicação para aquelas coisas, tão-só um domínio com o mistério delas.

O bloco em que se encontrava agora estava a uma maior profundidade, mas ainda tocava no fundo, a proa fendendo a água como um barco ancorado contra a maré. Na sua orla frontal, a corrente sibilava. Porém, quando atravessou para o pedaço seguinte, perdeu o equilíbrio: agora, sim, flutuava. O seu corpo oscilava, num ritmo suave que contrariou com as ancas enquanto o via acontecer com um espantoso atraso ao longo de todo o campo de branco recortado. Uma molécula no mar. Um iota. Eis o que ele era. Passara uma boa parte da vida à caça de um único vislumbre do código bíblico da natureza e, porém, nada mais era, em cada minuto, do que um escravo abjeto dos seus mil milhões de postulados anónimos. Essa era a grande piada.

Estava na sua natureza não apanhar logo as piadas.

Foi então que lhe veio uma sensação há muito conhecida: o prazer de inspirar ar frio. Toda a calma do inverno. O trânsito atrás de si era ruidoso, mas ali o som era engolido pelo gelo. Aquele mundo sempre coexistira com ele. Fora Milo quem o abandonara.

Voltou-se para o cais e viu a mulher ainda lá. Contemplava-o agora com uma expressão circunspecta, num aviso.

É trágico como se pode ser salvo. Eis o que pensaria, muitos anos depois, quando o seu único filho lhe pediu conselhos. Acenou à mulher, mas, de novo, não houve resposta. Agora, pelo menos, percebera a piada. Quando ela se levantou e se encaminhou para a rua, também ele atravessou para a margem, tentando assobiar, mas sem conseguir emitir qualquer som discernível sobre a afluência de carros.

No dia seguinte, um autocarro levou-o até Cheboygan. Duas paragens e uma escala de autocarro. Quando chegou, o sol mergulhara já um bom bocado no mar. Do outro lado da estação, a drogaria ainda exibia a sua pilha oscilante de produtos: caixotes de lixo coloridos e a mesma fileira de cadeiras de jardim de madeira verde-escura que se anunciavam no dia em que embarcara no autocarro rumo a East Lansing, vinte anos antes. Quase nada mudara. Sacos de fertilizante. Pás e sachos. Uma pilha atada com corda de boias salva-vidas tricolores. Desceu e olhou em volta. A luz do lago. O hábito do sol de parecer brilhar, ao fim do dia, da água e não do céu. Um matiz de ferro na brisa.

Mrs. Fredericks ainda conduzia o táxi de Brown.

Bateu à porta da sua casa de infância.

Nada. Apercebeu-se de que não falara a nenhum dos pais desde que ganhara a Medalha Fields. Bateu de novo.

Por fim, ouviu o familiar arrastar dos chinelos da mãe no corredor perto da cozinha.

– Meu Deus – exclamou, coçando a cabeça. – Vejam quem está em casa.

Quando entrou no escritório das traseiras, o pai ergueu os olhos da cadeira de leitura, acenou alegremente e voltou ao seu livro. Da porta atrás dele, a mãe exclamou:

– Vês?

Na cozinha, Milo declarou:

– Ele sempre foi assim. – Sentou-se à mesa enquanto ela reenchia o copo de Martini.

– Estás a brincar comigo? Nem tenho a certeza de que saiba que te foste embora.

– Saí de casa há duas décadas, mãe.

– Então, vai lá perguntar-lhe se se lembra – fungou. – Já não tem todos os parafusos.

Pousou o misturador de bebidas na mesa e sentou-se. De seguida, voltou, por instantes, o olhar para o jornal fingindo estar a ler. As suas lágrimas eram como a condensação num copo de água. Ele desviou o olhar.

Serviu-se de um Martini.
— Parabéns pela receita — disse.
— Obrigada. — Ela beberricou. — Enquanto servia o gim, querido, lembrei-me por instantes do vermute.

Ali se deixaram ficar. O sol escondeu-se por detrás das árvores, mergulhando a cozinha num último halo de luz vinda do norte que encadeava os olhos.
— Achas que alguma vez poderei amar alguém? — perguntou ele ao cabo de algum tempo.

Nessa noite, foi sozinho ao centro da cidade. A velha Cheboygan. O barco desce vazio no inverno. Nem um carro nas ruas. Estacionou junto do canal e entrou num bar deserto, onde se sentou junto da janela, vendo o navio da Guarda Costeira subir lentamente até ao mar. Um barco robusto iluminado como uma árvore de Natal. A tripulação acotovelava-se no convés à medida que a embarcação abrandava no canal e deslizava de lado preparando-se para uma manobra. No topo dos guindastes de cavalete, as lâmpadas de sódio acenderam-se com um estalido. Outros homens encontravam-se em terra, de um lado para o outro na súbita claridade, gritando para *walkie-talkies* e guinado as rampas de desembarque.

Podia ter feito parte de algum empreendimento como aquele. O pai passara cinco anos na Marinha e quarenta nas escolas públicas. A mãe trabalhara todos os dias na esquadra. Porém, ele passara a sua vida na senda solitária de algo que nunca alcançaria.

Pegara na carteira à entrada escura do bar. O velho cartão continuava dobrado por detrás da carta de condução. Deitou uma mão-cheia de moedas no telefone. Ela reconheceu-lhe a voz imediatamente. Aquilo encorajou-o.
— Estou agora mesmo a ver um barco atracar no escuro — contou-lhe.
— Um barco enorme. Está todo iluminado. É lindo.

Ela não compreendeu.
— Sim?
— Parece uma constelação. Como o que vimos em Sioux City.
— Silêncio. Talvez aquilo tivesse sido um erro. — No Missouri, Cle... Não te lembras?
— Falhaste em alguma coisa.

— Como?

— Consigo senti-lo, Milo. Que aconteceu? Foi a prova?

— Sim. Estava só a algumas semanas de lá chegar.

— Oh... Sinto imenso.

Outro silêncio.

— Preciso de ti – disse ele.

— Claro que não precisas.

— Tu acreditavas em mim.

— Toda a gente acreditava. Toda a gente continua a acreditar.

— Não. Só o Borland, o Hay e *tu*.

— Bom, o Hans Borland dir-te-ia para te lançares já ao trabalho, não achas? – Ela tinha razão. – E a rapariga que levaste ao jantar? Onde está ela?

Andret não respondeu.

— Lamento, mas não posso ajudar-te, Milo. Gostaria de o poder fazer, mas não posso. Tens de ir para casa e recomeçar. Sei que o consegues. A vida continua.

Do outro lado do canal, uma empilhadora seguiu pela rampa com uma palete no garfo. De seguida, as luzes desligaram-se de novo e o navio tornou-se um fantasma cinzento na noite. O telefone emitiu um estalido, mas Milo não tinha mais moedas. Mesmo antes de a chamada cair, inquiriu:

— Que te leva a pensar que sou capaz?

A sua mente era um saco de papel voltado do avesso e abanado.

No dia seguinte, decidiu passear pelas traseiras de casa dos pais. Ao longo da orla do bosque, subiu uma pequena colina e percorreu o trilho de bétulas gigantes que se erguiam até ao cume. Estavam a perder longos caracóis de cortiça lembrando os velhos átrios das salas de espetáculos com o papel de parede a descolar. Quando finalmente caíssem – num ano, em dois ou em dez –, as faias em baixo cresceriam, consumindo, como se tivessem dentes, os seus velhos mestres numa única estação.

Não obstante, a sua velha floresta mal mudara. Nem uma folha estava diferente por causa da Abendroth.

Seguiu a inclinação suave da colina. Voltar dez passos para leste a partir do décimo tronco na décima fila. E eis agora a alguns centímetros abaixo do peito – fora ele quem crescera –, encontrou o bordo-açucareiro. Também *ele* estava igual. A estrela ainda ali estava, um queloide pálido numa fenda displástica de cortiça. Rodou a tampa e libertou o entalhe. No fundo, a cavidade estava seca, e a saca permanecia fechada como se houvesse passado todo aquele tempo no fundo de uma gaveta das meias.

Ergueu-a e tirou a corrente com todo o cuidado.

Anos no escuro sem qualquer dano aparente. Estendeu-a no chão em longas braçadas, compreendendo pela primeira vez o que teria sentido Mr. Farragut um quarto de século antes quando um miúdo lha pousou na secretária. Fora *ele*, esse rapaz. Lixara cada centímetro em circunferência, envernizara cada elo isoladamente. Agora, toda aquela coisa tocava qual instrumento de sopro enquanto a estendia no gelado tapete de turfa. A mera magnitude da tarefa abismava-o. Desde então, nada fizera que se aproximasse daquilo. Nem sequer a Malosz, cuja solução, pensava ele por vezes sombriamente, envolvera uma componente de pura sorte, uma sorte que lhe viera naquele mesmo bosque.

Voltou a guardá-la no saco, verificando cada elo. Nem um só apresentava defeitos. A memória falhava-lhe, mas a complexidade do *design* deve ter-lhe tomado meses. Poderia ter pensado naquilo durante anos. Também isso era um traço de caráter. Marcara-o em miúdo.

Agora desaparecera.

Porque não lhe era já possível seguir uma linha de raciocínio que o levasse a outra coisa que não a angústia? A noite fechou-se subitamente sobre as árvores, e Andret apercebeu-se de que se esquecera de trazer uma lanterna. Uma coruja piou e, após uma pausa, as crias começaram a chilrear. Fechou a saca. De seguida, encaminhou-se para casa. Numa ravina, o pé escorregou-lhe e caiu no chão, a saca abrindo-se diante de si. Um grito escapou-lhe dos lábios. As corujas silenciaram-se, e ele deitou-se na súbita quietude. Na verdade, nem era desagradável ali ficar em silêncio, sentindo a terra invernosa sob o corpo começando a aquecer. Mergulhou as mãos nas folhas e sentiu-lhes o aroma avinagrado. Passara horas infindas naquele bosque sem pensar em mais nada que não no seu acolhimento. Permaneceu deitado esperando que as corujas voltassem a piar, até que se apercebeu de que tinha o rosto húmido de lágrimas.

Precisava de encontrar um caminho em frente. Mas como? Que iria fazer agora?

Uma erva escandinava

De volta ao seu apartamento em Princeton, despejou a pasta, remexeu nas gavetas do escritório; depois, dirigiu-se até ao guarda-fatos no quarto e virou os bolsos dos casacos para fora, arrancando todos os papéis amarfanhados até ter encontrado aquilo que procurava.

Na tarde seguinte, o Dr. William Brink recostou-se numa cadeira de balouço de madeira que chiava a cada oscilação e deixou que os joelhos, cobertos pelas calças, surgissem acima da linha da secretária.

– Como posso ser-lhe útil, Dr. Andret?

– Preciso de uma coisa.

– Sim? De que tipo de coisa? – A cadeira oscilou para baixo com um tilintar. – Ajuda e conforto de natureza psicológica?

– Não.

– Algo mais rápido?

– Ando a ver coisas.

– A ver coisas?

– Coisas que não existem, doutor. Geometrias loucas e multiplicativas. Não sei se sabe, mas sou matemático.

– Claro que sei, Dr. Andret. – O Dr. Brink curvou a cabeça delicadamente. – Sei-o muitíssimo bem. Por acaso, também anda a ouvir coisas?

– Não.

Brink olhou-o fixamente.

– E queria falar comigo acerca de tudo isto? Parece-me um pouco invulgar. Deve ser assustador.

– Não, não quero falar consigo acerca de nada disto. Só quero alguma coisa que resolva a situação.

– Estou a ver. Então, algo simples e eficiente, certo?

– Exatamente.
Percebeu que o Dr. Brink compreendera.

– Que estás tu para aí a tomar? – perguntou Olga Petrinova, soerguendo a cabeça da almofada.
Andret contemplou a garrafa.
– Não faço a menor ideia. Só sei que funciona.
Ela voltou-se indolentemente na cama. Depois do sexo, voltara a enfiar-se no pijama de corpo inteiro, que, apesar das suas fitas rendadas, a fazia parecer uma trabalhadora fabril soviética saindo do turno da noite. Andret encontrava-se na cozinha à procura de alguma bebida razoável para tomar com o comprimido. Na sua primeira pesquisa pelos armários, só deparara com vinho tinto. Não gostava de que ela o estivesse a observar.
– Sim? – perguntou.
– Devias ter cuidado com isso.
– Não há nada com que ser cuidadoso. – Pousou uns quantos comprimidos na palma da mão. – Devias aquecer o apartamento.
– Milo – disse ela, apoiando-se no cotovelo –, já cá estás há duas noites. Andas a comer comprimidos como se fossem bombons. Que se está a passar? Estás com medo de alguma coisa, certo? Ou de *alguém*, não é?
– Não tenho medo de nada. Está um frio dos diabos aqui. – Bateu violentamente com a porta de um armário e começou a esquadrinhar o seguinte.
– Nunca aqui tinhas passado sequer uma noite inteira. Não me digas que não há nada de novo. É a tua misteriosa Annabelle?
– Se aquecesses este sítio, talvez até conseguisse aproximar-se do confortável.
– Porque é que és sempre tão filho da mãe, posso saber?
– Não, na verdade, não podes. Não podes saber.
Que poderia ele dizer-lhe? Que, embora ali estivesse com ela, na verdade, ansiava pela companhia de Annabelle, mas que Yevgeny Detmeyer acabara de chegar de Inglaterra? Que o seu gosto no que tocava a mulheres andava naqueles tempos bastante insípido? Que com a Abendroth em cacos estava a naufragar?
Agora, esquadrinhava debaixo do lava-loiças: finalmente, gim. Substituiu o vinho e engoliu os comprimidos, estremecendo quando olhou de perto para o rótulo: era *Ativan*.

Quando a encarou novamente Olga fazia-lhe sinal. Bebeu outro copo.

Annabelle Detmeyer datilografara-lhe os *papers*. Estivera a seu lado quando se aproximara do trabalho consumado da sua vida. Acreditara nele. Cle acreditara nele. Tinha a sensação de que até Helena acreditara em tempos nele. Agora, tinha Olga, esperando uma atuação sua num colchão de molas num apartamento tão gélido que os tomates desapareciam dentro dele. Bebeu um novo gole de gim e voltou para o quarto. O mundo derrapou. A mente predatória dela diplomaticamente obscurecida. O exemplar de *Invenciones Mathematicae* mal escondido na casa de banho. Olga era matemática e, tudo o que lhe evocava matemática, recordava-o do seu falhanço, uma chama vilmente poluída ardendo-lhe negra na mente.

Na tarde seguinte, quando telefonou para casa dos Detmeyer, Annabelle teve de fingir no seu lado da linha que se tratava de um faz-tudo. Andret imaginou o laureado com o Nobel a relancear com irritação o telefone: o engodo fascinava-o. Quando voltou a ligar no início da noite, foi o próprio Detmeyer quem atendeu. Uma voz irritada e palavras ladradas com impaciência. Andret, sob o escudo do *Ativan*, ponderou confrontar o homem, mas optou por pedir para falar com uma personagem inventada. O safado que se pusesse a matutar. Depois, desligara e telefonara a Olga. Ninguém respondera. Encaminhou-se para o Clip para uma bebida.

Nada batia certo.

Quando a noite finalmente caiu, voltou ao seu gabinete, onde a ruína perfeitamente preservada dos seus anos de investigação se erguia como um corpo morto para o cumprimentar. Fiasco. Fiasco. Fiasco. A odiosa Abendroth e cada uma das suas desgraçadas tangentes. Caixas e caixas. Uma década desperdiçada. Engoliu outro comprimido e empurrou-o com o último *bourbon*. Um matemático precisava de acertar cedo – por norma, estava acabado antes de atingir os quarenta. Agora, não tinha futuro, a menos que escolhesse outro alvo e começasse de raiz, desta vez na base de uma outra montanha insondável.

O Hans Borland dir-te-ia para voltares já ao trabalho.

Bem, que sabia Hans Borland daquilo?

Para piorar as coisas, a sua mente, que desde a derrota mais parecia uma indolente falsificação de si mesma, recomeçara a andar depressa de mais.

Precisava do *Ativan* para a abrandar. Na viagem de volta de casa dos pais, tivera vislumbres dos seus velhos problemas: linhas deformadas na fuselagem do avião e campos de prismas imbricados estremecendo nas janelas.

Agora, no gabinete desmazelado, andava de um lado para o outro, tentando encontrar uma boa ideia para pôr em prática. Precisaria de voltar à estaca zero. Andou a custo – um elefante a lutar contra o efeito de um dardo –, cambaleando em câmara lenta contra os livros, trabalhos e pilhas de caixas a desfazer-se. O candeeiro de parede encandeava-lhe os olhos, pelo que lhe lançou o casaco para cima. O computador, desligado da ficha e já coberto de pó, era uma relíquia de plástico barato. Bateu-lhe com a mão aberta. O monte vibrou e perdeu um parafuso. Deu-lhe um pontapé, e ele rodou e rodou, contornando as caixas de erudição condensada que atravancavam o chão quais pedras tumulares. Lembrou-se da secretária de Hans Borland. O quadro limpo. O próprio homem impecável.

Pensara noutros problemas antes da Abendroth, mas a sua mente já nem conseguia captar aqueles princípios, quanto mais avaliar as probabilidades de uma solução. As possibilidades voaram sobre ele como morcegos no escuro. A primeira Kurtman. A Goldbach. Uma dúzia de outras. Cambaleou até à parede, agarrando-se às prateleiras. Sabia que não encontraria outra ideia. Nunca mais. Eis o que a voz lhe sussurrava na mente. Os anos de labuta nem sequer começariam. Nem sequer *começariam*. O seu cérebro estava a partir-se em mil pedaços.

Algum tempo depois, quando acordou no chão, sentiu-se razoavelmente retemperado. Por instantes, a mente permaneceu vazia, mas depois os tentáculos torturantes alcançaram-no arrastando-o para baixo. Um rapaz de catorze anos e umas quantas semanas de trabalho, se calhar nem isso. Levantou-se e cambaleou até à secretária. Outros três comprimidos com as últimas gotas de *bourbon*. A lâmpada abrira-lhe um buraco no casaco: era daí que vinha o cheiro. Contemplou os fios de linha escurecerem e encaracolarem-se, após o que pegou no casaco estragado e o atirou para o lixo numa bola.

Deixou-se cair na cadeira. Mal tocou no assento, o *Ativan* chegou-lhe ao cérebro como uma ambulância guinando numa curva. Pegou no telefone e foi voltando as páginas do *Rolodex* até que o número dela lhe veio à mente. Lembrou-se de que havia uma flor com um nome semelhante.

– Estavas certa – declarou num tom sereno, no momento em que ela atendeu. Agora, sentia-se invadido por uma calma doce.

– Quem fala, por favor?

– O vencedor da medalha Fields. Tinhas razão.

Esperou, rodando devagar a garrafa na secretária.

– É o professor de Princeton? – perguntou a mulher. – É o Milo Andret?

– Sim, é. Já deve saber, portanto... Ganhei a Fields este ano.

– Não me diga? Não, na verdade, não sabia.

Outro golpe.

O *Ativan* passou por cima daquilo.

Pouco depois, conversavam. Ela despedira-se do *Time*s, vivia agora em Manhattan, casara com um banqueiro no Goldman. Tal como Cle... Tal como toda a gente. De súbito, surgiu um laivo de desolação.

– Estavas à espera de me ver? – perguntou ela ao fim de algum tempo.

– Sim, na verdade até estava.

– Bom, eu não vou a New Jersey.

– Irei eu a Nova Iorque.

Ouvia-a servir uma bebida e desejou ter o que beber. O gelo agitado. Depois, um pequeno gole.

– Três Pulitzers – retorquiu ela. – Agora, ainda mais impressionante, uma Fields.

Nessa noite, apercebeu-se de algo: apesar da grande fé de Knudson Hay nele, apesar da firme convicção de Cle ao telefone, apesar de uma série de noites acolhedoras na cama de Olga Petrinova, a sua dor ante a derrota não existia em lado algum que não na sua mente. Não era partilhada pela universidade de Princeton; não era partilhada pelo cosmos; não era partilhada pelas suas amantes. Quase nem era partilhada pelos seus pais.

Era só sua.

Agora, faltava uma ou duas vezes por mês às aulas. Deixava um recado instruindo as secretárias administrativas para informarem a turma de que se encontrava doente, e passava a tarde a dormir no sofá. Os alunos nem pareciam preocupar-se.

Pedaços esquivos. Intuições dispersas. Os sinais instintivos a iludi-rem-no. O tremendo fiasco do outro lado da janela dia e noite como um assassino.

Descoberta

– Pensei que só tivessem sido *dois* Pulitzers – disse na tarde seguinte, soerguendo-se dos lençóis. Na mesinha de cabeceira de Thelma Nastrum, repousava um exemplar da *Architectural Digest* com uma fotografia tirada daquela mesma mesinha de cabeceira. Um reduzido panorama de ângulos. As almofadas inclinadas. A consola branca. As lajes horizontais de mármore cinzento-escuro. Estudou a imagem, tentando descortinar se incluía um exemplar da própria revista. Só ao cabo de largos momentos se apercebeu da impossibilidade de tal recursividade. Outro erro imbecil. Um sintoma. Continuava, decerto, perfeitamente apto a ter sucesso no mundo da finança. Bom, Earl Biettermann que fosse à merda: nunca lhe pediria ajuda.

– Ah, *isso* – retorquiu Thelma vagarosamente, saindo com indolência do quarto de vestir. – Isso foi... Há quanto tempo, Milo? Cinco anos? Agora já há outro.

– Outro *Pulitzer*?

– E um Fields, Milo. Sou cuidadosa nas minhas escolhas.

Thelma Nastrum. Perfeita e desabrida. O torso ainda ornamentado com curvas de lírio. Os cantos dos olhos lembrando os das folhas de árvore. E, tirando uma réstia de curiosidade profissional e a usual atenção feminina, estava tão desinteressada nele quanto ele nela. Ultimamente, Andret passava os dias ali. Setenta e cinco minutos no trânsito de New Jersey e a curta e animadora viagem de táxi no presunçoso ar de Manhattan. Um marido que saía depois do escurecer. Andret até lhe usava os luxuosos roupões de banho aveludados que pendiam na parede do quarto de vestir lembrando uma fileira de atores à espera de entrar em palco. Era assim que se sentia: um ator. Thelma Nastrum não era a audiência, mas um outro elemento no elenco. A audiência estava em Princeton. A audiência estava em Varsóvia. A audiência murmurava dentro do cenário da belicosa fachada de pedra no Upper East Side, fazendo de tudo para se tornar visível através de cada janela do apartamento. O resto era imaterial.

– Diz-me lá – perguntou-lhe ela certa tarde –, não continuas a trabalhar?

– Estou a reconsiderar.

– A reconsiderar o quê?

– O meu projeto. A minha carreira. – Deu uma passa no cigarro. – A minha vida.

– Por favor, não me enchas isto de cinza.

– Que é suposto que faças quando a tua mente se foi?

– Andret, por favor, não batas o cigarro aqui. Atira a cinza pela sanita.

– Não me ocorreu uma única ideia em semanas. Uma ideia matemática, é claro.

– Elas voltarão.

– E se não voltarem?

– Então, e o ensino?

– Eu ensino?

– Pensei que sim. Olha, Andret, a cinza está a ficar longa.

– Não quero saber de dar aulas.

– Bom, já ganhaste a Fields... Que mais precisas tu de fazer na vida?

Ele levantou-se e dirigiu-se até à casa de banho. Enquanto o fazia, ponderou na hipótese de apagar a beata no resplandecente tapete branco. Um belo retoque à fotografia na *Architectural Digest*. Um buraco de castanho queimado para comemorar o desespero de uma vida inteira desmoronada. Sem matemática, não havia nada no mundo a que se agarrar.

Porém, acabou por a deixar cair no lixo – decidiu que gostaria de poder voltar – e sentou-se no divã, acendendo outro.

– Acho que não sei como responder a isso – retorquiu ele, inalando uma primeira fumaça animadora. – Ora, deixa-me cá ver – continuou, esfregando os olhos. – Qual será a resposta a essa pergunta?

– Milo... Não acho que seja boa ideia.

– Não quero saber. Então vem a *minha* casa.

— Espera só até amanhã. Amanhã ele vai para Berlim. Temos de esperar mais vinte e quatro horas. Podes esperar mais um dia por mim?
— A que horas sai ele?
— De madrugada.
— Então, estarei aí às nove.
— Tenho de preparar uma aula.
— Está bem. Às dez.
— Podes vir ao meio-dia e meia. Dá-me quatro horas. Preparar-te-ei um belo almoço.
— Dou aulas à uma.
— Pois é, tens razão. Então, vem na quinta. Podemos passar a manhã toda juntos.
— Não posso esperar tanto tempo.
— Estamos a falar de um dia e meio, Milo. Se bem me lembro, em tempos, deixaste-me sem uma palavra durante cinco semanas.
— Porque é que não o podemos fazer amanhã? Anseio por ti, Annabelle. Preciso de te ver. Só penso em ti a toda a hora.
— Sinto-me muito lisonjeada.
— Virei de manhã.
— Já te expliquei que tenho de preparar uma aula.
— Porque te leva tanto tempo?
— Não sei, mas leva.
— Nem sequer planeio as minhas aulas.
— Bem sei, Milo.
— Não podes prepará-la à tarde?
— Milo, bem sabes que nunca faço isso.
— Em minha casa, então. Hoje à noite.
— Meu Deus... que se passa contigo? Pareces um adolescente.
— Preciso de te ver.
— A sério que me sinto lisonjeadíssima. Mesmo.
— Posso ir buscar-te de táxi.
— Estás bêbedo?
— Ou podemos encontrar-nos num motel. Por favor, Annabelle.
— Milo, és mesmo inflexível, não és? Mas vais ter de esperar. És muito... Não sei. Também estou ansiosa por te ver, mas *vamos* ter os dois de esperar por quinta.

– Não.
– Como assim?
– Estou a morrer, Annabelle. *A morrer*.
– És incorrigível, sabias? – acabou ela por murmurar ao cabo de longos instantes de silêncio.
– Ótimo. Estarei aí por volta das onze.
– E a minha aula? Quando é que vou conseguir preparar a minha aula?
– Perfeito. Perfeito. Levo uns petiscos.

Brioches. Brioches da padaria de Witherspoon. Comprou os que restavam do *stock* da manhã, juntamente com uns quantos *éclairs*, uns bolos de geleia e umas estranhas tartes de fruta com tâmaras. Colocou-os num saco de papel, que pousou no porta-bagagens. Depois, reentrou na pastelaria para comer um bolo. Não fazia a menor ideia do que ali lhe pudesse agradar.

Estacionou o carro atrás do bosque e pôs-se a caminho com a sua carga. Um homem na mata com um saco cheio de bolos. E se ali houvesse um urso? Quase corria. Do outro lado da rua que o separava da propriedade, uma carrinha encontrava-se em ponto morto à entrada. Onze horas e vinte e três minutos. Raios, raios. Quase nem conseguia manter-se nas sombras enquanto uma figura que inclinava na direção da janela do condutor e se despedia longamente. Bateu com os pés no chão. Quando o carro se encaminhou para a estrada, correu até à entrada das traseiras.

A sua mente era um jarro de berlindes caído numa mesa.

À porta beijou-a avidamente e encostou-a à parede do átrio. Atirou o sobretudo para a cadeira e levou-lhe as mãos à camisa, descendo-as até às calças. Agora, conduzia-a pelo tapete, pelos balcões da cozinha, de costas pelo corredor e escada acima. Até no seu abraço sentia resistência, mas isso só serviu para o envolver ainda mais. Lá em cima, no quarto, fechou a porta com um pontapé e pousou-a no colchão, lambendo-lhe o pescoço e beijando-lhe os seios, puxando-lhe pela seda que os escondia. Ela começou a respirar pesadamente. O hálito sabia a *bourbon*, e o aroma começou a libertar-se-lhe da pele.

– Oh, meu Deus – murmurou ele. – Senti saudades tuas. Preciso de ti. Nem fazes ideia do quanto.

– Meu Deus... Cheiras a bosque.

– Tenho estado ao relento. Preciso de ti, Annabelle. Preciso de ti.

No momento em que ele chegara, a mulher fingira resistir-lhe, mas agora Andret reparava na garrafa de *Marker's Mark* e nos dois copos na mesa de cabeceira; no ruidoso disco de música espanhola ainda a tocar no andar de baixo; no *top* de seda. Sinais. Sinais. Ela arrancou a saia, a combinação e as cuecas, dando-lhes um pontapé enquanto ele a elevava até à cabeceira do colchão. Não estava habituada àquela urgência, mas parecia gostar dela. Ele trepou para cima dela e alcançou o *bourbon*. Quando Annabelle o aproximou de si, ele deixou a garrafa cair atabalhoadamente na mesa. Balouçou e estabilizou. Ela arquejou. Andret adorava aquele som. Estava ofegante. Sentia a mente a libertar-se de si, a afastar-se e a afastar-se até que, por fim, lhe saiu disparada pelo cocuruto e desapareceu no ar.

De seguida, andou à deriva por uns instantes.

Ao acordar, ainda lhe chegou aos ouvidos a música abafada, que agora lhe parecia ligeiramente cómica através da alcatifa. Um alvoroço militar de tambores sob umas quantas trombetas chorosas. Ela esquadrinhava o armário. O olhar dele tombou num varão de cortina junto da janela, e os seus puxadores brilhantes ondularam por instantes aproximando-se de ovoides. Levantou-se e revistou as calças procurando pelos comprimidos. Não estavam ali. Os pensamentos acotovelaram-se. Depois, levantou-se e percorreu a casa. Desceu as escadas até à cozinha. Esvaziou o saco de bolos, só depois se lembrando do sobretudo. Sim; conseguia senti-los no bolso. Emborcou três daquelas coisas escorregadias num único gole. Aproximou-se da janela aberta da cozinha para uma lufada de ar fresco até que por fim lhes sentiu o efeito chegar à base do crânio. Ah, minhas beldades. O pátio parecia normal: árvores e pássaros. O sol entre as nuvens. Correu até ao piso de cima, o saco na mão. No quarto, bebeu mais um gole de *bourbon*. Meio dia e trinta e cinco minutos. Ainda lhe restava um quarto de hora antes de ter de sair para as aulas. Podiam fazê-lo de novo se não descansasse. Pressa. Ela já estava na cama. Andret abriu o saco e ofereceu-lhe um *éclair*. Ela riu-se e tirou-lho da mão à dentada. Ele também se riu, sentindo-se calmo.

Trepou para o colchão e começou a beijar-lhe o pescoço.

– Que fez o teu marido depois do prémio? – murmurou.

– Quê?

– Que fez o Yevgeny depois de ganhar o Nobel? – perguntou levantando os lábios da pele dela.

– Como podes imaginar, preferia não falar do Yevgeny. Não agora.
– Diz-me só o que ele fez. – Os lábios dele roçaram-lhe na pele.
– Que queres dizer com isso?
– Como é que ele continuou?
Annabelle afastou-se. Ergueu-lhe a cara dos lençóis.
– Meu querido, foi a coisa mais fácil que se possa imaginar. Ele sempre sentiu que o merecia, o que provavelmente era verdade. Depois, ganhou-o. Agora, faz o que sempre fez, ou seja, trabalha. Trabalha, trabalha, trabalha. Nada mudou. Julgo que se questiona se não irá ganhar outro. – Deu mais uma dentada no *éclair* e encostou-lhe a cabeça novamente para baixo. – E mais não direi sobre o assunto.
– A sério? Nada mudou?
– Milo, se realmente...
De repente, ela sentou-se hirta. Levantou-o com força, com rudeza, e olhou para ele, os olhos esbugalhados, as palavras atropelando-se. Depois, silêncio.
Foi então que a porta se abriu. Ei-lo, ali, um empregado com o pedido de serviço de quarto. Pernas atarracadas. Uma camisa de poliéster demasiado apertada no peito. Cabelo oleoso. Postura cifótica. Não propriamente a imagem que se tem de um laureado com o Nobel. Da cama, Andret chegou a soltar uma gargalhada. Annabelle gritou e puxou o cobertor até ao pescoço. Yevgeny Detmeyer praguejou, pontapeou um candeeiro no chão e atravessou o quarto com os punhos fechados à altura dos ombros.

Na segunda-feira seguinte, Andret voltou a encontrar-se com Knudson Hay. O segundo *tête-à-tête* referente àquele assunto. Naquela manhã, o espelho devolvera a Milo um rosto preto-esverdeado, os malares ainda abrasadoramente doridos, como se houvessem sido escaldados.
– Que vai fazer? – perguntara Milo. – Despedir-nos aos dois?
– Não, Andret, não vou. O professor Detmeyer não está sob a minha jurisdição. – Aclarou a voz. – Mas *é* tentador despedi-lo a *si*.
– Foi ele quem começou.
– Milo, isto é uma vergonha para a universidade. Deveria ser uma vergonha para si. O Yevgeny Detmeyer ganhou um Nobel. O Milo estava em casa dele. Estava na cama dele, se o que ouvi está correto.

— Era suposto que ele estivesse a caminho da Europa.

Hay olhou para ele especado.

— Vai mesmo entrar por aí?

— Ganhei a medalha Fields, Knudson.

— Oiça, Milo, deveria estar a torcer para que nada disto chegue aos jornais. Depois, tem de descobrir como nos poderemos certificar de que isto nunca mais volta a acontecer.

— Também venceria o *Nobel*, se houvesse um... Toda a gente o sabe. C'os raios, toda a gente o sabe. Que pretende mesmo com esta reunião, Hay?

— Gostaria de o ajudar. — O diretor bateu levemente na secretária. — É isso que pretendo com esta reunião.

A porta abriu-se: uma figura de uniforme encontrava-se no corredor.

— Mas que raio, Knudson! Chamou a polícia?

— Segurança do *campus*, Milo. Vamos dar-lhe mais uma oportunidade.

— Vão *o quê*?

— Para ser franco, não sei bem porquê.

Inventário

Milo levantou-se do colchão. À impiedosa luz invernal, aproximou-se da janela para contemplar os campos. Na noite anterior, o companheiro de quarto, um homem espalhafatoso, chamado Drake, que vendia publicidade nas Páginas Amarelas em Racine, Wisconsin, pousara cuidadosamente os óculos de ver ao perto em cima da Bíblia antes de trepar para a cama, na outra ponta da divisão. A mulher de Drake internara-o, arrumara-lhe uns quantos pertences e metera-o no autocarro certa manhã depois da missa. Milo observou a neve, escutando a respiração tranquila do homem.

Como seria ter alguém no mundo que nos amasse?

Princeton metera-o num avião até ali. Eaubridge, Wisconsin. Centro Walden de Tratamento de Adições Comuns. Tratara de tudo e pagara. O seu acompanhante, segurança do *campus*, um homem tranquilo e amável – tirara atenciosamente o uniforme antes do voo –, deixara-o beber no avião. Até se lhe juntara num uísque depois da descolagem. Porém, quando chegaram a Eaubridge, ministraram a Milo *Valium* para a abstinência e despacharam-no para o quarto, onde lhe revistaram a bagagem. O enorme enfermeiro negro descobriu o termo num dos ténis e o *bourbon* no elixir bucal, desatarraxando as tampas de ambos os recipientes com as suas mãos elefantinas e despejando-os no lavatório com um movimento teatral. Trazia um companheiro como testemunha, um irlandês tatuado e magérrimo, mais pálido do que um cadáver, que se encostou ao balcão observando tudo como um detetive. Nenhum dos dois proferiu palavra enquanto o saque era descoberto, anotado e descartado. O magro limitou-se a soltar um risinho quando o companheiro abanou um par de meias dobrado e se ouviu o suave tilintar de comprimidos. Ambos haviam passado pelo programa. Bonés verdes e brancos. Camisas de polo verdes e brancas. Tudo anotado em triplicado nos blocos verdes e brancos. O lugar parecia ser também um centro de emprego.

Bem-vindo ao campo de treinos.

Pelo prado, na base de uma ladeira distante, a luminosa neve da manhã enrolava-se em semielipses que iam diminuindo ao longo de uma ziguezagueante vedação para gado.

Era estranho estar sóbrio. Subitamente, todas as lâminas e martelos se desembainharam. A luz nos campos. As árvores pontilhadas de gelo. Dentro, os sons eram-lhe desagradáveis e não conseguia discernir a importância do pormenor. A voz do orientador numa ponta da sala era interrompida pelo chiado de um sapato na secretária atrás de si, o qual, por seu turno, se via cortado por um violento bater de porta, algures no corredor. Tinha os nervos em franja. Os malares ainda lhe queimavam. Quando as estendia, as mãos tremiam-lhe.

O *Valium* ajudava. Apagava o calor. O mesmo acontecia com os cigarros. Ansiava por eles.

Yevgeny Detmeyer. A mente de Andret incinerara-se numa única e sórdida lenha de ódio. Um nauseabundo fumo negro que lhe exteriorizava a raiva. Os murros maldosos. A humilhação diante de Annabelle. De manhã, o *Valium* mitigava tais sentimentos, mas, pelo meio-dia, já eles estavam de regresso e, à hora do jantar, atingiam o pique, os nervos em franja, guinchando dentro de si.

Corria o rumor de que Detmeyer saíra de casa. A notícia chegara aos bosques no Wisconsin: um postal garatujado com a assinatura tremida de DeWitt enfiada sob a morada. Detmeyer andara vários anos metido com uma mulher em Washington DC, pelo menos assim o escrevia Tread. Uma mulher do *jet-set*. Milo engoliu em seco ante o pensamento. O porco avaro numa camisa de poliéster de bandido a mamar na teta dos ricos. Aquele sorrisinho escarninho. Usou o camelo do prémio como um dândi.

O orientador pediu-lhe que falasse.

Andret não o fez.

Porque o mandara Knudson Hay para o Midwest? Seria aquilo outro insulto? Teria sido só para que não lhe chegassem rumores tão animadores do falecimento daquele cretino repulsivo?

Nas sessões, era educado. Fazia questão de se vestir bem – melhor do que qualquer outro ali. O *Borsalino*. Os fatos. Nas refeições, estendia cigarros lembrando um posto de abastecimento. Fumava em silêncio e descobria outros que também o gostavam de fazer. Na terapia diária, as perguntas vinham numa sucessão lenta. Era fácil sorrir. A mera ideia de responder nem se colocava. Aprendia lentamente as novas palavras. Já ouvira aquele crioulo, mas nunca o falara. Entretanto, à noite, o seu arrumado colega de quarto orava metodicamente na outra ponta da divisão: um pastor jacente.

Os doze passos. Pelo menos, os números eram calmantes. *Sou impotente. Vou acreditar. Vou decidir.* Os primos: *Vou acreditar. Vou decidir. Vou admitir. Vou pedir humildemente. Vou melhorar.* Os Fibonacci: *Sou impotente. Sou impotente. Vou acreditar. Vou decidir. Vou admitir. Vou querer.* Os Pell: *Sou impotente. Vou acreditar. Vou admitir. Vou praticar.* As relações zumbiam-lhe na mente como uma colmeia enquanto assistia em silêncio às sessões, um homem derrotado numa cadeira de plástico dura. Por vezes, imaginava a mãe, franzindo o sobrolho enquanto beberricava um Martini.

A neve brilhante. Os cigarros. A quietude.

Sempre que o *Valium* perdia o efeito, a mente corria de volta a Detmeyer.

Na manhã do seu sexto dia no centro, um domingo, acordou antes do alvorecer.

Nunca ouvira um silêncio assim. Quiçá, naquele estado, lhe chegaria uma brecha na Abendroth.

Não. O passado veio arrancá-lo aos seus sonhos uma vez mais.

Aproximou-se da janela para um cigarro, a mão na face ainda ferida.

Fora esmurrado. Essa era a verdade. Ulrich Abendroth. Seth Kopter. Earl Biettermann. Knudson Hay. Yevgeny Detmeyer. Esmurrado ante a aristocracia da Universidade de Princeton e de toda a sórdida elite por direito de nascimento da Costa Leste. Hans Borland e os seus fatos de caxemira. Cle Wells e as suas elevadas proclamações. Yevgeny Detmeyer e o seu gancho brejeiro e de recreio. Sentiu o estômago retrair-se. Yevgeny Detmeyer: um homem tão baixo na escada social quanto o próprio Andret. Ainda mais abaixo! Um camponês russo, feio e desagradável com uma ética censurável, tão desesperada quanto a sua própria. Andret desferira o primeiro golpe, mas Detmeyer atordoara-o com um pontapé. Dois rafeiros à luta. Uma tempestade de murros e finalmente um sapato na cara. A cabeça de Andret retesando-se bruscamente e o chão subindo a toda a brida para desferir o murro final. Ficara de gatas.

Annabelle, embrulhada num cobertor, gritava.

Ele não conseguia rever o momento... Tentara ela intervir?

O cigarro reduzira-se a cinza. Acendeu outro.

Haviam-no internado por um mês. Terapia de grupo. Sessões de orientação. Passeios. Longos cigarros no pátio. Confissões públicas. Sentia-se no *gulag*. Ruminações acerca da sua carreira destruída. E sempre sob tudo aquilo a memória desagradável dos murros. Em sonhos, a gargalhada desgovernada de cada um dos desprezíveis inimigos que fora fazendo. Um vórtice agitado de acusações audíveis. O *Valium* administrado quatro vezes ao dia pelo enfermeiro atravancado, que se inclinava sobre ele para o ver engoli-lo. Verde e branco. Alegre e ameaçador. Um palhaço num pesadelo. Obrigava-o a abrir a boca para mostrar que não armazenara os comprimidos da parte de dentro da bochecha.

Na sexta manhã, depois do pequeno-almoço, o seu grupo foi levado à cidade para um café enquanto recompensa pelo esforço. Por essa altura, a maior parte deles tomava já doses inferiores de medicamentos. Os seus companheiros felicitavam-se uns aos outros. Por sorte, viu um autocarro junto de um parque de uma mercearia do outro lado da rua.

Levou-o até Milwaukee.

Muito depois da meia-noite, o táxi deixou-o em casa. No caminho do aeroporto, pedira ao condutor que parasse para comprar flores e *bourbon*. No *hall* de entrada, o atendedor de chamadas piscava: mensagens de Knudson Hay e do reitor. Hay estava preocupado. Walden Commons estava preocupado. Todos eles estavam preocupados.

– Bem, vão à merda – disse, batendo um cigarro do maço e servindo-se ditosamente de um *shot* duplo.

Quando esvaziou o copo, mudou de roupa, emborcou três comprimidos, reembrulhou as flores em papel de seda e saiu para um passeio. No piso escorregadio de neve, o equilíbrio era difícil; serviu-se de um ramo de carvalho como bengala. As flores numa mão, cobrindo-se de salpicos de branco; a grossa bengala na outra, equilibrando-lhe a passada. Um infindo silêncio abafado estendia-se pelos relvados, pelas árvores e pelos colonos pouco calorosos do lugar que agora era a sua casa: Princeton, New Jersey. Vivia ali há quase uma década. A sua mente, apercebeu-se então, era o único amigo que tinha.

Postou-se à porta dos Detmeyer sem saber quem iria responder. Preparara um discurso. Annabelle, se lhe fosse dada escolha, escolhê-lo-ia a *ele* – disso estava cada vez mais certo. Seria possível que Yevgeny Detmeyer se tivesse já mudado? Não havia carros na entrada. O *Ativan* era uma cascata de esperança. Permaneceu resolutamente sob a sua torrente. Uma só lâmpada brilhava no quarto – no lado dela da cama. Voltou a mexer no batente. Quatro sonoros golpes de latão ornamentado. Uma mão calma e um som nítido. O firme e pausado toque a finados do destino. Annabelle. Postou-se por detrás de uma das grandiosas colunas do alpendre, fora de vista da janela, tirou a neve das flores e bateu nos paralelepípedos de ardósia com a bengala. Nesse momento, um veado saiu das árvores, atraído pelo brilho de um candeeiro de rua, e contemplou-o pacificamente.

Não existiam sinais dos céus. Mas aquele era um sinal dos céus.

Oh, Annabelle.

Quando Yevgeny Detmeyer abriu a porta, Andret foi apanhado completamente de surpresa. Aí residia o grande problema no seu pensamento: negligenciava o óbvio, colava-se ao trivial e seguia-o até à extinção. Yevgeny Detmeyer. Vencedor do Nobel em economia. Pugilista de rua. Bandido autopromovido. O homem saiu porta fora, olhou em volta e girou sobre os calcanhares. Andret esqueceu o discurso. As palavras de nada lhe serviriam. Em vez disso, correu desalmadamente e partiu o bocado de carvalho nas enormes e odiosas costas do seu rival.

PARTE II

4 REAFIRMAÇÃO

Confesso

Não fui honesto.

Este homem, Milo Andret, foi meu pai.

De outra maneira, como poderia eu contar a história? Grande parte foi ele próprio quem ma narrou, e eu acrescentei aquilo que era necessário. Não deixei muita coisa de fora – apenas uns quantos pormenores que honestamente não suporto evocar. Espero, por exemplo, ser perdoado por omitir as cenas de sexo com Helena Pierce, embora ele as tenha narrado com tantos pormenores quanto todas as outras. Pedacinho a pedacinho, contou-me a história da sua vida. Tudo isso mais tarde, quando se encontrava doente.

Na verdade, ainda estou a tentar compreendê-lo. A tentar ajuizá-lo: o grande esforço da minha vida, parece-me. Como reza o Livro: *um inquiridor e destemido inventário moral.* De nós os dois. Tenho hoje a idade que ele tinha no dia em que chegou a Princeton.

D'òu Venons Nous? Que Sommes Nous? Où Allons Nous?

Não há muito tempo, quando estava nos meus vinte e muitos e já bastante esventrado pelo remoto desabrochar do ofício que adotara, voltei para casa para tomar conta dele. Nessa altura, vivia sozinho, havia quase uma década, na margem de um lago lamacento no meio de uma floresta quase deserta num condado há muito esquecido no centro rural do Michigan. Na sua casa, o papel de parede com patos impressos havia muito que descolava do estuque em longas tiras encaracoladas, como as bétulas da sua infância. Agora, a saúde começava a falhar-lhe.

Notável era o facto de não ter falhado antes. Nos meus tempos de miúdo, o pequeno-almoço dele consistia em dois ovos cozidos, duas fatias de bacon e um copo de *bourbon*. Eu achava aquilo normal. Achava normal que ele não tocasse nos ovos. Na verdade, costumava servir-lhe o *bourbon* enquanto a minha mãe cozinhava o bacon. Quando ele acabava a bebida e o bacon, comia-lhe os ovos. Eu e a minha irmã crescemos em Tapington, Ohio, perto do *campus* da Fabricus College for Women, a pequena instituição batista que o acolhera – em segredo – após os seus dois despedimentos, primeiro de Princeton e depois da College of Lake Ontario.

Quando voltei para ajudar o meu pai, a minha mãe já se divorciara dele. É claro que o casamento era havia muito uma situação catastrófica ou, pelo menos, alicerçada num balancé particularmente desesperante: numa ponta, o pai empilhara todo o seu brilhantismo lógico, a arrogância altamente refinada, o beber olímpico, a irrisão cáustica, a introversão quase autista e o imenso egocentrismo; na outra, a mãe pousara dois modestos pacotes de otimismo e cuidado.

Talvez um terceiro: o humor. Mesmo em plena decadência do casamento, mantinha o moderado e vagaroso hábito de destronar os gracejos dele numa voz suave, após uma longa pausa, que lembrava um jogador de ténis a bater uma bola depois do segundo ressalto.

Ainda o consigo imaginar naqueles tempos. Alto. Lúgubre. Sem nos prestar atenção, mas não desatento no geral. Focado ainda em algo fora da divisão. Andava, as mãos atrás das costas, os pés oscilando largamente, a cabeça para trás, como um europeu do Velho Mundo a patinar num lago. Muito antes de as coisas terem dado para o torto, tornou-se um fumador tão terrível quanto era alcoólico. A minha mais distinta memória de infância é, na verdade, o aroma dos seus cigarros, um odor entranhado em cada canto da casa e em cada peça de roupa que qualquer um de nós usasse. Não me importava, mas a minha mãe ficava furiosa. Lavava e lavava. Passava e passava. E aquilo foi só o início. Encorajava e encorajava. Desculpava e desculpava. Tentava e tentava. Como poderei descrevê-la? Era uma criatura que vivia para servir os outros. Caso seja esse o critério utilizado para um ser encantador, então, a minha mãe afigurava-se-me como o protótipo do encanto.

Era-lhe, de igual modo, devotada. Isso, só por si, constitui outro mistério.

Na verdade, nunca se licenciou, mas, pouco depois de o meu pai lhe ter mencionado o curso de História de Arte, dedicou-se a isso, tal como ele lhe sugerira. Fê-lo sozinha, sem sequer lho mencionar, mas com uma inquebrantável dedicação. Assim era ela.

Sim, a minha mãe é Helena Pierce.

Casou com Milo Andret numa conservatória, na véspera de ambos saírem de Princeton rumo a Buffalo, Nova Iorque, onde o meu pai iria assumir o cargo de substituto que Knudson Hay, sempre fiel, lhe arranjara. A College of Lake Ontario era um empreendimento artístico liberal pequeno o suficiente, experimental e ambicioso para arriscar num homem cujo gabinete fora embalado por um segurança do *campus*. Naturalmente, não houvera lua de mel, mas os meus pais apanharam um comboio para norte e alugaram um apartamento perto das Cataratas do Niágara. Infelizmente, aquele recomeço durou tão-só umas quantas semanas, após as quais o meu pai insultou o diretor do departamento e foi despedido uma vez mais. Daí, seguiu para Tapington, Ohio, de onde – *miraculum miraculorum* – lhe chegara uma oferta da Fabricus College. Em março de 1984, os meus pais compraram uma velha carrinha *Country Squire* e dirigiram-se para sul na Route 77. Desde então, a minha mãe tem vivido quase sempre em Tapington.

O meu pai, estou certo, teria preferido um veículo de dois lugares – ou pelo menos um cupé – a um carro familiar. Porém, a sua esposa era uma mulher prática. Fosse por natureza fosse por saber o que aí vinha.

Nasci no final desse ano e, no seguinte, veio a minha irmã, Paulette.

Quando Paulie e eu tínhamos idade para ir para a escola, já a nossa mãe nos arrastava para museus de arte. E devo frisar que íamos mesmo arrastados. Havia imensos perfeitamente aceitáveis perto de nós, em Ohio – Columbus, Cincinnati e Dayton, para mencionar alguns –, mas ela insistia em ir pelo menos duas vezes por verão ao Art Institute of Chicago, o qual, como um merecido castigo, nos aguardava no fim de um sufocante trajeto de cinco horas de carro. Eu e a minha irmã suportávamos a viagem no velho e barulhento *Country Squire*, cujos estofos em vinil preto já cheiravam, por aquela altura, a uma casota de cão numa floresta decadente. O meu pai, naturalmente, não nos acompanhava. No banco de trás, eu e Paulie líamos livros de atividades e contemplávamos a paisagem pelas janelas poeirentas; na bagageira aberta, *Bernouilli*, o nosso arraçado de São Bernardo, a quem todos à exceção do pai tratavam por *Bernie*, recostava-se de lado com um osso de nylon desfeito junto do focinho; à frente, de costas hirtas e exalando um ligeiro aroma a sabonete *Dial*, a minha mãe conduzia, as duas mãos no volante, limpando de quando em quando o suor no pescoço com um lenço dobrado. O ar condicionado deixara de funcionar há muito tempo.

Naquela altura, na verdade, a carrinha familiar dos Andret era já bastante conhecida em Tapington. Um colega do pai perguntara-lhe certo dia se ficara ferido no tiroteio – uma referência à impressionante linha de buracos de ferrugem que perfuravam a chapa da parte esquerda frontal. O vizinho do lado, que lavava o seu carro todos os domingos, costumava borrifar o nosso por prestabilidade ou quiçá preocupação, após o que se inclinava para inspecionar o interior através do para-brisas sarapintado. Bocados de espuma amarela saíam do estofo e na área da bagageira o forro de pano do teto havia sido colado à estrutura. Uma das portas de trás só podia ser aberta por dentro e, nos dias húmidos, os vidros elétricos só funcionavam se se carregasse nos botões numa sucessão veloz qual radiotelegrafista de um navio a emitir um SOS. No porta-luvas, o pai guardava uma lata com líquido para arranque.

O meu pai, naturalmente, teria comprado um carro novo num piscar de olhos.

A minha mãe, naturalmente, nunca o permitiria.

O chão escuro alcatifado assemelhava-se ao tapete de folhas e terra de um jardim há muito negligenciado. Nele encontravam-se cadernos de desenho usados, canetas de feltro secas e reproduções empapadas de obras-primas do Velho Mundo que a mãe entregava antes das nossas expedições. (Durante, pelo menos, um ano da minha infância, um desenho de Jesus obscurecido por lama – de uma página de calendário, a do mês de abril, representando *Christ reasoning with Peter* de Giotto – olhou para mim de viés entre os ténis. O odor bafiento dos assentos era catalisado por uma humidade fermentada que parecia entrar pelos pedais.

Porém, antes de cada viagem para Chicago – ou, na verdade, antes de cada viagem com mais de uma hora –, a mãe dava-nos outra curta aula acerca de um outro artista há muito morto, entregando-nos um novo maço de obras-primas, regra geral cortadas de calendários de museus de um ano transato. (Já agora, devo dizer que Paulette foi uma homenagem a Paul Erdös – um dos poucos matemáticos contemporâneos que o meu pai não desprezava –, mas o segundo nome próprio era Artemisia, em honra de Artemisia Gentileschi, a virtuosa pintura do barroco italiano.) A minha mãe sempre gostara de pintar, mas também penso que se dedicou à história de arte tão apaixonadamente – e tentou fazer de nós iguais apaixonados – porque não podia ser mais distinto do campo da matemática.

A história de arte também se afigurava impraticável. Na verdade, a impraticabilidade da educação da minha mãe, que fora totalmente autoadministrada, pode ter sido a verdadeira razão pela qual permaneceu casada com o meu pai tanto tempo. (O que me leva a pensar se não terá sido essa precisamente a razão por que ele lhe sugerira esse campo: *Pluritas non est ponenda sine necessitate.*) Em jovem, a mãe fora aceite na College of New Rochelle, mas, por necessidade, optara por começar a trabalhar em Princeton, onde, como já leram, conheceu o meu pai. Não me parece que alguma vez tenha desejado voltar a ser secretária administrativa. O meu pai, pelo menos, conseguia sustentar-nos com o salário da Fabricus College, mesmo que em Tapington, mesmo que numa casa a descascar, mesmo que com uma carrinha a cair aos pedaços.

Devo acrescentar que, a partir da gestão da minha mãe, consigo quase adivinhar o salário dele. Depois de ela pagar as contas, coisa que fazia em domingos alternados, enquanto beberricava chá à mesa da cozinha com um caderno muitíssimo apagado diante de si, pedia-lhe para levar os cheques para o escritório, de onde seguiriam para o correio. A Fabricus College tinha selos. Também tinha envelopes, nos quais ela cobria cuidadosamente a insígnia gravada (embora gostasse de deixar o contorno do campanário e por vezes as duas silhuetas dos patos de madeira), escrevendo a nossa morada: 1729 Karnum Road. Quando acabava os cheques desse domingo, preparava o conjunto de envelopes do seguinte, rasgava as faturas pagas e deixava a saqueta de chá cuidadosamente pendurada na torneira da cozinha a secar. A minha mãe usava a mesma duas vezes.

Semelhante frugalidade inflexível não lhe era só instintiva, mas, parece-me, a base consciente de um esforço de uma vida para me preparar, a mim e à minha irmã, para o mundo. (Ainda agora se preocupa.) Multiplicava o que quer que o meu pai trouxesse para casa. Eis o que fazia: multiplicava. Domingo era o dia de comer carne, por exemplo. Na segunda e depois na terça, servia uma sopa de ossos. Vezes três. Com arroz e cenoura, naturalmente. Vezes quatro. Ou batatas. Vezes cinco. As cenouras cresciam espontaneamente no soalheiro pedaço de terra por detrás de nossa casa. Já as batatas, essas, eram refugos com formas bizarras, entregues por camião no parque de estacionamento da biblioteca pública de Tapington todas as sextas-feiras à tarde em sacas de quinze quilos. Topologia agrícola, como o meu pai lhes costumava chamar. Naquele tempo, a minha mãe fazia questão de frisar que o dinheiro deveria ser poupado, mesmo que o meu pai não tivesse a menor inclinação para o poupar. Costurava grande parte das roupas da minha irmã e obtinha os meus trajes rudimentares nas ubíquas vendas de igreja que funcionavam como uma iniciativa rotativa de caridade na cidade. (A St. Andrews Memorial Church era denominada pelo meu pai «a cabana de costura da família Andret».)

Acerca de vestuário, os dois discutiam sem chegar a discutir, o que – pelo menos, no início – constituía o método de batalha geralmente adotado. O meu pai continuava a usar o *Borsalino*, por exemplo, que escovava de manhã, assim como um arsenal rotativo de fatos à medida, também dos seus tempos de Princeton, que deixava com regularidade na lavandaria. Acentuava os fatos com camisas de cores claras que chegavam por correio de uma casa de Nova Iorque com encomendas por catálogo. A minha mãe contrabalançava, obtendo o seu guarda-fato no St. Andrews Memorial e alterando-o numa máquina de costura que ela própria restaurara. Era boa nisso. Conseguia, por norma, arranjar – uma vez que o meu pai pouco se importava (embora fosse surpreendentemente perito) – qualquer coisa em casa que estivesse estragada, partida, gasta, velha ou deteriorada. Canalizações. Cortinados. Secadores de cabelo. Tapetes. Janelas. Certamente tudo o que não servia, como roupa.

Também se chateavam sem chatear acerca da nossa educação.

Eu e Paulie éramos ambos dotados, claro. Refiro-me à matemática. Porque não confiava nas escolas públicas para nos ensinar a sua disciplina, o nosso pai tomou a seu cargo a tarefa de no-la ensinar ele próprio. Naturalmente, a minha mãe contrabalançou. Das prateleiras da biblioteca da Fabricus College, trazia para casa tomos de qualquer assunto distinto, quanto mais distante da matemática, melhor. Antropologia. Retórica. Direito. Filosofia. Zoologia. Literatura. E, claro, história de arte. O estudo que fazíamos desde tenra idade por ordem sua parecia constituir outro contrapeso à influência desmedida do meu pai – isto é, um modo suplementar de poupança, não tão diferente da sua administração das provisões. Ela mandava-nos para o quarto para ler a sua mais recente aquisição com o mesmo inabalável afinco com que alterava os envelopes da Fabricus College ou punha a secar as saquetas de chá – enquanto contraponto que ilustrava frugalidade e disciplina, se não mesmo sensatez.

Mal desaparecíamos para trabalhar, ela sentava-se diante do balcão da cozinha ora com um tomo acerca de algum obscuro pintor florentino, ora com um manual escolar com ilustrações horrendas de um dos cursos de enfermagem em que se inscrevera quando a minha irmã entrara na escola primária. Tratava-se de uma missão de autoaperfeiçoamento. O seu plano passava por obter um diploma em enfermagem, através do programa pós-laboral na Ohio State. Embora decerto trabalhasse horas infindas só a tomar conta de nós os três (para não mencionar *Bernie*), estava, ainda assim, apostada em conseguir uma licenciatura. Fazia uma cadeira por ano, um ritmo que a levaria a terminar o curso quando fosse avó. Porém, semelhante insignificância não a travaria – não a Helena Pierce Andret.

Para a minha mãe, creio, tudo aquilo – os livros, os museus, a licenciatura assintoticamente longínqua – era o mais perto que conseguia chegar de um seguro. Para os filhos, quero dizer. Seguro moral. Seguro emocional. Afinal de contas, por que outro motivo – outro para além do que já sabia da vida do marido – desencorajaria uma mulher poupada uma área tão viável economicamente como a do meu pai, incentivando uma tão pouco prática como a sua? Havia uma miríade de coisas que eu e Paulie poderíamos fazer na vida: eis o que nos dizia com as suas diligências. A história de arte era apenas uma delas.

Do génio muitíssimo elevado do meu pai para as artes visuais, devo acrescentar, tenho poucos exemplos. Quase todos os seus últimos desenhos constituíam representações extremamente ambiciosas de interseções hipercomplexas de formas imaginadas – tesseratos rotativos sobrepondo-se nos vértices, variedades 3D rodando em planos num espaço 6D – e tão-só uma mancheia dessas páginas não se perderam. Também nenhum dos seus retratos de matemáticos famosos sobreviveu, pelo menos, não na minha posse. Numa moldura prateada na parede da minha cozinha, pende uma única pintura elaborada da fachada da casa onde cresci, assombrosamente precisa nos pormenores, até ao canto superior da página, que permanece intocado. Ao lado, encontra-se exposta uma reprodução quase fotográfica da única praça desalinhada em cimento que, desde que me lembro, surgia entre a 1729 Karnum e a autoestrada para norte. Aquela praça foi retratada pelo meu pai com uma colossal redução no plano de fundo do inchaço no solo provocado pelo gelo e uma imensa ampliação da estaca que marcava a propriedade no primeiro plano – como se toda a cena fosse vista por uma formiga. A estaca encontra-se no nosso lado da orla inchada. Era esse mesmo o objetivo do exercício, que ele levara a cabo por motivos legais. O nosso vizinho – o que gostava de nos borrifar o carro – tinha tropeçado. O meu pai decidiu reproduzir os factos do delito, o que, deitado de barriga no chão, fez sem vergonha nem desculpas (não era capaz de nenhuma delas). Naturalmente, não havia processos legais em Tapington, mas estava muito familiarizado com a beligerância e, além disso, vivera em tempos na costa este. Fora isso, naquele tempo não desenhou nada de que me lembre do mundo reconhecível, tão-pouco mencionou os seus talentos descritivos. Era como se não existissem.

Ainda assim, a minha mãe estava constantemente à caça dos nossos talentos.

Tudo menos matemática.

Os museus eram a fachada estival no que acabaria por se transformar na sua Guerra dos Quinze Anos. Certo mês de junho, tinha eu oito anos e a Paulie, sete, a minha mãe deixou o *Bernie* num canil – o meu pai gostava tanto de cães quanto eles, dele – e levou-nos, a mim e à minha irmã, até casa da nossa tia em Hammond, Indianna. Passámos lá três semanas, durante as quais a minha mãe nos levava todas as manhãs a uma colónia de férias na Michigan Avenue em Chicago, organizada pelos funcionários do Art Institute, voltando para Hammond, onde passava a tarde com a irmã, conversando decerto acerca de um casamento que, por aquela altura, já teria começado a desintegrar-se. Ao longo da margem do rio, em Chicago, duas dúzias de miúdos de sete, oito e nove anos sentavam-se diante de *Uma Tarde de Domingo na Ilha de Grande Jatte,* de Georges Seurat, executando cuidadosamente as suas reproduções pontilhistas, enquanto um deles, servindo-se do pincel como teodolito, se concentrava numa estimativa pouco extrapolada do número de pontos pintados (perto de 1,2 milhões) numa tela do tamanho de um painel publicitário.

Esse era eu: Hans Euler Andret.

Matemático falhado.

O sorriso da volatilidade

Assim me chamava em homenagem a matemáticos, naturalmente, e, no outono do meu nono aniversário na Terra, o meu pai começou a levar a sério a minha educação em matemática. A seu ver, todas as outras disciplinas académicas – incluindo as ciências físicas, que eram a profissão do seu próprio pai e a especialização no curso da mãe – encontravam-se irrevogavelmente manchadas pela falta de substância. A biologia, a química, a engenharia, a geologia – para não mencionar todos os empreendimentos menores que a mãe trazia para casa na sua bolsa puída, onde se lia: FORÇA, WOOD DUCKS! – estavam poluídas pela sua dependência da observação, pelas vicissitudes do sangue, força e elemento. Desajeitadas, todos elas! Já a matemática não exigia qualquer cedência à perturbadora gíria do mundo. Tratava-se da lógica pura, raiada de imaginação pura. Embora admita que isto possa constituir uma simplificação excessiva, defendo que havia algo nitidamente religioso na devoção do meu pai ao puro. A matemática, apesar de invisível, agia e existia em todo o lado ao mesmo tempo, à semelhança do Deus Todo-Poderoso.

Nem mesmo a física se poderia gabar de tal direito de nascença. Na verdade, o meu pai toda a vida se exasperou por ter deixado a universidade com o melhor programa de matemática do mundo para ensinar num lugar onde os matemáticos tinham de partilhar um edifício com físicos. O departamento de Matemática *e* Física de Fabricus College. Imagine-se! Ouvi-o dizer várias vezes que os dois campos eram como críquete e basebol: semelhantes tão-só para quem não conhecesse as regras nem de um nem do outro. Eis o tipo de declarações que gostava de fazer nas festas e piqueniques de departamento, caso o arrastassem para qualquer tipo de conversa. Não havia muita gente em Tapington, Ohio

– nem sequer na Fabricus –, que pudesse responder a uma tal afirmação com algo mais do que um aceno. De certa forma, aquele pode ter sido o problema: que os seres humanos não se conformassem completamente com a sua análise de Ockam.

Mas passei bons momentos com ele. Não consigo explicar bem porquê, sabendo o que hoje sei. Talvez tenha sido a influência da minha mãe, a sua pronunciada queda para procurar ver o lado positivo de tudo. Para dizer a verdade, durante grande parte da minha infância, tudo decorreu de forma normal – pelo menos, assim *eu* o sentia.

Lembro-me de momentos. Certa tarde, nesse mês de outubro, encontrávamo-nos sentados sob a amoreira no nosso quintal, como havíamos feito quase todos os fins de dia nesse outono, a estudar os alicerces da área do meu pai. Na altura, ainda não aceitara totalmente os seus fiascos pessoais e profissionais – pelo menos, não que eu o soubesse – e, apesar de ter sido expulso de Princeton, ainda era novo e, a meu ver, um formidável perito no funcionamento do mundo. No pátio, o aroma cítrico da sua colónia fundia-se agradavelmente com a suave acidez das maçãs caídas na relva. Paulette estava em casa com a minha mãe. Nesse dia, lembro-me de que o meu pai acabara de me orientar na derivação do teorema fundamental do cálculo (a versão de James Gregory – considerava a de Isaac Barrow menos impressionante, mesmo que historicamente superior à de Newton e Leibniz). Pode parecer um exercício desumano para um rapaz da minha idade, mas asseguro-vos de que o cálculo está ao alcance de qualquer miúdo no sétimo ano, minimamente talentoso, mesmo que isolado (eu e a minha irmã saltámos três anos na escola). Podia dar outros exemplos – os sistemas educacionais de diversas culturas ocidentais, a experiência de inúmeras crianças que estudam em casa ou a presença anual e estatisticamente fidedigna de dezenas de pré-adolescentes entre os caloiros das nossas grandes universidades –, mas só preciso de contar que, nessa idade, já estudara a fundo e sem qualquer dificuldade todos os precursores – álgebra, geometria e trigonometria – sentado com o meu pai num banquinho de madeira apodrecido, sob uma nodosa amoreira velha.

Deveria acrescentar ainda que, entre um grupo de futuros matemáticos, o meu desenvolvimento em geral poderia ser considerado, na verdade, *lento*. (Havia outras razões para isso.) A título de exemplo, Paul Erdös, o grande sábio húngaro, começou a multiplicar mentalmente números de três dígitos pouco depois de aprender a andar. No meu caso, antes sequer de ter transposto as portas das salas de aula do terceiro ciclo, já o meu pai explorara comigo todos os antecedentes do trabalho de Newton e Leibniz, assim como os diversos métodos eficientes da prova matemática, desde a enganadoramente modesta *indução*, à elegante *contraposição*, passando pela sensacionalmente brutal *reductio ad absurdum* (sem esquecer a injuriada *enumeração de casos*, na qual os computadores agora se notabilizavam e acerca dos quais o meu pai, por razões suas, não conseguia falar sem que os lábios se franzissem como se tocassem num limão). Aprendera-os a todos sem grande esforço e achei aquilo tão normal quanto o pequeno-almoço dele.

– Hans – disse-me certa tarde –, o que inicialmente me atraiu na matemática foi esta ideia, esta descoberta de que as formas podem ser descritas com outras progressivamente mais pequenas, de que tudo pode ser abordado de forma tão simples. Ora, isso tem-me norteado em grande parte das minhas reflexões desde então.

As suas conversas, por norma, não requeriam resposta.

– A matemática é uma ciência inventada – continuou. [Uma das suas peculiaridades assentava na forma como proferia a palavra *matemática*, pesando-a bem, levando o seu tempo. (Embora também se deva reparar que, à semelhança de qualquer outro matemático com que me cruzei, insistia em referir-se à «*conjetura* Malosz» ou ao «*teorema* Malosz» sempre que proferia o nome do problema, nunca lhe chamando simplesmente, como o filho optou por fazer, «a Malosz».)] – Mas, por estranho que pareça, as invenções da matemática, todas elas construções da mente, são, por seu turno, capazes de produzir outras invenções. Eis o motivo por que se assemelham mais a *descobertas* do que a *criações*. Na verdade, a distinção ainda se encontra aberta a debate. – Olhou para mim significativamente, os olhos brilhantes ainda nobres vibrando em contraste com a palidez dos seus malares. – Também acredito que é por isto que tantos matemáticos sentem que acederam à linguagem de Deus.

– Já ouvi falar disso – retorqui.

Ele ponderou por alguns minutos.

– Embora deva dizer que também pensei nela de outras formas. Enquanto a linguagem da mente, por exemplo. Ou mesmo – neste momento, voltou-se para mim mais pensativamente – enquanto linguagem da *linguagem*. A base da gramática. O esqueleto da cognição. As calhas nas quais o comboio dos avanços humanos se desloca para cima e para baixo, colina após colina.

Nesse instante, um galho da amoreira caiu no relvado diante de nós.

– Esquilos – anunciei, olhando para cima.

Ele pegou no pedaço de madeira e rodou-o na mão. Quando tomava balanço, era difícil travá-lo.

– A matemática é como esculpir uma boneca de madeira – declarou. – Então, um dia vê-la dar à luz outra boneca de madeira.

Aquelas palavras ficaram gravadas em mim para sempre.

Deixámo-nos ali ficar por algum tempo. Naquela idade, já me habituara às suas divagações. Vi então o esquilo, saltitando nos ramos. De quando em quando, algumas folhas caíam em nossa volta. Muitas vezes me questionei se eles não fariam pontaria aos seres humanos.

– De facto – retomou ele de repente –, é exatamente assim que se descobre se a boneca de madeira está viva. Se produz outra boneca de madeira.

Alguns anos depois disso, no verão em que a sua doença se tornou evidente, lembro-me de reparar no ventre dele alterado, uma protuberância por cima do cinto. O pai levara-nos a uma piscina pública. Por essa altura, já eu entrara numa adolescência prematura e ponderava a Caltech ou o MIT para o futuro (ou, se por algum motivo nenhuma das duas visse o meu potencial, talvez Harvard ou Princeton). O pai sempre fora um homem magro, quase descarnado. Ora, naquele momento, ostentava uma barriga que lembrava uma curva gaussiana, ligeiramente descendente e distribuída de forma radial no foco daquilo que mais tarde, quando voltei de Manhattan para tomar conta dele, descobriria chamar--se ligamento umbilical. A pança pendia-lhe sobre os calções de banho qual balão de água.

– Meu Deus – exclamei, enquanto se sentava junto da prancha de mergulho. – Que é isso?

– Ruído estatístico – retorquiu ele imediatamente.

– Vai à merda, pai.

– Vai à merda, filho.

Sorriu. Naquele ano, não sei bem como, ganháramos o hábito de dizer aquilo um ao outro. Fora eu a começá-lo, mas, para minha grande surpresa, ele continuara, talvez por saber que a brincadeira afastava a dura batalha entre nós que já se afigurava no horizonte.

Nessa tarde, lembro-me de reparar que ele não se parecia nem um pouco com os outros pais de meia-idade, repousando sob os chapéus de sol esmaecidos, as camisolas de polo com uma protuberância afável. Nada na barriga do meu pai era roliço. Nada lhe dava um ar acessível ou paternal. Apesar da resposta rápida, parecia doente. Alto e fogosamente magro em todos aqueles anos em que o conhecia, parecia de súbito estar a mudar de pele, trazendo ao de cima uma outra pessoa sem fronteiras definidas: um homúnculo maior, inchado, com um tom acinzentado, que começara a sair-lhe pelos poros. Uma boneca de madeira a emergir de outra boneca de madeira.

Nesse dia, andava a nadar com um rapaz que conhecia da escola e, num dado momento, enquanto me inclinava para mergulhar, ele olhou para mim da água e declarou:

– Os olhos do teu pai estão amarelos.

– Se olhares bem, todos os olhos são assim – retorqui, antes de mergulhar.

Hoje em dia, sou eu próprio professor – Geometria, Trigonometria e Cálculo no secundário –, e no meu trabalho deparo-me com inúmeros miúdos com problemas. Não é difícil reparar na quietude distraída do desportista espalhafatoso, no trabalho de casa por fazer do melhor aluno, na indolência crescente da sonolenta chefe de claque, que usa todos os dias a mesma camisola manchada de cinza. Fiz questão de estar atento a estes miúdos, aos que são suficientemente espertos e dotados para entrar nas minhas aulas – e, por conseguinte, suficientemente espertos e dotados para serem ignorados pelos psicólogos escolares –, mas vulneráveis a ponto de, se assim se quiser encarar a situação, descarrilarem.

Nesse sentido, o ensino constitui uma profissão nobre. É-nos dada a oportunidade de intervir.

Porém, não aconteça imaginarem-me nobre em tudo o resto, devo referir que, antes de me ter tornado professor, enriqueci. Moderadamente, talvez, segundo os padrões do meu anterior ramo, que era a arbitragem estatística, mas de modo extravagante de acordo com os padrões de um médico ou um advogado (sendo que sou obscenamente rico segundo os de um professor). Decerto já era um caso raro, tendo em conta o escasso número de anos que vivera quando me reformei da Physico Partners Capital Management, numa idade em que outros jovens ainda levavam cafés aos chefes no piso de cima. A Physico era um fundo de investimento. PPCM, LLC. Durante cerca de uma década, fui o afável menino-prodígio no departamento de negociações de alta frequência, no último andar do número 40, Wall Street (outrora, o maior edifício do mundo, devo acrescentar). Comecei nos tempos em que as negociações de alta frequência ainda eram um segredo, pelo menos do público. Na Physico, fui instalado num gabinete com senha de acesso, onde, em compensação por uma receita rigorosamente taxada em quatro pontos e meio sobre o bruto – o que, *não* incluindo o meu bónus geralmente assombroso, me dava um salário diário um pouco superior a cem vezes o que o meu pai ganhava num ano –, me sentava a uma secretária iluminadíssima doze horas por dia, perseguindo o *spread* de qualquer espécie de instrumento financeiro conhecido do homem. Perseguia-o nas ações em todas as bolsas internacionais; perseguia-o na entrega do milho na CME; perseguia-o na arbitragem triangular nos mercados financeiros de Singapura. Para ser mais preciso, perseguia a *sombra* desse *spread*. Não importa qual o bem, a minha especialidade era a derivada, que esvoaçava em volta da coisa em si como o vento em redor de um camião repleto de rajadas e remoinhos. Eis o que fazia: descobria quais as rajadas e os remoinhos previsíveis. Quando encontrava um, alimentávamo-lo. Era isso. Matemática. Como o grande Fischer Black gostava de dizer, o mercado *precisa* de ruído. Não estávamos a tomar posição nas ações da L'eggs ou da GE a longo prazo; não importava se nos encontrávamos a negociar nos mercados abertos ou nas *dark pools*; nem sequer se estávamos a curto-circuitar os títulos de crédito que havíamos aconselhado aos nossos clientes havia muito; estávamos apenas a arrancar os pontos de dados de um conjunto de propriedade de curvas estatísticas e a levá-los para o banco. E era o *meu* conjunto de curvas estatísticas.

Naquela época, escrevi quase todos os algoritmos que a Physico usava. Meti Fischer Black, Eugene Fama e Robert Merton numa misturadora e preparei um enorme batido verde-claro, que todos nós sorvíamos vorazmente. (Enquanto lá estive, já agora, o nosso índice de Sharpe nunca se mexeu da estratosfera: avançávamos pouco a pouco para o processamento de dados de mercado numa escala de microssegundos de uma ponta à outra, a qual, no fim da minha era, apoiava qualquer corretor desconhecido com um doutoramento em Matemática. Porém, quando eu comecei, tudo aquilo era *novo* e sentíamo-nos *pioneiros*.) No momento em que me reformei, o único princípio moral a que ainda obedecia era o de nunca ficar numa transação mais do que levava o eletrão a fazer a única viagem expositiva de ida e volta que nos fornecia a pista de que precisávamos. Em tudo o que sempre fizemos, permanecemos uns meros milissegundos em cima do acontecimento.

Comecei aos dezassete anos. Cinco dias por semana, enquanto outros miúdos se debatiam com os trabalhos de casa de trigonometria, eu encontrava-me sob uma fileira de lâmpadas fluorescentes, seguindo o sol ao longo do globo, de Nova Iorque a Londres, passando por Moscovo, Tóquio e Los Angeles. Diante de mim, repousava um monitor CRT semi-hexagonal, no qual brilhava a oferta e a procura em diversas cores de aviso, lembrando um painel de instrumentos num veículo espacial a preparar a reentrada. Naturalmente, o computador fazia os cálculos para todos os corretores – embora, por respeito ao meu pai, deva dizer que fazia a *computação* –, mas decerto ajudava o facto de ter sido eu a programá-lo. Também me ajudava ser mais rápido a calcular do que o computador, principalmente quando se leva em consideração o tempo de que os outros corretores precisavam para olhar de um ecrã para outro.

Sim, durante uma década, fui Earl Biettermann.

Quando, por fim, acabei por deixar a Physico (antes de ter conhecido o seu duro destino), reentrei numa atmosfera normal. No dia em que tirei pela última vez o meu fato cinza-escuro, nem sequer tinha trinta anos e já ganhara dinheiro suficiente quer para me reformar, quer para passar o resto da vida na senda de uma fortuna *verdadeiramente grande*. Acontece que queria mesmo que tudo aquilo desaparecesse. Queria recomeçar do zero – e o mesmo acontecia com a minha mulher –, o mais longe daquela vida possível.

Acabámos em Lasserville, Nova Iorque. Na escola secundária George Westinghouse, onde os dois trabalhamos nos dias que correm.

Audra faz leitura e escrita terapêutica, em regime de tempo parcial, e eu trabalho com matemática, a tempo inteiro. Para mim, são cinco aulas por dia, apoio, almoço e dois turnos livres, nos quais dou explicações ou classifico trabalhos. Também organizo corta-matos para rapazes, Clube de Matemática e Comissão de Currículo. Para Audra, são duas aulas em três dias da semana, mais a ligação na Associação de Pais e Professores e a equipa de ténis na primavera.

Força, Wildcats!

Andamos ocupados. Ela é membro da delegação de defesa da natureza da cidade e eu sou um capitão-assistente nos Cub Scouts. Ela é uma ótima cozinheira, e eu vou-me safando. Ela trata das contas, e eu limpo a cozinha (gosto de o fazer). Temos uma menina, Emmy, e um rapaz, Niels, ambos ainda na primária, ambos já dotados no talento familiar dos Andret. Emmy, em particular.

Não os desencorajamos, mas tentamos, isso sim, descobrir outras coisas com que se entreterem.

Não há muito tempo, ajudei a liderar o grupo de escuteiros numa caminhada aqui perto. Niels é escuteiro, mas levo sempre Emmy comigo, apesar de ser a única rapariga. Os grupos de escuteiros femininos na nossa zona não fazem o tipo de coisas de que ela gosta, tais como longas caminhadas por charcos de lama.

Fomos a um lugar chamado Middleton Caves, uma cadeia de cavernas estreitas que se fundem numa única e colossal câmara a quinze metros de profundidade. Ali, os escuteiros ficaram por detrás de uma vedação de metal a contemplar, à luz da lanterna e boquiabertos, as pinturas feitas por índios iroqueses, milhares de anos antes de qualquer um de nós nascer. Um Art Institute of Chicago talhado na pedra. A caverna em si é difícil de encontrar e só se chega à entrada após uma sinuosa caminhada de cinco quilómetros desde o estacionamento. Nos últimos tempos, tem chovido muito por aqui. Ora, na manhã em que partimos, o chão fazia sons pegajosos à medida que caminhávamos. Ainda nem tínhamos avançado um metro, e já a lama arrancara a bota do pé de um dos miúdos mais novinhos. Porém, Bill Granting, o nosso líder, não é de cancelar uma saída. Consegui voltar a calçar o rapaz e retomámos caminho.

Nessa manhã, o trilho encontrava-se atravessado por regatos e constantes poças de lama repletas de larvas. Estávamos no fim da primavera, e os mosquitos já haviam nascido. A folhagem parecia uma selva. O terreno em volta de Lasserville é acidentado e a floresta raramente varia, pelo que pode ser surpreendentemente difícil localizarmo-nos. Não existem muitos lugares onde um caminheiro possa conseguir uma posição vantajosa nem qualquer rio para fixar as direções. Não se trata de um terreno perigoso – andando-se o suficiente, acaba-se por se ir dar a algum parque de estacionamento –, mas, ainda assim, há quem se perca. Caminhámos por uma boa meia hora, até que o nosso líder virou para o lado errado. O grupo seguiu-o. Atrás, na fila, também eu fazia tenção de os imitar, apesar de saber que ele cometera um erro. Niels saltitou feliz com eles e desapareceu numa curva. Porém, quando Emmy chegou ao lugar onde os outros miúdos haviam errado, estacou e olhou para mim. Acabara de fazer nove anos. Nessa manhã, tínhamos os dois passado os olhos por breves instantes no mapa, pelo que sabia no que ela estaria a pensar. Contudo, fingi que não. Acenei-lhe e todos os seguimos. Mr. Granting conduziu-nos pelo trilho que tanto eu quanto Emmy sabíamos ser errado.

Não deu em nada, naturalmente, mas lá acabámos por encontrar as cavernas, embora o trajeto tenha levado mais uma hora do que o previsto. Quando alcançámos os dois calhaus muito juntos que marcam a entrada da primeira caverna, havíamos feito uma caminhada de oito quilómetros e não de cinco, com dezassete miúdos com idades compreendidas entre os seis e os dez anos, a maior parte com botas novas, e uma rapariga num par de ténis vermelhos e brancos. Granting acreditava que esta era uma geração mimada, pelo que não havia petiscos e só foi permitida uma pausa para água.

Podem imaginar.

Dali, encontrámos o caminho até às cavernas. Na obscuridade do subsolo, pisávamos um afloramento horizontal com pranchas de argila xistosa, iluminado por uma única luz amarela na parede. Para lá chegar, havíamos rastejado entre dezenas de câmaras estreitas, algumas não muito mais largas do que os meus ombros. Conseguia ouvir os miúdos mais novos a choramingar e alguns dos mais velhos tentando acalmá-los, as suas vozes corajosas na obscuridade. Acendi a lanterna que trouxera comigo e os escutas ergueram os olhos para a parede diante de si, onde os glifos iroqueses trepavam pela rocha em grupos e o esmaecido bisão com tinta vermelha diminuía em manadas em fuga. Olhei para os rostos deles. Lágrimas secas em alguns (embora não no de Emmy nem no de

Niels); picadas de mosquitos em todos, juntamente com suor, lama e vergões, marca das urtigas que aqui crescem numa profusão diabólica.

Sentiram o deslumbramento natural. Os escuteiros são gratos por natureza. Inclinei a luz da nossa estreita sacada de argila na direção do rio subterrâneo que corria em baixo, um largo regato de um líquido quase fluorescente que corria qual lima gelada de uma garrafa. As exclamações fizeram-se mais audíveis. Os miúdos daquela idade adoram esse tipo de coisas. Porém, sob os *fixes* e *espetaculares*, ainda ouvia os soluços de uns quantos no fim da fila. Provavelmente, seriam as bolhas das botas novas e a irritação quente da lama. Sabia, com um certo pavor, que para voltarmos a casa, teríamos de fazer o mesmo percurso.

Quando saímos das cavernas, Emmy voltou a girar sobre os calcanhares e esboçou uma expressão perplexa. Ambos piscávamos os olhos na luminosidade do trilho. Caso seguíssemos pela direita, encurtaríamos o regresso em alguns quilómetros. Porém, Mr. Granting conduziu-nos novamente para a esquerda, seguindo as pegadas fundas na lama, de volta à selva.

Ao cabo de alguns minutos, Emmy abrandou o passo até me alcançar.

– Está bem – sussurrei-lhe ao ouvido. – Pensa assim: se continuarmos a este ritmo, quanto tempo nos levará?

– Depende da velocidade média. – Olhou-me de viés. – *Duh!*

– Bom, também tens de descobrir isso – retorqui, calmamente. – Caso contrário, é banal. Agora volta para o teu lugar.

Todos chegámos a casa, naturalmente. Porém, quando os miúdos tiraram as botas nas carrinhas, havia bolhas, picadas de urtiga e arranhões vermelhos em todo o lado. Na sede, quando viram os pais esperando-os no estacionamento, alguns dos mais novos recomeçaram a chorar. Os mais velhos encontravam-se estranhamente silenciosos, lembrando soldados dispensados da frente de batalha.

Todavia, bem vistas as coisas, tudo correu bem. Trouxera uma muda de roupa para Emmy e Niels e, a caminho de casa, parámos para comer um granizado. Mais tarde, nessa noite, quando estacionámos diante de casa, Niels saiu disparado, decerto para contar a aventura à mãe, mas Emmy permaneceu sentada atrás de mim.

Conseguia ouvir-lhe a respiração enquanto eu, com uma alegria forçada, apanhava as botas e roupas do chão.

– Cinquenta e dois minutos – declarou. – Cinquenta e dois minutos e talvez quarenta segundos.

– Boa.

Assobiei descontraidamente e acabei de arrumar tudo. Porém, sob todos os sons agradáveis que emitia, ainda conseguia ouvir-lhe os pensamentos. Emmy pensa como o meu pai fazia: em silêncio, por longos momentos e entre os outros.

Por fim, não tive escolha senão olhá-la nos olhos.

– Também podias ter chegado lá – anunciou.

Numa noite de outono, não muito depois de ter reparado na barriga do meu pai na piscina, ele recostou-se ao jantar e disse à minha mãe:

– A tentação vende tudo, obriga-os a ir em frente até ao preto vergar.

– Desculpa? – retorquiu ela. Naquele tempo, a minha mãe era um tanto conservadora politicamente, mas o meu pai sempre fora um acérrimo liberal, um homem que arengava ao rádio do carro contra todas as estirpes de fanáticos que viviam perto de nós no Sul do Ohio.

– Todos os carapinhas – disse (ou qualquer coisa nessas linhas; não estava a ser claro) –, céu, relva. Alimentam-se disso, porque todos sabem... até ao preto vergar.

Os olhos da minha mãe pousaram no copo dele: meio cheio.

O meu pai levantou-se. À noite, tinha uma passada muito própria: ao levantar-se da mesa, tendia a andar como se estivesse num barco, a cabeça para baixo, os olhos fixos no ponto para onde se dirigia – o armário das bebidas ou a cadeira de leitura. Agora, víamo-lo cambalear rumo à porta da cozinha.

– Para trás e para a frente – declarou, embora não esteja certo de que qualquer um de nós o tenha compreendido.

A minha mãe soergueu-se da cadeira.

O pai tossiu uma vez, com força, sem levar a mão à boca, junto da soleira da porta. Precisei de alguns instantes para ligar esta ação ao que vi uns segundos depois no caixilho: uma mancha de um púrpura-escuro do tamanho do meu punho, como se alguém tivesse esmagado uma romã de encontro à madeira. Contemplei-a deslizar lentamente rumo ao chão.

Ao que parece, apanhara hepatite de um marisco contaminado, exacerbando aquilo que deveria ser, havia algum tempo, uma doença escondida.

Recuperou rapidamente, ao cabo de apenas duas noites no hospital. Porém, o episódio permitiu-nos um primeiro vislumbre daquilo que um dia viria para ficar.

Uma semana depois, estava de volta às suas aulas, produzindo em série mais uma geração de bacharelatos de Fabricus para as escolas de enfermagem, corpos administrativos, agências imobiliárias do Upper Midwest. A barriga desaparecera, de um momento para o outro – o integral voltara ao zero. Porém, não conseguia deixar de me lembrar da mancha de um púrpura-escuro na parede, que limpara mais tarde nessa noite, depois de ele ter sido internado na ala de gastroenterologia no Southern Ohio Lutheran. Nessa altura, já a cor se desvanecera para um banal castanho no chão de linóleo branco, e a superfície endurecera, metamorfoseando-se numa crosta seca e deformável, como a pele dentro de uma velha lata de tinta. Porém, de baixo daquilo, quando raspei – também à semelhança do que acontece com a velha lata de tinta –, emergiu um carmesim brilhante. Permiti que o sangue se espalhasse pelos meus dedos e forcei-me a examiná-lo: o meu pai desfazia-se nas minhas mãos.

A grande guerra do cálculo

Entrei para a Escola Secundária Tapington North aos onze. Naquela altura, naturalmente, já o meu pai me lecionara vários anos de matemática avançada, tendo sido encorajado pela minha mãe em inúmeros aspetos de inglês, educação cívica e artes. Porém, ainda assim, no primeiro ano em Tapington North (não havia qualquer escola Tapington South, apenas uma ténue esperança de que um dia se viesse a concretizar), estudei diligentemente, não porque precisasse, mas por não saber fazer outra coisa. Não havia bosques para explorar nas traseiras de nossa casa.

Havia, isso sim, Old Blair Creek, uma estreita depressão no fundo de uma ravina que se enchia de água em abril e que, por finais de junho, já só era lama. O nosso quintal repousava a jusante de uma fábrica de carrinhas Ford, encerrada uma década antes, mas na zona ainda medrava um punhado de fábricas, o que representava uma boa parte do meu entretenimento no exterior. Em certas alturas, na primavera, sentava-me no alpendre e contemplava vagarosos continentes de espuma acastanhada a deslizar pela nossa propriedade, acompanhados de enormes icebergues de sabão, salpicados de folhas, que redemoinhavam até descreverem a curva ou ficarem presos nos ramos dos salgueiros. Divertia-me, então, a apostar onde cada um deles chegaria. Tratava-se de um problema complicado – vento, corrente e velocidade angular, para citar alguns –, mas, mesmo nessa idade, estava convencido de que o resultado não era propriamente aleatório.

Devo acrescentar que não tinha quaisquer amigos no bairro e apenas alguns na escola. A meio do meu primeiro ano, o diretor da Tapington North, Mr. Dowater, chamara-me ao seu gabinete. Por essa altura, já lidava com cálculo e equações diferenciais, tendo-me inscrito numa cadeira pós-laboral de Análise de Fourier na Ohio State University.

— Ora bem — declarou o diretor Dowater —, diz-me o teu nome.
— Hans Andret.

Evidentemente, ele sabia como me chamava. Como poderia desconhecer o nome de um rapaz como eu numa escola como a North? Mais a mais, tratara-me por Hans quando me fizera sinal do gabinete da secretária administrativa. Queria apenas confirmar se eu conseguia falar. Mas eu *conseguia* falar. À semelhança do meu pai, fazia-o bem.

— Hans Euler Andret — disse ele, lendo o livro de presenças. — Na verdade, não sei bem como pronunciar o teu segundo nome. — Riu-se.

— Como Leonhard *Oi*-ler, Mr. Dowater.
— É então uma homenagem a um matemático.
— Para dizer a verdade, a três.
— Estou a ver. — Não perdeu tempo a pensar no assunto. — Diz-me, Hans, como contas tu fazer uma cadeira pós-laboral na universidade enquanto estudas durante o dia na North?

A pergunta não era lógica, mas, ainda assim, respondi.

— A minha mãe leva-me até lá de carro.
— Que gentileza, a dela.
— Também lá está a estudar.

Aquilo pareceu interessá-lo.

— O quê, posso saber?
— Enfermagem.
— Quer, por conseguinte, envolver-se nas profissões terapêuticas?

Não consegui responder. Parecia-me que, na verdade, ela não queria nada disso, que se matriculara em Enfermagem tão-só para poder levar-me às aulas de Análise de Fourier. Porém, nem aquilo me fazia sentido, uma vez que o seu objetivo sempre fora alargar a educação dos filhos a outros campos que não o da matemática. De facto, suspeitava secretamente de que me levava todas as terças e quintas à noite a Columbus por ter esperança de que, já que ali estava, pudesse inscrever-me numas aulas de História de Arte.

— Julgo que sim — retorqui.

Ele anuiu.

— E que tal esta escola?
— É boa, Mr. Dowater.

– Excelente. – Ergueu o olhar, secamente. – E os teus colegas tratam-te bem?

– Não presto grande atenção a isso.

Pegou no calendário dos Panthers, pousado na sua secretária e voltou a página.

– Há uma competição de matemática a que os finalistas vão todos os anos – anunciou. – Mr. Kirpes falou-te disso?

– Não gosto de competições.

– Concordo. Concordo... Mas trata-se de um evento nacional. Mesmo com a tua idade, tens grandes possibilidades de arrecadar o prémio. Para a North, quero dizer. Julgo que daria umas horas de glória a este velho lugar. Glória a ti, glória ao nosso incansável Mr. Kirpes e glória aos Panthers. É só em Dayton, sabias.

Não respondi. Mr. Dowater era conhecido pela sua impassibilidade, um estado de espírito estranhamente semelhante aos ataques sarcásticos e de baixo nível lançados pela população de mocados e absentistas da escola. Não compensava contra-atacar. Ao cabo de alguns momentos, pousou o calendário e adotou um tom mais lúgubre.

– De qualquer das formas, ao ritmo a que vais, estás fora daqui em dois anos.

– Eu sei.

– E que vais fazer depois? Já há algum tempo que não mandamos um aluno para uma Ivy League. Calculo que sejas um forte candidato a Harvard ou Yale.

– Não quero ir para nenhuma das duas.

– Concordo. Só não me digas que queres ser um Buckeye.

– Nem pensar, Mr. Dowater.

Ele olhou-me aprovativamente.

– Quero ser um Castor.

– Um quê?

– Caltech. Os castores são os engenheiros do mundo animal. A Caltech é a melhor escola no país.

– Estou a ver.

– Ou MIT – retorqui.

– Sim, outra bela universidade. E que são eles?

– São os Castores.

Naquele momento, ele lançou-me um olhar desconfiado.

– Pensei que fossem a Caltech.

– E são. – Mantive uma expressão insondável. – Mas também o MIT. Ambas são os Castores.

Ele pestanejou umas quantas vezes, pegando, de seguida, com uma expressão ausente, no cabo da faca de papel.

– Bom, isso é um bocadinho estranho – rematou.

– Lá isso é – anuí. – Lá isso é.

Foi nessa primavera, mesmo quando estava a chegar a meio da minha carreira no secundário, que abri finalmente os olhos.

Certo sábado de manhã, a família partiu de carro rumo a Macon Dalles, que se tratava talvez da única localidade em Spartan County eventualmente conhecida pela sua magnificência geológica. O rio Pitcote, cuja grande parte do curso serpenteia untuosamente pelas ondulantes planícies agrícolas do centro-sul do Ohio, num dado momento, vagueia para a base de quartzito dos montes Allegheny, que marcam a fronteira oriental dos Estados Unidos; ali, no primeiro leito de rocha com que se depara, acelera tremendamente. Ao longo de algumas centenas de quilómetros, embate na paisagem, espumando sobre os calhaus e lançando arco-íris no ar. Eis os rápidos. No fim, o rio descreve uma nova curva e alarga uma vez mais, abrandando de forma abrupta e retomando a sua velha feição – uma gorda tira de um tom castanho-claro que se enrola nas planícies banais da parte ocidental do estado. Naquele ponto da paisagem, existe uma impressionante série de escarpas e de dramáticos penhascos – pelo menos, na nossa parte do país – que olham para ambos os lados: a ocidente, contemplam o rio calmo e, a oriente, deparam-se com a corrente enraivecida. Era naquele parque que a minha mãe gostava de passear.

Pousava a toalha de piquenique numa determinada curva no trilho, com vista para um troço de rio onde a espuma embatia de encontro a calhaus do tamanho de frigoríficos. O lugar distava muito pouco do estacionamento, mas a topografia era tão selvagem e arborizada como em qualquer outro ponto num estado a milhares de quilómetros a ocidente. A água turva, cinco metros abaixo do trilho, era vibrante. Para mim, um mero rapaz – embora, naturalmente, compreendesse a dinâmica volumétrica por detrás do aumento de velocidade –, também assustadora:

uma espumosa lembrança do que o nosso rio familiar poderia vir a ser. A mãe mandava-nos calar enquanto comíamos para que pudéssemos ouvir aquele bramido. Conseguia-se discernir toda uma orquestra, desde o baixo aos ferrinhos.

Julgo que hoje poderia encarar aquela escolha como sinal do seu desejo de fingir que estava em qualquer outro lugar que não no Sul do Ohio; a contemplar uma paisagem que não o último reflexo ocidental dos montes Allegheny; a viver algures que não entre as planícies planas de milho e soja, o precursor oriental do Indianna; e casada com qualquer outro homem que não um melancólico professor assistente (sim!) de Matemática, num departamento composto por ele e dois colegas semirreformados, numa escola de secretariado a quase duas horas de viagem do museu de arte mais próximo. Por vezes, deixava-se ficar calada uma tarde inteira.

Naquele dia em particular, ela e o meu pai haviam estado a discutir. Ela esquecera-se de um dos cestos de piquenique, pelo que no percurso até aos rápidos o meu pai vira-se obrigado a beber tão-só dos dois *packs* de seis cervejas que comprara na estação de serviço à saída da cidade (nesse tempo, em Tapington não se vendiam bebidas). Na parte da frente do carro, os dois altercavam entredentes, olhando em frente como espiões num banco de jardim. Os *packs* repousavam entre eles, ocupando uma boa parte do estofo, e a minha mãe encostara-se o mais possível à porta. Ele sempre colocara as latas vazias nas argolas de plástico – isto bem antes de qualquer habitante de Tapington reciclar o que quer que fosse – como se estivesse a reunir um novo conjunto particularmente leve de latas de cerveja para ser vendido na mercearia mais próxima. Por aquela altura, estava já a dois terços da sua dose diária. Parara uma vez pelo caminho para urinar e, naquele momento, voltara a fazê-lo.

Quando saiu do carro, a minha mãe nem sequer olhou, mas eu voltei-me para o observar. Havia sempre algo selvagem e carismaticamente insensível na conduta do meu pai naqueles momentos, um misterioso abandono do seu usual estado cogitativo, que já significava muito para mim, embora naquela idade pouco compreendesse acerca dele. Paulie havia muito que deixara de me murmurar «tarado» por o estar a observar enquanto urinava. Ela, é claro, mantinha a cabeça enfiada nos seus romances.

Lembro-me de que estava um dia frio e ventoso, mas que o céu ostentava um azul brilhante de fim de abril. Fora do carro, enquanto outras famílias passavam por nós, o meu pai caminhou para sotavento da porta aberta, reclinou-se da cintura para cima, espetando ao mesmo tempo as ancas para a frente. O pénis espreitou do fecho-éclair. Nesse momento, *Bernie* levantava-se sempre por detrás da janela traseira. O meu pai parava por instantes, oscilando ligeiramente enquanto murmurava umas quantas palavras ininteligíveis. De seguida, antes de a corrente começar, deitava a cabeça para trás, como se houvesse um código inscrito no céu que permitisse que o evento começasse. Era por esse momento que esperava. O movimento parecia constituir um sinal de uma devoção pessoal, como se, apesar do seu inabalável ateísmo, apesar da sua abordagem totalmente analítica a qualquer questão da vida, sentisse a necessidade de reconhecer os céus no tocante àquela função particular do corpo. Não sei... Talvez pressentisse que aquilo lhe agradava muito mais do que a mim. Era possível, já o reconhecia, que a profundidade do seu prazer físico naquele momento se devesse à escassez de outros prazeres na vida. Em todo o caso, aquele movimento de crânio sempre me pareceu democratizá-lo, fazer dele, nem que por minutos apenas, um homem normal.

– Já acabou? – perguntou a minha mãe.

Abri a janela.

– Quase.

Na verdade, ainda estava a meio. O meu pai lembrava um cavalo a urinar. A sua urina jorrava numa torrente impetuosa que começava de repente e acabava de forma igualmente abrupta, um único arco tremuluzente de claridade que perdurava por um período prodigioso e desaparecia, de seguida, num instante, como se o fluxo fosse um objeto sólido – um arco de gelo resplandecente ou uma faixa grossa de prata – e não (como na verdade se aproximava) um gráfico parabólico e dinamicamente mediano das funções intersetadas da gravidade, da resistência aérea e da velocidade inicial de um fluído não viscoso, produzido e exibido por um homem que acabara de consumir mais de três litros e meio de cerveja. O fluxo era tão claro como água. Quando batia na orla da berma de gravilha, o som lembrava um lençol a ser rasgado. Sob aquela reverberação, ele soltou um longo assobio grato, que culminou num arquejo, os lábios agitando-se como os de um trompetista. No húmus vinícola, surgiu uma fenda, e um leve vapor ergueu-se do centro. Foi então que um rio sinuoso avançou, escavando uma pista de esqui colina abaixo. Depois de o líquido ter sido absorvido, o canal espumoso continuou a fumegar nas orlas, como se não fosse desperdício humano, mas algum efluente cáustico. Ele abanou-se. Da minha posição, parecia completamente desavergonhado. *Bernie* saltitou na traseira. O meu pai aproximou-se para espreitar pelo para-brisas, apertando as calças e sorrindo pelo vidro à minha mãe. Apercebi-me de que o amarelo que deveria ter estado na urina se encontrava inequivocamente nos olhos dele.

– Graças a Deus – exclamou a minha mãe quando a porta do carro se voltou a fechar. – Estava a ficar um bocadinho farta aqui.

Naquele tempo, esta era a sua versão de maldade. O meu pai estivera no ataque desde que descobrira que o segundo cesto de piquenique ficara em casa e, durante grande parte do trajeto, a minha mãe respondera às suas acusações desarticuladas e desconexas com graduais admissões, perguntas timidamente irónicas e ocasionais acenos de acordo, qual pugilista a usar as cordas. Não se tratava de uma admissão de derrota, mas de uma estratégia. O tempo estava do seu lado – todos o sabíamos – e, mal o meu pai tivesse emborcado uns valentes *cocktails* e comido um bocadinho, iria bater em retirada. Eu e a minha irmã estávamos tão-só a assistir aos murros de apalpação de terreno das primeiras rondas do dia. Sabíamos que deveríamos permanecer calados; caso contrário, ele voltaria a ira contra *nós*.

Porém, naquela manhã, de alguma forma, a cerveja não o estava a acalmar, nem os *pretzels* que a mãe não parava de lhe oferecer. As doze latas estavam já tão leves como um saco com uma sanduíche.

Aproximávamo-nos dos rápidos quando ele se voltou.

– Só não entendo porque é que ninguém lhe pegou até agora e construiu algo significativo a partir disso. – Abriu lentamente a argola da penúltima lata, permitindo que ela sibilasse. – Só isso.

– É porque é autoritária – retorquiu de imediato a minha mãe.

Paulie estava a ler *O cão dos Bakersvilles* e *I Know Why the Caged Bird Sing* (até hoje, mantem o hábito de ler dois livros em simultâneo), enquanto eu trabalhava num exemplar antigo dos quebra-cabeças de Martin Gardner da *Scientific American*. *Bernie*, inclinado sobre o meu ombro, punha o focinho fora da janela para apanhar ar, abanando-o para cima e para baixo, um ritual a que o meu pai se referia sempre como *testar o seu princípio*. [Tratava-se, naturalmente, de uma referência ao princípio de Bernoulli do comportamento do fluído – embora, na verdade, *Bernie* não tenha sido assim chamado em homenagem a *Daniel* Bernoulli, o físico e matemático que elucidou o princípio, mas a *Jakob* Bernoulli, o matemático puro, que apoiou Leibniz contra Newton na Grande Guerra do Cálculo. (Já agora, dar um nome a um cão em homenagem a um aliado de Leibniz nas guerras dos cálculos refletia, decerto, a ironia do meu pai, assim como o seu duradouro sentimento de ofensa.)] De qualquer modo, não sei como o percebi, mas soube logo que os meus pais estavam a discutir o teorema Malosz. O único feito glorioso do meu pai funcionara como pano de fundo dos mais aguerridos confrontos que testemunhei entre os dois. Tratava-se de um facto histórico, velho e misterioso e, contudo, tão vivo na nossa família quanto a escravatura seria noutras ou a bomba de Hiroshima, ou o Holocausto. Deixava-o maldisposto. Publicara o *paper* vinte anos antes, mas a prova só fora usada um punhado de vezes como base para o trabalho de outros matemáticos.

Pousei o meu livro.

Olhando de relance para nós, a minha mãe abriu a janela do seu lado, para que o som das rodas cobrisse as palavras.

Inclinei-me.

– Não sejas abelhudo, Hans Esperto. – Era Paulie quem assim me admoestava. Apodara-me daquele modo não por me julgar inteligente, mas porque um cavalo alemão com esse nome se tornara famoso por ser capaz de fazer contas com os cascos.

– Não estou a ser abelhudo, Pequenette. Estou só *interessado*. – (Pequenette fora o melhor que conseguira com Paulette, para minha grande tristeza.) Pousei a têmpora no encosto de cabeça do meu pai, esperando que ele julgasse que eu me sentia sonolento.

– Ninguém se aproxima dela há anos – ouvi-o dizer.

– É porque se sentem intimidados – retorquiu ela. – Sentem-se intimidados com o brilhantismo.

Lembro-me de ter ficado admirado com a minha mãe, de ter reparado que, apesar do inexorável peso daquilo que já deveria ser um casamento totalmente unilateral, se sentia impelida a proferir uma palavra encorajadora. Por breves instantes, julguei que o impasse terminara.

Porém, após uns minutos de silêncio, o meu pai voltou-se para ela.

– Tretas – disse.

Naturalmente, também sabia do que ele estava a falar. A bondade imperturbável da minha mãe até a mim me enfurecia – embora, sendo novo, me sentisse confuso com tal sentimento.

– Está bem – respondeu ela, suavemente.

– Sabes – avançou ele –, és mesmo o raio de uma Pollyanna.

– Disse a verdade, Milo. Nenhum matemático se pode aproximar do que tu alcançaste naquele campo. Não, durante muito tempo, pelo menos. Há trabalhos que encerram debates.

Ele abrandou o carro.

– Deixa-me que te pergunte porque é que és o raio de uma defensora?

A minha mãe votou-se, olhando para mim no banco e para o trânsito atrás de nós.

– Querido.

Ele abrandou ainda mais. Uma carrinha ultrapassou-nos, rugindo. *Bernie* ladrou.

– Milo, estamos na autoestrada.

– Escrevi o raio de uma prova brilhante, Helena, e ninguém lhe pegou. Nem um camelo de um único matemático. Nem um em vinte anos.

– Estás a exagerar.

– Não assim tanto. É insultuoso.

– É só mais uma confirmação do seu poder, querido. Só isso. Também ninguém seguiu Newton. Agora, por favor acelera um bocadinho.

O meu pai manteve aquele ritmo, colocando a décima primeira lata vazia no seu círculo de plástico enquanto o primeiro carro, seguido de outro, se aproximou e nos ultrapassou. Olhei pela janela de trás, onde se começava a formar uma fila de trânsito.

Quando as latas se encontravam no devido lugar, recolheu a mão e batucou preguiçosamente no volante, qual agricultor lavrando as suas terras com vagar.

– Já agora – declarou, olhando pelo retrovisor. – O que disseste não podia ser mais absurdo. O Barrow precedeu o Newton, e o Leibniz seguiu-o. Não percebes nada de nada disto. Não sabes peva de peva do que estamos a falar.

Pesou cada palavra.

– Podes falar disso – explicou a minha mãe – sempre que quiseres. Agora, será que poderias, por favor, respeitar o limite de velocidade?

– Está bem – replicou, pousando o pé no acelerador. – Meninos, a vossa mãe diz que devo respeitar o limite de velocidade. – O motor roncou. Avançámos com um rugido, aproximando-nos de um dos carros que haviam passado por nós. Uns instantes depois, o automóvel a abanar, ultrapassámo-lo. De seguida, os outros dois. Abrandou, por fim, para que um camião vindo da outra direção passasse, após o que voltou a acelerar.

Espreitei do encosto para cabeça: o conta-quilómetros indicava oitenta.

– Está bem – propôs a minha mãe calmamente –, e agora, Milo? Que planeias fazer a seguir? Meninos, têm os cintos postos?

– A seguir não há nada! – Porém, ao invés de abanar o volante ou carregar ainda mais no acelerador, como, não sei bem porquê, esperava que fizesse, limitou-se a deslizar de volta para a fila e abrandar até ter chegado de novo aos cinquenta e cinco. Foi então que, assim, de súbito, seguíamos viagem pacificamente. A mãe ofereceu-lhe outro *pretzel*, e ele tirou-lho dos dedos com a boca. Quando o petisco salgado pareceu acalmá-lo mais, ela passou-lhe uns quantos.

Naquele tempo, era perita a acalmá-lo.

Muitos anos depois, claro, quando compreendi o que se estava a passar com o meu pai, descobri que uma doença como a dele pode fazer-se acompanhar de determinadas alterações cognitivas. Devo dizer que, enquanto lia esses artigos médicos na internet, na sua casa húmida e a cair aos bocados – já eu pai na altura –, fui obrigado a repensar muitas das ideias que formulara acerca dele até então. Ninguém gosta de o fazer. Em especial, se se guardou um rancor de maus-tratos durante uma boa parte da vida. Porém, isto é uma das razões pelas quais narro esta história: para compreender a verdade acerca dele, inclusive a ideia de que não pode ser totalmente responsabilizado pelo que nos fez a nós e a si próprio, tão-pouco pelo que lhe aconteceu.

Fosse como fosse, foi mais tarde, já nos Macon Dalles, que o verdadeiro acontecimento teve lugar. Havia uma loja de bebidas perto do parque e, como era espectável, isso animou-o. Conseguimos fazer uma caminhada agradável, trepando ao longo de uma mata de sicómoros que lançava milhares de tonalidades de verde na relva primaveril a romper pelos trilhos. Junto do rio, voltámos para sul. Abaixo de nós, na primeira fiada de calhaus, a água começou o seu concerto. Chegados ao ponto onde o trilho seguia por uma ponte de pedra sobre o canal, o pai baixou--se e colocou Paulie nos ombros. Um sorriso vacilante aflorou-lhe aos lábios. À medida que avançávamos pelo estreito peitoril de rocha, ele pôs-se a balançar como um bêbedo. *Bernie* aproximou-se por detrás dele e começou a ladrar. Havia sido construído um gradeamento de ferro em redor da ponte e, quando se debruçou sobre ele, a minha irmã guinchou. Não sei se de terror, se de felicidade, mas, no momento em que voltou a uma posição de segurança, apercebi-me de que o sorriso dela se rasgara. Pressionou os joelhos de encontro aos seus flancos.

– Milo – admoestou a minha mãe.

Ele voltou a debruçar-se sobre o gradeamento, e Paulie voltou a guinchar, dessa volta soltando as mãos dos seus ombros e agitando-as no ar como se o carrinho na montanha-russa tivesse parado no cume.

– Milo, por favor...

Bernie deu uma pancadinha na perna do pai, tentando afastá-lo da orla, mas ele fingiu tropeçar na direção da água.

A minha mãe respirou fundo.

– Mamã, está tudo bem – garantiu Paulie, revirando os olhos.

– Não, não está nada bem, querida. É que não está mesmo nada bem. Milo, por favor, pousa-a.

– Não faz mal, mamã. Eu gosto.

– Pousa-a, Milo. Milo! – repetiu já gritando.

Ele girou sobre os calcanhares e encarou-a abanando a cabeça, após o que cedeu. Mal pousou Paulie no chão, fez uma vénia com uma teatralidade exagerada, lembrando um condutor de riquexó.

– Uau! – exclamou a minha irmã, revirando de novo os olhos. – Obrigadinha, senhora desmancha-prazeres.

– Obrigado, Paulette.

– Senhora cai-da-falésia-e-parte-o pescoço – repliquei eu.

– Ninguém vai cair de lado algum, pois não *Bernie*? – rematou o meu pai, chamando-o: – Anda cá.

Acariciou-lhe o focinho, dando a conversa por encerrada. Seguimos caminho e, uma vez no local do piquenique, a minha mãe dispôs a refeição. Pasta de presunto, salada de couve e cenoura e bolinhos doces, tudo aquilo de que o meu pai gostava. Comemos. Porém, pressentia que o incidente o perturbara. Sentou-se de modo a que não lhe conseguíssemos ver o rosto, a cabeça voltada para a água agitada e, ao invés de permitir qua a mulher lhe preparasse as bebidas no copo de vidro que arrastara trilho acima, manteve o saco da loja perto de si, levando-o diretamente aos lábios. O papel colara-se ao gargalo da garrafa. Mal terminou a sanduíche, levou-o consigo e caminhou até à orla do penhasco.

Nós os três ficámos para trás, sentados de perna cruzada no cobertor vermelho axadrezado, coberto de sandes meio comidas. Lembro-me da sua silhueta nesse dia, recortada contra o céu de celofane. Não havia assim tantos lugares no Ohio onde se pudesse contemplar a vastidão, mas era isso mesmo que ele estava a fazer, o seu corpo de certo modo heroico admirava a restante extensão ocidental de um continente que, na última década, fora lentamente atravessado de novo.

– O teu pai está a sentir-se filosófico – explicou a minha mãe. Ajoelhara-se e estava a guardar os utensílios, deslizando, naquele momento, a salada de couve e cenoura que sobrara do prato dele para o meu. *Bernie* tratara de lhe abocanhar a sanduíche.

– Ele hoje estava divertido – declarou Paulette.

– Sim, pois estava – retorquiu a minha mãe. – O teu pai gosta destes passeios.

Nesse preciso momento, a silhueta dele inclinou-se para a frente e, sobre a torrente de água, ouvimos uma tosse forte. A mão livre encaminhou-se até à boca e a que segurava no saco desceu para o lado, procurando uma posição de equilíbrio. Permaneceu inclinado durante vários minutos antes de se reerguer, ainda de costas voltadas para nós. Depois, levou novamente o saco à boca.

A mão da minha mãe tocou na minha.

– Hans.

Levantou-se e começou a caminhar na direção dele.

Andava cautelosamente, como se quisesse apanhar um pássaro de surpresa, e, seguindo-a, fiz o mesmo. Num dado momento, o braço dela veio atrás e encontrou o meu. Ele ainda não se voltara. Quando nos acercamos dele, a minha mãe voltou a abrandar, abordando-o atentamente.

– Milo? – disse. Tocando-lhe, de início, ao de leve no ombro e depois pousando a mão.

Ele voltou-se, os olhos vermelhos. Não percebo como saberia ela.

– A coisa que nunca farei – disse, limpando a cara com o saco – é magoá-los.

– Claro que sabemos isso – retorquiu a minha mãe.

– Nunca magoarei os meus filhos.

– Claro que não, meu amor.

Lágrimas corriam-lhe pela face.

Aproximei-me da minha mãe. Deveria ter virado costas, deveria ter-lhe dado a privacidade que ele queria, mas, como sempre, não consegui. Nunca era capaz de me afastar dele quando se encontrava assim, quando a armadura sob a qual passara o dia caía. Por instantes, conseguia ver o homem por detrás dela.

– Nunca os magoaria – repetiu.

– Claro que não.

– Sai daqui, Hans – ordenou entre soluços.

– Vai à merda, pai.

Ele recuou como se tivesse levado uma chapada.

– Hans! – exclamou a minha mãe.

– Estava a brincar. Estamos sempre a dizer isto. É uma brincadeira nossa.

A minha irmã esgueirou-se por detrás de nós.

– Vai-te embora, Hans – silvou ela –, só estás a piorar as coisas.

O meu pai olhou-a.

– Tu – disse. – Tu também és uma.

– Uma quê?

– O raio de uma estúpida de uma Pollyanna.

– O quê? – perguntou Paulie, sentando-se no chão.

– Por amor de Deus – exclamou o meu pai. – Saiam-me todos da frente.

– Estamos aqui – retorquiu a minha mãe. – Está tudo bem, Milo.

– Não está nada tudo bem – retorqui eu.

– Correto, Hans. Estás *correto*. – Olhou para nós, um sorriso estranho nos lábios, após o que emitiu um novo som agudo, algo entre uma gargalhada e um soluço, cobrindo novamente a boca com a mão.

– Porque é que não vão terminar as vossas sanduíches? – propôs a minha mãe.

Voltou-se novamente para a água. Deixámo-nos todos ali ficar por alguns minutos, paralisados, o meu pai esquadrinhando a distância, a minha mãe sorrindo determinada, enquanto, de trás, nos chegavam as fungadelas de Paulette e a respiração ofegante de *Bernie*. A mãe tocou--lhe novamente no ombro. Foi então que ele girou sobre os calcanhares. Como se enxotasse uma mosca teimosa, agitou a mão e bateu-lhe com as costas dela no rosto.

A minha mãe caiu ao chão.

Paulie gritou. Agarrei na minha mãe pelas axilas e ergui-a, afastando--a dali. No cobertor, soltei-a, e ela afundou-se nos restos do piquenique. *Bernie* ladrava. Voltei-me irado para o meu pai, que recuperara a compostura no penhasco; depois, contemplei de novo a minha mãe, que jazia amarfanhada no chão como uma marioneta caída, as lágrimas no rosto.

Paulette aproximou-se.

– Cala-te, Pequenette. Que se passa contigo? Ele *magoou* a mãe.

– Também me magoou a mim. Não ouviste o que ele disse?

Nesse momento, a nossa mãe animou. Levantou-se, limpou o rosto à blusa e olhou em volta. *Bernie* corria para trás e para a frente entre a orla do penhasco e o cobertor, como se fizesse linhas numa pista de atletismo.

– Por favor, meninos – pediu ela –, estou bem.

– Tens a certeza? – inquiriu Paulie. – Não temos de ir com ele.

– Então como propões que voltemos para casa, Pequenette?

– Deixamo-lo aqui.

– Por favor, meninos – repetiu a minha mãe. – Por favor.

– Tens a certeza de que estás bem? – insistiu Paulie. – Podes dizer-nos.

– Estou ótima, meu amor. Tenho a certeza de que ele está arrependidíssimo – acalmou-nos, mas aquelas palavras pareceram afetá-la quase tão profundamente quanto a bofetada. Voltou a afundar-se e as lágrimas correram. Estava de gatas, tentando controlar-se, os suspiros acentuando o ruído do rio. Vi o meu pai voltar-se na direção do som e depois de volta para a água.

Assim permaneceu, ali, por um longo bocado, as costas voltadas para nós, enquanto o choro da minha mãe ia lentamente diminuindo. Pouco depois, Paulette parou de fungar e com uma atitude empertigada começou a juntar o lixo. Ajoelhou-se rigidamente e voltou a colocar tudo no cesto de vime, o rosto numa máscara de determinação. Julgo que a minha irmã sempre se imaginara como enfermeira de guerra; ora, eis-nos ali, por fim, em guerra.

Eu próprio tomava parte na escaramuça massajando os ombros da minha mãe, que erguia a cabeça, de quando em quando, para me agradecer.

Deve ter sido um quarto de hora depois que o meu pai, ainda na orla do penhasco, se voltou de novo para nós. Inclinou-se para a frente e pousou ambas as mãos nas ancas, deixando cair o saco no chão.

A mãe ajoelhou-se.

Ele inclinou a cabeça para trás, para que ela lhe visse a cara – estava a sorrir, de forma bastante acanhada, pareceu-me. A minha mãe sorriu-lhe de volta.

Depois, ele voltou a tossir.

Foi um momento marcado apenas pelo ruído timpânico do rio e pela oscilação do seu torso um pouco tocado contra o céu. A tossidela seguinte foi mais curta, embora estranhamente estaladiça como um ramo que se parte. A mão dele deslocou-se até ao bolso do peito. Quando se afastou, vi-a – a romã esmagada de novo. Ele olhou para cima, assustado. O glóbulo agarrara-se-lhe à camisa, qual fenda púrpura de uma bala. Engoli em seco. Ainda estava de joelhos, a massajar os ombros da minha mãe, e ela ainda olhava para mim, vagamente intrigada, como se eu fosse uma máquina que se esquecera de desligar. Porém, de repente, afastou-me o braço e levantou-se de um salto. Tinha o cobertor na mão, e corríamos. Quando o alcançou, encostou-lho à cara e sentou-o no chão. O meu pai recusou a sua ajuda e pousou as mãos sobre a boca. Estava agora de joelhos, o pescoço em espasmos regulares e soltando dos lábios outra tossidela estaladiça seguida de um arroio de sangue-vivo, um rio gaguejante que depressa se transformou numa poça junto dele, para a qual se inclinou e desmaiou.

Professor Gamble

Mais tarde, nesse mês, a caminho de casa do Southern Ohio Lutheran Medical Center, onde o meu pai estivera a recuperar, parámos num centro comercial, e entrámos no supermercado. Ele ficara internado três semanas e ainda caminhava de forma vacilante. Estava pálido e ostentava nódoas negras de cores estranhas nas mãos. Vi-o embater num carrinho de compras e quase cair junto da porta fechada do supermercado.

Uns instantes depois, enquanto o observava do banco traseiro da carrinha, vi-o emergir sem a minha mãe de uma saída lateral e coxear pela viela. Não consegui perceber aonde iria, mas, ao cabo de alguns minutos, quando regressou ao carro, conseguia ver-lhe um inchaço sob o casaco.

Talvez desejasse mesmo tentar. Reconheço-lhe, pelo menos, esse mérito.

No decurso das primeiras semanas em casa, deixava-se dormir durante todas as manhãs, fazia uma sesta à tarde e recolhia-se cedo à noite. Para as nossas aulas diárias de matemática, sentava-me no lugar da minha mãe no colchão. Porém, era claro que ele sentia menos interesse na matéria agora, passando grande parte do tempo a rever coisas que eu já aprendera há muito. Nem sequer tinha a certeza de que ele se lembrasse do que me ensinara.

– Hans – disse-me certa tarde, pouco depois de ter tido alta do hospital –, na verdade, não acho que estas coisas sejam assim tão importantes.

– O quê? Porque não?

Os seus olhos agitaram-se nervosamente.

– Aquilo que estavas a fazer agora. Integração por partes. É heurística, não matemática. E é bastante óbvio. Porque não vais lá para fora brincar?

Pela janela, conseguia ver os ramos cimeiros da amoreira sob a qual nos costumávamos sentar para as aulas. Fora à sombra daquela árvore que ele me ensinara aquela mesma matéria vários anos antes.

– Bom, para começar, nem saberia o que fazer.

– Pois não. – Olhou ele próprio pela janela por instantes, após o que rapidamente desviou o olhar para a porta. Depois, pousou-o de novo em mim. Conseguia ver que algo o perturbava. Os olhos dele saltitavam como se não se conseguissem decidir como olhar para o que quer que fosse. – Nem eu – continuou. – Agora, já não.

Levantou o braço direito dos lençóis e examinou-o. Estivera hospitalizado grande parte do mês, e o próprio braço parecia caído de uma árvore apodrecida. Na altura, o meu pai não teria muito mais de cinquenta anos, mas a pele pendia do osso como uma manga de uma camisola.

– Olha para isto – disse-me. – Olha para os dedos.

Apontou para eles no ar. Estavam pálidos, mas, fora isso, pareciam normais: nós finos, um dos dígitos ligeiramente arqueado, como sempre.

– Como? – perguntei.

– Não estás a olhar.

– O do meio está torto?

– Desde que eu era mais novo do que tu. Olha com mais atenção.

Aproximei-me.

– Tens a mão a tremer – acabei por dizer.

– Certíssimo.

– Não consegues parar?

– Provavelmente, conseguiria, mas acho-o fascinante. Tu não? Quero explorar a teoria.

– Que teoria?

– A teoria da estranheza humana. Olha para isto, Hans.

Fi-lo. Um tremor estendia-se ao longo de todo o braço, como se algures perto do ombro um motor de relógio houvesse sido cosido à pele. Com a outra mão, alcançou a parte de trás do colchão e retirou uma garrafa, da qual bebeu um gole.

– Isto faz com que os tremores parem – explicou, erguendo-a. – Isto é a cura.

– Estou a ver.

– Mas está a acabar.

Deixou o braço cair e bebeu um novo gole, após o que escondeu a garrafa novamente por detrás da cabeceira. Por momentos, limitámo-nos a ficar ali, olhando pela janela. Uns minutos depois, quando ele reergueu o braço, o tremor parara.

– Hans – disse –, preciso da tua ajuda.

– Vai à merda, pai.

– Vai à merda, filho.

Ambos nos rimos.

– Que precisas que eu faça?

– Não ligues. A tua mãe nunca o iria aprovar.

Olhei para ele. Algo no seu rosto se alterara aquando da estada no hospital. Algum aspeto mais profundo do que um traço meramente físico. O que quer que fosse, ocorrera abruptamente. Esfregou a testa e, no momento em que afastou a mão, ela brilhava de suor. Desde que regressara, a sua perspetiva revertera-se de algum modo: sempre fora introvertido; porém, o olhar voltava-se inequivocamente para o mundo. Agora, apontava para dentro. As pupilas vagueavam de um lado para o outro.

– Do que é que precisas, pai?

– Já te disse para não ligares a isso.

– Vá lá, eu consigo.

– É inútil – replicou ele. – Olha para mim. Fui *possuído*. – Voltou a erguer a mão. O tremor regressara. – Olha para isto. – O pulso cedia e voltava a endireitar-se. – Continua a ver.

Em segundos, aconteceu a mesma coisa. Pouco depois, o pulso levava a cabo uma estranha dança, mergulhando de repente para depois se reerguer, lembrando uma galinha a debicar milho. Ao fim de algum tempo, deixou-o cair no colchão, mas nem mesmo nos lençóis conseguiu que ficasse parado. Por fim, com um grunhido, rebolou e travou-o sob o seu peso, após o que alcançou o ponto por detrás das almofadas, retirando novamente a garrafa.

Mr. Kirpes levou-nos até Dayton. Sentei-me à frente na carrinha com ele, enquanto, atrás de nós, quatro finalistas de Cálculo Avançado se recostavam, as sandálias para cima. Mr. Kirpes gracejou um pouco enquanto conduzia, acima de tudo acerca dos Bengals, que nesse ano tinham perdido ambos os jogos contra os Browns. Pouco sabia de desportos, mas ninguém podia viver no Sul do Ohio sem, pelo menos, saber lidar com uma conversa superficial sobre os Reds e os Bengals. Tirando isso, a viagem fora silenciosa. O rapaz atrás de mim treinava clarinete por uma pauta de música. Tocava com os dedos, soprava pela embocadura e batia os pés para marcar o ritmo, embora não trouxesse o instrumento consigo. A viagem levou uma hora. Fizera-a diversas vezes a caminho do museu de arte.

Chegámos cedo à Universidade de Dayton. Mr. Kirpes ofereceu-nos batidos num *drive-trought*, deixando-nos de seguida num anfiteatro na orla do *campus*. Um grupo de miúdos andava de um lado para o outro no corredor diante da sala de exame. Não me agradava estar perto de outros génios de matemática. Vinham dos sete cantos do estado e passeavam-se pelo átrio ou afundavam-se no chão junto da entrada, folheando cartões e inquirindo-se uns aos outros. Eu era, pelo menos, uns cinco anos mais novo do que a grande parte deles, mas já estava bem ciente de que os cartões e perguntas de pouco serviriam para o que iríamos fazer. Os miúdos que estudavam para aquele tipo de teste não tinham a menor hipótese.

Quando a campainha tocou e as portas do anfiteatro finalmente se abriram, todos entraram em catadupa, procurando ficar nas primeiras filas. Deveriam ali estar cerca de cento e cinquenta pessoas, todas habituadas a serem a melhor da turma. Abri caminho até uma das filas de trás e ocupei uma das últimas cadeiras.

O teste era ridiculamente fácil.

Já o imaginava. Havia umas quantas perguntas de probabilidade, outras de representação algébrica e depois uma série de figuras euclidianas muito simples. As primeiras perguntas eram mesmo elementares e só depois de meio se tornavam minimamente complicadas. Porém, sempre que erguia os olhos, constatava que inúmeros miúdos pareciam desconcertados. Apercebi-me, então, de que a primeira parte fora concebida para encorajar toda a gente, o que também surtia o efeito de pasmar os mais fracos quando o assunto complicava um pouco. Por fim, a última meia dúzia de problemas tornou-se mais complexa. Neste ponto, já vários miúdos esquadrinhavam a distância, fingindo pensar. Um deles perto de mim vinha de fato e gravata e fingia desapertá-la com grande teatralidade só para tentar dar uma olhadela à minha folha. Na penúltima página, resolvi os quatro problemas, pintando os quatro quadrados de resposta num só movimento. Pelo canto do olho, vi-o deixar cair a cabeça nas mãos.

Acontece que sabia haver um pequeno grupo ali a divertir-se.

Aquilo que mais me entusiasmava eram as perguntas acerca da teoria dos números. Naquele tempo, nutria um afeto peculiar por essa área em especial por me parecer não ter qualquer aplicação prática. Apenas um punhado de criptógrafos, uns quantos matemáticos puros e quiçá umas poucas espécies de cigarras com idades entre os trezes e os dezassete anos gostavam de números primos. Agora, podia acrescentar a essa lista os cinco ou seis miúdos cujo deleite radiante sentia à minha volta no anfiteatro enquanto avançávamos pelas perguntas. Havia um grupo, mesmo no Sul do Ohio, apaixonado por matemática.

A última página continha um único problema:

O professor Gamble compra um bilhete de lotaria, que exige que escolha seis números inteiros de 1 a 46, inclusive. Ele escolhe os números de forma a que a soma dos logaritmos de base dez dos seis números seja um número inteiro. Acontece que os números inteiros do bilhete vencedor têm a mesma propriedade: a soma dos logaritmos de base dez é um número inteiro. Qual a probabilidade de o professor Gamble ter o bilhete vencedor?

(A) $1/5$ (B) $1/4$ (C) $1/3$ (D) $1/2$ (E) 1

Pensei naquilo. Se a soma dos logaritmos dos números do professor era um número inteiro, então, o seu produto tinha de ser um número inteiro de potência de dez; uma vez que os fatores de dez eram dois e cinco, então, os números da lotaria só poderiam ter dois e cinco como fatores primos. Isto deixava apenas 1, 2, 4, 5, 8, 10, 16, 20, 25, 32 e 40. Visto que o produto destes seis números mais pequenos era superior a 10^3 e dado que só existiam seis fatores de cinco na lista, o produto dos números vencedores teria de ser 10^4, 10^5 ou 10^6. O resto era simples. Apenas quatro combinações produziam esses produtos exatos. A resposta era a B.

Restavam ainda quarenta e cinco minutos e já havia terminado. Quando olhei para cima, constatei que todos os restantes miúdos continuavam a trabalhar, inclusive os que adoravam matemática. O rapaz engravatado ao meu lado estava cinco páginas atrás. Pousei o lápis e levantei o braço. Mantive-o direito diante de mim. Lentamente, enquanto ali permanecia fletido, começou a ficar pesado. Por fim, pôs-se a tremer. Concentrando-me, metamorfoseei aquilo num tremor. Pela sala, algumas cabeças começaram a levantar-se. Quando já várias pessoas estavam a olhar, fiz com que o tremor aumentasse e, não sei como, assim aconteceu. Por um minuto ou dois, a minha mão pôs-se a abanar como se uma corrente elétrica a atravessasse. De súbito, parou. Baixei a mão, peguei no lápis e pintei o quadrado junto da letra B. De seguida, levantei-me, atravessei a sala e entreguei o teste.

Na tarde seguinte, saí da escola à hora de almoço e fui sozinho até ao centro comercial, onde me encostei à cabine telefónica diante da loja de bebidas. Nem um minuto passara quando um velho *Datsun* enferrujado estacionou num declive e uma mulher de meia-idade, entre tossidelas, abriu a porta do lado do condutor, um cigarro na boca. Deixou o motor ligado e caminhou para a entrada com uma passada oscilante que eu reconhecia. Era meio-dia e meia.

Tapei os olhos com o boné de basebol.

– Compro-lhe a sua, senhora, se me pagar a minha.

Nessa tarde, no quarto, o meu pai estava de novo volúvel. Os olhos saltitavam-lhe das cortinas para o teto, do teto para mim e de mim para a porta.

– Como correu? – perguntou.

– Como correu o quê?

Os dedos enrolaram-se-lhe no lençol.

– O teste, Hans. Como era o teste? A mãe contou-me que foste a Dayton.

– Ah, sim. Bem. Alguns dos miúdos levavam cartões didáticos.

Ele sorriu.

– Cartões didáticos?

– Pois...

Ambos largámos a rir.

A minha prenda ainda permanecia no guarda-fatos do meu quarto, escondida num saco de papel, por detrás de um monte de sapatos. Decidira dar-lha de manhã, quando estivesse de bom humor. Tendia a ficar agitado ao entardecer, mas emergia da cama todas as manhãs fresco e estranhamente otimista. Naquele momento, enquanto o fixava, foi ficando cada vez mais silencioso. Ao cabo de alguns instantes, uma preocupação alterou-lhe os traços. Parecia tristíssimo.

– Pai?

Foi então que o seu olhar ficou de súbito vazio. A sua presença – o que quer que defina um ser humano – pura e simplesmente desaparecera. Uns instantes depois, o quarto fedia a urina.

– Merda, pai.

Ele não me parecia ouvir.

De início, houve apenas um grunhido agudo, seguido de um sacão violento que o atirou sobre um lado, como se alguém tivesse levantado violentamente a cama. Por instantes, permaneceu hirto; de seguida, os braços sacudiram-se atrás dele. Parecia que um polícia lhe estava a colocar algemas e que ele resistia. Tinha os ombros esticados para trás, mas projetava o peito para a frente. Começou a rodar em círculos, avançando as ancas e torcendo-se no colchão como uma roda dentada. Os dentes estavam cerrados, as pernas, presas nos lençóis, rasgaram-nos. Depois, começou a estremecer todo. A cabeça voltara-se para os pés da cama e, quando embateu na estrutura, aproximei-me e coloquei-a entre as minhas mãos. A pele ardia-lhe. Tentei mantê-lo quieto, mas os pés embateram em tudo o que estava sobre a mesinha de cabeceira até que ela caísse, após o que continuaram a pontapear o ar. O candeeiro partiu-se de encontro à parede, e as canelas dele ficaram tingidas de sangue.

Depois, tão subitamente como começara, parou. O meu pai enrolou--se de lado e pestanejou.

Aproximei-lhe uma almofada da cabeça.

– Pai?

As cores regressavam-lhe à pele, mas ele ainda não soltara um único som. Por fim, chegou-me um arquejo baixo e, imediatamente a seguir, um vómito. Segundos depois, senti o fedor das suas fezes.

Só então gritei pela minha mãe.

Ela tinha comprimidos. Comprimidos que, pelos vistos, guardara havia algum tempo. Nessa noite, deu-lhe o primeiro. Era uma mulher bondosa, demasiado clemente, mas também se sentiu, grande parte da vida, zangada com uma lealdade e uma inibição que poderiam parecer um cárcere. Fora essa mesma inibição, julgo, que a impedira de chamar um médico. Tenho a certeza de que compreendeu o que se passara, mas, ao invés de o mandar para tratamento, tratou-o ela. Com uma velha caixa de calmantes que disse ter encontrado na gaveta dele. Nessa noite, antes de se deitar, deu-lhe outro.

Julgo que se sentia envergonhada.

O remédio aguentou-o até à manhã seguinte e, quando acordei, fui logo vê-lo. Ainda estava vivo. Na verdade, parecia quase normal, sentado bem direito, encostado à cabeceira a ler um exemplar de *The Nation*. O agradável aroma da sua colónia enchia novamente o quarto.

– Hans – disse, sem olhar para cima –, a tua mãe contou-me que me ajudaste ontem. – Voltou a página. – Obrigado.

– Estás a sentir-te melhor?

– Estou ótimo. Talvez um pouco lento. – Esfregou o pescoço. – E um pouco dorido também, mas já tomei uma coisa para isso.

Aproximei-me da cama. Conseguia ouvir a minha mãe lá em baixo, murmurando com Paulette.

Quando retirei o saco de trás das costas e o pousei no colchão, ele parou de ler. Uma ruga tímida e trémula surgiu-lhe no rosto. Tocou no papel castanho, e a ruga espalhou-se até lhe subir dos lábios com crostas escuras para os cantos dos olhos esgazeados.

– Oh, meu Deus – sussurrou. – Chegaste lá, não foi?

– Sim, pai.

Puxou pelo gargalo de uma das garrafas e voltou-a para ler o rótulo.

– *Hennessy?* – Guardou-a novamente e puxou a outra. – São todas de conhaque?

– A mulher na loja não me deve ter percebido.

Uma expressão de perplexidade atravessou-lhe o rosto, seguida de uma determinação bem calculada.

– Está ótimo, Hans – murmurou. – Vai dar.

Esboçou um sorriso rasgado, que lhe voltou ligeiramente as comissuras dos lábios. Julgo que o meu pai nunca me olhara – ou o fez novamente – com uma tão sentida gratidão.

– Oh, Hans – exclamou. – Isto é perfeito. Obrigado. – Agarrou-me na mão e apertou-a com força. – Sabia que poderia contar contigo para compreenderes.

Já agora, quando hoje olho para os meus próprios filhos, sei que seria Niels quem o teria compreendido. Niels ter-me-ia ido buscar aquilo de que eu precisasse. Isso, em si, constitui um ato de inteligência, tão mal explicado quanto qualquer outro.

O que é, bem vistas as coisas, o brilhantismo? O grande autodidata indiano Srinivasa Ramanujan descobriu muitos dos teoremas fundamentais da matemática sentado indolentemente nos degraus de uma barraca decrépita em Tamil Nadu. Em rapaz, dominava os números Bernoulli e os logaritmos naturais de Euler. Depois, quando, por fim, entrou na universidade, chumbou a todas as cadeiras que não eram de matemática. Que podemos dizer disto? Que o brilhantismo é tão-só um amor obsessivo?

Um homem como Ramanujan olhava apenas para o que lhe agradava. À semelhança do que fazemos todos nós, parece-me. Einstein disse que Deus é subtil, mas não maldoso, e tenho de concordar: o sucesso na matemática é, em grande medida, uma questão de o querermos a ponto de procurar. Procurar dentro da mente, há que acrescentar, uma vez que foi para aí que este saber, qual buraco de uma agulha, lançou o universo, talvez do avesso e de pernas para o ar. A acuidade da visão pode até ser secundária ao mero amor de procurar. A paixão de Ramanujan, aliada à fé do reconhecimento absoluto de tudo: eis as chaves. Dawkins disse, em tempos, que se opunha à religião acima de tudo porque nos ensinava a contentarmo-nos com uma incompreensão do mundo.

Fé e amor – é a isso que se resume.

E quanto aos outros brilhantismos da vida? Julgo que a minha filha é bem mais talentosa em matemática do que o meu filho, por exemplo. Será possivelmente o nome de Emmy que leremos em manuais escolares, como li o do meu pai. Porém, Emmy nunca descortinaria as necessidades secretas de alguém. Já Niels, esse, conhecê-las-ia a um nível profundo, sem que sequer precisassem de lhe pedir.

Nessa semana, a caminho de casa da faculdade, onde ambos tínhamos feito exames, ela olhou para mim, no lugar do passageiro.

– Estás preocupado com o teu pai?

– Nem por isso.

– Ainda bem – retorquiu, mantendo o olhar fixo em mim. – Concentra-te nos estudos. – Voltou a contemplar a estrada.

Encontrávamo-nos num longo pedaço de terra vazia a três quartos do trajeto de volta de Columbus. Sempre que um carro se aproximava em sentido contrário, conseguia vê-la espreitar para os faróis. O meu exame fora acerca de funções próprias e o dela, acerca do sistema circulatório.

– Como te correu o teste? – perguntei.
– Nada mal. E o teu?
– Também nada mal.

Ela sorriu e ergueu o batido da embalagem entre os dois no *tablier*. A caminho de casa, bebíamos sempre um, mas naquele dia ela nem o provara. Era o meu favorito: morango.

– Que achas que se passa com ele?

Nos subúrbios de Tapington, o trânsito complicara-se devido a uma mudança de turno na fábrica de eletrodomésticos, e os carros a entrar e a sair do parque de estacionamento erguiam opalas de luz pelo rosto dela.

– Não sei mesmo – retorquiu. – Mas sei que tu e a tua irmã não se devem preocupar com isso.

– Hans – disse o meu pai –, diz-me que idade tens.
Olhei para ele.
– Estás a falar a sério?
– Claro que sim. Não é fácil quando se tem mais de um filho, para nem mencionar uma mulher. Os números mudam em intervalos irregulares.
– Ora vejamos... Vivi trezentos e noventa e quatro milhões, cento e oitenta e três mil e seiscentos e oitenta... – Voltei teatralmente os olhos para o pulso – e oito segundos.
– Era isso que pensava.

Estávamos de novo no quarto dele. Regressara ao mundo com a maior parte das suas anteriores aptidões, mas continuava a dormir uma sesta depois de voltar das aulas. Tinha a sensação de que se tornara um hábito duradoiro. Todos os dias, um pouco antes das quatro, quando eu e Paulie regressávamos da escola, ele ia-se deitar. Enquanto dormia, andávamos pela casa silenciosamente, mas, mal eu terminava os trabalhos e depois de ler umas páginas de um dos romances de ficção científica por que me começara a entusiasmar naquele tempo, subia para o cumprimentar. Avançava em bicos de pés ao longo do corredor alcatifado, após o que ficava parado à porta do seu quarto. Ao cabo de alguns instantes, ele abria os olhos, sem voltar a cabeça, lembrando um lagarto.

Agora sei que provavelmente queria verificar se permanecia vivo.

– Acordei-te? – costumava perguntar-lhe.

– Estás a partir do princípio de que dormia.

Parecia mexer-se menos. Na cama, os braços repousavam nos cobertores como bocados de madeira. Tinha o cabelo eriçado, os malares macilentos e a testa desprovida de todos os antigos trejeitos e contrações que exibia usualmente. Aparentava estar normal em todos os pormenores, mas, ainda assim, não era ele. Como uma estátua de si, talhada por um artista com técnica, mas sem alma.

– Já agora – disse ele –, como sei que sabes, isso foi só aritmética. Esses trezentos e noventa e quatro milhões de segundos. Tens doze anos. Estou bem ciente disso.

– Certo.

Suspirou.

– A verdadeira matemática seria descobrir porque é que cada segundo parece o último.

– Inteligente.

– Talvez, mas, de forma nenhuma, verdadeiro. – Pareceu pensar por momentos. – Quem sabe se, quando fores mais velho, não verás que é mesmo verdade. Apenas não do ponto de vista matemático. – Aconchegou os lençóis, e uma nova lufada de água-de-colónia chegou até mim. – Adiante... Doze é a idade certa para o que estou prestes a dizer. – Deitou a mão atrás do ombro e, de uma pilha de livros na cabeceira, tirou uma das garrafas de *Hennessy*. – Tenho-lhes juntado água – explicou. – Estás prestes a assistir ao último gole que o teu pai dará. – Agitou a garrafa para me mostrar que estava quase vazia.

– O último gole da tua vida?

– Isso mesmo, da minha vida. – Deitou o pescoço para trás, acabou a garrafa e estendeu-a. – Já agora, não é tão mau como dizem.

– Posso arranjar-te algo melhor da próxima vez.

– Da próxima vez, poderia *eu* arranjar algo melhor, se o quisesses. Mas eis o busílis. *Não* quero. És minha testemunha. – Apertou-me a mão. – Palavra de honra.

Não sabia o que dizer.

– Já fiz algumas coisas difíceis na vida, Hans. Esta só vai ser mais uma delas. – Sentou-se, tirou os pés do colchão e começou a puxar as meias. – Havia quem dissesse que eu não conseguiria algumas dessas coisas, mas mostrei-lhes que estavam errados.

– Que coisas?

– Olha, para começar, alguns problemas difíceis. Resolvi um que se julgava ser irresolúvel.

– Eu sei, pai.

– E descobri que apenas uma pequena parte se deve ao talento. Tudo o resto tem que ver com determinação. Agarra-te àquilo em que acreditas, independentemente de quem te está a tentar afastar. – Olhou-me nos olhos. Com a cabeça voltada, o braço no extremo oposto, começou a tremer. – A vontade é tudo.

– Está bem.

Não desviou os olhos dos meus.

– Olha para mim.

– O quê?

– Concordas?

– Com o quê?

– Com o facto de a vontade ser tudo.

– Acho que sim.

– Então, di-lo.

– Digo o quê?

– Diz: *A vontade é tudo.*

– Não vou dizer isso.

– Porque não?

– Sei lá. Porque é foleiro. Não quero.

– Mas porque é que não queres dizê-lo? Não acreditas nisso?

– Não disse que não acreditava. Talvez acredite. Talvez não.

– Então di-lo. Diz: *A vontade é tudo.*

– Não.

– Diz lá, Hans. Diz: *A vontade é tudo.*

– Não.

– Diz lá, Hans. Diz: Eu, Hans Euler Andret, nunca irei desistir.

– Não.

– Vá lá, Hans. A vontade é tudo. Nunca irei desistir.

– Não.
– Di-lo.
– Não.
Ele refletiu por instantes, sorrindo.
– Boa – rematou.

Nunquam Cede

Sabia que poderia contar contigo para compreenderes.

Teria o meu pai reconhecido algo em mim que eu desconhecia existir? Estaria ele a avisar-me do que viria aí?

Bem vistas as coisas, foi nessa precisa semana que eu, Hans Euler Andret – prodígio matemático, homónimo de matemáticos, aspirante a Castor, filho de um terrível viciado –, comecei a consumir.

Porquê? Acreditem, pensei nisso – penso nisso há *anos* – e ainda não consegui uma resposta. Porquê naquela altura? Porquê de todo? Acabara de ver o meu pai quase a esvair-se em sangue num penhasco; depois, por pouco não sucumbir no leito conjugal de *delirium tremens* e, mais tarde, jurar na minha presença nunca mais tocar numa bebida enquanto vivesse. É claro que deveria ter encarado tudo aquilo como um aviso.

Porém, não o fiz.

Não creio que tenha sido um desejo de autodestruição, tão-pouco um pedido de atenção ao meu pai, ou medo de o perturbar (ou uma tentativa de o fazer), desejo de me diferenciar da minha irmã, ou uma tentativa de me desviar da trajetória vertiginosa que apontara para mim – eis todas as teorias que a minha mulher, os meus amigos, o meu padrinho e os meus psicólogos me foram apresentando ao longo dos anos. Em vez disso, julgo que se tratou apenas de uma satisfação há muito adiada de um desejo físico que acalentava desde o nascimento. A hora, pura e simplesmente, chegara.

Pergunto-me se o meu pai não terá reconhecido isso.

Tapington era uma terreola pequena, sem nada a recomendar à exceção de algumas igrejas, propriedades a bons preços, uma universidade feminina e calma. Ainda assim, descobri uma miríade de escolhas à minha disposição: Erva. Anfetaminas. Metanfetaminas. Cocaína. *Crack*. MDA. Óxido nitroso. Para não referir todas as formas de drunfos (num condado que não precisava de mais depressivos: já tínhamos uma fábrica de polímero fechada, uma fábrica aeroespacial fechada e uma fábrica da Ford fechada). Não experimentei nem cocaína nem anfetaminas. Fumei um pouco de erva com outro miúdo da equipa de matemática e depois fui direito ao MDA.

A *Mellow Drug of America*.

Eis como os meus amigos lhe chamavam. (Já agora, devo dizer que o *Ecstasy*, o primo mais sedutor do MDA, ainda não aparecera em Tapington ou, pelo menos, não no liceu – o que me pode ter salvo a vida.) Quando os traficantes viram quem os esperava entre as bancadas e os contentores de lixo da cantina, lidaram comigo facilmente. Deram-me uma tareia. Já estava marcado por toda a gente por ter saltado imensos anos e, além disso, é claro, era baixo para os meus colegas. Quando voltei, bateram-me de novo, com um pouco mais de violência. Porém, desde a estada do meu pai no Southern Ohio Lutheran – a primeira, havia agora mais de um ano –, sentia um desassossego: parte raiva, parte mágoa, parte desnorte. Não sei porquê, mas baterem-me aliviou, pelo menos temporariamente, a sensação. Mais tarde, foram as drogas. Voltei uma terceira vez.

Nunca desistas.

Por fim, numa tarde quente de sexta-feira, apenas uns minutos depois do toque das três, um deles vendeu-me duas pastilhas: uma verde e outra amarela. Ambas com a silhueta de uma borboleta estampada num dos lados. Era um mundo novo, do qual nada sabia. Desconhecia, por exemplo, se cores diferentes significavam drogas diferentes ou doses distintas. Como é óbvio, não perguntei ao miúdo que as estava a vender. Ao invés disso, fingi indiferença e ceticismo. Lembro-me de ter feito um comentário trocista acerca da borboleta – temia que me estivessem a vender vitaminas para crianças –, mas o rapaz limitou-se a retorquir:

– Até à próxima.

Mal cheguei a casa, tomei uma. Deitei-me sozinho no matagal de ervas daninhas atrás da arrecadação decrépita no quintal descuidado, contemplando o riacho de espuma, enquanto, a poucos metros de mim, no jardim saqueado pelos esquilos, a minha mãe e Paulie se dedicavam a mondar. O meu pai encontrava-se no quarto a dormir a sesta. Vários dias antes, desfrutara lugubremente da sua última bebida. Agora, parecia, eu estava a tomar-lhe o lugar. As nossas vidas empoleiravam-se sobre um ponto de apoio. Tencionava experimentar o comprimido verde na sexta e o amarelo no sábado, mas acabei por os tomar a ambos no mesmo dia com duas horas de intervalo. Há pessoas que não gostam de drogas. Há pessoas que não gostam de perder o controlo.

Bom, eu não era uma delas.

Toda a experiência me pareceu primordial, como se, até àquele momento, Hans Euler Andret só tivesse existido num ovo – uma gema substancial e nutricionalmente fortalecida, isolada por uma almofada branca – e agora debicasse caminho para o mundo. Devo dizer que esse mundo, visto pela primeira vez por um organismo a emergir de uma casca, nos parece surpreendentemente luminoso.

E surpreendentemente significativo, como um filme da nossa própria vida. O meu pai, aproximando-se a medo do alpendre depois da sesta, erguendo a mão frágil contra o sol. A minha mãe, batendo a vassoura nos degraus da garagem até uma nuvem de pó se erguer em redor dela. A minha irmã baixando-se para contar os fios de um dente-de-leão sem lhe pegar. Estava tudo lá, em imagens. A minha família prodigiosamente triste.

Pouco depois disso, já eu comprava sete doses por semana.

De início, pedia o dinheiro à minha mãe, servindo-me da sua expectável bondade. Mais tarde, comecei a roubar-lho da carteira. Quando me apanhou (deveria ter calculado que ela saberia quanto tinha), comecei a roubar aos meus novos amigos (também agarrados ao MDA, como seria de calcular), embora roubar a ladrões não fosse tão fácil quanto isso. Em breve, saqueávamos os cacifos na escola. Depois, o gabinete do treinador, onde eram guardados os pequenos cofres com objetos de valor durante os jogos: fora eu quem descobrira o código, claro.

Em retrospetiva, apercebo-me de que aquele foi o único período da minha vida em que tive um grupo de amigos. (Nada que me entristeça particularmente – nunca quis amizades.) Nós, utilizadores de MDA, éramos um bando afetivo, defendendo a irmandade das nossas metilenedioxianfetaminas. Em abril ou maio desse ano, eu e os meus companheiros passámos todos os furos sob as bancadas numa orla do campo de futebol, contemplando o comportamento da relva recém-adubada. Por vezes, crescia em torres verdes ou manadas de lagartas verde-pasto ou ainda em talos de alumínio verde oscilante. Os meus camaradas eram, todos eles, miúdos sem futuro, e tratavam-me como um dignitário que caíra por acaso entre eles. O seu planeta estava em ruínas. Deambulavam por ele em busca de amarelo e verde. Eu seguia-os, imitando. Nada estava além do meu desejo. Fazia-lhes os trabalhos de casa, ria-me das suas piadas e participava nos apartes amargos acerca dos professores (que ainda respeitava e, de quem, em alguns casos, gostava). Escrevi um trabalho universitário para a filha da minha professora de Inglês. Fiz um *paper* de final de semestre acerca da ética puritana para o filho do pastor metodista da cidade. Tudo em troca de pastilhas, naturalmente.

Entretanto, devo acrescentar, não sabia quase nada acerca da história do meu pai.

Grade parte dos primórdios da vida dele – que se relacionavam com o que eu andava a fazer – só me seria revelada mais tarde; e tudo o que lhe estava a acontecer naquele momento, embora não pudesse ter sido um aviso mais premente ou uma pista mais ameaçadora, parecia não ter qualquer relevância.

Acima de tudo, estava-me nas tintas.

À tarde, eu e o pai deixámos de estudar matemática por completo. Da primeira vez em que lhe disse que não me iria sentar ao seu lado e rever os teoremas necessários, limitou-se a encolher os ombros e seguir caminho até à cozinha. Voltara a trabalhar e parecia não ter disposição para desperdiçar mais tempo. Ao fim da tarde, terminei o trabalho de casa para a cadeira de Análise de Fourier, mas não o enviei no dia seguinte ao professor. Na verdade, fiz os deveres todas as tardes dessa semana, esquecendo-me de os enviar e em todas elas decidi ir com os meus novos amigos para uma casa recém-construída no extremo sul da cidade. Não culpo o meu pai por ignorar o meu declínio – tinha a sua própria desgraça com que se preocupar.

Na verdade, a casa era dos pais de um dos traficantes. A construção suburbana era nova em Tapington, pelo que a garagem com dois lugares e o frigorífico com distribuidor de água eram objetos de pasmo. Aquela parte de Tapington dava para a fábrica fechada da Ford, cujas janelas à prova de roubo haviam sido tantas vezes atacadas ao longo dos anos por pés-de-cabra e tacos de basebol, que se mantinham de pé apenas graças aos restos dos seus arames reforçados, que brilhavam em jeito de desafio à cidade. Uma década de invernos perfurara o telhado de alcatrão em centenas de lugares, e as paredes de tijolo da linha de montagem estavam juncadas de buracos, onde os canos haviam sido roubados. Todo o edifício parecia ter sido alvo de um bombardeamento continuado. Nessa sexta-feira à tarde, mesmo antes de engolir a pastilha, imaginei o meu pai a contemplar a amoreira na expectativa de que o filho tivesse mudado de ideias.

Uma cidade-sombra vivia dentro da fábrica da Ford, homens vergados que saíam ao fim do dia como se terminassem o turno, mas regressavam uma hora depois para retomar a vigília sob os beirais. Deixavam-se cair como bonecas de trapos com os seus sacos de papel na mão. Um deles, uma figura esquelética com um braço amputado, lembrava-me muito o meu pai – o mesmo sobrolho alarmado, o mesmo olhar estranhamente firme de esperança – e, sob o efeito dos comprimidos, comecei, sem aviso prévio, a sentir pena dele. Do meu pai, quero dizer.

Compreendi, de súbito, que o seu intelecto disforme reduzira o mundo a uma fenda claustrofóbica e insensível; que lhe dera um passado de longe mais grandioso do que o presente e o futuro; e que em tais padecimentos ele era já idêntico ao imundo homem maneta, cuja cabeça abanava de um lado para o outro enquanto olhava para o gargalo da garrafa, como se lesse algo lá dentro. Pela vedação de arame no perímetro, observei-o concentrado, com a mesma concentração com que uma versão anterior de mim poderia ter solucionado uma transformada inversa de Fourier ou uma traiçoeira curva integral. O MDA enchia-me de benevolência e uma espécie de sabedoria microscópica, retrospetiva e emocional. Talvez até estivesse a sentir piedade – quem sabe? Podia olhar especado horas infindas.

Devo acrescentar que tinha uma resistência sobre-humana à minha anfetamina empatogénica de eleição. Alguns dos meus amigos estavam em boa forma também; tripavam duas ou três vezes por semana. Aquilo exigia resistência.

Sem saber o que fazia, eu tripava todos os dias.

Não sentia qualquer ressaca. Nenhum dos subsequentes efeitos depressivos: a letargia de abstinência ou a inquietação dorida de que ouvi falar centenas de vezes desde então. Mal começava a sair de uma pedrada, começava a pensar na próxima. Anos depois, quando relatei os meus hábitos adolescentes a um caríssimo psicólogo especializado em abuso de substâncias químicas aquando da entrevista de admissão num lugar chamado Stillwater Farms, ele levantou os olhos do bloco de notas e retorquiu:

— Uau, o senhor deve ter uma química cerebral extremamente rara!

O problema é que não era *suficientemente* rara. Dois meses depois, no exame final do segundo exame de Análise de Fourier, recebi a minha primeira nota abaixo de muito bom.

Tratava-se de um insuficiente.

Em pessoas como nós, o desejo é tão grande quanto a necessidade de comida ou de água, o anseio por toque, luz ou amor. Estava à procura de algo – uma distração, uma ocupação, uma força inquebrantável – que me elevasse, que me erguesse da dissecção melancólica da minha geografia interna, que, de outro modo, me teria consumido sem dó nem piedade, como fizera ao meu pai. Queria pairar sobre mim mesmo – nem que por umas horas – e olhar com tranquilidade para a minha vida.

Sou um viciado. Disseram-me que sempre o serei.

Erros de escrivão

Então, no preciso momento em que me ejetava do lançamento flamejante da minha brilhante carreira matemática, o meu pai decidiu voltar a dedicar-se às cinzas moribundas da sua, já velha e desidratada. Desde que me lembro de existir, vi-o dar aulas, ir às tristes reuniões de professores na Fabricus, reciclar os seus antiquíssimos testes e questionários e atribuir negligentemente as modestas notas semestrais que, a seu tempo, manteriam as alunas afastadas das faculdades de veterinária, farmácia e enfermagem pelo Midwest. Porém, em todos os anos em que acompanhei, mesmo que marginalmente, a sua vida – e embora sempre tenha tido consciência da sua reputação precoce –, nunca o vi envolver-se em qualquer investigação sua.

Acompanhara-o muitas vezes ao seu gabinete na universidade. Situava-se no último andar do edifício de ciências, no fim de um pequeno corredor que albergava um único físico e os três membros do seu departamento. O nome dele, datilografado a branco num retângulo de plástico castanho, estava aparafusado à porta. Lá dentro, uma pequena secretária de aço repousava sob um calendário esmaecido, onde se lia, no decurso de toda a minha infância: Força, Wood Ducks! – Março, 1984. Junto da secretária, havia um quadro de ardósia, mas nunca vi, em nenhuma das minhas visitas, o que quer que fosse ali escrito. Na verdade, nunca encontrei qualquer prova naquela minúscula divisão que revelasse que alguém ali pensasse acerca de matemática. Nem sequer havia giz no devido suporte.

De algum modo, aquilo nunca me intrigara.

Agora, no primeiro andar, em nossa casa, ele criara um espaço de trabalho. Certa tarde, pouco depois de ter presenciado o último gole que daria numa bebida alcoólica, estacionou junto da entrada com a porta da bagageira do *Country Squire* aberta. Pegou numa porta de madeira e em dois móveis de gavetas de metal. De seguida, colocou-os no quarto de hóspedes a uns quantos centímetros de distância, pousando-lhes a porta em cima. Uma secretária. Nela, instalou um candeeiro, uma chávena de café repleta de lápis, meia dúzia de blocos de papel e uma taça de caramelos embrulhados em papel celofane. No tapete em baixo, alinhara três caixotes de cartão, fechados com tampas. No primeiro, imprimira a palavra CERTO; no segundo, ERRADO; e, no último, colocara dois pontos de interrogação.

De seguida, lançou-se ao labor.

Nunca o vira fazer algo assim. Desde que o conhecia, o seu trabalho fora algo para onde ia de carro pela manhã e de onde voltava a meio da tarde, fumando um cigarro e desejoso de um copo (ou de *mais um*, como posteriormente me apercebi). Porém, naquele momento, mal chegava a casa, encaminhava-se para o primeiro piso, direito à secretária, onde se deixava ficar até à hora do jantar. A porta estava, por norma, fechada, mas, de quando em quando, deixava-a aberta. Nesses dias, eu ficava no corredor a observá-lo. Trabalhava de costas voltadas para mim, a cabeça tão inclinada sobre o papel que lhe via as vértebras no pescoço. Ao cabo de alguns minutos, endireitava-se um pouco, fazia uma marca a lápis, um pequeno desenho ou rasgava uma folha do bloco, mirando o que escrevera e colocando-a numa das três categorias. É claro que eu estava em pulgas por saber o que andava ele a colocar em cada uma das caixas.

Porém, mesmo então, de algum modo, sabia que nunca me permitiria, a mim mesmo, abri-las.

Talvez porque, apesar da reviravolta que a minha vida sofrera, também eu era já um matemático. Não que alguma vez o tivesse reivindicado. Nem sequer – por estranho que pareça – me imaginara como tal no decurso da minha curta existência, apesar de uma óbvia precocidade e de um profundo amor pelo tema. Naquele tempo, a minha vida mais não era do que o mundo que se me apresentara. Ora, o que me acontecera nos últimos meses parecia não ser mais significante para o meu futuro do que aquilo que vivera em todos os anos precedentes. (Apercebo--me, agora, de que não era sequer suficientemente curioso acerca da minha própria natureza psicológica para saber que me faltava curiosidade emocional.) Nessa época, andava a consumir todas as tardes e, aos fins de semana, fazia-o quatro ou cinco vezes.

Para ser honesto, talvez estivesse mais ciente do meu pai do que a maior parte dos miúdos da minha idade – mais não fosse graças à sua personalidade introvertida, embora, ainda assim, imponente, ou, quiçá, porque por duas vezes quase o vira morrer –, mas ainda não compreendera a ideia básica de que ele, Milo Andret, era um ser humano por direito próprio, *independente de mim*.

Um ser humano com ambições suas, por exemplo, que ainda acalentava. Que também passara por fiascos. Que estava a viver uma vida, que incluía a minha mãe, a minha irmã e eu, que poderia não ser a que ele teria escolhido.

Desconhecendo-o quase totalmente como pessoa, estava também insciente de mim. (A minha mulher acredita que isto se trata de um traço comum na linhagem Andret.) Contudo, de algum modo, sabia o suficiente acerca dele – porque, de algum modo, sabia o bastante acerca de mim – para compreender que os seus pensamentos imperfeitos eram a essência da sua vida. Eis porque me mantive sempre afastado dos caixotes. Os pensamentos eram o navio em cuja proa ele se postava enquanto os mares repletos de gelo oscilavam a seus pés. Eram suposições calculadamente ultrajantes, zelos elefantinos, profecias lembrando mísseis e uma aposta infinda e indisciplinada quanto ao seu possível valor; iriam ser atacados com uma lógica crescente e ramificada e conhecidos, ao fim de meses de labuta – senão mesmo anos – pelo pasmo maníaco da descoberta ou pelo ferrão imbuído de vergonha da loucura. Tudo aquilo era como uma informação genética dentro de mim. Sabia-o até em adolescente. Sabia-o até enquanto adolescente viciado em anfetaminas. Soubera-o provavelmente em criança. E, de igual forma, também sabia bem que o risco da labuta a que se entregara no novo escritório, apesar da aparente ausência de riscos na vida quotidiana, poderia assoberbá-lo a qualquer momento, ainda mais no seu frágil estado. Sabia que estes riscos mortais eram escondidos todas as noites, que eram mantidos à distância até à tarde seguinte pelas tampas de cartão que ele colocara sobre os caixotes.

Compreendi, mesmo naquela idade, e até no estado recém-alterado, que o trabalho deveria ser reverenciado.

Voltaria a deparar-me com semelhante revelação, uns anos mais tarde, quando, finalista de Matemática, dava os primeiros passos numa dissertação. (Não, nunca a terminei.) Embarquei num tema que envolvia equações diferenciais parciais Shores-Durban, que – pelo menos, à época – eram ainda um ramo relativamente ignorado da teoria da probabilidade. Assim era, vim a descobrir pouco depois, por se afigurarem muitíssimo desconcertantes, até para um matemático. E, porém, aos dezasseis anos, a idade que tinha quando iniciei a investigação, decidi dominá-las. Não só conhecer a fundo aquilo que já se sabia acerca delas, mas desenvolver as suas conclusões para lá do que havia sido feito por alguns dos mais proeminentes matemáticos do século. Estava apoiado – na verdade, tentava *libertar-me* desse apoio – no trabalho de Bachelier, Osborne, Black e Scholes, para não mencionar o brilhante Benoit Mandelbrot.

Nessa altura, vivia em Columbus, num bolorento T3 subterrâneo, que partilhava com dois rapazes a estudar Jornalismo Desportivo e Psicologia do Desporto. O sítio era tão limpo quanto seria de esperar. O meu quarto funcionava também como sala, e, abrindo-se a porta, dava diretamente para o átrio do edifício. Embora tudo o resto nos meus aposentos, desde o saco-cama no chão às roupas atiradas quer para uma pilha de coisas limpas quer para uma pilha de sujas, refletisse a desordem adolescente da minha vida, mantinha a secretária elegantemente vazia – apenas com uma chávena, o papel e a taça de caramelos –, de modo a focar o meu pensamento. Mantinha, de igual modo, as três caixas à mão, para arquivar tudo. Naturalmente, estavam sempre fechadas.

Não sei se aquilo era uma imitação do meu pai, se tão-só uma mesma peça no cérebro de ambos. Todas as noites da minha carreira universitária, reuni as notas e cálculos, datei-os e depositei-os cuidadosamente ou no caixote CERTO, no ERRADO ou naquele onde havia impresso dois pontos de interrogação, tal como vira o meu pai fazer. As tampas entravam na perfeição. Ao fechá-las, parecia estar a deitar os meus filhos à noite.

Pouco depois, já os meus colegas de casa se lhes referiam como «cofres bancários».

Sempre que chegavam numa sexta-feira ou sábado à noite – regra geral, acompanhados de duas raparigas a cheirar às *margaritas* adocicadas que eram servidas em copos de meio litro por todo o *campus* –, tinham de passar por detrás da minha secretária para chegar aos quartos.

Davam comigo ali sentado, naturalmente, auscultadores nos ouvidos, envolvido na minha Shores-Durban (ou nos trabalhos de casa de estudantes de Matemática que corrigia para o meu emprego oficial na universidade e completava – enquanto substituto – para Sigma Chi e Phi Delts). Cumprimentavam-me com simpáticos encolheres de ombros e apresentavam-me às raparigas que haviam convencido a acompanhá-los. Não era um idiota rematado: sabia o que estavam a fazer. Sabia que era um bicho raro, um tema de conversa que subtilmente lhes ajudava a causa. Observava-os a manobrar as presas na direção das portas seguintes, que eram as importantes. Enquanto o faziam, interrompiam-me invariavelmente a matemática, momento em que me davam uma palmada no ombro e fingiam tropeçar nos caixotes ou deixar cair uma das tampas. Eram tipos decentes, mas já estavam nos seus vintes e, apesar de eu me encontrar muito à frente deles nos estudos, permanecia, em termos sociais, sob a sua tutela. Quanto a mim, por norma, agradava-me aquele acordo. Respondia às suas perguntas, explicava-lhes algo sem ironia acerca do meu dia de trabalho, utilizando termos como *co-homologia de grupos* ou um nome nas linhas de *la Valée Poussin*, como se compreendessem as inferências. Eles anuíam. Queriam que as raparigas os encarassem como protetores, um pouco lamechas e, embora não tenha parecido evidente uma hora antes aquando da saída, muitíssimo inteligentes.

– Hans, meu – diria um deles, mexendo-me no cabelo ou folheando um caderno repleto de equações na secretária –, que puseste hoje nos cofres do banco?

As raparigas sorririam – mesmo embriagada, não havia rapariga na OSU que não desse uma festinha a um animal ou cumprimentasse uma criança. Depois de as portas dos quartos se fecharem, ouvia-lhes os suaves risinhos abafados, lembrando gatos numa caixa.

Não sabia em que estava o meu pai a trabalhar. Pressupus que fosse em algo novo. O seu campo – dado à luz no século XVIII pelo meu homónimo Leonhard Euler e a sua curiosidade histórica acerca das pontes de Königsberg – conhecera grandes avanços naqueles anos, desde a dinâmica holomórfica à topologia algébrica direta. O meu pai gostava de desenhar e de pensar com imagens. A partir de diversas pistas, acredito que estava a trabalhar em analogias entre álgebras não-comutativas e nós.

Certo domingo, pouco depois de ele ter instalado a secretária, deambulei pelo andar de cima no início da tarde e topei com a porta aberta, o meu pai já sentado na cadeira. Quando o vi curvado, senti-me particularmente sedento de descobrir em que estaria a pensar. Já passara uma hora com os meus amigos na fábrica da Ford, mas nessa semana andávamos a tomar pó e não os comprimidos, pelo que a dose não era muito clara. Naquele tempo, encontrava-me na agonia de um ritmo frenético e, mal entrei no escritório, dei comigo numa corda que havia sido retesada ao limite. Se caminhasse até um extremo, via no quarto uma série de cores que ainda não haviam sido nomeadas. Se optasse pelo outro, sentia as linhas emaranhadas e adesivas que me ligavam a qualquer outro ser humano no mundo, o meu pai incluído. Aquele minúsculo quarto com uma secretária e três caixas transformou-se num universo. Tendo em conta os efeitos, provavelmente exagerara na dose e, porém, estava ciente de que a pedrada ainda não atingira o auge. Quando o fizesse, queria estar no sítio onde pudesse ver o que ele escondera de mim.

O meu pai sentava-se debruçado sobre o caderno, em bicos dos pés. Tinha os joelhos para cima e o queixo apoiado numa mão, lembrando a escultura do *Pensador* de Rodin, diante da escadaria do Museu de Arte de Cleveland. (Já agora, devo dizer que ela foi alvo do ataque bombista por parte dos Weathermen muito antes de eu ter nascido, tendo sido recolocada no pedestal pelos funcionários do museu sem ser alvo de qualquer conserto. Em criança, sempre que contemplava as feridas de bronze estilhaçado, no local onde a explosão arrancara os pés das pernas, lembrava-me imediatamente do meu pai, por uma qualquer razão que não sei explicar.)

Ele apontou algo, levantando de seguida o lápis e continuando a pensar. Sabia que não o deveria interromper. Junto da cadeira, encontrava-se um minúsculo pedaço de papel que caíra no tapete. Senti-me atraído para ele.

– Olá, Hans – disse o meu pai, sem se voltar.

Aquelas palavras retraíram-me. Depois, o silêncio prolongado voltou a atrair-me na direção do papel. O meu pai atraía-me e afastava-me com os ímanes antipodianos dos seus pensamentos.

– Em que estás tu a pensar? – inquiriu.

– Em nada de especial.

Ele inclinou-se e escrevinhou no papel.

– Então, porque estás a ranger os dentes assim?

– Estou?

Sem responder, voltou aos seus cálculos. Fui obrigado a abandonar o desejo de o conhecer. A minha atenção fora novamente roubada pelo papel, que começara a emanar uma pálida luz azul, como se um pedaço de céu tivesse caído pelo teto na sala. Oscilei a cabeça até ter atingido uma paralaxe. Estava agora de novo no extremo da corda, onde as linhas no papel emanavam os significados precisos de palavras, de acordo com a sua inclinação e sombra. O desenho era de um tesserato giratório com pinceladas grossas que revelavam o afeto envolto em raiva que o meu pai por vezes nutria em relação à minha mãe. Tratava-se de um tesserato facetado e fora escrupulosamente dividido ao longo do próprio papel, dobrado em oito e desdobrado antes de nele se ter desenhado, de forma igual em cada oitante.

Um ruído alto fez-se ouvir lá fora. Desconcentrei-me por instantes. A folha deixou de ser um pedaço de céu e ficou apenas um papel, recém-arrancado do caderno. Na verdade, nem fora dobrado. O meu pai conseguira esse efeito apenas com o lápis. Era um artista extraordinário. Aquilo partiu-me o coração.

– Diz: «Nunca irei desistir.»

– O quê?

– Diz, Hans.

– Outra vez não.

– Lembra-te de que a vontade é tudo. Lembra-te, Hans... Os Andret nunca desistem.

Deixei-me ali ficar até ele olhar para mim. Senti-me inundado por uma lufada da sua água-de-colónia e detetava-lhe os diferentes componentes quais tiras separadas de uma bandeira esvoaçante, num longínquo campo de árvores da lima ao sol.

– Estás bem? – perguntou ele bruscamente.

– Sim.

– Ainda os estás a ranger.

– Não. Já parei.

Ele continuou a observar-me.

– Vá lá – disse, acenando com a cabeça –, guarda-o na caixa.

– O quê?
– Guarda-o na caixa.
Apontou para a minha mão. Tinha o pedaço de papel.
– Vá lá – repetiu –, guarda-o na caixa.
– Em qual?
A verdade é que sabia em qual deveria estar. A caixa com os dois pontos de interrogação ganhara o brilho azul, ondulando em suaves pregas como se o céu se houvesse refletido na água. Aproximei-me, levantei cuidadosamente a tampa e pousei o papel em cima dos outros.

– Que raio é isto? – perguntou-me no dia seguinte, antes do jantar, agitando um envelope. – É um erro?
Acima do lava-loiças, onde outrora guardava as garrafas de *Marker's Mark*, a minha mãe empilhara as suas caçarolas. Estava a tentar tirar uma.
– Milo – exclamou.
– Que é?
– Deixa-o em paz. – Pousou a caçarola no balcão, acrescentando:
– Talvez tenha sido o pai dele quem chumbou.
– Mas que raio é isto? – repetiu ele, agitando-me o envelope diante dos olhos e abrindo-o, de seguida, para que a carta me caísse nas mãos.
– Espero bem que seja um erro.
– Ah, isso – retorqui, num tom neutro. – É a minha nota.
– Sim, da OSU – respondeu. – E?
– E tive insuficiente.
– Sim, pois tiveste, Hans. Tiveste insuficiente.
– Foi só um, pai.
– Sim, é verdade... Só um. – Estalou os dedos. – Mas só tiveste insuficientes, não é? *Visto que só frequentaste uma cadeira!* – Inclinou-se colando a cara à minha. – És o campeão de matemática do estado do Ohio – declarou devagar – e estás orgulhoso de só teres tido insuficientes?
– Co-campeão. – Outro rapaz empatara comigo. – E não disse que estava orgulhoso.
– Então, que aconteceu, posso saber?
Sei o que ele esperava que eu dissesse. Ao longo de toda a minha carreira académica, os *erros computacionais* sempre foram a minha desculpa

de eleição. À semelhança de tantos outros matemáticos, o meu pai atribuía muito pouco valor ao cálculo. Na verdade, estava a dar-me uma saída.

– Não me podes transformar naquilo que tu querias ser – optei por responder.

Olhei para cima para ver como reagiria. Estava a recuperar da pedrada da tarde e senti, quase imediatamente, o peso das minhas palavras. Porém, vira-o furioso inúmeras vezes e já nada me perturbava. Aquela era a sua oportunidade de se redimir.

Ao invés disso, o meu pai olhou através de mim, como se tivesse topado com um vislumbre de uma das suas soluções.

– É verdade – rematou. – Era exatamente isso que estava a pensar.

No fim de semana seguinte, algumas horas depois de ter vagueado até casa vindo da fábrica da Ford, o meu pai chamou-me, a mim e a Paulie, e meteu-nos na carrinha. Conduziu ao longo de Lincoln Road e pelas margens do Pitcote. A faixa de rio voltava perseverantemente ao cabo de anos de descargas da fábrica de polímero e da Ford. Num dos pauis, para escárnio da força laboral inativa de Tapington, havia sido estabelecida uma área de reserva. Nos baixios arenosos, fora colocado um longo passadiço de cedro entre os salgueiros, que formava uma espécie de dédalo pelas angras, tão paradas quanto lagos. Na distância, as filas de chaminés fabris nos arredores de Tapington já não se encontravam ligadas aos céus pelas suas perversas cordas brancas.

– Cá estamos – anunciou o nosso pai, parando num estacionamento de gravilha.

Era noite. *Bernie* adorava aquele lugar, mas tínhamo-lo deixado em casa. Eu e Paulette seguimos o nosso pai pelo trilho de tábuas. A água encontrava-se coberta por um tapete de algas e a vegetação coaxava com sapos. No caminho, ele estivera invulgarmente silencioso e agora assim permanecia, caminhando diante de nós. O filantropo que pagara a reserva era de Nova Iorque e, ao invés de construir uma fábrica para a população desempregada de Spartan County, comprara centenas de hectares de uma excelente frente de rio industrial e transformara-a numa reserva natural. Na maior parte dos dias, podia andar-se por ali uma tarde inteira sem se ver outro ser humano.

Passeávamos havia cerca de meia hora, avançando e retrocedendo pelos passadiços, quando o pai estacou de súbito.

– Hans, Paulie... fiquem aqui. Já volto. Se não regressar dentro de vinte minutos, podem vir buscar-me. Estarei no carro.

– O quê? – retorquiu Paulie. – Não quero ficar aqui sozinha com ele. – Apontou para mim, franzindo o nariz.

– Hans, toma conta dela.

Afastou-se, quase a correr. Parecia que tanto eu quanto Paulie tínhamos ficado em choque. Por detrás do muro de vegetação, o som dos passos dele lembrava uma linha de pedras a cair à água. Depois, foi esmorecendo, até que o som dos sapos aumentou novamente. O crepúsculo aproximava-se e o coaxar parecia uma orquestra de flautins à espera de um maestro.

– Boa – exclamou Paulette, sentando-se e balouçando as pernas sobre a água.

– Quélidras serpentinas – disse eu. – Cuidado com os pés.

– Exato. Isto é fantástico. Estou presa numa floresta poluída com um drogado paranoico.

– De que é que estás a falar?

Ela não respondeu, pousando as pernas nas pranchas. Levantou-se e aproximou-se de mim.

– Bom, Hans – explicou –, se ainda não percebeste, o pai está furioso.

– Comigo?

– Sim, contigo.

– Porquê?

– Estás a brincar? Olha bem para ti, seu drogado. És o Capitão Falhado.

– Por causa da nota? – Estranhamente, ocorreu-me que o meu pai, que nunca mencionara as minhas idas à fábrica da Ford, na verdade, soubesse delas, enquanto a minha irmã, sempre a acusar-me de ser toxicodependente, não fazia ideia.

Paulie inclinou-se para apanhar uma lasca de madeira. Deixámo-nos ali ficar algum tempo, lado a lado, à espera do pôr do Sol. Porém, o céu estava nublado e o ar tão húmido que o sol nunca se pôs; limitou-se a desistir, exausto, e a desaparecer. Pouco depois, os sapos começaram a coaxar e, em breve, pareciam um dormitório cheio de despertadores, a disparar a cada segundo de uma direção distinta.

– Ele sente que desperdiçou o seu tempo contigo – acabou Paulie por dizer.

Aquilo pesava-lhe, eu sabia. Ambos tínhamos noção de que também ela tinha talento para a matemática, apesar de o nosso pai o ignorar. Pousei-lhe a mão no ombro.

– Aquelas plantas parecem padres – retorqui, apontando para a fila de retângulos brancos que brilhava em nosso redor no crepúsculo.

– Para com isso, Hansie. Não me faz sentir melhor.

– Olha, Paulie, só quero saber para onde terá ele ido. Que raio estará a fazer? Já passaram bem mais de vinte minutos.

– Ele quer perceber se tu descobres o caminho de volta para o carro, Hans.

– O quê?

– Para o carro. No escuro. Como *ele* consegue.

– Ótimo.

– Bom, consegues?

Olhei em volta. Não havia luar. Para leste, estendia-se o céu negro; para oeste, o brilho distante da cidade. Em nosso redor, a luz débil colava-se às docas prateadas e às plantas altas e brancas, deslizando para longe de tudo o resto.

– É noite, Paulie. Andámos durante muito tempo. Nunca conseguirei. Ele não te deu uma lanterna?

– Eu consigo – replicou ela. – Sei como o fazer. – Apontou na direção do estacionamento.

Como é óbvio, eu também conseguia. Sempre fora capaz de fazer exatamente o que o meu pai fazia. Porém, ao invés de o fazer, pedi-lhe:

– Porque não indicas tu o caminho?

No escuro, os olhos dela brilhavam. Paulie voltou a baixar-se e ouvi o som das sandálias de encontro à água.

– Porque sou o último recurso – disse. – Estou farta disso.

– Vá lá, Paulie. Vai à frente.

– Tens de ser *tu* a fazê-lo.

Abanei a cabeça.

– Ele só está a tentar fazer de mim uma versão em miniatura dele, Paulie. E sabes que mais? Para a merda com o Milo Andret. Não vou acabar como ele. É que nem pensar.

O sorriso dela brilhou.

Vinte minutos depois, quando chegámos ao carro, ela bateu no para-brisas, e o pai inclinou-se, abrindo-nos a porta.

– Muito bem – declarou, estendendo o braço sobre o encosto de cabeça para me dar um aperto de mão.

– Ele teve de me seguir – explicou a minha irmã.
– A sério? É verdade, Hans?
– Sim, é – retorqui.

– Sabes – declarou o meu pai no dia seguinte –, não me importo se acabas ou não em matemática.

– A sério?
– Eu próprio não tencionava acabar aqui.

Apanhara-me no quarto mesmo depois do meu passeio diário. Ultimamente, eu reparara que se algo interferisse com o auge da minha pedra – a minha irmã a cumprimentar-me da cadeira-baloiço do alpendre enquanto eu me encaminhava para as escadas ou a minha mãe a pedir-me para pôr a mesa quando eu passava pela cozinha –, ficava violento como um cão raivoso. Mesmo *Bernie*, que corria até à vedação com um pau sempre que me aproximava de casa, deixara de o fazer.

O meu pai estudou-me.

– Alguns miúdos ficariam curiosos com uma declaração deste tipo: que o pai não se importa com o que eles farão.

– E?
– E – ecoou ele de volta.

Aproximou-se do canto do quarto e passou os dedos pelas folhas da minha figueira. A uns quantos centímetros da superfície de terra, guardava cerca de cem doses, divididas em três caixas de rolo fotográfico, cada uma delas selada dentro de um saco de plástico.

– Jantar – anunciei.
– Espera.
– Que é?
– Sei para onde tens ido.

Sentei-me.

– Que queres dizer com isso?
– Quero dizer exatamente aquilo que disse. Sei aonde tens tentado ir.

— E onde é isso?

— Longe de onde deverias estar.

Olhei para ele.

— Ah, isso – respondi.

— Não podes lutar contra quem és.

— Que pensamento interessante. Qual é a prova?

— É um axioma.

— E que axioma é esse?

— O primeiro.

— Ah.

— Hans, tu és um matemático – disse-me, perscrutando-me de perto.

— Acabaste de me dizer que não te importas se sou matemático ou não.

— Tens razão – replicou ele. – *Não me importo*. Mas tu é-lo. É só isso que quero dizer. Não podes fugir. É o teu destino.

— Bocejo.

O olhar dele metamorfoseou-se nesse instante.

— A questão é... – Conseguia ver que estava assoberbado de ideias.

— O quê? – perguntei. – Qual é a questão?

— A questão é que... – a mão voltou a aproximar-se da figueira – o que fazemos é...

— Sim?

— Os matemáticos, Hans. – Havia algo na sua voz. – Somos os estarolas, sabes? Está tudo intrujado. Nem sequer encontramos aquilo que procuramos. – Abanou a cabeça e voltou-se para a janela. – Estamos destinados a falhar.

Desviara os olhos de mim, mas vi-o na mesma: limpou o rosto.

Levantei-me da cama e dei-lhe uma palmadinha no ombro. Quando ele se voltou, abracei-o. Foi a primeira vez que lhe toquei, provavelmente, em anos. Ele cheirava a limas, como sempre cheirara, mas estava a tremer um pouco como um colibri. Estreitei-o com mais força. Inclinei a cabeça até conseguir ver os meus braços em redor do tronco dele e as suas estreitas omoplatas a oscilar para cima e para baixo. Para ser honesto, não sabia quem estava a fazer o quê.

Porém, passado pouco tempo, ele acalmou-se. Ergueu a mão, e percebi que limpava os olhos. Naquela altura, era um pouco mais alto do que eu, o que me fez afrouxar o abraço. Quando, por fim, o libertei, guiando-o na direção da porta, ele voltou-se e olhou para mim.

– Obrigado – foi tudo o que disse.

Ao longo dos anos, muitas coisas aconteceram entre mim e o meu pai, mas poucas poderiam ser mais importantes do que aquela tarde no meu quarto, quando o abracei. Por vezes, ao analisar a minha vida em retrospetiva, penso se não estarei hoje vivo graças àquele único momento. Visto de longe, tudo vai dar ali, como uma prova.

Ainda acredito no que ele disse: *Estamos destinados a falhar.*

Na altura, encontrava-me nas garras da gravidade – forças negras cuja contraparte ainda não havia emergido para me endireitar. O meu pai, como é óbvio, continuava a lutar a sua própria batalha desamparada naquela guerra longa e ímpia. Nos meses seguintes, tentou convencer--me mais umas quantas vezes a voltar a estudar matemática com ele. De quando em quando, acedi, sentando-me no banco sob a amoreira. O meu pai abandonara a progressão metódica ao longo dos quatro ramos da disciplina e começara a lecionar assuntos desconexos, uma tática que, hoje percebo, pretendia atrair-me de volta. Esperava que algo remoto me chamasse a atenção. Começou a trabalhar não as bases metódicas do pensamento lógico, mas antes problemas fascinantes que naquele tempo permaneciam por resolver: enigmas carismáticos para pessoas como nós. A hipótese de Riemann. A conjetura de Poincaré. A pergunta inexorável de Kepler acerca dos agrupamentos das esferas. Esperava poder partilhar, uma vez mais, algo com o filho.

Porém, não o deixei.

Não nessa altura, pelo menos. Com uma sabedoria recém-adquirida pelas drogas, sentia a desagradável pequenez desse seu desejo. O meu insuficiente em Análise de Fourier foi seguido, seis semanas depois, por um suficiente em Equações Diferenciais Parciais e, de seguida, por um outro em Métodos Numéricos. No fim desse semestre, as nove doses de MDA tinham escalado para doze ou treze – um número assombroso até para um adolescente saudável. Sempre que voltava para casa, invaria-velmente pela noite, ia direito ao lava-loiças e bebia três copos de água. Caso contrário, julgo que poderia ter secado até mais não ser do que uma mancha de pó branco.

Estamos destinados a falhar.
Não sei se alguma vez senti tanto alívio com um saber.

Devo acrescentar, já agora, que os meus companheiros de casa acabaram por estar certos. Aquelas caixas tornaram-se, de facto, cofres bancários. As equações diferenciais parciais Shores-Durban, sabemos hoje (em parte, graças à minha dissertação incompleta), podem ser aplicadas a microflutuações em quase todos os tipos de servo-equilíbrios de multijogadores massivos, incluindo – tal como Marcus Diamond, vice-presidente para o recrutamento de tecnologia na Physico Partners Capital Management, não deixou de assinalar aquando da sua viagem a Columbus – os mercados derivados.

5 CONJETURA

A singularidade triestadual

Então, certo dia de verão, no ano em que fiz catorze, pouco depois de ter terminado o secundário, tudo o que pensava acerca da minha família voltou a mudar. Numa manhã quente de junho, o meu pai chamou-me a mim e à minha irmã e meteu-nos no *Country Squire*, onde a minha mãe já se encontrava à nossa espera. Não parámos no limite da cidade; não parámos na fronteira do condado. Não voltámos para este na direção dos rápidos nem para leste, rumo ao vacilante escorrega de água em madeira, cuja imagem esmaecida sobre as palavras REFRESQUE-SE! constituía o único painel publicitário em Tapington. Só ao cabo de uma hora de viagem para norte reparei nas duas malas inchadas e atadas com um cinto na bagageira do carro. *Bernie* pousara o focinho sobre uma delas.

Era sábado e eu já estava pedrado havia umas três ou quatro horas.

– Mãe – acabei por dizer –, aonde vamos nós ao certo?

– Não sei, querido.

Paulie levantou os olhos do livro.

– Como é que *tu* podes nem saber?

A minha mãe pôs-se de perfil e sorriu timidamente.

– O teu pai não me quer contar.

– Então, porque é que estás a sorrir assim? – quis Paulie saber.

– Porque, pelo menos, sei que vamos de férias.

– O quê?! – exclamou Paulie. – Não nos disseste isso! – Bateu no ombro do meu pai. – Não podes pura e simplesmente levar-nos a algum lado sem nos dizer ou sem explicar para *onde* vamos. – Voltou a bater-lhe uma e outra vez lembrando um pica-pau. – Isso é rapto.

– Também não te vou dizer a ti – retorquiu ele, dando-lhe uma palmada na mão.

– Diz-nos!

– Não digo.

– Porque não? – quis eu saber.

– Porque é um mistério.

– Interessante, pai – retorqui. – Isso é um solipsismo.

– Não é um solipsismo, Hans Esperto. Solipsismo é filosofia. Foi apenas uma frase autodocumentada. – (Aos doze, a minha irmã era discípula de Kurt Gödel.) De seguida, acrescentou: – As pessoas não sabem usar bem os termos.

– É um solipsismo, Pequenette.

– Não tem nada que ver com um solipsismo. Solipsismo consiste na noção de que a mente só conhece as suas próprias construções. Foi uma frase autodocumentada.

– Que é um tipo de solipsismo.

– Já chega – interveio a minha mãe.

Silêncio. Naquele momento, viajava de carro com a minha família enquanto me observava a viajar de carro com a minha família. Por vezes, observava-me a observar-me. Sabia que nos aproximávamos de uma singularidade, um ponto num mapa que era partilhado por três estados distintos – Indiana, Ohio e Michigan – e que, contudo, não pertencia a nenhum deles. Porém, em breve curvámos um pouco para leste, e percebi que a nossa oportunidade nos escapara. Pouco depois, passámos por uma tabuleta onde se lia: BEM-VINDOS AO MICHIGAN. Tratava-se de um letreiro novo e brilhante, mas pareceu-me um cartão de mau gosto. Voltei-me e vi-o desaparecer. Dali a um bocado, chegámos às saídas para Detroit e depois para Kalamazoo. Seguimos em frente. De seguida, passámos por uma série de estreitos túneis de um azul-elétrico na paisagem que rapidamente descobri serem aberturas que nos ligavam ao outro lado da terra. O céu ali também ostentava a cor do dia. Comecei a duvidar da maior parte das coisas que conhecia.

– Bom – disse, por fim, para quebrar o silêncio mortal.
– Lake Country – exclamou o meu pai, sorrindo à minha mãe.
– Lindo – retorquiu ela.
Oh, claro, lagos.
Paulette olhava-me fixamente.
– Que é? – perguntei-lhe.
– Que é? – ecoou ela de volta.

Com aquela única enunciação, a minha pedrada desapareceu. Por vezes, as palavras tinham esse efeito, conseguiam alterar tudo num instante, e, retirando-me do éter luminífero, devolviam-me à pesada densidade gravitacional da minha família. Ali fiquei, entorpecido. Quilómetros de floresta continuavam a passar velozmente pelo para-brisas. *Bernie* mexeu-se atrás de mim e lançou-me o seu hálito quente de encontro ao pescoço. Voltei a sentir os efeitos da droga; entrava na fase serena. Pensamentos colavam-se ao teto do meu crânio, onde, se me inclinasse, os podia ver, agarrando-se quais morcegos. Reparava em pormenores. O fumo do cigarro do meu pai, enrodilhando-se de forma inteligente rumo à nesga aberta da janela. A oscilação sincronizada dos brincos da minha mãe. Seguíamos por uma sinuosa estrada secundária de duas faixas. Conseguia sentir as curvas no alcatrão como segmentos de um círculo maior, cada uma delas evoluindo para uma circunferência ainda mais larga. Os corpos de água por que passávamos anunciavam-se com um adelgaçamento das coníferas e depois com uma curva ou duas de pântanos, pontilhados de lírios que se assemelhavam a chapéus femininos flutuando pela corrente. Estava ciente das mulheres por debaixo deles, pisando cuidadosamente o fundo escorregadio.

Seguíamos viagem. As barras verde-escuras de pinheiros. As manchas de sangue das flores silvestres nas bermas da estrada. Aqui e ali, nos intervalos das árvores, surgia um novo lago – um surpreendente quadrado de um verde-azulado refletindo as nuvens altas e prateadas. Almoçámos numa praia e, no momento em que terminávamos as sanduíches, as copas das árvores inclinaram-se e começaram a rumorejar.

Depois de comermos, nadámos, cada um ao seu estilo. O meu pai mergulhou, susteve a respiração e voltou uivando para a margem. A minha mãe nadou numa linha metronómica até ao ponto onde se avistava um pedregulho, após o que iniciou o caminho de volta. Paulie manteve-se nos baixios, mergulhando as mãos para se molhar como uma velhota na banheira. Eu optei pelos bruços na zona funda, enquanto *Bernie*, meu salva-vidas, chapinhava junto a mim. Olhando para baixo, via sempre a mesma pedra brilhante, piscando nas profundezas.

Depois do mergulho, secámo-nos e voltámos a entrar no carro. Era fim da tarde e a minha pedrada diminuíra. Continuámos em silêncio. Algures a noroeste de Jackson saímos da estrada pavimentada e entrámos numa outra mais estreita de gravilha, subindo ao longo de um grande prado e descendo, de seguida, rumo às árvores. O chassi raspava nas raízes. Os mosquitos começaram a aparecer: de início, fora do carro, mas, logo de seguida, dentro. A minha mãe inclinou-se e bateu no pescoço do meu pai. *Bernie* saltava à janela.

Uma velha ponte de madeira sobre um riacho largo e lamacento. O meu pai parou o carro e desceu até à margem. Ali a terra era pantanosa. Ele tirou os sapatos e entrou pelos caniços, abrindo caminho entre eles até se encontrar inclinado sobre um dos pilares. Ao cabo de alguns momentos, regressou.

— É sólida — disse, ligando o motor.
— Tens a certeza? — quis a minha mãe saber.
— Sim.
— Cem por cento?
— Não — replicou ele, avançando.
— Nada é cem por cento, mãe — expliquei. — Nem sequer a gravidade.

Eis aquilo que descobrira na altura ser uma das pedras angulares do meu pensamento: a ideia de que a física era apenas uma média dinâmica e que todos nós — as nossas vidas e destinos — éramos só tendências estatísticas ponderadas, nas quais poderiam de facto ocorrer afastamentos. Na verdade, assim tinha de ser.

A ponte aguentou.

Sob as rodas, as tábuas chocalharam ruidosamente e, ao cabo de alguns instantes — instantes esses nos quais a minha mãe levou a mão ao peito, ao ombro do meu pai e depois à maçaneta da porta —, descemos novamente para uma península na floresta. Bem poderia ser uma selva. O meu pai conseguia abrir as janelas, apesar de pairar no ar um odor a lama e cortiça. Aqui e ali, enquanto avançávamos, a cortina de vegetação formava túneis baixos com vista intermitente para um corpo de água incaracterístico. Aproximávamo-nos da margem, mas, até de perto, mal o conseguíamos ver. Apenas fragmentos ocasionais de umas águas castanhas, preguiçosamente embaciadas.

Quando, por fim, saímos das árvores, encontrámos a casa, a minha mãe mostrou-nos novamente o perfil. Estava perplexa.

O meu pai desligou o motor. Um casebre de madeira em ruínas tremeluzia num pedaço de luz.

– Milo?
– Sim.
– Tens a certeza de que é aqui?
– Sim.

As escadas na entrada estavam rachadas, o telhado, atapetado de musgo e a tinta cinzenta e baça descascava em longas tiras verticais, como se um urso ali andasse a afiar as unhas. Duas vidraças rachadas brilhavam junto da porta. Ouvia-se um zumbido.

– Que é isto? – perguntou a minha mãe.
– A vida da floresta – retorquiu o meu pai.
– Insetos – explicou Paulette.

A minha mãe pôs-se hirta.

– Bom, será que ao menos a limparam? Pediste-lhes que a limpassem?
– É uma casa do *lago* – disse o meu pai. – Não a quereríamos limpa.

Tínhamos acabado de transportar as malas pelas ervas até à entrada, quando a minha mãe surgiu com uma vassoura nas escadas. Levantou o queixo, caminhou até à orla do silvado e despejou o caixote de lixo no chão. Vi um corpo escuro e uma cauda longa e avermelhada. Depois, continuou a varrer.

O piso térreo assemelhava-se a um refeitório de um campo de férias há muito abandonado. Uma mesa de madeira esburacada. Uma panela de ferro ainda gordurosa e uma pilha de pratos enferrujados. Uma velha lareira que soltou um odor a cinza molhada quando o meu pai abriu a porta do alpendre. Nas paredes, quadros poeirentos de patos.

No primeiro andar, havia dois quartos simples situados sob as goteiras. A minha mãe enfiou um dedo num dos colchões, e uma onda de pó formou-se no ar. Pegou novamente na vassoura.

– Quanto tempo vamos nós ficar? – gritou para a sala.

– Até ao fim da semana – retorquiu o meu pai bem-disposto.

No forro do meu casaco, trazia o suficiente para três semanas.

A minha mãe olhou para mim.

– Por mim, tudo bem – disse-lhe.

– Boa – retorquiu ela. Acrescentando de seguida: – Talvez a consiga limpar até então.

Nessa noite, a minha mãe veio ter comigo ao pontão, que se estendia sobre os baixios de uma longa e lamacenta enseada. Numa mão, segurava um copo de vinho e na outra trazia a garrafa, o que era inédito. Sentou-se ao meu lado. Eu tinha estado a antecipar a satisfação da dose do dia seguinte.

– Bom – disse ela –, parece-me que o teu pai conseguiu encontrar o único atoleiro lamacento em todo o estado do Michigan.

– Parece que sim, mãe.

Em nosso redor, a fauna punha a jeito os instrumentos para a noite. Os grilos entretinham-se com uma vibração metronómica e uma rã solitária, algures nos caniços, soprava uma série contrapontística num tom baixo, uma e outra vez. Uma nuvem imensa de insetos desajeitados girava sobre nós, uns embatendo nos outros e descendo de seguida em pares desvairados até à água. Todos eles aterravam na superfície, agitando-a ao de leve antes de se ouvir um pequeno borrifo mergulhado.

A minha mãe olhou para a nuvem de asas e antenas.

– Ephemeropteras – disse ela.

– Parecem estar a suicidar-se aos pares.

– Tens razão. – Recostou-se e soltou um suspiro. – Estão a acasalar.

Bebeu um gole e soltou uma gargalhada rouca.

– Até gosto disto aqui, mãe.

Ela não respondeu.

– É tranquilo – expliquei.

– Por vezes, gosto mesmo de um copo de vinho – disse ela. – Voltou-se para mim a sorrir. Quando me deitei nas tábuas do pontão, para contemplar o céu, ela imitou o gesto. O volteio desenfreado dos insetos diminuíra e, pouco depois, os derradeiros solteiros desesperados desciam até ao lago. Dali a nada, até os peixes haviam perdido o interesse. Então, como se uma campainha de mudança de turno tivesse tocado, uma espécie mais pequena de inseto ganhou vida. Surgiram milhares de furtivas manchas dardejantes, gradualmente redemoinhando numa única nuvem turva que zunia acima de nós qual cabo de alta voltagem.

– Hans – disse ela –, importas-te que te pergunte uma coisa?
– Já perguntaste.
Esperei.
– Diz lá – pedi.
– Ah – exclamou ela. – Ah. – Apontou para cima. A lua já surgira e, contra o seu halo, conseguíamos ver que um pássaro de rapina entrara na nuvem de insetos. Agitava nervosamente as asas contra aquela massa espessa, mergulhando e investindo para a frente, para abrir caminho. De seguida, desapareceu no escuro. Em breve, surgia outro, acrescentando o seu míssil predador ao circo.
– Aquilo são gaivotas?
– Não me parece, mãe.
– Andorinhas?
– Julgo que são morcegos.
– Morcegos? – Sentou-se. – Sim, tens razão. São definitivamente morcegos. – Ouvi o gluglu de um líquido a ser derramado e depois a garrafa a ser pousada na madeira. De seguida, ela disse: – O teu pai costumava ter um apartamento lindo, sabias? Janelas de chumbo e uma lareira de pedra. Era um professor catedrático. – Bebeu um gole.
– Não há problema – respondi.
– Morcegos.
– São mamíferos, mãe.
– Havia caminhos lindos em volta de Princeton, Hans. Caminhos onde se podia passear uma tarde inteira. Também havia bastantes lagos em New Jersey. E todos foram tratados com bom gosto. Lá, consegue-se arranjar amêijoas fritas junto do mar. Espero que um dia possas provar uma na praia, querido. Há todo o tipo de seres humanos mundanos na costa leste que fazem coisas agradáveis, viajam para sítios interessantes e trabalham para se autoaperfeiçoarem. – Passou-me a mão pelo cabelo. – Por vezes, penso nisso.

*

Na manhã seguinte, acordei com o som das ondas a bater na margem. Sentei-me no colchão de borracha e olhei pelas redes do alpendre. No outro lado do pólen e das teias de aranha, a água estava tão castanha e parada como um lodaçal. Foi então que percebi que som era aquele: a minha mãe encontrava-se já nos degraus, varrendo.

Paulie sentou-se atrás de mim.

– Estás a limpar uma casa alugada? – gritou.

A minha mãe parou.

– Porque a vida é isso, querida.

A minha irmã esboçou um esgar.

– Não percebo – murmurou.

– Pensa na questão, Pequenette.

– Tenho pensado nisso.

– É um símile – expliquei. – A vida é limpar uma casa alugada.

– Mas não é coerente. É uma frase com lógica, mas não é lógica. Eis a mãe. E, para tua informação, Hans, é uma metáfora e não um símile.

– Por favor, Hans. Por favor, Paulette – disse a mãe. Encostara-se às redes. – Vamos tentar ser gentis um com o outro. Será que conseguem? Podemos fazer isso por uma semana?

– Claro – retorqui. – Até sábado.

– Ainda bem – rematou Paulie. – Gostaria muito, mas seria um recorde para ele.

– Gostares de *alguma coisa* seria um recorde para ti.

– Por favor, meninos... Será que podemos?

Não sei como, mas, por alguns dias, conseguimos. Tréguas. Depois do pequeno-almoço, eu e Paulie caminhámos pela margem. Quando o sol já se encontrava sobre as árvores, começámos a ficar cansados de apanhar rãs do tamanho de toranjas. Ao fim de algumas horas, limitámo-nos a sentar na relva alta, esperando, quais Budas, que elas nos saltassem para as mãos.

Aquela ideia viera-me no momento em que começava a sentir os efeitos crescentes da droga. Raramente, estivera acompanhado de outras pessoas que não os meus amigos nessa fase da pedrada, pelo que naquele momento dava comigo a olhar para Paulie com um carinho desconhecido.

(Na verdade, tomara uma dose mais pequena do que o habitual – uma pastilha amarela ao invés da verde –, mas, naquele ponto da minha carreira, conseguia conjurar a maior parte dos poderes observatórios da droga sem tomar o que quer que fosse; ainda assim, era exatamente por aquele tipo de benevolência, exatamente por aquele sentimento de unidade com o mundo, que ansiava. De súbito, pareceu-me plausível que Paulie e eu fôssemos amigos.)

– Uau – exclamei. – Olha para isto! Olha para tudo isto!

– Estou a olhar, Hansie.

Tínhamos as palmas das mãos escorregadias de excreções. Em nosso redor, nos caniços altos, as estreitas barras azuis dos zygopteras sacudiam-se para cima e para baixo lembrando elevadores. Mais perto, entre a selva de caules, uma infinidade de insetos trepava, escavava, saltava e andava. Quando baixava a cabeça, via que civilizações inteiras se haviam desenvolvido no fundo de folhas. Quando a erguia, deparava-me com outras acima de mim. Formigas aladas e traças de um verde-acinzentado. Minúsculos capacetes verdes e triangulares com seis patas. A vida empoleirava-se em cada declive e plano, ora caçando, ora escondendo-se. Ovos de inseto submetiam as suas intenções à *Enciclopédia da Tenacidade* ou à *Enciclopédia do Disfarce*. A evolução analisava os dados da dispersão *versus* adesão. Teias de aranha tentavam provar o que os ramos de árvores se haviam limitado a conjeturar. Junto da chaminé em ruínas do casebre, um enorme pica-pau com um reluzente chapéu vermelho martelava o telhado. Abaixo, a minha mãe batia no teto com um cabo de vassoura.

– Meu Deus – exclamei! – Estás a ver tudo isto?

– Estou – retorquiu Paulie. – Estou.

Observámos duas formigas vermelhas arrastar impiedosamente uma lagartixa ao longo da areia. Parecia o fim de um grande romance.

– Costumava pensar que era tão importante – disse ela.

– Percebo-te perfeitamente.

De seguida, Paulie olhou para o casebre.

– Hans, achas que ele está bem?

– Porque perguntas?

– Por um lado, porque deixou de beber. Depois, trouxe-nos de férias. Trouxe a *mãe* de férias. Ele... não sei... Ele parece *melhor*.

— *Estou* melhor — disse o meu pai enquanto abria caminho pela floresta. Era noite, e ele apontava uma pequena lanterna diante de si. Afastando um ramo, continuou: — Estou *muito* melhor. — Depois, acrescentou: — Não te preocupes, estamos quase a chegar.

Parou e apontou a luz.

— Já vês?

— É o telheiro?

— Não. É outra casa. Pequena, mas faz parte do terreno. Foi por isso que escolhi este sítio.

Tratava-se de um barracão minúsculo. Na porta, encontrava-se um cadeado, mas ele trazia a chave no bolso. O interior pouco maior era do que um armário e nada continha que um cadeado pudesse proteger. Apenas uma pequena mesa lascada e uma cadeira de madeira encostada a ela, como se alguém estivesse a guardar lugar numa biblioteca. Uma janela poeirenta em forma de diamante contemplava as árvores. Só havia espaço para que nós os dois ali estivéssemos encostados às paredes, cada um de um lado da mesa. Paulie e a minha mãe encontravam-se no casebre.

Ele acendeu a luz.

— É aqui que vou trabalhar — explicou, como se eu lhe tivesse perguntado algo. — Estou pronto para recomeçar.

Nessa noite, estava eu no pontão a observar o sol, uma bola de ténis cor de laranja entrando novamente na lata, quando o meu pai se aproximou.

— Estavas exatamente neste mesmo sítio ontem à noite — disse o meu pai atrás de mim.

— Ah, olá!

— Com o que te afadigas tu aqui?

— Oiço o universo.

Uma coruja piou.

— Diz-me uma coisa — replicou ele. — Está a rir-se?

— A coruja? Ou o universo?

— O universo.

— Não, está a chorar.

— Certíssimo, Hans. — Ouvi um fósforo a ser riscado. — Posso fazer-te companhia?

— Estamos num país livre.

A madeira do pontão rangeu. Na outra margem, o sol era agora meia toranja, voltada para baixo num prato. Mal mergulhou no horizonte, os mosquitos chegaram. Rodearam-nos dos seus queixumes, a subida e descida de tom traçando uma órbita apertada.

– Ouve lá isto – disse o meu pai, apagando o cigarro nas tábuas.
– Christian Doppler foi o primeiro a descrevê-lo. Que ideia básica.
– Acedeu outro. – Mas tão inteligente que é ter o seu nome ligado a ela.

Durante um bocado, deixámo-nos ficar ambos em silêncio, à exceção das suas longas inalações e os nossos chapes intermitentes. O vento acalmara e o fumo do cigarro instalara-se à nossa volta.

– A vida aqui vai ser assim. Talvez seja bom para todos. E não só nesta semana. Julgo que vamos cá ficar por uns tempos.
– Por uns tempos? Quanto tempo é isso?
– Não sei. Mais umas semanas, talvez. Um mês. Uma coisa é certa: vou voltar a fazer algo. Ali mesmo, naquele barracão. – As tábuas rangeram. No crepúsculo, a ponta luminosa do cigarro brilhava. – Sempre trabalhei melhor nos bosques, Hans. Já o deveria ter percebido há muito tempo.

Caminhou até ao outro extremo do pontão, onde a sua silhueta se iluminou contra a luz vinda da casa. Levou as mãos à cara, como se escondesse os olhos, e baixou-as de seguida, olhando para o céu.

– Consigo senti-lo, Hans. Ainda tenho algo a dar.

Nas manhãs frescas, eu e Paulette explorávamos os restos dos trilhos que erravam pela floresta. Por norma, iam dar à água ou a montanhas, mas, por vezes, acabavam em locais inesperados – lascas de luz ou paisagens. Um caminho rasgava uma mata de amoras silvestres rumo a um promontório de pedra que se voltava, apercebi-me no momento em que o pisei, diretamente para este. Alguém ali fora ver o nascer do Sol.

Certa manhã, acordei cedo e decidi ir lá contemplá-lo. Cheguei antes da luz e, enquanto o céu se matizava com os primeiros alvores, tomei a pastilha e sentei-me numa rocha.

Não sei se consigo descrever um nascer do Sol no Michigan sob o efeito de anfetaminas.

A matemática também ainda não conseguiu explicar o tempo. Newton, que observava o mundo, deduziu que ele avançava como uma constante. Einstein, que se recusava a observar o mundo, deduziu que agia como uma variável. Outros contribuíram. Minkowski acrescentou a sua variedade quadrimensional; Poincaré, a sua transformação, chamada para Lorentz. (Apesar de alguns destes homens se autointitularem físicos, estavam a fazer matemática.) A anterior teoria do tempo e espaço girara em torno de um conceito apodado de éter luminífero, agora mencionado por homens como o meu pai com um estranho sorriso. No entanto, eu resisto. O éter luminífero é o mais próximo que consigo chegar para descrever o que vi, sentado naquele bloco de calcário, sobre um brilhante lago Michigan, os neurónios excitados pela metanfetamina, enquanto o sol se erguia numa chama multicolorida ao longe.

Também não há explicação matemática satisfatória, devo acrescentar, para o motivo pelo qual o tempo não volta para trás.

Várias horas depois, sozinho na floresta e fraco, ergui-me, agudamente ciente da minha própria pequenez entre o ricochete do movimento de partículas que era o cosmos. No calor crescente, cambaleei pela mata. As árvores pingavam, por fim, um pouco de orvalho sobre a minha cabeça e as agulhas picavam-me as calças. Perto de casa, topei com o barracão do meu pai. Encaminhava-me para a água quando a porta se abriu.

– Hans – disse ele –, chega aqui.

Já se instalara. Na secretária repousavam os cadernos empilhados, a chávena de lápis e os caramelos. Acima dele, nas prateleiras, encontravam-se as três caixas.

– Acordaste cedo – disse, aproximando-se de mim.

– *Carpe diem*.

O meu pai soltou uma gargalhada, olhando de relance na minha direção. Beberricou o café e pousou-o. Perto do local onde a chávena ficara, no protetor de secretária, encontrava-se um desenho de uma árvore, vista de baixo.

– Aqui estamos nós – declarou. – Na natureza.

– Julgo que tens razão.

Observou-me com maior cuidado.

– Sentes-te bem?

– Mais do que isso.

– Estás de novo a ranger os dentes.

– Não estou nada.

– Então, olha pela janela. Que vês?

– O éter luminífero.

– O quê? – Apontou para o vidro. – Quero que vejas as árvores, Hans. Aquela li, ao sol, perto da clareira... a cerejeira. Pelo que li, é uma cerejeira-negra. Fala-me das folhas dela.

– São lindas.

– Matematicamente.

Aproximei-me.

– Duas elipses a intersetarem-se.

– Ou?

– Duas hipérboles a cruzarem-se.

De?

– Orientação contrária.

– A fórmula?

– Isso é banal.

– Diz-me na mesma.

– $TF_1 + TF_2 = K$. – Passei a língua pelos lábios. – Já não sou uma criança, pai.

– É verdade. E as hipérboles?

Ponderei as minhas opções.

– Os centros de um conjunto de círculos exteriormente tangentes a um par de brethen.

– Muito inteligente, Hans. Vejo que ainda estás capaz de pensar. – Aproximou-se da janela. – Então pensa nisto. Pensa nos homens que extraíram essas verdades. Do universo, quero dizer. Há dois mil anos. Ptolomeu. Euclides. Nicotoles. Foi a ruína de reis. Agora, alunos de nono ano, escrevem-no em cartões de estudo. – Olhou para mim, sorrindo para o mundo. – Porém, naquela altura, esses homens estavam a deitar abaixo as fundações da sua cultura. Deram as suas vidas em busca disso.

Calou-se. A mão deambulou indolentemente até às prateleiras acima dele e roçou na caixa ERRADA.

– Tu e eu – disse numa voz suave – somos iguais.

Não respondi.

– A tua mãe, essa, não é como nós. Gostaria que assim não fosse, mas vejo que tu tens o mesmo que eu.

– Que é?

– A maldição.

– Ah – retorqui. Uma dermaptera espreitou de uma racha na secretária. – Isso não é nem demonstrável nem indemonstrável.

– Já leste acerca da dúvida de Euclides? Já leste acerca da sua luta?

– Não.

– E sobre Apolónio de Perga? Leste acerca da dor que se transformou n'*As cónicas?*

– Idem para essa também

– Isso é porque nunca houve registo, Hans. Nada disso foi registado. Mas posso assegurar-te, posso *garantir-te*, que todos eles a sentiram. Todos *nós* a sentimos.

– Não me parece que nenhum de nós tenha uma maldição.

Porém, as minhas palavras brilharam quais contas falsas no ar. O meu pai esboçou um sorriso triste.

– A história é implacável, Hans. Eis o que tu e eu sabemos. A luta não importa. A luta desaparece. O que fica é o trabalho, e esse ou permanece ou cai.

Só na manhã seguinte, enquanto levantava alegremente a mesa do pequeno-almoço, a minha mãe inquiriu:

– Afinal de contas, a quem arrendámos nós isto, querido?

O meu pai olhou para ela.

– A ninguém.

A minha mãe pegou na chávena de café e beberricou, franzindo os lábios depois de o provar.

– Não estou a perceber – disse. – *Dada* é que ela não foi.

– Não.

– Milo, estamos em casa de alguém sem a devida permissão?

O meu pai inclinou-se, passando manteiga pela torrada.

– Milo – repetiu ela –, estamos em casa de outra pessoa?

– Não – retorquiu ele. – Não estamos.

– Bom, isso é bom.

– Por acaso até é nossa, Helena.

Ela pousou a chávena e alisou o peito da camisa.

– Que acabaste tu de dizer?

– Comprámo-la.

– Por favor, querido.
– Não foi muito mais cara do que um carro.
– Milo, por favor.
– E temos muito tempo para a pagar.

Flatland

Assim começou o último verão que passei com a minha família.

Na manhã seguinte, encontrei a minha mãe sentada numa cadeira diante da janela de rede no alpendre, contemplando o emaranhado de trepadeiras, que, vindas do lago pantanoso, alcançavam a casa e em alguns pontos entravam pelas redes. Um copo de vinho barato repousava no chão junto dela. Ao longo da manhã, o nível do líquido foi lentamente diminuindo. No ar, pairando sobre a sua cabeça, eu e a minha irmã, quiçá o meu pai também, víamos um sinal. Rezava:

NÃO FALEM COMIGO

Eu e Paulie preparámos os nossos almoços. Comi *Corn Flakes*, *Special K,* de uma chávena de café lascada e umas fatias de mortadela enquanto ela cozinhava uns vegetais esquisitos que a minha mãe trouxera de Tapington. Desde que tínhamos chegado, dois orbes apodrecidos repousavam na bancada da cozinha lembrando órgãos doentes arrancados numa cirurgia. Paulie cortou um deles e atirou-o para a frigideira.

– Que coisa é essa? – perguntei.

– Raiz de aipo.

Esquadrinhou os armários até ter encontrado uma garrafa contendo ainda um resto de azeite.

– Pensei que o aipo fosse a raiz.

– Estás a brincar comigo?

– Não.

– É o caule, Hans. – Deitou-lhe uma mão-cheia de pimenta. – A sério que não sabias isso?

– Conhecimento não é sinónimo de inteligência.
– És muito subtil, caro senhor.
Sentei-me atrás dela à mesa vacilante. Na escola, durante a primavera, ela andara com um grupo excêntrico.
– És vegetariana, agora, Paulie?
– Muitas vezes, sim.
Quando terminou, sentou-se à mesa comigo e comeu diretamente da frigideira, olhando pela janela com a mesma expressão com que a nossa mãe se pusera a olhar para lá da rede durante toda a manhã. Observei-a em silêncio até ter quase acabado.
– És feliz aqui? – acabei por lhe perguntar.
– O quê?
– Estás feliz aqui, assim, com toda a tua família junta?
– Não penso nisso.
– Ah! – Aquilo era uma surpresa: a minha irmã não pensava no assunto. A dose ainda estava a espalhar-se, e vi, uma vez mais, as linhas complicadas de ligação, irradiando dela numa rede sedosa. O fio mais grosso ia direito à minha mãe, que naquele momento se instalara lá fora, ao sol. Também ela não pensava na felicidade. Não na sua, nem na nossa. Pensava no nosso *bem-estar*; pensava na nossa *saúde*; pensava no nosso *futuro*. Porém, a sua preocupação não incluía algo tão pouco tangível quanto a felicidade. Já o meu fio mais grosso atravessava a janela, trepava o silvado e precipitava-se pela porta estreita do barracão rumo ao ponto onde o meu pai se encontrava melancólico, debruçado sobre papéis. A felicidade era algo a que o meu pai nunca teria prestado atenção. Na verdade, aquilo, para ele, era alvo de escárnio. Porém, naquele momento, apercebi-me, com uma clareza dolorosa, de que constituía o único prémio que sempre ambicionara. A sua devoção ao solúvel. Tratava-se do abrigo passageiro do seu tormento.
O mesmo acontecia comigo.

No dia seguinte, logo depois do pequeno-almoço, a mãe ergueu três faixas de papel de parede junto da lareira. Felt City, a terreola no fundo da estrada, tinha um armazém, embora este não apresentasse grande escolha no tocante a amostras de decoração.
– De qual gostam? – perguntou-nos.

— Do peixe — retorquiu o meu pai.

— Que peixe, querido? Há dois tipos. — Sorriu como uma professora de primeiro ciclo e reergueu os papéis de parede. — Estás a ver?

Fingia-se bem-disposta, um castigo que infligia sempre que era particularmente ferida.

— A truta — explicou ele.

— É este? — perguntou, agitando uma das amostras.

— Sim.

— Gosto dos outros — avancei. — Que peixes são estes? Percas?

— Lúcios — respondeu o meu pai.

— Isso é só um palpite — avançou Paulie.

— Ou um lúcio-almiscarado — explicou. — E um deles é estrábico, possivelmente.

Estava a tentar parecer tão animado quanto ela.

— Se vocês os dois discordam, restamos eu e a Paulie — retorquiu a minha mãe. — Que é que *tu* achas, querida?

— Os patos — afiançou a minha irmã. — Sem qualquer dúvida.

— Bom, não vou ter peixes nas paredes de minha casa — rematou. — Dois contra um, a Paulie vence.

A minha mãe tratou de tudo sozinha. A velha argamassa tinha uma superfície rugosa, mas ela usou imensa pasta. Quando terminou, em pequenos nichos ainda se notavam alguns altos, mas os patos, mergansos e especialmente os patos-bravos sobressaíam de modo elegante. Os seus pés palmípedes chapinhavam sob a subtil linha de água, as cabeças orgulhosas apontando esperançosamente para o lago lá fora. Terminada a tarefa, varreu toda a casa e colocou em jarros as flores selvagens que colhera.

— Paulie — disse eu —, não me parece que ele ande tão bem quanto tu julgas.

— Porque dizes isso? — Era uma manhã quente e encontrávamo-nos os dois no quarto de cima, a espreitar pela janela. Lá em baixo, o nosso pai acabara de atravessar a clareira rumo ao barracão.

— Ele anda preocupado — expliquei. — Não está a trabalhar.

— Como é que sabes?

— Estive no escritório dele. Não está a trabalhar em *matemática*, pelo menos. Anda a desenhar *árvores*.

Ela permaneceu em silêncio. No parapeito, repousava um velho aquário redondo, que encontrara num dos armários. Enchera-o com água do lago e umas quantas pedras e mergulhara ali dois caranguejos. Bateu no vidro; um deles mexeu-se de forma ligeiramente ameaçadora, recuando depressa a agitar as pinças. Voltou a bater.

– Estiveste no barracão com ele? – perguntou.

– Sim.

Pegou num pau e tocou numa das tenazes até que a criatura fugiu. Depois, limitou-se a ficar ali, o sol pela janela a iluminar-lhe as orlas do cabelo. A uma certa luz, ela até era bastante bonita.

– Estava a passar por ali, Paulie.

– Eu passo por ali imensas vezes.

– Bom, ele estava bem-disposto. Fartou-se de dizer que a matemática era uma maldição. – Ri-me. – Disse-me que eu também tinha sido amaldiçoado.

Ela desviou o olhar. Conseguia ver-lhe um ligeiro tremor no maxilar.

– Bom – acabou por dizer –, ainda bem para os dois.

Um festim para apreciadores de tutano

Nesse fim de semana, eu e o meu pai voltámos a Tapington. A minha mãe fizera uma lista daquilo de que precisava. Do pontão, ela e Paulie haviam erguido os copos de chá gelado, já *Bernie* levantara a cabeça peluda, enquanto eu e o meu pai nos encaminhávamos para a entrada no *Country Squire*. No *tablier*, a página de cima do bloco da minha mãe estremecia ao ar do ventilador e as palavras escritas com caneta grossa OBRIGADA e NÃO SE ESQUEÇAM tremiam.

O meu pai conduzia depressa, as janelas abertas. Numa bomba de gasolina, a sul de Felt City, deixou-me no carro enquanto foi à casa de banho. Entre os gases quentes do asfalto, baixei-me e tomei a minha dose. Depois pus-me a ler a lista, com várias páginas. Na primeira, lia-se:

> *Lenços de papel (caixa cheia, ao lado do frigorífico)*
> *Chapéus de sol (Paulie... porta da cave?)*
> *TACHO PARA O ESPARGUETE (não esquecer de modo alguma TAMPA)*
> *Escorredor (esparguete)*
> *Tampa para o tacho*
> *Creme para os pés (branco)*
> *Corta-unhas para o* Bernie
> *Pano da louça de algodão bonito, amarelo*
> *Coleira de cabedal na porta, talvez num suporte*
> *Calções para o Hans (caqui, segunda gaveta)*
> *Sandálias para a Paulie (castanhas)*
> *Serra de podar (garagem, e tesouras?)*
> *Fato de banho às riscas (não uso nenhum há anos – telefonar)*

Quando o meu pai voltou, pousei novamente o bloco no *tablier*.
– Eu, por exemplo – disse ele, apertando o cinto de segurança.
– Eu o quê?
Tirou da geleira uma lata de *ginger ale* e ergueu-a à luz, vendo a água que a cobria escorrer.
– Aprendi ainda muito novo a importância da força de vontade – continuou, abrindo a lata. – Era miúdo quando percebi o valor da dificuldade. O que é preciso para fazer aquilo de que ninguém nos julga capazes.
Bebeu um gole demorado e, por fim, voltou-se para mim, observando-me como se me avaliasse.
Devolvi-lhe um olhar de criminoso empedernido.
– Uau! – retorqui. – Muito interessante, pai.
Um pouco mais tarde, já em Ohio, saímos da autoestrada e metemo-nos por uma estrada secundária. Terminado o macadame, com vista para uma lagoa surpreendentemente retangular, erguia-se um restaurante, um letreiro pintado à mão sobre a porta.

s'mama's

Cá fora, umas quantas cadeiras dobráveis repousavam encostadas a caixotes de lixo. O espaço diante do restaurante estava coberto de veículos de todos os tipos, desde tratores enferrujados a um *Cadillac* creme com a capota de cabedal completamente aberta. Ao balcão, os empregados eram todos de cor e os que serviam à mesa, brancos. Travava-se de uma churrasqueira. Embora passasse sempre por ali quando ia a Chicago com a minha mãe, não fazia ideia da existência de tal sítio.
O meu pai dirigiu-se para o balcão. Qualquer coisa no balanço do carro ao longo da viagem, no ruído das pessoas que ali se encontravam e no cheiro do tempero da carne – bem visível nas chamas nos fornos altos – fez com que a pedrada me lembrasse um ralo de um lavatório.

s'mama's

A simetria quase perfeita do nome começou a devorar-me.
Sentei-me a uma mesa. Era uma lagosta num aquário e as pessoas estudavam-me pelo vidro. Agitei as pinças.

– Que foi? – perguntou o meu pai. Estava de pé ao meu lado, uma pilha de caixas de esferovite nos braços, a estudar-me com um ar estranho. – Não te ouvi.

Voltei-me e contemplei a lagoa. Nesse semestre, na aula de Biologia, tínhamos visto um filme com gazelas junto de um charco. Sempre que as outras bebiam, uma gazela mantinha o olhar fixo no horizonte, a observar. Sentados à mesa, nesse momento, os seres humanos faziam o mesmo. Em cada uma delas, havia pelo menos uma pessoa – no nosso caso, eu – a olhar em volta à procura de leões.

Comer.

As pessoas ficavam felizes quando comiam.

– Serve-te – disse ele, atirando as caixas para cima da mesa e sentando-se ao meu lado. Costeletas e milho assado. Quando acabou a primeira caixa, abriu a segunda diante de si. Comemos em silêncio. De quando em quando, levantava os olhos para observar o horizonte. Consegui elevar-me até à superfície da minha mente.

As pessoas ficavam felizes quando comiam.

Era isso que as deixava vulneráveis.

Na lagoa, os peixes saltitavam tranquilamente, apenas o bastante para me dar a entender que me observavam. Tentavam acalmar-me. Obrigado, peixes. Voltei-me e fiz um esforço para avaliar o meu pai. Primeiro, rasgava a carne, depois mordiscava a cartilagem e, de seguida, roía os ossos. Lambia os dedos. Quando acabou este ritual, atirou-se ao milho, rodando as espigas assadas e comendo como uma máquina de descaroçar. Depois, tirou um garfo de plástico do saco de papel e pôs-se a picar os ossos à procura do tutano. Por fim, pegou num osso já muito roído e voltou a chupá-lo.

– Meu Deus – disse ele. – *Costeletas!*

– Pois.

– A tua mãe nem sequer faz costeletas.

Alguma coisa o alterara.

– Às vezes faz – tentei.

– Nem pensar. Nunca. – Limpou os dedos a um toalhete com um cheiro intenso e recostou-se com as mãos atrás da cabeça. – A isto é que eu chamo comida – rematou, enquanto observava o que decorria para lá da mesa.

Foi então que percebi porque agia ele de forma diferente: *ela não estava ali.*

Eu era a gazela que observava o horizonte. Era o responsável por nos manter seguros.

– Eu sei, pai – respondi-lhe ao fim de algum tempo.

– Sabes o quê?

– Sei o que é comida.

Ele semicerrou os olhos, pegando novamente no milho com o garfo.

– És engraçado, tu.

– Porquê?

– Sei que sabes o que é comida.

– Está bem.

– Mas não foi por isso que o disse.

– Certo – retorqui, voltando-me para ele. – Quem me dera que a mãe tivesse provado isto.

– Porquê?

– Não sei. Porque ela ia gostar.

– Não, não ia. Nem a tua irmã. – Nessa altura olhou para mim, hesitante. – Não comeste nada. Importas-te...?

A pedrada tinha-se transformado num imenso pássaro negro, que de repente crocitou e abriu as asas. Engoli em seco.

– Importas-te? – insistiu ele, e pegou na minha caixa.

– Claro que não.

Quando acabou, voltámos para o carro. Durante o resto da viagem ele olhou pelo para-brisas e eu pela minha janela, perscrutando o horizonte.

Também eu ficava diferente quando a minha mãe estava por perto.

– Sabes quem é o Knudson Hay? – perguntou-me com uma voz que me pareceu divertida quando já estávamos a chegar a Tapington.

– Não.

– Foi meu chefe em Princeton. Agora vem a uma conferência na Universidade do Michigan.

– E então?

– Bom, depois da conferência vai passar lá por casa.

– Deve ser bom...

O meu pai voltou a fixar os olhos na estrada.

– Estou a pensar – acrescentou – se não será melhor dizer à tua mãe.

Ao fim do dia, quando chegámos a Tapington, continuava a sentir-me alterado com a pedrada. O meu pai abriu a porta e deixou-me entrar. Ali estávamos os dois, sozinhos, num átrio tão frio e sossegado como um mausoléu.

De súbito, apercebi-me de que a família que vivera ali se encontrava morta.

Os casacos de inverno no armário minúsculo eram as múmias. Um pai alto, alheado e com voz grossa, os ombros cobertos de caspa. Uma mãe baixa, diligente e alegre, as botas vermelhas bem juntas. Dois adolescentes inadaptados ao mundo. Lenços de papel dobrados nos bolsos da rapariga, restos de pó nos do rapaz.

Um chapéu de chuva partido no chão junta da porta. Cadeiras desengonçadas na cozinha. Mais pistas. Uma existência ordeira começara a desarticular-se. À medida que fomos avançando pelos corredores, algumas partes iam-se tornando mais claras. Os esforços entusiásticos da mãe acabaram por se revelar insuficientes. Avançámos pelas divisões atravancadas. O cheiro a pó nos cortinados. O aroma desagradável a mofo que vinha da porta da cave. Lado a lado, sobre a lareira, dois quadros a óleo, um representando um celeiro e outro um mar tempestuoso. As restantes paredes estavam cobertas por reproduções de quadros famosos – Fra Angelico, Caravaggio, Monet, Mondrian, Escher, Picasso, a história da civilização ocidental em sentido contrário ao dos ponteiros do relógio, interrompida pela lareira.

Pobre gente.

O meu pai desaparecera no piso de cima. Quando cheguei ao quarto estava a esquadrinhar o guarda-fatos e amontoava a roupa. Depois, desistiu e desceu à cave. Ouvi o ruído de móveis a ser arrastados e caixas atiradas para o chão de cimento. Quando voltou, trazia dois pedaços de uma escada de madeira. Uniu-os, apoiou-os à parede por baixo do alçapão que dava acesso ao sótão e subiu.

Mais objetos arrastados. Por fim, apareceu por cima do alçapão com um caixote nas mãos.

– Para onde vai o tempo? – perguntou-me.

– Depende da velocidade.

– Ah – disse ele, enquanto descia as escadas. – Ando a criar um teórico.

– O que é que está nesse caixote?

– Uma coisa que fiz. – Pouso-o no chão sobre o tapete, soltou a fita adesiva que o fechava e começou a tirar peças lá de dentro. – Quando andava na escola.

– Que é?

– Chama-se quadrante.

Quando se pôs a montar o instrumento, tornou-se evidente que nem todas as peças iam encaixar. Uniu várias ao longo das juntas, mas os encaixes estavam rachados ou tinham encolhido e não havia maneira de os montar.

– Fiz isto – contou-me – durante o período da minha vida em que me senti mais esperançado, mas havia um problema que me atormentava. Achei que, se me dedicasse a resolvê-lo, por mais difícil que se revelasse, a minha dedicação acabaria por me fazer alcançar a verdade.

– E agora?

– Acho que esse problema era a única coisa que me permitia existir.

No dia seguinte, partimos antes do amanhecer, o *Country Squire* atafulhado. Sacos de lixo atados e lençóis enrolados, a proteger as coisas da lista da mãe. O casaco de verão pendurado numa cruzeta no banco de trás e três pares de sapatos dela, embrulhados em panos da loiça dentro do tacho do esparguete, empoleirado na tampa de uma caixa com utensílios de cozinha. Junto de tudo aquilo repousava o quadrante desmontado, embrulhado num cobertor. Mal se conseguia ver o que quer que fosse pelo vidro de trás.

O pai ia bem-disposto. Falava enquanto conduzia. Contou-me que tivera a ideia de fazer o quadrante ao ler um livro quando andava na faculdade. Durante muitos anos, um homem chamado Ticho Brahe usara semelhante utensílio para registar todas as mudanças na posição dos astros a partir do seu sótão na Dinamarca.

– E sabes o que resultou desse trabalho? – perguntou-me por fim, bebendo um gole do refrigerante que levava na mão.

– Não – respondi.

– Nada, Hans – retorquiu, olhando para mim. – Absolutamente nada.

O Sol começava a nascer. O sorriso do meu pai metamorfoseou-se numa pausa para reflexão.

– Na realidade, não é bem assim – acrescentou ao fim de um momento. – Resultaram as Tabelas Rudolfinas.

Voltei-me e vi uma carrinha de caixa aberta levantar uma nuvem de poeira no meio de um campo.

– As Tabelas Rudolfinas foram a obra da vida dele, a marca que deixou. Um registo de todos os corpos celestes visíveis. – Voltou a olhar para mim. – Vê se me ouves.

– Estou a ouvir.

– Ultrapassaram as Tábuas Afonsinas em todos os sentidos. São mil vezes mais rigorosas. – Estendeu a mão para trás e tocou no cobertor enrolado. – As Tabelas Rudolfinas são uma obra-prima. Puseram fim ao sistema ptolemaico e deram origem ao heliocêntrico. Deram início à astronomia moderna.

Refleti um pouco nas suas palavras.

– Então porque é que eu nunca ouvi falar dele?

– Porque se limitou a recolher os dados, Hans. Nunca chegou a publicá-los. Sabes quem o fez?

– Quem?

– Kepler – respondeu-me voltando para mim um olhar cheio de significado. – Kepler. Foi Kepler quem publicou os dados de Tycho Brahe.

Nessa altura já atravessáramos os campos cultivados a norte da planície glaciar. Ainda não tomara a minha dose. Era muito cedo, e a estrada estendia-se à nossa frente rumo ao horizonte luminoso. O meu pai ia trinta quilómetros acima do limite de velocidade.

– Kepler começou por estudar com Brahe, mas mais tarde tornaram-se rivais. E por fim matou o velho mestre. – Com um aceno de cabeça, concluiu: – Desmentindo a teoria dele.

– Está bem.

– Foi mesmo assim, um homem morreu e o outro começou a ascender. Tycho sabia que os planetas giravam à volta do Sol, mas estava preso à ideia de que o Sol girava à volta da Terra.

– Andou lá perto, suponho. Era uma ideia razoável para a época.

– Percebeu tudo mal, Hans – disse o meu pai, olhando para mim.

– Claro que percebeu, mas estava no bom caminho.

Senti-lhe o olhar cravado em mim.

– Ninguém quer saber se estamos lá perto, Hans. Tycho estava cego, e foi por isso que não percebeu.

Voltei a olhar pela janela.

– Ouve o que te estou a dizer.

– Estou a ouvir.

– Nem sequer se pode dizer que não tenha pensado nessa possibilidade. Ele *pensou* nisso. Só que insistiu que a Terra não podia girar na órbita do Sol, porque – e neste ponto fez uma pausa para um sorriso –, porque, se isso acontecesse, as estrelas teriam mostrado uma paralaxe.

– E não mostravam?

Nessa altura, o olhar dele tornou-se desdenhoso.

– Mostravam, claro que sim! Como seria possível não mostrarem?

Abriu a janela e cuspiu.

– Então...

– Tycho pura e simplesmente ignorou o facto. Sabia que se fosse a Terra a girar, a paralaxe teria de estar lá. E sabia que seria maximizada numa órbita de seis meses. Foi humilhado pelo próprio discípulo. Ambos viam uma paralaxe, ambos registaram as observações, e, no entanto, um deles não percebeu. Estava claramente lá.

– Talvez não fosse suficientemente percetível para os instrumentos dele.

– Não, não era isso. Ele é que a ignorou, simplesmente. De uma maneira ou de outra, Tycho convenceu-se de que ela não estava lá. – Pigarreou. – A esperança sobrepôs-se à razão.

– Não é assim tão mau ter esperança.

– Tens andado a falar com a tua mãe – replicou ele, endireitando-se no assento. – Tycho Brahe agarrou-se a uma ideia errada, Hans. Eis o que aconteceu. As pessoas como nós, e por esta altura já deves ter consciência disso, não o podem fazer. Sabemos muito bem quando temos razão. Sabemo-lo muito antes de quem quer que seja começar sequer a desconfiar – e pigarreou de novo. – Ou quando não temos. É assim que vivemos. E é assim que morremos.

Depois desta conversa, seguimos em silêncio. Um pouco a norte da fronteira do estado, parámos para meter gasolina e quando ele foi à casa de banho peguei numa das caixas de rolos fotográficos que tirara do vaso nessa manhã e engoli a pastilha. Tinha que chegasse para o resto do verão.

Encontrávamo-nos numa estação de serviço de província – só uma bomba, um casinhoto e uma máquina de *Coca-Cola* barulhenta. O céu já estava branco de humidade. Enquanto esperava, voltei-me para trás e pus-me a folhear os livros dele que arrumáramos no banco traseiro. Numa das extremidades repousava o *Cours d'Analyse* de Jordan, que eu lera no inverno, e por trás, uma cópia da *Apologia de Um Matemático*, de Hardy. O título atraiu-me, apesar de em miúdo ter desistido de o ler ao fim de meia dúzia de páginas. Ao lado dos livros encontrei o quadrante; levantando uma das pontas do cobertor, voltei a reparar como estava velho e ressequido.

Foi então que vi outra coisa que ele embrulhara, uma caixa. Peguei--lhe e pousei-a no colo. Durante algum tempo esperei que a pastilha do dia surtisse efeito e fiquei a olhar para ela, após o que a abri.

Era, como já suspeitara, a Medalha Fields.

Estava certo disso embora nunca a tivesse visto. Sabia, apesar de só naquele momento ter percebido que se tratava realmente de um *objeto*. Porém, no meio do veludo que forrava a caixa lá estava um disco dourado do tamanho de uma moeda de dólar. Aproximei-a da janela e vi o que estava gravado em letras pequenas e bem desenhadas em volta da orla. O nome do meu pai brilhou à luz.

Quando voltou da casa de banho já eu estava inclinado sobre o banco de trás, fingindo estudar os livros dele. A caixa encontrava-se novamente embrulhada no cobertor, mas quando o carro voltou à estrada ele olhou--me nos olhos. Pus-me a pensar no que haveria de dizer se me fizesse alguma pergunta. Tinha a impressão de continuar a sentir nas mãos o espectro frio da sua forma e nos ouvidos as vagas de aplausos, dispersos até ao fundo de um auditório escuro.

Mas ele não proferiu palavra.

Só mais tarde, quando arrumávamos as malas naquela pequena casa degradada, o efeito da pastilha já a desaparecer, me pus a pensar porque trouxera uma coisa daquelas para ali.

Nessa semana, a minha mãe lançou-se no trabalho de desbravar o terreno. Começou junto da casa, com as tesouras e a serra de podar que fôramos buscar a Tapington e um pé-de-cabra que encontrara debaixo do alpendre. Com ele, arrancou as raízes. Introduzia a extremidade no solo e fazia força até algo semelhante a uma cobra surgir da terra e das folhas caídas.

– Maldito sítio! – queixou-se certa manhã, erguendo os braços num gesto de desânimo. Nas luvas, a ferrugem do pé-de-cabra misturava-se com a seiva das plantas de tal maneira que o cabedal parecia ter sido mergulhado em sangue. – Apre!

– Caramba! – disse eu num tom grave. – Ela fala.

Nesse ano estudámos *Lady Macbeth* em Inglês. Apesar de o assunto não me interessar, ainda o recordava. Isto pareceu deixá-la satisfeita. Levantou-se e deu-me um beijo. Depois desenterrou o pé-de-cabra e espetou-o um pouco adiante. Trabalhava desde a alvorada num pedaço de terreno não maior do que uma mesa de pingue-pongue. Apesar de o Sol ainda não ter subido acima das árvores, já estava coberta de suor.

– Como está o teu pai? – perguntou, limpando a testa.

– Porque perguntas?

– Porque achei que se alguém souber és tu – respondeu. Inclinou-se sobre o pé-de-cabra, puxando-o.

– Está a trabalhar em qualquer coisa – contei. – Quer voltar a fazer um trabalho importante.

– Sim, eu sei – confessou. – Anda a falar disso desde que nos mudámos para Ohio – acrescentou.

– Oh – escavei um pouco em volta de uma raiz e depois sentei-me decidido a descansar. – Para ti foi um passo importante, não foi?

– Não foi o quê?

– Sair de Princeton.

– Foi, Hans. Não tenho vergonha de o admitir.

Encarei-a. Vi-lhe o rosto molhado, claro. A pingar. Dessa vez a tabuleta por cima da cabeça rezava:

PERGUNTA-ME

– Aborrece-te estar aqui, mãe? Quer dizer, custou-te mudares-te para Ohio? – perguntei, depois de ter pousado a pá. – Custa-te viver aqui *agora?*

– De maneira alguma – respondeu com uma risada, mas ao mesmo tempo tive a impressão de que as gotas de suor que lhe desciam pelo rosto haviam engrossado. – Seja como for, não me serviria de nada – acrescentou por fim.

Voltei-lhe costas. Era incapaz de a perceber, sobretudo naquela altura. Apesar de falar abertamente connosco, os seus pensamentos mais íntimos pareciam sempre esconder-se noutros ainda mais íntimos. Era como se sob todos esses pedaços reunidos tivesse esquecido aquilo que começara por querer ocultar. As amabilidades, as confidências, até as lágrimas, tudo era mais uma camada. Em contrapartida, tanto quanto recordava, o meu pai – que raramente falava connosco com uma atitude que se pudesse considerar *bondosa* – sempre fora claro e direto. Suportava o próprio sofrimento, e a malícia que dele advinha, como um mero facto.

– O teu pai não tem razão – disse ela.
– Em quê?
– Em relação à matemática, a ser uma maldição.
– Foi ele que te disse isso?
– Não, foi a Paulie. – Acenou na direção do casebre. – Nenhum de vocês foi amaldiçoado, Hans, estás a ouvir? É só o teu pai, sei lá... a ser dramático. Tens de ignorar metade do que ele diz.
– Já o faço.

Nessa altura voltou-se para mim com orgulho, pareceu-me. Deixámo-nos ali ficar por um bocado parados, sem fazer nada.

– Não sei é se é a metade certa – concluí.

Soltámos uma gargalhada, após o que ela se levantou e voltou a meter o pé-de-cabra por baixo de uma raiz.

– Bom – disse, inclinando-se sobre o braço do pé-de-cabra –, diz-me lá em que é que ele anda a trabalhar.

Como é evidente, eu não fazia ideia. Nunca fiz. O trabalho do meu pai – apesar de ser o ganha-pão da família e de mais tarde se ter transformado no ofício dos seus dois filhos – acontecia numa espécie de universo distante. Nessa altura incluía a secretária dele em casa e o barracão minúsculo coberto de musgo no meio do bosque, mas era, ainda assim, um universo onde nenhum de nós era autorizado.

De manhã, desaparecia.

À tarde, reaparecia.

Numa dessas tardes, não muito depois de termos voltado de Tapington, estava eu sentado no alpendre com a minha irmã quando ouvimos a porta do barracão bater. Pouco depois, o meu pai apareceu na clareira. Em vez de se dirigir diretamente a casa, girou sobre os calcanhares e encaminhou-se para a água. Chegado à margem, deitou-se no chão e fez uma dúzia de flexões. Até esse dia nunca o vira fazer uma única. Nem sequer imaginava que fosse capaz. Mas era. Fê-las com facilidade. Voltara a ser magro e quando se levantou os braços brilhavam.

No momento em que se despiu e entrou na água de calções de banho tive a impressão de ver um urso-polar sair de uma caverna no jardim zoológico, atravessar o pátio em passadas pesadas e meter-se na piscina.

– Meu Deus – comentei com Paulie –, será mesmo quem eu penso que é?

Ela olhou-me de perto.

– Quem estavas a pensar que fosse?

O meu pai avançou. O vento amainara, como sempre à tarde, e a superfície estava perfeitamente calma. Quando a água lhe chegou ao peito, estacou e deixou-se ficar de braços cruzados, respirando pesadamente.

– O que é que ele está a fazer? – perguntei.

– A hiperventilar. Está convencido de que consegue atravessar até ao outro lado sem respirar – respondeu ela, estudando-me outra vez.

– Por baixo de água?

– Sim, Hans, por baixo de água. Anda a fazer isto desde que aqui chegámos. Por onde tens andado? São sessenta metros, já medi.

Nesse preciso momento, ele mergulhou. Um pé assomou à superfície, mas depois desapareceu por completo. Por uns segundos consegui ver-lhe o corpo branco sob a água castanha.

– É uma distância muito grande sem respirar, Paulie.

– Não, para ele não é.

Tendo em conta o tempo, era capaz de estar a meio do trajeto quando ouvimos o motor de um barco aproximar-se. Pouco depois, o próprio aparelho surgiu junto do ilhéu, parando ali perto. Trazia na sua esteira uma esquiadora, uma rapariga mais ou menos da idade de Paulie, que deslizava junto da orla das árvores. Estavam a uns 30 metros do sítio onde o meu pai nadava. A rapariga levantou a corda que a prendia ao barco e soltou-a. Deslizando até se encontrar paralela ao barco, onde fez um pequeno S com o esqui, antes de, mergulhando, ficar com a água pelos joelhos. Escutámos risos, que nos chegaram com a clareza com que os ouviríamos se toda a família estivesse sentada connosco no alpendre. O homem ao leme aproximou-se do costado e deu-lhe a mão. Quando ela já estava a bordo, cobriu-a com uma toalha e abraçou-a.

Foi então que o meu pai veio à superfície. Pôs-se de pé, limpou os olhos com as mãos e olhou para eles.

Risos ecoaram novamente, e um rapaz subiu para a orla do barco e mergulhou, as pernas recolhidas junto ao peito. A mulher sentada no banco da frente inclinou-se e atirou-lhe os esquis. O barco descreveu uma curva lenta, ganhando de seguida velocidade, o rapaz na sua esteira, a sacudir a água do cabelo. Um momento antes de desaparecerem, desenhou um longo arco na água e arremessou um leque de diamantes que alcançou a praia.

– Uau! – exclamou Paulie. – Viste aquilo?
– Vi, Paulie.
– É assim... – interrompeu-se. – É assim...
– Que as outras famílias são?
– Sim.
– Acho que é, Paulie.

O meu pai também o teria visto, pelo menos a última parte. Deixou-se ali ficar, protegendo os olhos com a mão em pala. Depois voltou-se e vi-o repetir o exercício de respiração. Ao cabo de algum tempo, fletiu os joelhos e mergulhou rumo à areia, sem respirar uma única vez. Quando saiu da água secou-se com uma toalha e aproximou-se da porta do barracão sem sequer se dar ao trabalho de nos atirar um «olá» ao passar por nós.

Abaixo de mim, na noite quente, uma criatura do tamanho de um taco de basebol andava em volta dos pilares. Fiquei a estudá-la do pontão. Sempre que lhe apontava a lanterna, punha-se imóvel a observar-me. Se desviasse o foco de luz, tudo permanecia tranquilo por alguns segundos; os vairões afastavam-se e o corpo esbranquiçado deslizava furtivamente até à luz, qual dirigível na noite escura.

– Estou convencido de que gosta da atenção – disse quando ouvi os passos da minha mãe.

– Claro que gosta. – Ela inclinou-se para atirar qualquer coisa para o lago. – Céus, o que era isso?

– O camarão da Paulie – contou, pousando o aquário na madeira. – É fácil arranjar outros – acrescentou, e deteve-se subitamente. – Meu Deus, o que é *aquilo?!*

– Um peixe qualquer que suga coisas, parece-me. Talvez seja um mutante. Há um bocado que estou a observá-lo.

– Valha-me Deus! – exclamou. – Morcegos, nuvens de mosquitos e agora peixes sugadores. Que virá a seguir?

Apontei a lanterna ao tronco do pinheiro junto da casa. Dois pares de olhos brilhantes voltaram-se para nós.

– Ah – disse ela. – Estou a ver que vamos precisar de um caixote do lixo com tampa.

– Porque é que ainda estás a pé, mãe?

– É o calor. E o cheiro destes camarões. – Acenou com a cabeça na direção da casa, onde consegui ver a ventoinha de teto pela janela do quarto deles. – Ouve só.

– O que é?

– O teu pai.

Com o ruído dos insetos ainda não me apercebera de nada. Ressonava como um javali a fuçar no bosque.

– O calor, o mau cheiro *e* aquele barulho. É por isso que não consigo dormir. Na verdade, aquele ruído tem-me impedido de dormir ao longo da maior parte da minha vida adulta – acrescentou, e inclinou-se de novo no pontão para espreitar. – Parece uma espécie de rabanete branco, não achas?

– Sim, uma espécie de rabanete gigante e tristonho.

A minha mãe inclinou-se ainda mais.

– Com uma gravata pelas costas, a flutuar no escuro.

Embora na altura talvez não conseguisse expressá-lo por palavras, esta era uma das facetas da minha mãe de que gostava mais, que o interesse dela pelo mundo fosse tão vasto como o meu. Ficámos a observar a criatura, a abrir e fechar as barbatanas laterais.

– A Paulie gosta de rabanetes – comentou.

– Eu sei, mãe. Gosta deles salteados com gengibre. E tu gostas deles simples.

Olhou para mim. Após uns instantes, senti a mão dela acariciar-me o ombro.

– O que eu queria dizer-te há dias – acrescentou com uma voz mais clara – é que *ninguém* escolhe o que está mais correto, quer dizer, *exatamente* o que deve.

– Estou aqui a ver se percebo exatamente o que queres dizer com isso.

– Quero dizer que só podemos escolher o que escolhemos. Mais tarde depende de nós fazer disso uma escolha acertada. – Depois de um suspiro continuou: – É claro que gosto de viver em Tapington; o que te disse sobre Princeton não tem importância nenhuma. Por *um momento* deixei-me ir e comecei a ter pena de mim mesma. Gosto muito da minha vida, considero-me uma pessoa cheia de sorte. Na realidade, acho que todos nós temos uma sorte excecional – confessou, aproximando-se de mim.

– Agora as coisas estão melhores, não estão? – perguntei. – Desde que ele saiu de lá.

– Estão, Hans.

Abaixo de nós uma segunda criatura, tão grande como a primeira e com uma cor igualmente esbranquiçada, surgiu na escuridão e começou a deslizar ao lado do companheiro.

– Ainda bem – disse a minha mãe. – Pelo menos já não está sozinha.

– E pelos vistos não é mutante.

Ficámos a observar na obscuridade. Aos poucos afastaram-se até ficarem em lados opostos do mesmo pilar, ondulando em simetria quiral, e observando-se através dos fios que se soltavam da madeira. As caudas descreviam arcos alongados que lhes mantinham as bocas bem agarradas às algas. Era como se um único peixe de cor pálida tivesse saído da noite para se observar num espelho.

– E tu, mãe?

– Eu o quê?

– Alguma vez pensas que *estás* sozinha?

– É a condição humana, Hans. – Ao cabo de algum tempo, acrescentou: – Mas quando temos filhos é diferente.

– Imagino que seja. – Acendi e apaguei rapidamente a lanterna. – De qualquer maneira eu vou para a faculdade e a Paulie vai logo no ano a seguir.

– Sim, eu sei, mas ainda falta algum tempo. – Emitiu um estalido com a língua. – Mas eu fico bem quando vocês forem. Fico mais que bem.

Continuámos a observar os dois gigantes, entre o ruído dos grilos e um ou outro pio de coruja.

– O teu pai é um grande matemático, Hans – disse ela por fim. – Mas fez muitas coisas que lhe prejudicaram a carreira.

– Eu sei.

– Sabes?

– Não é muito difícil perceber. – Atirei uma pedra à água e fiquei a ver as criaturas observarem-na. Quando chegou ao fundo foram ambas investigá-la. – Mãe, que aconteceu de facto em Princeton?

– Ao teu pai? Bom, fez algumas coisas pouco sensatas. É uma longa história.

– Não faz mal, se não quiseres, não me contes.

– Para começar, ele não se dava com as outras pessoas. E depois deixou que acontecessem algumas coisas pouco avisadas. Mas continua a ser o matemático de sempre. *Eu* sei, e acho que *eles* também o sabem.

– Chiuuu! – sussurei. – Ouve.

– O quê?

– Parou.

– Parou? – ecoou, inclinando a cabeça. – Parece-me que tens razão.

Por trás dos caniços, a luz da casa de banho acendeu-se.

– Há dias vi a Medalha Fields dele – contei-lhe.

– A sério, querido? Quando foram a casa juntos?

– Não foi em casa. Ele trouxe-a para aqui.

Depois de se voltar, acariciou-me outra vez o braço e pôs-se a olhar para a água.

– Mãe?

– Sim?

– O antigo chefe dele vem cá.

– O quê?

– O chefe dele de Princeton. Vem cá.

Agarrou-me pelo ombro e obrigou-me a olhá-la nos olhos.

– O quê? Estás a falar do Knudson Hay?

– Parece que ficaste chocada...

– De certa maneira *fiquei*.

– Ele tem uma conferência em Ann Arbor e depois vem fazer-nos uma visita. O pai contou-me a caminho de cá. Não fazia ideia se já sabias.

– Para dizer a verdade *não,* mas obrigada por me teres contado. – Voltando-se para a casa, onde a silhueta do pai se recortava na janela minúscula da casa de banho, disse-me: – Quando tencionaria ele contar-me?

Depois, a luz apagou-se.

Um intervalo desconforme

E assim começou um dos raros períodos na minha vida familiar em que posso dizer que juntos – pelo menos por algum tempo – fomos *felizes*. Acho que era a influência da minha mãe – como em geral acontecia com estas coisas. Depois de lhe contar que Knudson Hay ia passar por ali, algo mudou nela.

Durante este período particular da nossa existência, naquela meia dúzia de semanas estivais, voltou a ser capaz daquele encantamento convincente e contagiante que recordo com tanta clareza dos meus tempos de criança. Passava as manhãs fora de casa, a cantarolar enquanto trabalhava. Mesmo à distância, o som da sua voz era como outra droga para mim. Paulie, que sempre fora um barómetro dos estados de espírito da minha mãe, também saía de casa e vinha cantar para junto dela.

No que me dizia respeito, quando a felicidade chegava parecia-me uma espécie de letargia – uma quietude distante e narcótica que se sobrepunha ao meu desassossego. A inquietação que durante tanto tempo vivera dentro de mim – na qual estranhamente mal reparara até começar a desaparecer – tornava-se mais evidente a cada dia que diminuía. Certa manhã, acordei antes da aurora e fui fazer uma caminhada até à orla do pântano, onde topei com uma família de castores a nadar numa das poças. Um deles bateu com a cauda qual chicote e num instante todo o grupo desapareceu debaixo de água. Porém, depressa se habituaram a mim. Em pouco tempo, tornei-me um visitante regular. Levantava-me de manhã, tomava a minha pastilha e punha-me a caminho do refúgio deles. Depois sentava-me junto da água a vê-los trabalhar na represa. E que maravilha era ela: uma massa entrelaçada de ramos suportada por troncos lisos aguçados como lápis nas extremidades. A primeira vez que lhe prestei atenção, julgara tratar-se dos vestígios de uma velha ponte de caminho de ferro, mas certa manhã vi uma bétula de cerca de doze metros ser derrubada e acrescentada à estrutura. Ficou a fustigar a água como as caudas dos castores. Deixei-me ficar a observar o clã de roedores a colocá-la habilmente no sítio.

O normal seria querer partilhar aquilo com alguém, mas a droga transformara-se numa espécie de amigo. Além de me contar coisas, eu próprio podia contar-lhas *a ela*.

O que senti – o que disse à droga que senti – com o halo de Sol a surgir por trás das árvores e as caudas prateadas dos castores a perturbarem a água parada, foi inconfundível: tratava-se de felicidade.

Nesse dia, a caminho de casa, os efeitos da pastilha a desvanecerem-se, atravessei o bosque por trás da arrecadação. Pela janela minúscula vi a nuca do meu pai. Ora se inclinava ora se reerguia. Senti outra vaga de felicidade. À semelhança dos castores, ele trabalhava.

À tarde, terminado o trabalho no barracão, aproximou-se descontraidamente da praia em calções de banho. Atirou com os chinelos, entrou na água e ali se deixou ficar a hiperventilar na parte menos funda, junto do pontão. Ali perto, todos nos havíamos deitado nas tábuas a aproveitar o calor de fim de tarde. Foi por essa altura, mesmo quando não estava sob o efeito dos comprimidos, que o meu pai começou a parecer-me uma criatura especialmente interessante – pálido, nervoso, ao mesmo tempo familiar e inteiramente estranho. Suponho que fosse normal um rapaz da minha idade começar a reparar no pai. Ele fazia e não fazia parte de mim. Fazia e não fazia parte de todos nós. Que poderia descobrir acerca da sua vida para além da minha visão distorcida e insignificante dela? Um dos músculos do seu ombro foi repuxado por um tique. O meu pai molhou o rosto e passou as mãos pelo cabelo, após o que fletiu os joelhos e mergulhou.

A água castanha de lodo fechou-se sobre ele e tudo o que vimos foi um corpo grande a abrir caminho, como se uma enorme e determinada criatura marinha se deslocasse até ao nosso abrigo. Fiquei a observar o ponto, a cerca de um metro do sítio onde emergira na semana anterior, onde a sua cabeça surgiria da água a sacudir-se.

A superfície encontrava-se parada e um casal de martas espreitou entre os seixos. No meio da praia, *Bernie* sentou-se e ladrou.

– Porque é que ele não é como todas as outras pessoas? – perguntou Paulie de repente.

A minha mãe voltou-se para ela, que protegeu os olhos com a mão, sacudiu a cabeça e voltou a deitar-se.

– Porque é que tem de estar sempre *a trabalhar* nalguma coisa?

A minha mãe contemplou a água, onde o objeto da sua observação voltara a emergir e se deslocava com determinação.

– Porque é a única coisa que ele sabe fazer.

Quem tenha tido um pai diferente de todos os outros, um pai que nunca jogou à bola com os filhos, nunca lhes perguntou pelo dia na escola enquanto passeavam o cão à noite, nunca os levou a um jogo de hóquei nem brincou com eles à apanhada depois do trabalho, que aparecia sempre atrasado para os ir buscar, galgava os passeios e tropeçava ao sair do carro, passando o dia em combate com a estrutura do universo e a noite com a garrafa, pode compreender o que foi viver alguns meses com o homem enérgico e extrovertido que, ao longo de umas semanas nesse verão, emergiu do bosque em lugar da carapaça escura da ruína de um outro homem.

Eu não fazia ideia se o seu trabalho corria bem. Talvez sim. De quando em quando, parecia-me esperançado.

Certa tarde ouvi um ruído pouco familiar vindo dos arbustos e, aproximando-me, vi-o ao fundo do trilho de acesso a nossa casa, ao lado de um monte de garrafas de refrigerante. O monte chegava aos ramos dos cedros, como se as garrafas ali houvessem sido despejadas por um camião. O meu pai afadigava-se a separá-las em diferentes sacos. Fiquei a observá-lo ao abrigo das árvores. As de meio litro iam para um saco, as de um litro para outro e os garrafões para um terceiro. Quando um saco ficava cheio, puxava de um novo. Devia haver umas mil garrafas diante de si.

– Suponho que estejas a par do que se passa com a economia aqui no Michigan – disse-me sem levantar os olhos.

– Na realidade não estou – respondi, afastando-me das árvores.

– Vai mal – contou-me. – M-a-l. Eu diria que Detroit já deu o que tinha a dar. – Pegou num rolo de fita adesiva e fechou um saco. – Na Interstate 69 fechou uma fábrica da Faygo.

– O que é uma fábrica da *Faygo*?

– Uma fábrica onde se engarrafam refrigerantes, Hans. *Faygo* é um refrigerante. Comprei-lhes as garrafas limpas. Pelo menos assim deviam ser. – Atirou para o caminho um dos sacos, que rebolou lembrando uma bola de praia. – Dez dólares – disse. – Este monte todo custou-me dez dólares, e vamos fazer algo com ele que vais recordar o resto da tua vida.

O homem diante de mim continuava a lembrar-me o meu pai.

– Sim, Hans – continuou. – Tão cedo não se vão esquecer.

– Quem é que não vai esquecer, pai?

– Tu. Os vizinhos. Toda a gente. O mundo inteiro. Até a tua mãe. – Apontou para cima e para baixo para a baía e, retirando de seguida duas garrafas da pilha e colando-as com fita adesiva. – Isto é o nosso mogno.

– Está bem.

Apertou as garrafas até que se ouviu um «pop» vindo da estrutura subitamente deformada.

– Tereftalato de polietileno – explicou. – Com sinuosidade radial. Incrivelmente resistente à compressão.

– Estou a ver.

– Centenas delas, Hans. Basta-nos juntá-las. A sinuosidade é brilhante! É isso que permite que obtenhamos a estrutura. Quanto ao deslocamento, consegues chegar lá sozinho.

– Deslocamento de quê?

– De que há de ser, Hans? Do *casco*.

– Quantas garrafas seriam precisas para obter a flutuabilidade neutra? – perguntou nesse dia ao jantar.

– De que tamanho são as garrafas? – perguntou Paulette.

– De dois litros.

As perguntas na nossa família eram sempre dirigidas à minha irmã em primeiro lugar. Se não acertasse, era-me concedida a oportunidade.

– Quem é que vai no barco? – perguntou.

– Eu – retorquiu o meu pai.

– Em água doce?

– Boa pergunta, Paulie. Sim, em água doce.

– Quanto pesa cada garrafa?

– Precisamente cinquenta e dois gramas.

– Vazia?

– Claro.

– Com a tampa?

– Sim.

– Bem... – continuou a minha irmã. – Quanto é que *tu* pesas?

O meu pai acompanhou a resposta com um aceno de cabeça.

– A estimativa é uma aptidão matemática.

– Claro – acrescentei. – Caso contrário não passa de aritmética.

– Brilhante, Hans Esperto.

– Bem visto, Pequenette.

– E o esvaziamento? – perguntou ela.

Olhámos os dois para Paulie ao mesmo tempo.

– E o *quê?!* – inquiriu o meu pai.

– O esvaziamento. A parte da garrafa que está vazia, debaixo da tampa.

– Esquece o esvaziamento.

– Sim, Pequenette, esquece o esvaziamento.

– Está bem – acedeu. Depois contornou a mesa até ficar precisamente diante da cadeira dele.

O corpo do meu pai voltara ao normal havia algum tempo. Já não tinha barriga, estava bronzeado e penteara-se com esmero. Os seus olhos saltavam de um lado para o outro com uma expressão inteligente, como quando eu era miúdo. Parecia, lembro-me de ter reparado, exatamente o meu pai.

– Setenta e dois quilos? – perguntou ela, cautelosamente.

– *O quê*, Pequenette?! – disse eu num tom reprovador. – *Setenta e dois* peso *eu*. Talvez oitenta e dois... No mínimo, setenta e oito.

– Setenta – disse ele.

– Eu bem te disse! Trinta e seis garrafas para alcançar a flutuabilidade neutra e mais uma para o peso do plástico. Faz trinta e sete.

– Trinta e cinco vírgula oitenta e três, Pequenette. Mais zero vírgula noventa e três para as garrafas. Faz trinta e seis vírgula setenta e seis.

– Quero ver como é que vais pôr a tampa em setenta e seis centésimos de garrafa, espertalhão.

– Estamos a falar de matemática, Pequenette, não de engenharia naval.

– Não estamos nada – retorquiu o meu pai. – Estamos a falar de construção naval.

Depois voltou-se para a minha irmã.

– Trinta e cinco em água salgada – concluiu ela triunfalmente. – Mais uma para as garrafas. Faz trinta e seis.

– E para dois terços de bordo livre, Paulie? – perguntou ele.

– O que é o bordo livre?

– A parte que fica acima da linha de água – atirei eu. – Cento e onze em água doce e cento e oito em água salgada!

– Essa questão é trivial, Hans!

– Não precisamos de comprar barco nenhum! – disse o nosso pai e levantou-se num salto, abraçando a minha mãe. – Essa é a parte interessante – continuou, soltando-a e apontando para a janela. – Navegadores – trovejou ele –, ao convés!

No dia seguinte pela manhã, à hora a que o sol dissipava os últimos vestígios da neblina matinal, quem se aproximasse da pequena baía veria três figuras delgadas inclinadas em linha ao longo da margem a unir algo baixo, alongado e brilhante retirado de uma pilha de objetos com forma estranha. Um enorme cão peludo saltitava em sua volta. É possível que estas quatro criaturas parecessem satisfeitas, talvez até alegres. Pelo menos as três que trabalhavam faziam-no com uma concentração singular.

Seria a isto, percebo-o agora, que um matemático chamaria felicidade.

Eu e Paulette trabalhávamos num dos extremos enquanto o meu pai tratava sozinho do outro. Dos nossos pulsos pendiam pedaços grossos de fita adesiva. Desenrolávamo-los meticulosamente, tentando impedir que se colassem uns aos outros (este aspeto do trabalho era particularmente gratificante: tomara a pastilha do costume, claro, e nas minhas mãos as fitas enrolavam-se para o lado da cola com o que me parecia um equivalente molecular do afeto). Paulette mantinha as garrafas no sítio enquanto eu as colava. De quando em quando, trocávamos, ficando eu a segurá-las para ela colar. O meu pai preferia trabalhar sozinho – como sempre –, pelo que segurava as garrafas entre os joelhos. *Bernie* ofegava fielmente, enquanto corria de um lado para o outro entre nós. Algumas garrafas ainda tinham líquido, mas despejávamo-las na margem, onde começava a formar-se um carreiro de formigas vindas das árvores, as antenas trémulas. *Bernie* cheirava-as.

Também elas pareciam concentradas.

A minha mãe sentava-se no alpendre a ler. Foi então que percebi que também ela era uma formiga, trémula ante os seus próprios planos. Aqui e ali, a minha irmã fazia uma pausa para a observar.

Antes de o Sol atingir o pico, o casco principal ficara terminado. Recuámos um pouco para o admirar. Quando assobiei, e o meu pai respondeu com outro assobio, a minha mãe ergueu os olhos, pousou o livro e aplaudiu. Por essa altura, o convés principal contava com um pouco mais de três metros e meio – precisamente a soma da minha altura com a da minha irmã, arredondada por um dos meus ténis entre os dois – e com metade desse tamanho em largura. Doze garrafas de comprimento, doze e meia de largura e uma de altura. Quatrocentos e trinta e dois bicones ocos, truncados de tereftalato de polietileno *DuPont,* de fundo ondulado, ligados com fita adesiva para afastar um volume de água superior a qualquer combinação de membros da família Andret que desejassem partir numa expedição. O objeto repousava na areia lembrando um icebergue cinzento.

Fizemos um intervalo para almoçar.

Uma vez terminada a refeição, eu e Paulie voltámos à praia sozinhos. Comecei a colar uma fila de garrafas para fazer um dos costados, mas ela limitou-se a sentar-se na areia.

– Aproveita e descansa – disse-lhe.

– É o que estou a fazer.

Olhei para o lago e vi uma massa de caniços que se haviam soltado do fundo e andavam à deriva ao sabor do vento. A ondulação encaminhava-a até nós.

– A sério – insisti. – Não há problema. Eu faço o resto sozinho.

– Eu ouvi, Hans.

– Ainda bem, porque estava aqui a pensar... – Cortei um pedaço de fita adesiva. – Se realmente me ouviste, talvez na verdade queiras ajudar-me.

– Tu eras capaz de tudo... – disse ela preguiçosamente, com um sorriso desdenhoso.

– Perdão...?

– Achas que és um rebelde, mas na realidade és um conformista do pior. Fazes tudo aquilo de que ele se lembra. – Acenou para o barracão do meu pai, onde pela pequena janela vimos a cabeça dele a levantar-se e a baixar-se.

– Só dizes disparates, Pequenette.

– Se ele te pedisse para te apunhalares no peito, eras capaz de perguntar: «Queres que depois guarde a faca outra vez na gaveta?»

– Que é que te deu?

– Não percebes como tudo isto é fútil?

– Fútil?! Que queres dizer com isso? Estamos só a construir um barco.

– Meio barco. E os costados?

– Estou a fazê-los eu.

– Não é isso que eu quero dizer.

– Então o que é? Se ajudasses, podíamos acabar hoje.

– Estou a falar *dele*, Hans. Não quer saber disto para nada. Não estás a ver? Na vida dele, só há uma coisa – concluiu, com um gesto para o barracão.

– Ele passou a manhã a ajudar-nos, Paulie.

– Bem – acrescentou a rir –, vamos ver se amanhã também ajuda.

Mesmo então, era suficientemente precoce para discutir com o meu pai qualquer empreendimento matemático em que ele se tivesse envolvido. No entanto, nunca lhe dirigi qualquer pergunta sobre o assunto.

Esse tipo de curiosidade, a curiosidade acerca do homem para lá dos efeitos que tinha na minha vida, só anos mais tarde surgiria.

Paulette tinha razão. Ele não voltou a ajudar-nos com o barco. Na manhã seguinte, enquanto a minha mãe nos preparava o pequeno-almoço, ouvimos a porta do alpendre bater e logo a seguir vimo-lo encaminhar-se para o barracão.

– Tenho pena – disse a minha mãe, olhando de relance para Paulie, servindo-lhe mais ovos mexidos. – De qualquer maneira, se isso te consola, ele está a trabalhar num assunto que pode ser de grande importância.

A minha irmã nem sequer levantou os olhos do prato.

Para fazer o gio do barco levámos o dia inteiro, eu e a minha irmã. Depois precisámos de outro para a proa e os costados, tendo sido necessário um fim de semana para juntar tudo. Primeiro juntámos os costados ao convés, depois entalámos-lhe os gargalos das garrafas entre as folgas em forma de diamante nas laterais. Tudo aquilo fora ideia do meu pai, e o que nos atraíra fora a perspetiva de trabalhar com ele. No entanto, acabámo-lo sozinhos.

Paulie tinha razão: eu queria agradar-lhe.

Ainda assim, estava outra coisa a acontecer: a cada dia, a dose que tomava ia-se tornando mais pequena. No fim dessa semana, já nem sabia se continuava a tomar os comprimidos ou se a magnitude da tarefa em que me envolvera com Paulie produzira em mim um estado de meditação semelhante ao da droga.

Num domingo à tarde, concluímos o trabalho numa zona da praia próxima da linha de água. Quando unimos todas as partes, Paulie afastou-se e contemplou o barco, as mãos nas ancas.

– Olha – disse tranquilamente.

– Um barco – concluí, o braço sobre os ombros dela.

Haviam sido necessárias mais de 750 garrafas e uma dúzia de rolos de fita adesiva. Para estabilizarmos o convés usámos garrafões, os maiores que arranjámos.

– Conseguimos, Hans.

– Acho que sim, Paulie.

– *Nós* – sublinhou. – Tu e eu.

Nesse dia, quando o meu pai emergiu do barracão, viu-nos lançá-lo aos baixios. Atravessámos o banco lodoso e empurrámo-lo para uma zona mais funda, onde, como é evidente, flutuou. O meu pai entrou em casa, reemergindo com uma máquina fotográfica e tirou-nos algumas fotografias, os braços dados em frente da proa. Dirigiu-se novamente para casa e trouxe a mangueira do jardim. Peguei nela e pus-me a encher os garrafões da quilha. Quando o último começou a transbordar, o navio estabilizou com uma espécie de suspiro.

Nessa altura, a minha mãe juntou-se-nos, vinda do alpendre. Aproximou-se do pontão qual princesa de Gales e levantou elegantemente a saia para entrar a bordo.

– Esplêndido – comentou. – Esplêndido, esplêndido, esplêndido.

No convés, tirou as sandálias e abanou as ancas. A engenhoca, do tamanho do nosso *Country Squire*, mas, pelo menos com os garrafões vazios, pesando menos do que *Bernie*, manteve-se firme. *Bernie*, como se quisesse dar razão à comparação, desceu do pontão e fez pressão com as patas. O barco manteve-se imóvel. Até os vairões saíram da sombra para observar.

– Que nome lhe vamos dar? – perguntou Paulie.

– Que vos parece *Victory*? – sugeriu a minha mãe com o seu sotaque britânico, e olhando em volta com uma expressão maliciosa.

– Vitória sobre o quê? – perguntou o meu pai.

– Sobre nada – respondeu Paulie.

– O *Victory* era a nave almirante de Nelson – retorquiu a minha mãe. – Participou na batalha de Trafalgar.

– E isto é o nosso Trafalgar – disse o meu pai.

A minha mãe riu-se.

– O nosso quê?

O meu pai soltou uma gargalhada. Não era coisa que fizesse muitas vezes, mas, quando acontecia, lembrava um uivo. O som encheu a baía. A minha mãe estudou-o.

– Queres dizer o nosso *Waterloo*?

– Oh – exclamou ele, acrescentando: – Se calhar quero.

– Também podíamos construir um *Royal Sovereign* – acrescentou Paulie.

– Boa, Paulie – incentivou a minha mãe.

– O *Royal Sovereign* foi o segundo no comando em Trafalgar – explicou Paulie.

– Eu sei, Pequenette.

– Não sabes nada, Hans.

A minha mãe voltou-se novamente para o barco.

– Eu te batizo – anunciou ela com um gesto teatral para a proa – com o nome de *H. M. S. Victory*. Felicitações à família Andret, construtores navais e académicos.

– Obrigada, mãe.

– Obrigado, mãe.

O meu pai ficou no pontão com a máquina fotográfica, abanando a cabeça com um ar distante, sorrindo, agora menos abertamente, a todos; um homem que eu nunca vira.

Na tarde seguinte, eu e Paulie começámos a trabalhar no *Royal Sovereign*. Foi ela quem insistiu. Queria reviver a batalha de Trafalgar.

Transportei os sacos de garrafas até à praia. Ela acabara de sair da água e tirava a parte de cima do biquíni por baixo da *sweatshirt*. (Em miúdo aquele truque fascinara-me. Vira-o pela primeira vez numa piscina pública em Tapington, mas quando cheguei à escola primária já sabia o suficiente de topologia para perceber que se tratava de algo trivial: no mundo topológico as dimensões são completamente irrelevantes, as coisas esticam e encolhem conforme as necessidades. Se imaginasse a minha irmã com o biquíni vestido e por cima uma *sweatshirt* que aumentasse de tamanho sem parar – ou se imaginasse a minha irmã a diminuir –, até a *sweatshirt* se encontrar a metros dela sem sequer lhe tocar, tornava-se evidente que conseguia mudar toda a roupa molhada que entendesse sem ter de tirar a roupa seca que a cobria). Paulie tirou o biquíni encharcado pela manga da *sweatshirt*, como se fora uma doninha que lhe tivesse subido pelo braço, e pendurou-o num ramo.

– A grande batalha de Trafalgar? – perguntei. – Mas os dois navios eram de Lorde Nelson.

– Exato.

– Isso quer dizer que estavam os dois do mesmo lado, Paulie. Como podemos reviver uma batalha só com a Marinha de um dos lados? Responde lá a esta.

– É uma metáfora.

Olhei para ela.

– Da nossa família, Hans.

Na altura em que o meu pai saiu de casa e passou por nós rumo ao barracão já nos encontrávamos a trabalhar. No dia seguinte, perto do anoitecer, havíamos já acabado todas as secções e, ao fim da tarde do dia seguinte, dedicámo-nos a colar as peças ao convés.

– Sabes – disse Paulie enquanto colávamos o último garrafão à quilha –, agora temos de nos manter unidos.

– Quem tem de se manter unido?

– Tu e eu, Hans.

Adorava a minha irmã; voltara a percebê-lo naquela semana, enquanto trabalhava a seu lado à sombra dos cedros e a generosidade movida a adrenalina da dose então reduzida me corria nas veias. Adorava-a apesar de andarmos sempre a discutir.

– Não estarás a ser um pouco dramática? – perguntei.

— A ideia é essa.

— Ele anda ocupado, Paulie. Não pode perder tempo a brincar com dois miúdos.

— Não anda assim *tão* ocupado. E nós somos os miúdos *dele*. O pai põe a sua fantasia em andamento e depois nós que a acabemos – explicou ela. Depois de cortar um bocado de fita, continuou numa voz calma: – Ele é instável, essa é que é a verdade.

— E daí?

— E daí que nunca sei se vai aparecer aqui com uma ideia destas ou andar por aí amuado como um estupor a caminho do barracão.

Pus-me a assobiar.

— Para com isso. Estou a dizer a mais pura verdade.

— Talvez.

— Não há melhor palavra para o descrever.

— Que palavra, Paulie? *Estupor?* Ou *barracão?*

— *Instável.*

— Ora, deixa-te disso – repliquei. – As coisas podiam ser bem piores.

Olhou para mim como se a tivesse esbofeteado.

— Nem por isso. Não há assim tantas coisas que *pudessem* ser piores. Pelo menos, para uma rapariga. Não há nada muito pior do que ter um pai que é um estupor.

Segurei um pedaço de fita contra a amurada, e ela colocou-a no devido lugar. Agarrei em mais uma para a proa, mas quando lha passei ela não a agarrou e tinha os olhos rasos de água.

— Tu não percebes, Hans. É como *areia movediça*. Por mais que tente sair, o chão debaixo dos meus pés continua a puxar-me. E é ele. A areia movediça em que eu cresci.

Quando entrei, o meu pai estava sentado à secretária, a limpar a ferrugem de qualquer coisa com uma chave de fendas. A minha mãe mandara-me ir até ao barracão com uma sandes.

— Que é isso? – perguntei.

— A humanidade – respondeu, pousando a chave de fendas. – A humanidade a tentar superar as suas limitações, ou, por outras palavras, um dínamo. Este serve para acionar uma lanterna.

— Está bem.

– Não passa de mais um exemplo da luta do homem contra Deus – continuou, soprando a ferrugem do protetor de secretária. – O que, de resto, é a finalidade da vida. Olha para isto – disse, levantando um objeto que me pareceu uma espécie de cruzamento entre uma lanterna e uma pistola, feito a partir de um banco de casa de bonecas. Quando apertou a pega, um mecanismo metálico girou e ao cabo de duas ou três voltas a lâmpada começou a piscar.

– Deus parece estar a ganhar.

– Pelo menos de momento – respondeu com uma gargalhada. – Ainda está muito enferrujado.

Inclinou-se e continuou a limpar a ferrugem.

– Posso fazer-te uma pergunta, pai?

– Já fizeste.

– Vai à merda.

– Vai tu. Qual é a pergunta?

– És feliz?

– Não. Ninguém é.

Nem sequer parara para pensar no assunto.

– E quando estás a trabalhar?

– A trabalhar?

– Em matemática.

Pousou o dínamo e olhou em frente, de maneira que ficou de perfil para mim. No canto do barracão, vi outros mecanismos ferrugentos, assim como ferramentas.

– Parece-te que estou a trabalhar?

– Não.

– Pareço-te feliz?

– Acho que não.

Nesse momento, olhei para cima e constatei que também havia algumas caixas sobre as vigas. Em todas, pelo menos nas que se encontravam à vista, havia sido escrito ERRADO.

– Ser feliz não é o que importa, Hans. O importante é não desistir.

Depois voltou-se novamente para o dínamo e eu deixei-lhe o tabuleiro.

– A felicidade nem sequer é uma ideia real – continuou. – É como o amor. Uma pessoa razoavelmente cética nem sabe o que isso significa.

Ao pôr do Sol, eu e Paulie havíamos terminado o segundo barco. Aguardei nos baixios enquanto ela foi a casa chamar os nossos pais. O *Victory* e o *Royal Sovereign* encontravam-se lado a lado. Com quilhas estáveis, voltados para o mesmo ponto. Naquela calma perfeita, pareciam dispostos sobre uma mesa de vidro. Os vairões passavam sob os cascos, à sombra, ora negros ora prateados.

A minha mãe levou a mão à boca. O meu pai, a seu lado, observava os barcos com um olhar satisfeito.

O cartesiano relutante

Dias mais tarde, enquanto saíamos da água, o meu pai voltou-se para o pontão, onde os barcos permaneciam fundeados. Lembravam duas estátuas brilhando ao sol.
– Impressionante – comentou. – Realmente impressionante.
– Obrigado, pai.
Girou sobre os calcanhares e esquadrinhou a distância, a curva onde o trilho se afastava da estrada e cruzava os campos.
– O nosso Trafalgar – disse num tom amável, dando-me uma palmadinha nas costas.
– O nosso Trafalgar – repeti, com igual amabilidade.
Knudson Hay chegaria nesse dia.
No momento em que entrámos em casa, já a minha mãe trazia o vestido amarelo e as meias cor de coco. Varria o chão, mas com o cinto largo, que a obrigava a manter-se direita, dava a impressão de suster a respiração enquanto trabalhava. Terminada a tarefa, pôs-se a acender os candeeiros de todas as divisões. Já escovara *Bernie*.
Quando o carro de Knudson Hay surgiu envolto no seu brilho prateado entre as árvores, todos nos aproximámos da janela. Minutos mais tarde, enquanto emergia do bosque e começava a subir o caminho, a minha mãe sorriu ao meu pai qual atriz.
– Vai lá – disse-lhe, dando-lhe um empurrão na direção do alpendre. Junto da porta, pôs-se em bicos de pés e beijando-o no rosto.
O meu pai acenou, antes de abrir a porta e sair.
– Quem diria, presidente Hay! – ouvi-o exclamar, num tom estranhamente alegre. – Aqui nas florestas do Norte? Que honra, professor, que honra! Aqui na nossa companhia nas grandes florestas do Norte!

– Na realidade tanto me faz – comentou a minha mãe.

– A mim também – disse Paulie.

A tarde começava a cair, e eu e Paulie encontrávamo-nos sentados diante da mãe a uma mesa nas traseiras do Green & White, um bar de camionistas numa estrada secundária a norte de Felt City. O meu pai e Knudson Hay estavam a vinte minutos dali, no Belle View Supper Club, o único estabelecimento a menos de uma hora do nosso casebre que servia costeletas.

– Vive-se bem em Tapington – afiançou a minha mãe, que, naquele vestido cintado, parecia continuar a suster a respiração. – Mas tenho de admitir que gostava de poder ir às compras de quando em quando.

– Por exemplo, ao Lord and Taylor – acrescentou Paulie.

– Sim... Bem, é verdade, não é? Há um na Quinta Avenida, perto da Grand Central. Uma vez comprei lá uma mala – admitiu a minha mãe com um sorriso.

– A que distância ficávamos de Nova Iorque? – perguntou Paulie, bebendo pensativamente uma *Coca-Cola* por uma palhinha.

– De Princeton Junction é uma hora e um quarto de comboio. E saímos em plena Manhattan, na Rua 34 – respondeu entre goles de chá. – É maravilhoso, na verdade.

– Mas então porque é que ele está aqui? – perguntou Paulie.

– Não sei bem, querida.

– Sabes sim – retorqui.

– Bom, para começar não se veem há quinze anos – explicou ela sem sorrir.

– Porque não dizes? – Voltei-me para Paulie. – Estão a falar de o pai voltar para o cargo que ocupou em tempos.

– Isso nós sabemos, Hans.

– Então porque perguntaste?

– Porque gostava de saber o que a mãe tem a dizer sobre isso.

– Temos de ter em conta que vivemos bem aqui – continuou a minha mãe. – Não *precisamos* de nada que não tenhamos já – acrescentou com um olhar significativo. – Por favor, digam-me que percebem.

Nessa noite, quando o telefone tocou, levantei-me da cama e espreitei pela porta.

— Era ele? – perguntei.

— Era, querido. – A minha mãe encontrava-se à mesa, um copo de vinho à sua frente. O relógio na bancada mudou para as 1:12. Atrás de mim, no alpendre, Paulie ressonava suavemente.

— Ele está bem?

— Volta para a cama, filho. Ainda se vão demorar. Devem estar a conversar – comentou, estreitando os olhos na minha direção.

— Está tudo bem? – perguntei-lhe.

— Oh, Hans...

Entrei na cozinha e sentei-me em frente dela.

— Tudo isto me deixa um pouco nervosa – confessou.

— Gostavas de voltar para lá, não gostavas?

— Para dizer a verdade, não sei bem do que gostava.

— Ias ter mais com que te entreter.

— Também tenho muito com que me entreter em Tapington.

— Ias ter amigos.

— Eu gosto das pessoas aqui no Ohio – afiançou, bebendo um novo gole de vinho.

— Mas não são bem tuas amigas.

— Bem, talvez não. Mas são boas pessoas – explicou, acrescentando: – Além disso, tenho o teu pai e tenho-vos a vocês. Não preciso de mais nada. De qualquer maneira, não sabemos o que vai acontecer. O mais certo é ele ter vindo só para cumprimentar o pai.

— O pai não é teu amigo.

Ela riu-se.

— Nisso não tens razão, Hans.

— Tu gostavas de ter amigos *a sério*.

— Ele é meu amigo *a sério*.

No lago, alguém ligou o motor de um barco – decerto alguém que pescava peixe-gato com lanterna. Vimos a luz vermelha da proa deslizar para leste na noite escura e depois mudar para verde no momento em que o barco se voltou para norte.

— Primeiro tomas uma decisão – disse eu, ainda de olhos fitos na janela. – Depois transforma-la na decisão certa.

— É isso mesmo – respondeu.

Algum tempo mais tarde, quando voltei a acordar, vi a Lua pelas cortinas. Encaminhei-me em bicos de pés até à sala, onde a minha mãe se encontrava enroscada num cadeirão. No escuro, vi o sobretudo do meu pai atirado ao chão. Depois, vi-o a ele, no sofá por trás dela, deitado nas almofadas.

Quando, um pouco mais tarde, o barulho da porta de um carro me acordou de vez, já era dia. O automóvel prateado parara no caminho de acesso à casa e o meu pai estava de pé junto dele. Ao volante, Knudson Hay olhava para cima, para o meu pai, na sua pose habitual, as mãos na cintura e os olhos no chão. Pela janela aberta, despediram-se com um aperto de mão. Depois Hay acenou e voltou-se para recuar. O meu pai ficou a vê-lo partir.

No momento em que voltou para casa, já eu estava vestido.

– Bom dia – cumprimentou a minha mãe, inclinando-se para espreitar o caminho, após o que se sentou no sofá. – Vem cá, querido – pediu ao meu pai –, conta-nos o que aconteceu.

O meu pai permaneceu no mesmo sítio, junto da porta.

– Foi uma noite longa. Falámos de muitas coisas.

Paulie entrou, vinda do alpendre, a esfregar os olhos.

– E então – disse a minha mãe. – E ele?

– Ele o quê?

– *Convidou-te*, querido? Convidou-te para voltar?

O meu pai olhou pela janela, respondendo por fim:

– Que queres que te diga, Helena? Convidou, sim. Tinhas razão.

– Oh, querido... – Voltou-se para nós, sorrindo. – Isso é maravilhoso.

Nessa altura, ele aproximou-se da janela para contemplar o lago.

– Só preciso de mais algum tempo para pensar nisso – acrescentou.

– Claro, não há pressa.

Com as mãos em pala sobre os olhos, o meu pai observou a baía.

– Olhem para aqueles barcos. Vocês conseguiram construir dois belíssimos barcos capazes. São uma maravilha, não são?

– Obrigada, pai – agradeceu Paulie.

Os meus pais não afetuosos – o meu pai decerto não o era –, mas a minha mãe levantou-se do sofá e aproximou-se dele, alisando a blusa. Junto da janela abraçou-o e apoiou a cabeça no peito dele.

– Gostariam de fazer uma batalha naval um dia destes? – perguntou ele.

– Eu gostava – respondi.

– Acho que todos gostaríamos – disse a minha mãe. – Não te parece, Paulie?

– Ótimo – retorquiu o meu pai. – Porque é disso que estamos a precisar, de uma boa batalha naval. Uma boa batalha de Trafalgar. Que é que acham?

Os reais são quase todos irracionais

No dia seguinte, ao jantar, a minha mãe fez costeletas de porco, com molho de maçã e batatas salteadas, o prato favorito do meu pai. Deixou tudo quente nos tachos até ouvirmos a porta do barracão bater. Quando o vimos encaminhar-se para casa, do bosque, sentámo-nos todos à mesa. Vinha a fumar, o rosto tisnado do dia que havíamos passado no lago. Algo nele estava diferente. A minha mãe soltou um estalido com a língua.

– Não lhe digam nada antes de ele ter começado a comer. Há de falar do assunto quando estiver preparado – pediu-nos num sussurro.

O meu pai entrou e sentou-se. Bebeu um gole de água, girando, de seguida, a cabeça na direção do barracão.

– Estás estranho – comentou Paulie.

– Chiiiu! – exclamou a minha mãe.

– Não estou nada estranho.

Uma vez servido o molho de maçã, a minha mãe tratou de servir as batatas.

– Como correu o trabalho hoje?

– Correu bem, Helena.

– Conta-nos – pediu Paulie.

– Querida... – suplicou a minha mãe.

– Que queres saber?

– Paulie, cala-te *por favor*!

– Vamos mudar-nos ou não?

– Paulie!

– Não faz mal, apetece-me falar disso – retorquiu o meu pai, apagando o cigarro no cinzeiro no peitoril da janela. – Que querem saber?

– Nesse caso – avançou a minha mãe, olhando de relance para Paulie –, gostaria de saber como é que ele te convidou.

– Da maneira habitual, querida. – Serviu um pouco de costeleta e mastigou devagar. – Abriu uma vaga em Topologia.

– Oh, Milo... – A minha mãe pousou o molho no meio da mesa e recostou-se. – Mas isso é perfeito!

Ele cortou outro pedaço de costeleta.

– Perfeito não é.

– Porquê?

– Porque é Topologia *Algébrica*, Helena.

– Bem, pelo menos está lá perto.

– Perto? Perto de quê?

– Do que tu fazes.

– Não está nada perto do que eu faço.

– Pronto, certo.

– É uma quantidade de equações.

– Tens simplesmente de as adaptar a ti.

– Tenho de *quê?* – perguntou, pousando o garfo e voltando-se para a janela, antes de acrescentar: – Ainda por cima é à experiência.

– Que quer isso dizer?

– Quer dizer... – Até lhe custou completar a frase. – Quer dizer que é um lugar de *assistente*.

Fez-se um silêncio, durante o qual a minha mãe pegou num jarro de água e encheu os copos.

– Valha-me Deus – exclamou ela, acrescentando: – Bom, suponho que sejam as regras...

– *As regras?!*

– Não estou a ver o Knudson a fazer-te uma coisa dessas. Lembra-te de que recebeste uma Medalha Fields.

– Podes ter a certeza de que lembro.

– É um daqueles imbróglios administrativos. Tenho a certeza de que é só isso, um pequeno pormenor administrativo.

– O pormenor administrativo, Helena, é que fico com os tomates apertados.

Ri-me, e o meu pai olhou para mim.

– Não ficas nada – retorquiu a minha mãe.

– Nunca pensei que teria de suplicar.

– E não tiveste, Milo. *Eles* é que suplicaram. O Knudson veio aqui de propósito para te convidar.

– Que é que isso interessa? Se fosse uma cátedra, ainda podia pôr a hipótese de aceitar, mas não é. É a merda de um lugar de assistente. – Com um gesto brusco, afastou a cadeira da mesa e levantou-se. De seguida, entrou na cozinha e bebeu diretamente da torneira. Por cima do ombro, gritou-nos: – Pelo menos, o *porco* já lá não está.

– Que é isso, Milo?

– O Yevgeny Detmeyer está de saída, para Chicago, se não me engano. Pelo menos, isso consegui. – Pela porta, vi-o cuspir. – Que vá à merda.

– Oh, querido, será por isso que aconteceu tudo tão de repente?

– *De repente?* Saí de lá há quinze anos, Helena.

– Mas afinal mudamo-nos ou não? – perguntou Paulie. – Que aconteceu, mãe?

– Eu e o teu pai vamos ter de discutir o assunto.

– Não vamos não.

– Claro que vamos. Podemos falar disso depois de jantar. Mas agora gostava de saber o que pensam do assunto – insistiu ela voltando-se para nós. – Digam-nos o que acham das novidades.

– Não são novidades, Helena. – Voltou para a mesa e puxou a cadeira. – Gosto disto aqui. A novidade é *essa*. Uma oferta de merda de um tirano desgastado não muda rigorosamente nada. Estou muito bem aqui.

– Eu também, mas...

– É tarde de mais, Helena.

– Não é nada.

– É sim.

– Milo, por favor.

– Já lhes disse que não, Helena. – Depois sentou-se, comeu mais uma garfada da costeleta e disse-nos: – O que é que acham *desta* notícia, meninos?

A lâmpada de Thomson

Segui o som ao longo do leito do riacho. Não vinha do dique dos castores. Quanto mais eu subia, mais forte se tornava. Tratava-se de um rangido com um ritmo certo, lembrando um martelar lento. O Sol nascera havia pouco, e tomara a minha dose meia hora antes. Nesse dia, ingerira uma pastilha forte.

Num ponto alto, trepei a um pinheiro. A certa altura, vi-o. Encontrava-se ali perto, na clareira, a fustigar uma árvore com um ramo. Ao cabo de um dos golpes, o ramo soltou-se-lhe da mão, e ele voltou a apanhá-lo, trôpego. Vergastou a árvore seguinte, caindo quando lhe acertou. De novo foi parar ao meio dos arbustos. Com um passo pouco firme, o meu pai levantou-se e foi procurá-lo.

Nessa noite, à hora de jantar, o letreiro sobre a cabeça da minha mãe rezava:

FUI FERIDA

Olhei para *Bernie*, enroscado a um canto no seu tapete. Evitou o meu olhar. De seguida, voltei-me para Paulie, que não me prestou atenção. A mãe fizera hambúrgueres. A minha irmã, como sempre, comia o dela como se fosse a primeira vez. Após cada dentada, abria o pão e espreitava lá para dentro.

– Então, Paulie, como foi o *teu* dia? – quis eu saber.

A minha irmã levantou os olhos e observou-me com curiosidade.

– O quê?
– Como correu o teu dia?
– Como assim?
– Como correu o teu dia?

Paulie olhou de relance para a minha mãe.

– Aconteceu-lhe alguma coisa?

O meu pai também me estudava. Enquanto cortava o seu hambúrguer, lançava-me um olhar que me lembrou o de um polícia a ponderar se deveria recorrer às algemas.

Foi nessa altura que a minha mãe soltou um soluço que talvez não tivesse sido tão surpreendente se houvesse surgido a meio de um choro ou entre gemidos, ou até após uma série de gargalhadas estranhas. Mas não. Pairou sozinho, como o suspiro ansioso de um louco. Ela bebeu um gole de água, mantendo o copo junto dos lábios.

– Que foi isso? – perguntou o meu pai.

– Está calado – pediu Paulie.

– Foi por causa de Princeton? – perguntou ele, ao cabo de outra dentada no hambúrguer.

– Vá lá, pai.

– É por causa disso que estás a chorar? Por causa da Universidade de Princeton? Se foi, tenho uma coisa a dizer… – Olhou para todos nós. – Puta que pariu Princeton.

A minha mãe pousou o copo.

– É mesmo isso que pensas?

– É *exatamente* isso que penso.

– Porquê, Milo?

– Porque é verdade. É tudo um desperdício.

– O quê, Milo? O que é que é um desperdício?

O meu pai deixou cair o hambúrguer no prato. Na toalha, uma marca de *ketchup* em forma de seta apontou para mim.

– O meu filho, para começar – respondeu, olhando para ela. – Desperdiçou a vida toda.

Bernie ladrou. O som fez-me sentir pedrado.

– Ah – retorqui. – Interessante.

– Tu – continuou o meu pai, apontando para mim com um gesto da cabeça. – Vais deitar tudo a perder.

Fez-se silêncio. Contemplei as palavras dele caírem como neve sobre um pisa-papéis.

– Bom… – respondi com pouca convicção. – Não sei muito bem o que queres dizer com isso.

O rosto do meu pai fez-se escarlate.

– Sei tudo o que te diz respeito, meu sorna. Estás a ouvir?

– Quê? – interrompeu a minha mãe.

– Que sabes tu ao certo, pai?

– Sei que nunca vais fazer nada de jeito com a tua vida, para começar. Disso, pelo menos, não tenho dúvida *nenhuma*.

– O quê? – repetiu a minha mãe. – Como podes dizer uma coisa dessas ao teu filho, Milo?

– Porque é verdade, Helena. Porque por uma vez na vida alguém lho tem de dizer na cara. Ele é um desperdício de talento. Estão a ouvir-me? Um desperdício de células cerebrais. Um desperdício de vida. Um desperdício de tudo o que lhe dei. Foi tudo pelo cano abaixo.

– Que diabo estás tu...

– Tudo, mas tudo, o que algum dia lhe dei. Que de resto é tudo o que ele tem.

A minha mãe levantou-se.

– Que raio lhe deste *tu* além de... Oh, saíste-me uma bela prenda...

– Não tem importância, mãe – afiancei.

– Tem importância, sim – insistiu Paulie.

– Meu Deus, que me terá passado pela cabeça para... – suspirou a minha mãe. – Milo, que tens andado a fazer naquele barracão?

– Que te terá passado pela cabeça para quê, Helena?

– Para casar contigo – respondeu Paulie.

– Ah, então é isso... – O meu pai levantou-se. – Era isso que ias dizer, Helena?

A minha mãe não respondeu.

Dentro de mim, abriu-se uma fenda.

– Na verdade, até tens razão – continuou o meu pai. – Nunca devias ter casado comigo. Devias ter ficado com alguém do teu nível.

– Por favor – pedi. – Porque não paramos com isto? Vamos acabar de comer estes hambúrgueres.

– Não se metam nisto, vocês os dois – exclamou a minha mãe, que começara a puxar pelo fio do candeeiro de pé, que se acendia e apagava intermitentemente. – Queres dizer que eu devia ter escolhido alguém civilizado? Em vez de um egocêntrico que...

– Parem aí, por favor – implorei.

– Não, não. Continua, Helena. Por favor, não pares. Um egocêntrico que *quê?* Que nunca fez nada de jeito? Era isso que ias dizer?

– Meninos, lá para fora os dois – ordenou a minha mãe. – Como te atreves a dizer uma coisa dessas? – continuou, dirigindo-se a ele.

– Nós não saímos daqui, mãe – assegurou Paulie.

– Putefiazinha... – rosnou o meu pai.

– Meu Deus... – exclamou a minha irmã.

– Que maravilha – comentou a minha mãe. – *Mais uma* saída brilhante, Milo. Doutor Milo Andret, ao fim de quinze anos é *isso* que tens a dizer?

– Tu nunca foste suficientemente inteligente, pois não? Querias que toda a gente na Universidade de Princeton achasse que eras pelo menos um bocadinho invulgar. E depois toda a gente da Faculdade *Feminina* de Fabricus. E agora toda a gente na puta desta terra no cu do Michigan. A doce e bondosa Helena Pierce... Mas não és. És uma...

– Ela só casou contigo porque teve pena de ti – gritou Paulie.

Claro, pensei. *É evidente.*

– Tiveste pena de mim?! Essa podes metê-la no cu, com um lápis bem afiado a ajudar.

Paulie empalideceu.

– Sim, Milo – disse a minha mãe. – Pena de ti. Não sabias? Não sabias que nós *ainda* temos todos pena de ti? É só por isso que aqui estamos. Porque não vais ter com um dos teus amigos de meia tijela e te pões a andar daqui para fora?

– Tu é que me saíste uma rameira de meia tijela.

A bota de Paulie atingiu a parede a pouca distância da cabeça dele. Quando me levantei, o meu pai ainda se enervou mais.

– E *tu* – gritou –, tu nunca devias sequer ter nascido.

– Tenho pena de ti, mãe – disse a minha irmã.

– Também eu tenho pena dela – retorquiu o meu pai. – Mãe de um merdas como aquele – continuou, a apontar para mim. – Lixou qualquer vestígio do talento que lhe transmiti.

– Milo, fora desta casa.

– *Vocês* é que vão sair daqui para fora, seus malditos ingratos!

– Diz-me uma coisa, pai – continuou Paulie. – Eu também desperdicei o meu talento?

– O quê?! – respondeu, sem sequer se voltar. – Tu não. Tu, para começar, nunca tiveste talento.

Quando a minha mãe lançou o candeeiro de pé, o fio ficou preso, pelo que, em vez de embater contra a parede, rebolou pelo chão, encalhando no rodapé. O meu pai baixou-se, agarrou nele e atirou-o pela janela. O vidro pareceu brilhar um pouco antes de desaparecer. A carpete ficou coberta de vidros, que ele se pôs a pisar furiosamente. Paulie gritou.

O meu pai enfiou a mão na janela desfeita e retirou qualquer coisa do alpendre. Quando se voltou, o pé-de-cabra repousava-lhe nas mãos.

– Odeio-te! Odeio-te! – gritou Paulie, lançando-se a ele.

Na tentativa de se desviar, o meu pai desequilibrou-se, esmagando as tábuas do soalho com o pé-de-cabra.

– Odeio-te!
– Milo – pediu a minha mãe num tom calmo –, pousa já isso.
– Vão todos à merda!
– Pousa isso.
– Afasta-a de mim!
– Hans – chamou a minha mãe.
– Paulie – disse eu. – Talvez...

A minha mãe aproximou-se dele.

Não acredito que, no momento em que ganhou balanço, o meu pai acalentasse o desejo de sequer acertar perto dela, mas, quando esboçou o movimento, a minha mãe já se encontrava mesmo ao seu lado. Vi o brilho negro e pensei: «*É assim que...*»

Porém, ela baixou-se, e o pé-de-cabra passou-lhe sobre a cabeça.

– Valha-me Deus, Helena – exclamou ele, e uma chuva de poeira soltou-se da parede.

– Meu Deus – suspirou a minha mãe, erguendo-se.

– Odeio-te – rematou Paulie, soltando-o. – Odeio-te, mas odeio-te mesmo.

O pé-de-cabra continuava espetado na parede. Com um gesto brusco, ele arrancou-o. Contudo, segundos depois, levou-o à altura do ombro, arremessando-o novamente. As tábuas desfizeram-se, e surgiu um pequeno triângulo de lago. O golpe seguinte abalou a estrutura da casa e abriu uma fenda num dos cantos. Desferiu um novo. O soalho desfazia-se como se fora papel. Pelos buracos, já se avistava o pontão, os nossos dois barcos e todo o terreno até à água. *Bernie* ladrava descontroladamente. O meu pai dava largas a uma ira destrutiva. A certa altura, dois pedaços de hera entraram esvoaçantes na sala

– Que se lixe isto tudo! – gritou.

– Idiota! – respondeu Paulie com um urro. – Louco idiota!

O meu pai desfez as heras e, introduzindo a orla do pé-de-cabra entre as tábuas da parede, começou a arrancá-las. Quando não havia mais para destruir, caiu de costas sobre a carpete, uma miríade de pequenos pedaços de vidro em volta e o pé-de-cabra deslizando para longe.

Baixei-me para lhe pegar e foi então que ouvi a minha mãe.

– Basta!

Voltei-me outra vez e vi-a no chão, agarrada a ele.

– Não! – gritou Paulie. – Não podes fazer uma coisa dessas!

– Calada, Pequenette.

– Metes-me nojo, mãe! Metes-me nojo! Ele está louco, mãe!

– Está calada, Paulie – ordenei-lhe. – Vamos calar-nos todos.

De repente, a minha irmã acalmou-se. Baixou os olhos e levou a mão à boca. No chão, a minha mãe prendera-o com o próprio corpo, inclinando-se sobre o peito dele, como teria feito a uma criança, tomando--lhe o rosto entre as mãos. Apercebi-me de que lhe murmurava ao ouvido. Paulie deixou-se ali ficar, sem pinga de sangue, e até *Bernie* se deitou no tapete. Ao cabo de uns minutos, consegui ouvir o que lhe dizia:

– Amo-te. Amo-te, Milo. Está tudo bem. Tudo se há de compor.

Disciplina in Civitatem

Nessa semana, preparei-me para o apocalipse, para a possibilidade de o universo reconhecer que havia um rasgão no tecido da família Andret. No entanto, os dias foram passando; primeiro, um nublado e com temperaturas médias; o seguinte, soalheiro e húmido. A minha mãe limpava e arrumava. Nós tomávamos o pequeno-almoço, almoçávamos, jantávamos. Falávamos uns com os outros quando nos cruzávamos, embora cautelosamente. Durante o dia, a minha mãe voltou para a clareira. O meu pai para o barracão.

No sábado, o meu pai lavou o tapete no lago. Aquilo pareceu-me o seu primeiro reconhecimento do que acontecera. Eu e a minha mãe encontrávamo-nos sentados lado a lado no alpendre, observando-o. No extremo do pontão, ele mergulhou-o na água, tirando-o de seguida, após o que o estendeu nas tábuas e lhe espalhou detergente por cima.

Não conseguia sequer imaginá-lo a pedir desculpa, mas aquilo andava lá perto.

– Aquelas coisas – afiançou a minha mãe de repente –, aquelas coisas que eu disse... Espero que percebas que não tiveste nada a ver com aquilo. Por exemplo, o que disse sobre a razão por que continuo com o pai. Deves ter percebido que estava muito perturbada.

– Eu sei, mãe.

– Quem me dera não ter dito palavra. Quem me dera que nenhum de nós tivesse dito nada.

– Também percebo *isso*, mãe.

– Claro que sim. Foi como se todos tivéssemos enlouquecido por uns minutos. – Pousou a caneca e continuou. – Exceto tu. Mantiveste a cabeça fria. Agradeço-te isso.

– Não tens nada que agradecer.

Contemplámo-lo silenciosamente de novo. Estava inclinado sobre o tapete, a esfregá-lo para fazer espuma e apanhando os últimos pedaços de vidro.

– Creio que agora está um pouco melhor – disse a minha mãe. – É possível que acabe por voltar ao normal.

Levantei a cabeça e olhei para a baía.

– Que foi?

– As pessoas *normais* não atacam as mulheres com pés-de-cabra.

– Ele não me atacou.

– Então quem é que o fez?

Ela voltou o olhar primeiro para ele e depois para o bosque.

– Atacou *aquilo* – respondeu, apontando. – O que quer esteja a acontecer naquele barracão.

– Bom, mas as pessoas normais também não esburacam o chão e as paredes só porque uma demonstração não lhes está a correr como desejavam – argumentei, apontando para a casa, onde, na véspera, um homem da loja de ferragens tapara a fenda na parede com contraplacado. – Ou porque lhes parece que uma oferta de emprego constitui uma espécie de insulto.

– As pessoas normais não fazem o que ele faz.

– Poupa-me.

– Ele vai para ali todas as manhãs sem fazer ideia do que irá encontrar, Hans. Nunca sabe se valerá a pena. Para ele ou para nós. – Abanou a cabeça. – Para ti e para a Paulie. É sobre isso que estou a falar.

No pontão, o meu pai içou o tapete, enrolou-o e começou a espremê-lo.

– Foi por isso que ele te atacou com um pé-de-cabra?

– Ele ficou tristíssimo com isso.

– *Tristíssimo?!* E as coisas que disse à Paulie?

– Tens razão, isso não tem desculpa. – Com uma expressão desgostosa, voltou-se para a água. – Mas ele não estava no seu estado normal. Não estava mesmo. – De seguida, acrescentou: – Um dia vais perceber.

– Quando? Quando for matemático?

– Quando tiveres a tua própria família.

O meu pai levantou-se e pegou na amálgama de lã encharcada. Chegado às escadas, desenrolou o tapete e estendeu-o sobre o corrimão.

Depois, voltou-se para o alpendre, fingindo que carregara algo pesado. Chegou a ponto de nos acenar.

A minha mãe devolveu-lhe o gesto.

– Está a comportar-se como se não tivesse acontecido nada – suspirei.

– Não. Está a comportar-se como se tivesse acontecido uma coisa horrível. *Eu* é que estou a fingir que *nada* aconteceu.

O meu pai sorriu muito ao de leve, desceu as escadas e encaminhou-se para o barracão, sob o nosso olhar atento.

– Sabes, Hans, os seres humanos serão sempre colocados à prova – explicou-me.

– É por isso que estás a fingir que nada aconteceu?

Ela pousou os olhos na água, voltando-os de seguida para mim. Na distância, entre as árvores, ouvimos a porta do barracão bater.

– Não – respondeu.

– Então porque o fazes?

– Porque não tenho escolha – rematou ela.

No barracão, a caixa com a Medalha Fields repousava a um canto da secretária. Ele chamara-me.

– Sabes – disse de repente –, não é possível fazer o tempo andar para trás.

– Parece-te que estou a tentar?

Ele soltou uma gargalhada, após o que abriu uma gaveta.

– Agora vamos deixar-nos de merdas – rematou. – As coisas vão ter de mudar.

Na palma da mão, depositara uma série de pastilhas.

– Oh – exclamei. – Bem...

Ele fechou a mão num punho e agitou-as.

– São uma droga, não são?

– Não faço ideia.

Nessa altura, o meu pai lançou-me um olhar de desprezo.

– Nesse caso, nunca as tinhas visto?

– Por acaso, não.

Depois de as atirar novamente para a gaveta, levantou-se e deu um passo na minha direção. Olhou-me intensamente nos olhos. Estava tão próximo que lhe vi as rugas nas comissuras dos lábios e a rede de capilares no nariz. Contudo, não detetei o menor sinal de reconhecimento naquelas pupilas a meros centímetros de mim. Pelo menos, nenhum discernível no auge do efeito da droga.

– E neste preciso momento estás pedrado – acrescentou. – Estás, não estás?

– Nem sequer sei o que isso é...

O riso dele assemelhava-se a um latido. Por um momento, girou sobre os calcanhares, deixando-se ali ficar antes de se sentar novamente, rodando na cadeira. As rodas chiavam.

– É curioso – comentou –, porque os encontrei no teu armário.

– É realmente curioso...

– Deixa cá ver – continuou, olhando de relance para o calendário. – Há umas três semanas.

– Não sei o que dizer.

– E se não dissesses nada?

– Parece-me boa ideia.

Ao cabo de me estudar por um bom bocado, apontou para os caixotes sobre as vigas.

– Dá uma vista de olhos – pediu-me.

Segui-lhe o dedo.

– Podes ver, Hans, – Inclinando-se de lado, empurrou um banco contra a parede. – Vá, dá uma vista de olhos ao que eu tenho andado a fazer. – Tamborilou com os dedos no metal.

Quando trepei para cima dele, pude ver as fileiras de caixas alinhadas diante das vigas. Nas que se encontravam diante de mim havia sido escrito ERRADO ou colocado dois pontos de interrogação. Por trás, vi um canto de uma, onde se lia CERTO.

– Que queres tu que veja?

– Pega numa delas.

Creio que me bastava ser seu filho para desconfiar, isto para nem mencionar os moldes em que ele andava a agir nos últimos tempos ou até o som que o caixote emitiu nos meus braços mal embateu no rebordo da prateleira. Porém, os meus pensamentos já não se interligavam. Puxei a caixa. Só quando se encontrava no tapete me apercebi de que pegara naquela onde se lia CERTO.

Apesar de tudo, continuava tão esperançado como a minha mãe.

– Vá, vê.
– O quê?
– Abre.

Assim fiz. Lá dentro, garrafas. Vazias.

Ainda assim, por momentos, não percebi. Porém, o meu pai apontou para os restantes caixotes e acrescentou:

– Todos.

Nalguns guardara meia dúzia de folhas de papel, mas ainda assim consegui ver o lacre derretido nos gargalos. Peguei numa garrafa. Não sobrava nem uma gota.

– Nascidos da mesma cepa – concluiu.
– Não deixaste de beber.
– Que te parece?
– Parece-me que não deixaste.
– Na verdade, *deixei*, mas não consegui continuar.

Sentei-me no chão.

– Se quiseres podes voltar-me costas e nunca mais olhar para mim.
– Mas eu não quero. Não digas isso.
– Se quiseres, eu percebo. Estou acabado.
– Não estás nada.
– Estou sim. É como se já estivesse morto. Pelo menos, como matemático. Em dez anos não fiz rigorosamente nada. Provavelmente, nunca o fiz em toda a minha vida. – Depois apontou para o caixote e concluiu: – Nunca desistas.
– Tu nunca desististe.
– Desisti, sim, há muito tempo. – Nessa altura alguma coisa lhe brilhou nos olhos, mas ele fê-la desaparecer com um gesto da mão. A seguir, voltou a abrir a gaveta e perguntou-me: – Que é isto, Hans?
– São MDA, pai.
– Céus!
– A *Mellow Drug of America*.

O meu pai lançou-se para trás na cadeira e arrebanhou tudo o que encontrou na gaveta. Depois, fez menção de atirar todos os comprimidos ao lixo, mas hesitou, parecendo mudar de ideias. Quando reabriu a mão à minha frente, vi uma espécie de pasta amarela, verde e azul-clara: de 80, 120 e 160. A transpiração já os colava uns aos outros.

Estendi a mão e agarrei neles.

– Merda – rematou. – Suponho que esteja tudo acabado para ambos.

Hoje estou convencido de que nunca contou nada à minha mãe.

A princípio, não soube se contava com o meu silêncio em troca – *quid pro quo*. No entanto, mais tarde, quando passei por outros problemas, percebi que provavelmente se tratava de algo mais elementar: ele desistira mesmo. Não só do seu trabalho e de mim, mas de todas as relações que alguma vez tivera, de todas as amálgamas perturbadoras de dor e mistério que o assombravam desde criança. No mundo matemático – na realidade, no mundo *inteiro* –, não lhe restava um único amigo. Em casa, a minha irmã já o tratava como um estranho, e julgo que por essa altura também a minha mãe começava a seguir-lhe o exemplo.

Mais para o fim do verão, percebi o motivo pelo qual trouxera a Medalha Fields. Em setembro, dois dias antes de as aulas começarem, eu, Paulie e a minha mãe regressámos para Ohio no *Country Squire*, o *Bernie* sentado qual senhor à frente. O meu pai ficou para trás para fechar a casa. Seguiria de autocarro para Tapington na semana seguinte.

No entanto, o semestre começou, e ele ainda não chegara. Certa noite, pouco depois – e não muito antes de eu próprio ter ido para a faculdade –, a minha mãe recebeu uma chamada do reitor. Ao cabo de alguns minutos, encaminhou-se para o quarto para atender a chamada nessa extensão.

Acabou por nunca concluir o curso de Enfermagem. Na altura em que parti para Columbus, já estava outra vez a trabalhar, a tempo inteiro, como secretária administrativa na Fabricus.

Eis como o casamento deles acabou – tranquilamente. O meu pai limitou-se a nunca voltar.

Molly e Sally

Nunca julguei que ele fosse do tipo de escrever cartas – especialmente em circunstâncias como aquelas –, mas fê-lo. Recebia uma por semana no meu apartado na Ohio State University.

Soube que também escrevia a Paulie, em Tapington, mas ela nem abria os envelopes.

Pelo menos, assim mo dizia. Contou-me que as deitava fora mal chegavam.

Já eu, pelo contrário, li-as e reli-as.

O meu pai escrevia com uma elegância surpreendente. As frases eram cuidadosamente construídas – descrições breves e lúcidas das estações e dos animais, dos bosques no frio do outono e no inverno gelado. Cruzou-se com porcos-espinhos e doninhas. Travou amizade com a família de castores com que eu me cruzara no verão. No inverno, depois de lhe enviar a minha primeira resposta, começou a contar-me o que andavam a fazer. Era evidente que percebiam a previsibilidade dos fulcros e das alavancas, contou-me, dominando a maior parte das inovações matemáticas humanas até ao Renascimento. *Assim que o tempo melhorar, tenciono ensinar-lhes o que lhes falta; pelo menos, a geometria e a trigonometria. No entanto, tenho algum receio de que, tal como os meus estudantes, só se preocupem com o que é mesmo necessário.*

Presumo que, submerso na solidão, fosse natural que começasse a observar a natureza, como em rapaz. Estarei errado ao crer que todos nós, deixados sozinhos, voltaríamos a esse refúgio?

Por vezes, mostrava-se filosófico. Numa carta escreveu: *Há certas categorias de pensadores que atravessam abismos. Perante semelhante situação, um matemático – um cientista – dá apenas os mais ínfimos passos, os mais calculados.*

De quando em quando, também constavam desenhos, no verso das cartas ou dobrados no meio. Representações notáveis do lago à aproximação do outono. Do inverno. E depois da primavera.

No verso de um sobrescrito, numa minúscula caligrafia em caracol em redor das orlas, assinalou: *Estou perante águas paradas*.

Em Columbus, onde li pela primeira vez um artigo acerca dos efeitos da MDA, percebi a sorte que tivera. Por todo o país, miúdos morriam em número suficiente para que fosse notícia, pelo menos caso prestássemos atenção. Por essa altura, em qualquer cidade universitária ou grande metrópole, verdadeiros exércitos de químicos de armazém adicionavam-lhe um grupo metílico, transformando MDA em MDMA, que, de início ficou conhecida como *window*, vulgarizando-se, de seguida, como *ecstasy*. Nas festas, miúdos morriam. Punham-se a dançar, a seduzir e a tagarelar freneticamente, alimentados pelo calor corporal e esquecidos de beber, em comunhão com as grandes verdades teológicas e libertando para o éter um desejo natural de pertença, até que os níveis crescentes de potássio no sangue lhes paravam o coração.

De uma maneira ou de outra, evitei esse destino. Na altura em que ingressei na Ohio State University, com a idade com que os miúdos em geral iniciam o oitavo ano, já decidira deixar. Começara mais cedo do que o meu pai, pelo que talvez aquilo me permitisse uma saída precoce.

Ainda assim, não conseguia deixar de pensar no que ele me dissera: *Suponho que esteja tudo acabado para ambos.*

Estaria mesmo?

Na minha primeira semana em Columbus, entrei para os Narcóticos Anónimos. Parar de repente foi mais fácil do que imaginara, embora mais tarde, quando o mencionei ao meu *padrinho*, ele tenha querido conversar um pouco comigo. Era um homem da idade do meu pai, um segurança, que, tal como ele, me recordava um dos habitantes da fábrica da Ford.

– Para pessoas como nós – explicou-me, apontando para si e baixando a voz –, quanto mais facilmente largam, mais facilmente voltam.

Para ser honesto, tenho de dizer que ainda não cheguei a um veredicto.

Com o meu pai fora de cena, a amálgama de raiva, autocompaixão e perplexidade em que vivia começou a perder intensidade. Nesse primeiro semestre, dediquei-me a História de Arte e a Ciência Política.

A primeira cadeira era, pelo menos, interessante, e, como é evidente, já levava um avanço. Por vezes, imaginava a minha mãe atrás de mim na sala, um sorriso insistente, e o meu pai atrás *dela*, voltando a cara para se rir com desdém.

Porém, no fim do outono, já optara por Matemática.

Enfim, Matemática Aplicada, o que na perspetiva do meu pai era mais ou menos o mesmo que Estudos Transcendentais dos Himalaias. Com o meu currículo de liceu, entrei diretamente no nível mais alto. No primeiro dia em Matemática 5702, Curvas e Superfícies na Matemática Euclidiana Tridimensional, o catedrático esteve presente e, diante do quadro negro, voltou-se para mim, indagando:

– Então, Hans, como vai o grande homem?

6 SOMATÓRIO

Saladas

Foi cinco anos mais tarde – altura em que, com pouco mais de dezanove, já eu havia comprado uma casa antiga de quatro andares na West Village e uma propriedade de cinquenta hectares em Lichtfield – que o envelope chegou ao meu escritório. A palavra PESSOAL, a lápis grosso, atravessava todo o sobrescrito. Não trazia remetente.

Lá dentro, repousava uma revista de matemática: *The Northern European Review of Enumerative Combinatorics,* volume 13, número 2. Setembro de 1999.

A data em que eu ingressara na universidade.

Mais nada, nem sequer um cartão de visita. Apenas um velho elástico em volta de uma encadernação mal colada. Na capa, um dos títulos dos artigos fora sublinhado com o mesmo lápis grosso: era de Benedek Fodor, um matemático por quem nutria uma verdadeira adoração nos tempos de faculdade. No entanto, o artigo nada tinha que ver com equilíbrios de Shores-Durban – na verdade, dando uma vista de olhos ao conteúdo, constatei que não se relacionava de todo com o meu trabalho –, pelo que não o li. Além disso, nunca ouvira falar daquela publicação.

Era uma pessoa muito ocupada, eu, nesses tempos.

Houvesse ouvido falar de Earl Biettermann, e teria decerto lido o artigo com toda a atenção, mas nessa altura o meu pai ainda não me contara nenhuma das suas histórias. Na verdade, não fosse pela estima que no meu campo praticamente toda a gente nutria por Fodor, o mais certo era ter deitado aquilo fora.

Porém, algo me impedira de o fazer, talvez o elástico. Embora não seja topologista, as estruturas elásticas enternecem-me. Aquela, muito apertada em redor da encadernação, começava a degradar-se. De um dos lados, como deve acontecer com qualquer coroa circular encurtada, fora torcida precisamente duas vezes. O remetente dera-se ao trabalho de minimizar as voltas e de as deslocar a todas para um único segmento.

Ora, isso era interessante.

No entanto, os meus colegas tinham por hábito enviar-me todo o tipo de coisas interessantes, e eu raramente tinha tempo para olhar para elas. Lembro-me de retirar o elástico e brincar um pouco com ele entre os dedos. Poderia ter, pelo menos, dado uma vista de olhos ao artigo, mas nesse preciso momento os terminais do meu hemisfério sul começaram a zumbir – os três apitos em crescendo que assinalam a abertura da Bolsa de São Paulo –, pelo que arrumei a revista numa estante, organizei a secretária e me lancei ao trabalho.

Por volta do fim do ano, os escombros do World Trade Center já haviam sido limpos e a maior parte dos nossos concorrentes fugira para Connecticut ou Nova Jérsia, onde corriam os seus algoritmos estafados em pequenos edifícios de vidro, com relva junto dos parques de estacionamento. Mas não a Physico. No número 40 de Wall Street, onde trabalhava desde a manhã em que me tinham ido buscar à universidade, labutávamos incessantemente. Para pessoas como nós, aquela foi a época áurea. Os mercados de participações privadas na Costa Leste já haviam feito e perdido os seus milhões. O Dow Jones recuperara. Bin Laden andava fugido. Tudo parecia ir de vento em popa.

Os analistas financeiros, esses, estavam em alta. Na Physico, eu desenvolvia uma estratégia para capitalizar um tipo particular de discrepância entre taxas de câmbio, que se revelava, aqui e ali, numa série de plataformas por todo o mundo. Afigurava-se absolutamente irrelevante que esses mercados estivessem em ascensão ou em queda. Eis a questão.

Nesse tempo – ou, pelo menos, de início – era o único a trabalhar na área.

Dois anos antes, num jato da Physico, aterrara no aeroporto de Teterboro com um caixote de livros de matemática e dois sacos de desporto a desfazerem-se, um com o terço inicial da minha dissertação sobre equações de Shores-Durban. Ao fim do dia, encontrava-me sentado num gabinete no último andar da Torre Trump. A janela dava para ocidente, na direção de Columbus. Via-se o bom e o mau tempo acontecer. Nesse piso, não havia outros corretores, em grande parte porque, se soubessem da minha idade, aqueles com mau feitio teriam dado cabo de mim – isto para não referir o que me preparava para fazer ao ofício. A estratégia que estava a desenvolver era, no seu cerne, conservadora – não fazia apostas que não estivessem bem escoradas financeiramente –, mas a ideia era pôr uma série de gente de Wall Street dali para fora.

Contudo, há que acrescentar, não era tão conservadora que o meu empregador não tivesse começado a fazer rios de dinheiro mal entrei. Na verdade, fui o primeiro a subir a escada que eu próprio construí. Comprávamos e vendíamos previsões de tudo e mais alguma coisa, tão depressa quanto o equipamento permitia. Uma das minhas primeiras jogadas assentou na discrepância entre os futuros vendidos em Chicago e os títulos financeiros previstos em Nova Iorque. Usei os computadores mais velozes do mundo com uma rede de fibra ótica, que, nos 1271 quilómetros que separavam o meu gabinete da Bolsa de Chicago, dava à Physico Partners um microssegundo de vantagem contra praticamente qualquer outra empresa, grande ou pequena, em toda a Costa Oeste. Como se costuma dizer: dinheiro em caixa.

Desde o meu primeiro dia de fato que faço mais de 100 mil compras por hora. Na minha entrevista de emprego, era eu então um estudante de doutoramento de dezasseis anos, envergando um quebra-vento vermelho e cinzento, umas *Birkenstocks* nos pés, tive o prazer de mostrar a um grupo de homens calçando *Ferragamo* de que maneira as equações Shores-Durban permitiam prever o crescimento e a redução de qualquer ineficiência de um grande mercado em qualquer parte do mundo – ineficiências que até essa altura eram consideradas ruído. Dei-me conta de que ninguém naquela sala, nem sequer os especialistas em arbitragem estatística, percebeu do que estava a falar. Ainda assim, a Physico levou menos de uma hora a oferecer-me, com a assinatura do contrato, um bónus amplamente superior a tudo quanto o meu pai ganhara na vida. Esperei alguns dias até aceitar, mas, quando o fiz, vieram buscar-me de limusina à porta do Departamento de Matemática da Ohio State University.

Toma lá, Seth Kopter.

No entanto, ao cabo de dois anos, o meu sistema ainda não era perfeito. Continuava a programar todos os dias depois da hora de fecho, a triangular execuções até as aproximar assimptoticamente do ótimo na microestrutura computacional de transações que congeminara, as quais, para o referir sem falsas modéstias, lembravam piranhas em volta dos pés nervosos dos nossos rivais. Devo confessar que estava a gostar. Conseguia concentrar-me com a precisão de um laser a qualquer hora do dia ou da noite, dissecar ideias qual bisturi, com uma avidez imensa. Ocasionalmente, em geral pela madrugada, a minha mente cristalizava em torno de algo mais puro: olhava para as notas agrafadas da dissertação e imaginava Isaac Newton nos anos da peste, inclinado sobre uma mesa em Woolsthorpe-by-Colsterworth, a derivar o seu cálculo de fluxões. Porém, nada disso me travou. O meu rácio de Sharpe troçava no alto de um edifício imenso da elite financeira. Eu conseguia localizar uma microineficiência onde quer que ela aparecesse, em todo o mundo – Chicago, Hong Kong, tanto fazia –, sem sequer recorrer à indignidade de alavancar o meu investimento, conseguia fum lucro muito fiável num nanossegundo, o tempo que um átomo de césio 133 leva a oscilar uma simples meia dúzia de vezes entre estados energéticos. Era fantástico.

Na realidade, se mo houvessem pedido, tê-lo-ia feito de graça.

Instintivamente sabia que aquilo que me fazia subir até ao septuagésimo andar da Torre Trump era a certeza de que, algures, havia um algoritmo ainda mais perfeito. Sabia-o, tal como o meu pai o soubera ao contemplar a baía de São Francisco, que estava à beira do abismo perfeito. Levava a cabo o meu milhão de aquisições diárias, após o que me sentava à secretária envidraçada até altas horas da madrugada, a fazer e refazer mentalmente todas as jogadas.

Ah, as recaídas... São como a mosca na sopa.

O único problema óbvio na minha vida – ou antes, o único com que me preocupava na altura – assentava no facto de, para uma mente matemática como a minha, a contabilidade do quotidiano se estar a tornar incomportável. Como podia passear meia hora em Battery Park quando isso representava um rendimento de 25 mil dólares? Um café no Starbucks valeria o mesmo que um *Mercedes*?

Eu, que crescera com a matemática, começava a duvidar dos seus ditames.

A uma hora absurdamete tardia da noite permitia-me por fim sair. O elevador vazio deixava-me no átrio, onde Lorenzo, o meu motorista italiano de Astoria, fazia horas na entrada de Pine Street, à espera de me levar para casa, em Perry Street, junto do rio.

Na sala de estar dessa casa, repousava uma mesa de pau-preto que custara tanto como o *Lincoln* de Lorenzo. Comprara-a com cerca de uma hora de salário.

A primeira vez que jantei com o meu pai em Nova Iorque foi no Le Pinceau. Começara a trabalhar na Physico havia pouco tempo. Estava uma tarde de outono amena e no ar pairava um aroma a ginkgo. Só o vira uma vez durante todo o tempo que passara na Ohio State University, um fim de semana a meio do segundo ano, no qual fui de autocarro até Michigan, para conversar com ele acerca da Shores-Durban. Almoçámos e jantámos sempre no Green & White, e o meu pai deu-me algumas boas ideias, que, tenho de admitir, teriam sido úteis caso houvesse terminado o doutoramento.

Agora, ei-lo ali, em Nova Iorque, com bastante bom aspeto. Mais elegante, até. Trazia um fato de linho e, na cabeça, o velho *Borsalino*. Não ostentava barriga e o rosto brilhava, tisnado pelo sol, como era usual ultimamente, apesar de viver entre árvores. Percorreu num passo seguro a sala do restaurante, sentando-se diante de mim. Apanhara o avião em Detroit, primeira classe. Oferta minha, claro. Já eu, bom, viera a pé do trabalho.

– Quem paga o meu jantar sou eu – foi a primeira coisa que ele disse.
– Não vale a pena, a sério.
Com um sorriso desdenhoso, observou a sala.
– Não há por aqui muitos professores de Matemática, já percebi.
– Decerto não muitos que tenham ganho a Medalha Fields.
Aquilo amaciou-o. Desabotoando o casaco, pôs-se a ler a ementa.

— Servem um uisque muito decente. Acho que vou começar por provar o *Laphroaig*. E tu?

— Eu não tomo nada.

O meu pai franziu o sobrolho e esboçou um meio sorriso.

No momento em que os aperitivos chegaram, já ele provara também o *GlenDronach*; quando nos serviram a salada de endívias, temperada com um vinagre balsâmico de Modena com vinte e cinco anos, opinava sobre o *St. Magdalene* e o *Glenfarclas,* os dois bebidos sem sequer pousar o copo, com um olhar que me lembrou o de uma cobra prestes a devorar um rato. Para prato principal, pediu uma costeleta de bisonte com batatas em palito, após o que se recostou, pedindo outro *GlenDronach*.

Nessa noite, numa mesa perto de nós encontrava-se uma jovem mulher a jantar sozinha. Não negociava em derivados. Nem sequer estava no mundo da finança. Percebia-se pela maneira como se vestia: a paleta acastanhada evocava mais o cordeiro do que o lobo. Já reparara nela enquanto esperava pelo meu pai. Era bonita, mas sentara-se atrás de mim, pelo que, para lhe vislumbrar as feições, fiquei reduzido a espreitar os espelhos da sala pelo meu copo de água. Quando o meu pai pediu o primeiro *GlenDronach*, vi que ela ergueu ligeiramente o olhar. Era mais velha do que eu – quem não o era? –, mas ainda assim demasiado jovem para jantar sozinha num sítio daqueles em Nova Iorque. Apostaria que tinha entre os vinte e cinco e os trinta. Ajeitei a gravata, escura, *Hermès,* escolhida por uma das minhas secretárias, e fiz um gesto grave ao empregado, pedindo água. Nessa altura, passava bastante tempo a tentar parecer mais velho.

— Nunca pensei que ela tivesse coragem – resmungou o meu pai enquanto esperávamos para ser servidos. Referia-se à minha mãe, claro. Nesse ano havia finalmente contactado um advogado por causa do divórcio.

— Ela tem de pensar no futuro, pai.

— Dantes também pensava no meu.

— Sim, mas depois deixaste-a.

— Vai à merda, filho – respondeu, fungando.

— Vai tu, pai.

Pelo refletor, vi a rapariga franzir novamente o sobrolho. Sorri para o copo de água, tentando deixar claro que eu e o meu pai estávamos a brincar.

– De qualquer maneira, não haverá problemas com o futuro dela – continuou. – Aposto que o juiz lhe vai defender os interesses em grande estilo.

– Nada que ela não mereça.

– Ah, então tu és *desses*.

– Desses *quais?*

– Estás contra mim. – Sublinhou bem as palavras, enquanto pedia outro uísque. – Como elas as duas.

Só depois da sobremesa, em que não tocou, me foi permitida uma trégua. O meu pai levantou-se para ir à casa de banho. Por essa altura, já eu me encontrava de rastos. Olhei para o copo de água e vi que a rapariga me observava. Sorri-lhe.

Depois de o empregado ter pousado outro *GlenDronach* no lugar do meu pai, peguei no copo, bebi-o de um trago.

– Essa foi rápida – ouvi, de seguida.

Olhei para o copo. Ela estava mesmo atrás de mim.

– Oh – retorqui. – Nem se vai lembrar. Na verdade, até lhe fiz um favor.

– Estava a caminho da casa de banho.

– É ali – apontei.

– Sim, obrigada.

Tinha uma pronúncia surpreendentemente sulista e surpreendentemente encantadora, embora também surpreendentemente firme, como o tronco de uma magnólia (percebi logo). Usava a blusa abotoada até acima, onde um lenço de seda branca lhe escondia o pescoço. Reparei numa maravilhasa inclinação no seu nariz, mais ou menos a meio.

Apontou para o copo vazio.

– Espero que não precisasse realmente disso.

– Na verdade, precisava.

– Só para falar comigo?

– Na altura, não estava aqui.

– Tecnicamente, não. – Olhou-me com intensidade. – É o seu pai, não é?

Apontou com um gesto de cabeça para o outro lado da sala, onde vi que ele se sentara ao balcão. Estavam a servir-lhe outro.

– Sim – respondi. – Assim parece.

— Nesse caso, se fosse a si — retorquiu ela, girando sobre os calcanhares —, teria um pouco mais de cuidado.

— A propósito, não me parece que esteja contra ele — disse ela.
— Esteve a ouvir.
— E esteve a olhar para mim.
— É verdade — confessei. — Como é que sabe?
— Ou isso ou achou a água no copo muito interessante.
— Na verdade, *achei.* — Sorri-lhe. — A aleatoriedade do comportamento molecular é sobrestimada. Movimento browniano. Tem importância para a minha área.

Respondeu-me com um sorriso, não como se percebesse o que eu quisera dizer, mas como quem julgava perceber por que razão me viera à mente.

— Além disso — continuou ela —, não estava a fazer por ouvir. A voz do seu pai é difícil de ignorar.
— Ele é professor.
— De Matemática?
— Sim. — Senti um arrepio. — De Matemática. Ou, pelo menos, foi-o em tempos. Como percebeu?
— Da mesma maneira que percebi que não estava contra ele.

Tratava-se do nosso primeiro encontro. Nessa semana saíra todos os dias da Torre Trump mais cedo e jantara sozinho no Le Pinceau. Estava deslumbrado. Deslumbrado e subitamente só: uma ideia estranha para um homem que nunca se preocupara muito com a companhia alheia. Como se reencontra alguém com quem se falou uma única vez, numa cidade do tamanho de Nova Iorque? Na realidade, tratava-se de um problema matemático para o qual a minha formação me preparara particularmente bem. Uma interseção de probabilidades, todas elas baixas. Ao cabo da sexta noite sentado à mesma mesa — o meu sexto *bife au poivre*, as minhas sextas batatas gratinadas, a minha sexta água gaseificada —, fazia eu menção de sair, a mão já no puxador da porta, de volta à Physico para uma sexta ronda de *brainstorming* noturno, quando a porta se abriu diante de mim.

— *Quod erat demonstrandum* — proferi entredentes.
— Parece que estava à minha espera.

Instantes depois, acordou jantar comigo (por vezes, à semelhança do meu pai, eu sabia o que dizer). O empregado não teceu qualquer comentário quando lhe pedi o segundo bife *au poivre* da noite.

Texas. Cidade pequena. Sozinha em Nova Iorque, a trabalhar numa editora. Eis os factos que me deu a conhecer, sentada muito direita, qual bailarina, do outro lado da mesa. Manteve a cabeça ligeiramente inclinada, e eu não conseguia tirar os olhos da pequena curva[*] do seu nariz.

– Prisão feminina – disse ela.

– Que é isso?

– A edição, em geral.

Apontei pela janela, onde, do lado oposto do quarteirão, o número 40 de Wall Street vigiava o passeio com o seu olhar de pedra.

– Nesse caso, suponho que estou numa prisão masculina.

– Aos presos!

– Estava aqui a pensar: como é que uma rapariga que trabalha em edição consegue comer no Le Pinceau? – perguntei quando pousámos os copos de água mineral.

– Com cautela – retorquiu. – Só uma vez por outra. E usando um pequeno segredo.

– Que segredo é esse?

Ela limitou-se a sorrir. De seguida, olhou à volta e perguntou se me importava de dar um pequeno passeio.

Importava?!

Chamei Lorenzo (um aceno discreto de aprovação enquanto fechava a porta atrás dela) e pedi-lhe que seguisse para o Central Park, onde, sentada num arco de pedra num dos trilhos usados pelos cavalos e repleto do aroma a maçã, comendo um *pretzel* demasiado salgado comprado na rua, ela me contou tudo sobre 1. o fim do seu noivado (com um homem mais velho, catedrático na faculdade dela), 2. a sua infância em Hill Country (cascavéis, amigos imaginários), 3. os seus sonhos de momento (filhos, um salão literário), 4. a família dela (irmão, mais velho, na terceira cura de desintoxicação).

---

[*] Para os mais interessados:
$y = 0 \ldots 180, x = 170e^{-.00016(y-23)^2} - 9.4e^{-.0025(y-47)^2}$.

Fez-me perguntas sobre 1. a minha própria infância (não que me apetecesse especialmente falar do assunto), 2. os meus pais (a amoreira, o Instituto de Arte, o casebre no bosque), 3. a minha irmã (MIT, agora Caltech, a ensinar), 4. o meu trabalho (a Shores-Durban) e 5. os meus sonhos (não me lembrei de nenhum).

Tal como o meu pai, não me apetecia falar da minha vida. Tal como o meu pai, apaixonei-me pela primeira mulher que se interessou.

Ao contrário do meu pai, casei com ela.

Cinzento não-browniano

O meu pai apareceu outra vez em Nova Iorque, um ou dois meses antes do casamento. Audra achou que eu era capaz de gostar de jantar a sós com ele, mas ofereceu-se para se nos juntar à sobremesa. De novo, Le Pinceau – escolha dele. Os mesmos cinco uísques, as mesmas entradas e o mesmo prato principal. Depois, outros dois *Laphroaigs* enquanto aguardávamos que ela viesse. Já o vira bêbedo, muitas vezes, mas pareceu-me estar a preparar-se para uma última e terrível prova.

Quando ela chegou, a sobremesa já havia sido servida. O meu pai também bebera um *Irish coffee*. Nem cinco minutos depois, estava ele a contar-lhe os seus primeiros anos em Princeton, deitou ao chão um *GlenDronach* recém-chegado. Inclinando-se para o apanhar, quase caiu. O empregado chegou rapidamente, mas não lhe serviu outro.

– Quero lá saber – resmungou o meu pai. – De qualquer maneira têm estado toda a noite e acrescentar-lhes água.

Senti que ele combatia alguém. Tinha a cabeça à roda e olhava para nós por cima da orla do copo. Nessa altura, Audra perguntou-lhe algo acerca da Medalha Fields, o que, por instantes, o entusiasmou. O meu pai conseguia deslumbrar qualquer mulher que acabasse de conhecer, e percebi que a minha noiva não era exceção. No entanto, mal terminou a narrativa da ida a Varsóvia, a cabeça voltou a tombar-lhe sobre o peito.

– Desculpa-me isto – pedi a Audra, inclinando-me e murmurando-lhe ao ouvido.

– Não tem importância. A culpa não é tua – retorquiu ela, pousando na mesa uma mão aberta que eu tomei entre as minhas.

– És encantadora – disse o meu pai, agarrando-lhe na outra. Ela deixou-o. – Lembra-me alguém que conheci – continuou. – Olha para ela, Hans, não é deslumbrante?

– É, pois.

– Quem lhe recordo eu, professor?

Ele estudou-a, os olhos fixos no seu rosto, o que não pareceu perturbá-la nem um pouco.

– Pai?

Ele desviou os olhos.

– Não tem importância.

De seguida, caiu realmente no abismo. Estivera a mexer nos biscoitos do prato no centro da mesa, mas nessa altura afastou-os, a cabeça tombando-lhe sobre o peito. Murmurou algo, após o que ressonou, acordando, por fim, a praguejar.

– Pai.

– *O quê?!*

– Eu e a Audra temos de ir. Vou chamar-te um táxi.

– Então vão, quero lá saber.

No entanto acabou por se levantar connosco, atirando a cadeira para trás.

– Vai à merda, Hans – disse, depois de termos passado pelo bar, mas antes de chegarmos à porta.

– Vai à merda, pai – respondi-lhe com uma palmadinha nas costas.

Porém, ele não o dissera como nos velhos tempos. Dessa vez, mal se ouvira.

Junto da porta, fez uma tentativa de se recompor. Alinhou o casaco, tirou o braço do meu e inclinou-se pesadamente para a abrir.

– Vocês façam o que quiserem. Eu vou sentar-me um bocadinho num bar a pensar numas coisas – anunciu, mal eu transpus a porta.

O casamento foi no Winston Club, em Sagaponak. Junto dos *courts* de ténis relvados, havia um pátio de lajes, na realidade um heliporto. Na manhã da cerimónia, ali aterraram quatro helicópteros, gente da Physico, claro, com os seus fatos pretos e gravatas ligeiramente mais coloridas. Uns poucos poderiam ser considerados meus amigos, mas os restantes apareceram sobretudo porque estavam em dívida para comigo: o jovem matemático corrompido, incapaz de não constatar que a distribuição de vestuário monocromático em volta do bar constituía outra prova da não aleatoriedade Shores-Durban de entidades motivadas pelo ganho. Em conjunto, havíamos tosquiado muitos milhões ao mundo.

Quase todos os outros convidados eram do lado de Audra, incluindo o padre, pessoas passíveis de ser descritas como amáveis, astutas e texanas. Gente do campo muito lida, que discutia o que lera como se eu próprio tivesse lido, mas que sabia também reparar uma vedação. Nós os dois conheceramo-nos havia menos de um ano, o que parecia preocupar metade e agradar à outra metade.

A minha mãe veio sozinha e a minha irmã fez-se acompanhar de um jovem que talvez fosse seu namorado. Percebi que a minha mãe estava esperançada. Paulie transformara-se numa jovem muito fria e formal. Era professora associada no Caltech em Pasadena. Álgebra Homológica. Abraçou-me e beijou Audra, mas percebi que já não era a jovem capaz de apanhar uma rã com as mãos.

Por outro lado, suponho que eu próprio já não era o rapaz que em tempos fora.

Perante a iminência da cerimónia, acalmei-me com algumas extrapolações Shores-Durban. Pouco antes de entrar na sala, dei um último gole terapêutico numa garrafa de bolso, que me fora oferecida por um dos meus colegas de fato escuro. De seguida, aproximei-me da tenda. Minutos mais tarde, Audra percorreu o caminho pelo braço do pai e tomou o seu lugar a meu lado na plataforma. O padre inclinou-se, olhando-me como se me perguntasse: «Está tudo bem?» De seguida, reparei que também Audra inclinava a cabeça, tentando cruzar o olhar com o meu e insistindo até eu lhe sorrir. Depois piscou-me o olho.

A perturbação desapareceu.

Há várias explicações para o nosso casamento ter sobrevivido. Para começar, Audra é compreensiva. Por outro lado, embora eu seja tão impulsivo como o meu pai, acalento a eterna esperança de que alguém me leve pela mão.

Também como o meu pai, sempre percebi quando a solução está próxima.

Ele, como seria espectável, não foi ao casamento. Telefonei-lhe na semana anterior.

– Pensei que já tinha respondido a isso – eis o que me disse.

Analisis situs

Cerca de meia dúzia de anos depois, numa tarde quente de setembro, Lorenzo levou-me ao Aeroporto de LaGuardia, onde ia buscar a minha mãe. Oferecera-me para a trazer de Ohio num dos jatos da Physico, mas ela julgou que eu estava a brincar. Não sei bem porquê. No inverno anterior, quando a fora ajudar a preparar a casa num desses mesmos jatos, vira, ao volante do seu novo *Ford Focus* desportivo, o piloto deixar-me junto da vedação do parque de estacionamento. (Devo acrescentar que não havia sido nada fácil convencê-la a entrar naquele carro: o vendedor teve de lhe prometer não impingir o *Contry Squire* a nenhuma alma crédula, embora desconfie de que, por essa altura, já nem para peças o conseguisse vender).

Em LaGuardia, diante do terminal B, Lorenzo pegou num carro de bagagem que se encontrava atrás de nós e carregou-o com as velhas malas da minha mãe. Com uma graça napolitana um tanto exagerada, guardou-as no porta-bagagens do *Lincoln*. Enquanto o fazia, a minha mãe afastou-se um pouco e olhou-o com uma expressão impressionada e um pouco trocista.

– Muito elegante – murmurou-me, quando já nos encontrávamos em andamento. – Estou a ver que vives como um Medici.

– Qual deles?

– O Lorenzo, claro.

– É o nome do meu motorista – retorqui, soltando uma gargalhada e batendo no vidro. – Lorenzo, apresento-lhe a minha mãe.

Do banco da frente, o italiano baixou a cabeçorra, num trejeito modesto.

– O Lorenzo foi o grande da família – explicou a minha mãe, aproximando-se do vidro para lhe retribuir o cumprimento. – Quase todos os outros Medici não passaram de... – continuou, interrompendo-se abruptamente.

– De quê, mãe? De banqueiros?

– Sabes que não era isso o que tencionava dizer. Alguns até foram papas, e uma das últimas, rainha de França.

– Essa foi Caterina, minha senhora – retorquiu Lorenzo.

Chegados a Grand Central Parkway fechou o vidro da divisória.

A minha mãe sorriu e, por instantes, limitou-se a contemplar o trânsito.

– Na verdade, sempre quiseste voltar para o Leste, mãe – avancei.

– A sério?

– Sim, mãe, sempre.

Recostada no banco, contou-me num tom sereno mais alguns pormenores da mudança. O que mantivera, o que vendera, o que dera. Depois, falou-me da casa, que acabara por conseguir vender a um preço ligeiramente acima do que custara. Perguntei-lhe se estava certa de querer viver em Nova Iorque.

Não respondeu. Limitou-se a estreitar a mala de encontro ao peito. Na verdade, não era bem uma mala, antes, isso sim, um velho saco de livros da Fabricus, a transbordar. Lá dentro vi uma série de prendas.

– Gostava de passar mais tempo com os meus netos – disse ela.

Quando o carro abrandou nas portagens, olhou pela janela. Estava uma tarde incrivelmente luminosa. No céu, apenas uns quantos cúmulos ondulantes. Ao longe, Lower Manhattan resplandecia num precipício de luz. A minha mãe não poderia ter escolhido dia mais auspicioso para um recomeço de vida.

– A propósito – disse ela –, quando é que te disse que queria voltar para o Leste?

– No Michigan.

– Para ser honesta, já não me lembro – retorquiu com uma risada. – Ou deixei pura e simplesmente de pensar nisso.

Pela janela lateral, avistei a torre do Chase Manhattan, tapando o edifício da Physico a norte. Era sábado, mas precisava de lá voltar para fazer umas simulações.

– Em que é que estás a pensar? – quis ela saber, pousando-me a mão no ombro.

– Certa vez mencionaste o quanto gostavas de New Jersey. Disseste-me que querias comer ameijoas fritas na praia.

A minha mãe pousou os olhos em mim.

– Antes de o pai recusar o emprego – lembrei-a.

– Ah, isso – respondeu ela, o rosto fechado. Depois recompôs-se, soltou uma curta risada e voltou a olhar pela janela. – Bem, também já não penso *nisso*.

Quando por fim chegámos à Village, apontei para a pilha de prendas que ela trazia.

– Tens andado a ler acerca de choque e pavor, mãe?

– Só quero ter a certeza de que eles ficam satisfeitos por a avó estar aqui – retorquiu ela, corando, antes de acrescentar: – Se quiseres desembrulho-as.

– Claro que estão contentes por tu estares aqui, mãe. Mesmo sem prendas.

– Oh, querido, vê-se mesmo que ainda não percebes as crianças.

Em casa, Emmy e Niels já tinham regressado da escola. Nenhum dos dois via a avó havia bastante tempo, pelo que, como é natural, ficaram um pouco tímidos no momento em que abri a porta da cozinha. A minha mãe entrou impetuosamente, como sempre faz quando está nervosa, abrançando-os com um entusiasmo exagerado. Trazia consigo o velho saco deformado, pelo que teve dificuldade em transpor a porta estreita, e entrou cozinha dentro aos encontrões à mobília, qual bola de *flippers*. Os miúdos estudaram-na a medo, mas dali a nada já ela se encontrava atrás do balcão a abraçá-los e a beijar-lhes as cabecinhas muito limpas, enquanto Niels lhe estendia os braços em jeito de resposta e Emmy tentava comer mais meia dúzia de *Cheerios*. Entretanto, Anna-Maria, a ama do Equador que começara a trabalhar connosco no mês anterior, afastara-se da ilha em plena cozinha, sorrindo extasiada, como se a sua própria mãe houvesse acabado de chegar de surpresa do outro lado do mundo e fossem os seus filhos que ela beijava.

A minha mãe tinha razão. Menos de um minuto depois, já eles se lançavam às prendas que ela trazia. Ela postou-se atrás de Niels, como fizera com Lorenzo no aeroporto. Eu afastei-me.

Eram livros, claro. Sobretudo de arte.

À noite, no sofá, sentaram-se os três a ler. Lorenzo fora levar Anna-Maria a casa. Nessa altura, os nossos filhos estavam sempre a discutir por alguma coisa – qual dos dois tinha a caneca de leite mais cheia, qual vira primeiro o amendoim mais comprido. Porém, nessa noite, postaram-se ao lado da avó com um olhar de adoração. Lembravam dois discípulos da página de calendário de Giotto que me observara do chão do *Country Squire*. Niels posicionara-se à direita, onde, tal como na pintura, a minha mãe lhe massajava o pé; Emmy, à esquerda. Ambos ostentavam os halos da praxe. Niels era Pedro, claro (embora pouco perceba do assunto), mas Emmy, ocorreu-me, era Judas. Não porque fosse capaz de trair alguém, mas porque percebia que era assolada por pensamentos que nem o irmão nem nenhum de nós teria.

A minha mãe acalmava-a. Isso parecia-me óbvio. Emmy não estava de sobroolho franzido. A minha filha é uma Andret dos pés à cabeça. Contudo, naquele momento, a costela Pierce parecia ter sobre ela o efeito que, nos momentos mais calmos, tem sobre mim – uma proteção contra o tempestuoso genoma Andret, que me atormenta desde sempre.

Por essa altura, também já percebera – algo pelo qual estava profundamente grato – que Audra me acalmava em moldes similares aos que a minha mãe acalmava o meu pai. No dia em que ela chegou a Nova Iorque, eu e Audra já havíamos comprado uma casa no campo, mas ainda não tínhamos aquela onde agora vivemos, a norte da cidade, longe do centro. O *Lincoln* de Lorenzo ainda me levava aonde eu quisesse ir. Os timoneiros das grandes fortunas ainda me telefonavam todos os dias. No entanto, mal ela se sentou ao meu lado, acabada de sair do Aeroporto de LaGuardia e a janela se fechou sobre a cacofonia de ruídos do terminal 2, senti-me envolvido por um abraço que já quase esquecera. Tratou-se de uma sensação fortíssima. No momento em que mergulhámos na Grand Central Parkway, o vidro espesso do carro apagou todos os ruídos. Diante de mim, o brilho calvo do lobo occipital mediterrânico de Lorenzo e à minha volta o aroma infantil do sabonete da minha mãe. Uma paz como não conhecia há muito desceu sobre mim. Na realidade, tive vontade de chorar. Porém, ao invés disso olhei pela janela, onde a paisagem, estranhamente devastada como que por uma guerra, deslizava em silêncio à nossa passagem. A minha mãe deve ter percebido o que eu senti.

— É bom estar aqui, filho — disse-me, numa cadência de resposta, embora não lhe tivesse perguntado nada.

Na segunda-feira, fomos mostrar-lhe o seu novo apartamento. Ficava a dois quarteirões de nossa casa. No fim de semana, havíamo-la instalado no quarto de hóspedes, onde Niels e Emmy tinham acampado. Na primeira noite dela em Nova Iorque, decidira aconchegá-los numas almofadas de sofá junto da sua cama. Na segunda-feira de manhã, mal entrei no quarto, topei três corpos na cama. Os meus filhos estavam agarrados a ela lembrando leitõezinhos. Ouvi a respiração dos três, a de Niels como se trepasse um monte, a de Emmy como se estivesse em pleno exame e a da minha mãe como se lesse o desfecho de um romance de Jane Austen. Abriu um olho, sorriu-me, e voltou a fechá-lo.

— Isto não pode ser — exclamou ela quando lhe mostrámos o apartamento, ao fim do dia.

— Não pode ser o quê, mãe?

Havíamos acabado de entrar. Estava a mostrar-lhe a cozinha, remodelada por uma empresa do Upper East Side, enquanto Audra escoltava os miúdos até à varanda. A minha mãe apontou para as duas máquinas de lavar louça sob o balcão de mármore.

— Eu lavo a louça à mão, querido — explicou ela. — Sempre lavei.

— Bom, agora tens uma máquina que pode fazê-lo por ti.

Tentámos abrir uma delas sem grande sucesso até que percebi que se tratava de um modelo de gaveta. Quando por fim conseguimos, ouvimos um agradável *arpeggio* com a cadência de *Well, hello there, you!*

— Hum — murmurou ela, espreitando sobre os óculos de ver ao perto. — Sabes que as coisas à mão ficam mais bem lavadas.

— Bom, mas agora já não precisas de as lavar.

— Mas eu *quero*.

— Ah.

— E também quero que os miúdos lavem a louça. É assim que se educam. Não é com máquinas de lavar que saem da parede, nem com... — hesitou — uma série de amas.

Com um gesto da anca fechou a máquina, que emitiu uma versão mais lenta da mesma melodia alegre. Já sem os óculos, escrutinou-me com um ar curioso, como se estivesse perante um animal estranho, mas que deixara de ser ameaçador.

– É claro que tu já sabes tudo isto – disse ela.

Ao cabo de dois dias no apartamento, convidou-nos para jantar. Niels e Emmy haviam ido antes para o primeiro encontro com a avó. Descobrimos surpreendidos que, no seu caso, o convite incluíra preparar o jantar. Mal entrei com Audra, Niels informou-nos de que tinham ido comprar o pão da véspera no Pret A Manger e que o haviam tostado no forno com tomates da semana anterior do D'Agostino, que a minha mãe deixara Niels saltear numa frigideira e Emmy cozinhar numa *frittata*. Ei-la, no meio da mesa, num suporte alto de metal, lembrando um bolo de casamento. A minha mãe apontou para Emmy, que, como se fosse filha de outra pessoa qualquer, lavava a frigideira. Audra ficou boquiaberta.

A minha mãe postou-se uma vez mais atrás de Niels, mas, de novo, não permiti que me olhasse para os olhos.

E foi assim que começámos a viver, pelo menos durante uns bons tempos. Audra, que sempre trabalhou muito, saía para a editora às sete. Três quartos de hora depois, eu levava os miúdos à escola, após o que voltava a casa, onde Lorenzo me esperava com um café triplo, um *croissant* de chocolate do Flakey e o *kit* de higiene matinal: um corta-unhas alemão e uma máquina de barbear japonesa (de um dos lados da mesa do carro repousava sempre fio dental, uma caixa de pastilhas de mentol, uma pasta dentífrica, um espelho e quatro jornais, dispostos quais ferramentas de um dentista particularmente bem informado). À tarde, Anna-Maria deixava os miúdos com a minha mãe e, por volta das oito ou nove da noite, Lorenzo depositava-me novamente em casa.

A minha mãe mudou tudo. Não se tratava de uma questão de o luxo não combinar com ela, mas detestava desperdício – envelopes, chá, dinheiro, sob qualquer forma ou moeda, tempo ou intelecto. Esbanjar o que o mundo nos concedera constituía, a seu ver, o grande pecado da nossa época (algo com que acabei por concordar). Ao fim de algumas semanas, conhecia todas as lojas de roupa em segunda mão de Lower Manhattan. Os miúdos acompanhavam-na nestas expedições como se explorassem uma região recém-cartografada. Niels munia-se de um mapa. Emmy (que não precisa de deles) levava um bloco de notas. Certo dia, abri-o numa página com uma tabela de preços de leite, gelados e manteiga em todas as lojas das redondezas. Para os comparar, calculara-os por unidade de peso ou capacidade.

Como seria de esperar, a minha mãe também começou a levá-los a museus. Eu conhecia os mais importantes – o Met, o MoMA, o Guggenheim – dos eventos em que participara nas salas fechadas ao público. Contudo, a minha mãe foi mais longe. Conseguiu fazer com os meus filhos o que em tempos tivera esperança de fazer comigo e com Paulie em todas aquelas viagens a Chicago. E os miúdos nem sequer pareceram importar-se.

Ao longo dos primeiros meses foram-se familiarizando com todos os pontos da vida artística nova-iorquina, do Whitney à Neue, passando pelo Folk Art. Foram ao Chelsea, ao Rubin e a uma séria de galerias, apesar de a minha mãe detestar o pedantismo de fazerem as pessoas tocar campainhas para entrar. Aos fins de semana iam de metro ao Museu de Arte Africana no Harlem e ao Socrates Sculpture Park em Queens, onde faziam um piquenique com o que levavam num cesto de verga que ela comprara a um vendedor de rua. Era fácil imaginar semelhantes expedições: os miúdos contemplando as pinturas e a serem contemplados pela minha mãe, que esperaria beatificamente algum sinal de interesse. Emmy seria, decerto, uma fonte de alegria. Absorve tudo o que lhe é apresentado – música, arte, matemática – e guarda-o na coleção permanente. Niels ciranda por aqui e ali qual abelha, mas, quando pousa numa flor, fica lá.

Imaginava também a minha mãe a mapear-lhes o futuro.

– São interessantes – disse-me ela certo dia. – Não são como tu com a idade deles, nem como a Paulie.

– Também têm muito da Audra...

– Sim, claro, tens razão – retorquiu, com um aceno da cabeça como se não fosse a primeira vez que isso lhe ocorria. – Eu apercebo-me disso.

– O Niels é como tu – sugeri. – Mais equilibrado.

Ela estudou-me.

– Era um elogio.

– Obrigada – respondeu, sorrindo. Porém, ao cabo de instantes, o sorriso desvaneceu-se. – A Emmy é que... É ela que me preocupa – acrescentou, e levou a mão à cabeça. – Ela podia...

– Sim, sim, eu sei.

– Mas isso não vai acontecer – afiançou a minha mãe. – Nós não vamos deixar.

O espaço que comprámos em Litchfield era uma casa colonial do século XVIII com cinquenta hectares de carvalhos e bordo-açucareiros nas traseiras. Diante da fachada, corre um regato, cujo curso foi desviado de forma a passar sob duas pontes de madeira japonesas junto do caminho de acesso à casa. Junto da margem, a vetusta cavalariça foi convertida em escritório – sim, os cadernos, os lápis e os caramelos, mas não as caixas.

Eis onde me encontrava no momento em que o telefone tocou certo sábado há uns anos.

– Quem fala? – perguntei ao ouvir uma mulher proferir o meu nome do outro lado da linha. A sua voz avivou-me algo na memória.

– Cleopatra Biettermann – retorquiram.

– Conheço-a?

– Eu e o meu marido somos velhos amigos do teu pai. Na altura, chamavam-me Cle Well. – Após uma pausa dramática, concluiu: – O teu pai não tem andado muito bem, não sei se sabes.

– Como assim? Não tem andado muito bem?

– Contou-me que vocês os dois tiveram uma espécie de zanga. Foi por isso que liguei.

– Que quer dizer com isso de ele não estar muito bem?

– A última vez que falei com ele, há pouco tempo, não me pareceu nada em forma.

Continuava a tentar situar aquela voz.

– Bem – retorqui –, por vezes, ele dá essa impressão.

– Eu sei – afiançou ela, calando-se por instantes. – Hans, o teu pai é um homem extraordinário. Não se assemelha em nada a qualquer um de nós.

– Bom, quanto a isso não tenho dúvida alguma.

– Ah... – exclamou ela, inpirando.

– Quê?

– Nada – replicou. Depois acrescentou: – Por momentos, lembraste--me dele.

Permanecemos os dois em silêncio até que lhe perguntei:
– Que quer dizer ao certo?
– Acho que devias ir visitá-lo – disse ela.

7 DEMONSTRAÇÃO

O passeio aleatório

No jato da Physico, o hospedeiro de bordo serviu um bife com redução de framboesas e um prato de minúsculos espargos polvilhados com funcho. Em Detroit, aluguei um *Audi* de mudanças manuais. Podia ter aterrado num aeroporto mais próximo do casebre, mas sentia vontade de conduzir. O GPS calculou que seriam necessários 112 minutos para fazer o percurso.
Cheguei em 90.
Porém, estava tudo tão diferente que por pouco não deixei passar a saída. O caminho de gravilha, que na minha infância cruzara um pântano repleto de cedros e bordo-açucareiros, passando por uma ponte de madeira pouco firme, fora pavimentado e perdera as curvas. O tom escuro do alcatrão era tão intenso que parecia ter sido posto na véspera, as linhas brancas das bermas lembrando as de uma mesa de pingue-pongue. No cruzamento, encontrava-se um novo hotel – um Lakeland Suites, com o seu brilhante trevo verde, oscilando lentamente. Ao lado, uma estação de serviços da Speedway, as bombas douradas à luz vespertina. Ocorreu-me que, continuando assim, acabaria por ir dar a um parque de negócios.
Quase aconteceu.

Era uma urbanização. Moradias cinzentas e beges, com íngremes telhados verdes e janelas escuras, refletindo dezenas de bolas de fogo enquanto o sol descia pelas árvores. Perto da ponte, uma construção mais longa e baixa, com o mesmo tipo de telhado. Em volta, um parque de estacionamento contornava três edifícios. Um pareceu-me um ginásio, seguido, quiçá, de um salão de *bowling* e depois uma escola. Encontrei a tabuleta: O PECADOR NUNCA REZA... O HOMEM QUE REZA NUNCA PECA.

O meu pai já não podia ir à cidade sem passar por uma gigantesca igreja.

Mesmo antes do regato, deparávamo-nos com um trilho de terra batida tomado de assalto por raízes. Agora, também esse troço se encontrava pavimentado – o mesmo alcatrão brilhante, as mesmas linhas brancas. A velha ponte de madeira fora substituída por outra de aço, com uma passagem para peões. Na distância, espreitando entre as árvores, talvez a cada cinquenta metros, surgiam caminhos de acesso a casas, cada qual com sua caixa de correio em madeira trabalhada – achigãs, corujas assustadas e ursos amigáveis, exibindo goelas abertas ao carteiro. Surgira, havia algum tempo, a moda de apodar as casas de campo: CHÁ PARA DOIS, UMA LONGA CAMINHADA, LONGE DA RAIVA... Vislumbrava os alpendres entre os ramos, as lâmpadas acesas na sala de estar. De súbito, com um piscar breve, acendeu-se uma fileira de candeeiros de rua.

Candeeiros!

Estivera pela última vez com o meu pai no Le Pinceau com Audra – na noite da discussão que Cle Biettermann mencionara –, mas desde os meus tempos de estudante universitário que ali não punha um pé. Todas aquelas transformações haviam ocorrido sem que me tivesse apercebido delas. O lago mantinha a sua cor acastanhada, mas nele pontilhavam minúsculos losangos brancos suspensos na noite – lanchas atracadas, reluzindo no lusco-fusco.

Umas horas depois do jantar em Nova Iorque, quando eu e Audra já nos havíamos despedido dele, o meu pai lançou um copo à parede por trás do bar do Le Pinceau. Depois, uma garrafa. De seguida, ergueu-se, arremessando um banco à fileira de espelhos com moldura de mogno, cada qual no valor de dez mil euros. Quando desfaleceu, chamaram uma ambulância.

Estou a par de semelhantes minudências porque fui eu que as paguei.

Nas poucas vezes em que falámos depois dessa ocasião – uma delas uns dias antes do casamento e outras quantas bastante tensas –, evitou o assunto. Sabia tão-só que estivera sentado no bar com uma mulher – suficientemente amável para me ligar do telemóvel dele quando os paramédicos chegaram e o transportaram para o Hospital Presbiteriano de Nova Iorque. No momento em que entrava com o *Audi* no caminho, já às escuras, procurando a velha abertura entre as árvores, percebi porque me parecera familiar a voz de Cle Biettermann: fora ela quem me telefonara. Estivera sentada com ele no bar.

Depois desse episódio, eu e o meu pai deixámos praticamente de falar. Na realidade, julgo que só voltamos a trocar palavras um ano depois do casamento, quando me telefonou de surpresa. Por alguma razão, convencera-se de que eu me voltara contra ele e de que, em conluio com Paulie e a sua em breve ex-mulher, o tentava arruinar.

O telefone tocou estávamos nós a dormir.

– Agora quer a casa toda – exclamou de súbito, sem sequer se dignar a um cumprimento.

– Quem?

– O assassino.

Assim alcunhara o advogado da minha mãe.

– Bem, tu ficaste com esse casebre. Ela tem de viver em algum sítio, pai. Valha-me Deus, que horas são aí?

– As mesmas que em tua casa. É ele, Hans. Isto é obra do assassino. A tua mãe nunca teria feito uma coisa destas.

– Olha que eu acho que sim.

– Quê?

– Acho que podia *ter feito* uma coisa dessas.

– Não me digas que estás outra vez do lado *deles!*

– Não estou do lado de ninguém.

Tive a sensação de que bebera um gole. Olhei para o relógio.

– São cinco e meia, pai. Sabes disso, não sabes?

– Bom, ultimamente é esta a hora a que me levanto.

Nem soube o que responder. Pelos vistos, ele também não; portanto, aguardei.

– Tens feito alguma coisa? – perguntei por fim, tentando encher um vazio. – Estás a trabalhar?

– Na verdade, estou.

– Ainda bem. Em quê?

– Numa coisa. Quando aqui fico sozinho, tenho tempo para pensar. Estou outra vez no caminho certo.

– No caminho de quê?

A respiração dele alterou-se. Sentia-o a deliberar.

– A quem é que isso interessa? – retorquiu ao fim de um longo silêncio.

– Como?

– Quem é que perguntou?

– Perguntei *eu*. Quero saber como tens passado. Foste tu que telefonaste, pai. Acordaste-me.

Silêncio.

– As coisas correm – respondeu.

– Que coisas?

– Na Internet. São tiradas.

– Achas que alguém está a tentar roubar o teu trabalho?

– Agora os computadores têm câmaras.

– Câmaras? Achas que alguém está a fazer *screen shots* do teu computador?

– A tua mãe. O assassino. Todos eles. As pessoas gravam tudo. Estou a falar da Internet.

– Não te estou a perceber, pai. Achas que há pessoas a observar-te? Achas que há quem esteja a roubar-te o trabalho através da Internet?

– O Kopter roubou.

Novo silêncio. Estava à espera de ouvir o tilintar do copo. Por fim, ouvi-o.

– Nunca mais me peças que discuta o meu trabalho, Hans! Estás a ouvir? Nunca mais me peças uma coisa dessas – rematou, antes de desligar.

Apenas os últimos cinquenta metros me eram vagamente familiares. Antes da curva para o casebre, tudo se encontrava abandonado. O chão estava esburacado, as lajes, partidas e os arbustos por aparar, devorando o trilho. Ali não se corria o risco de se topar com candeeiros de rua. O *Audi* avançou devagar na escuridão. Abri as janelas e senti o aroma a terra e a ferro. No caminho até ao casebre, uma bétula caída fora arrastada apenas o suficiente para que um carro pudesse ali passar. As pedras da calçada chocalhavam na parte de baixo da carroçaria. A zona de estacionamento, que a minha mãe em tempos limpara, e onde eu vira o meu pai despedir-se de Knudson Hay – e mais tarde, nesse mesmo verão, de todos nós – fora invadida por mato. Um túnel estreito passava através das heras. Ao fundo, a clareira. Mais atrás, o velho casebre. Todas as luzes apagadas.

Ligara uns dias antes para lembrar o meu pai de que vinha visitá-lo, mas a ligação estava má. Combinei o dia e a hora.

– Está bem, até lá – confirmou, como se eu estivesse ali ao lado e lhe anunciasse que passaria lá para jantar.

Do carro, liguei-lhe outra vez. Ouvi o telefone tocar no casebre.

Mal desliguei, apontei os máximos à casa. A parede mais próxima encontrava-se coberta de musgo, ainda remendada com a placa de contraplacado que ali fora colocada nas férias que havíamos passado todos juntos. Estacionei atrás de um chaço, e os meus faróis iluminaram as letras FO, tudo o que restava do logótipo da marca. Era um velho *Taurus*. A chapa da bagageira estava repleta de manchas de massa; as janelas, sujas de lama, como se as nuvens houvessem soltado poeira em vez de chuva todo o ano. No vidro de trás, alguém escrevera LAVA-ME, PORCO.

Pelo menos, continuava a ir à cidade.

Um pouco adiante, o lago ondulava. Ao fundo da praia, as luzes do carro iluminaram duas pernas metálicas emergindo dos arbustos: as velhas secções do pontão, deitadas de lado. Não voltara a pô-las na água depois do inverno.

De que inverno?, pensei.

Mais perto, um arbusto um pouco irregular atravessava a clareira. Prescrutei a obscuridade até que de súbito o reconheci: o casco do *Victory*, enleado em heras. Atrás, a forma semelhante do *Royal Sovereign*.

Desliguei o carro e deixei-me envolver pelos ruídos da noite.

– Pai! – chamei.

Por trás do canto mais próximo, vi um carreiro atravessar o mato. Protegidas pelas persianas do alpendre, as velhas cadeiras de verga permaneciam junto da mesa. Sobre ela, um copo.

Voltei a chamar; desta volta, para o piso de cima.

Nas traseiras, topei com uma fila de feijoeiros e um canteiro que me pareceu de alfaces. No orla da horta, havia uns tomateiros, onde já se entreviam as silhuetas dos pequenos frutos.

Tinha uma horta. Também era bom sinal.

As escadas do alpendre haviam sido reparadas com tábuas; na verdade, um trabalho bastante competente. Senti-as firmes sob os pés, e o corrimão também me pareceu seguro. Não conseguia ver o que quer que fosse pelas janelas sujas. Bati à porta.

– Pai!

Quando a abri, fui recebido apenas pelo som da água entrando pelas persianas. Experimentei o interruptor. Nada. Depois outro. O mesmo resultado. Seria possível que houvesse deixado de pagar a luz? Avancei, procurando o velho candeeiro de pé a um canto da sala. No sítio de sempre. Às apalpadelas, descobri o fio. Para minha surpresa, a luz acendeu-se.

Olhei em volta. Pelo menos, a casa estava limpa. Outro um bom sinal.

Alfa

No meu primeiro sábado em Stillwater Farms, eu e Audra demos um longo passeio pelos campos atrás do centro. Stillwater, que arrendava os enormes terrenos a agricultores locais, parecia ser a única empresa naquele recanto do New Hampshire a fazer dinheiro, embora duvide de que dependesse das colheitas. Na verdade, enquanto homem de números, não pude deixar de admirar semelhante espírito empreendedor mal pousei os olhos nas contas deles pela primeira vez. A agricultura parecia fazer parte da filosofia do tratamento, proporcionando uma vista serena e servindo em simultâneo de ocupação aos pacientes. Devo dizer que comigo funcionou. Especialmente nas tardes frescas em que me era permitido passear uma hora com a minha mulher.

Ao longe, um dos agricultores conduzia um trator verde-escuro, largando uma nuvem de poeira. De onde estava, consegui ver os pedaços de terra a soltar-se das lâminas, lembrando ratos. Estava em Stillwater havia seis dias e percebera que continuava a sentir-me como um daqueles ratos.

Audra fora passar o fim de semana. De manhã assistira a uma sessão de grupo; de tarde, acompanhara-me a uma de terapia e, ao fim do dia, estivera num encontro com outras mulheres de pacientes, seguido pela palestra da noite. No dia seguinte, regressaria de avião para Nova Iorque.

– Hans – exclamou ela, pegando-me nas mãos e olhando-me fixamente nos olhos. – Graças a Deus que fizemos isto.

Desde que chegara, também as enfermeiras me estudavam as pupilas com a igual fixidez, sob o halo de lanternas.

– Também estou contente – confirmei.

– Acho que fomos salvos quando já caíamos no abismo.

– Talvez. Espero que tenhas razão. – O meu olhar desviou-se para o agricultor. Pensei que, mesmo ao fim daquele tempo, a minha ideia inicial persistia: não fora salvo do abismo, estava a ser lançado a ele.

No entanto, também sabia – e nessa semana estivera a aprender a dizê-lo – que aquilo era a droga a falar.

Em Stillwater, éramos encorajados a partilhar. O meu companheiro de quarto, um homem loquaz de uma divisão da Wells Fargo da Costa Oeste, não via dificuldade nisso. Estava no mesmo negócio que eu, mas na secção de retalho: vendia risco a advogados e dentistas. Eu comprava e vendia o espectro de previsões de risco a alguns dos homens mais ricos do mundo, ao ritmo de um milhão por segundo.

Porém, isto são só pormenores.

Stillwater estava a anos-luz de Walden Commons, onde o meu pai conhecera o seu próprio calvário. Audra descobrira-o na Internet, numa tarde, acompanhado de várias dezenas de pareceres sobre a comida, as instalações, o equipamento do ginásio e a taxa de recidivas. No aeroporto de Newport, um funcionário aguardava-me num *Volvo*, Vivaldi tocando no rádio. Quando dei entrada, um segurança recebeu-me com um aceno. Fui acompanhado ao meu quarto por um empregado. Em vez de me revistar as malas, apresentou-me ao meu companheiro de quarto – o homem da Wells Fargo – e mostrou-me onde se encontravam as nozes de macadâmia e os rebuçados de mentol na copa, os jarros de sumo no frigorífico e o intercomunicador, que funcionava dia e noite. Também apontou para uma máquina de gelo.

Desfiz as malas sozinho.

Na realidade, Stillwater fazia questão de marcar que não se importava com o óbvio. Com o que trazíamos connosco, por exemplo. Com o facto de terminarmos ou não o tratamento. Os portões estavam sempre abertos, assim como as portas das salas de reunião. Os *Volvos* encontravam-se constantemente disponíveis diante do edifício, os rádios sintonizados num posto de música clássica. Na semana anterior, no bengaleiro de casa, em Perry Street, guardara o pó de um saco de cocaína da Bolívia numa *pen* USB e no compartimento das pilhas da lanterna do meu porta-chaves. Quando aterrei em Newport, trazia a lanterna no bolso e a *pen* no computador. Em Stillwater, nem sequer me revistaram.

Tínhamos de *querer* mudar.

Na primeira noite, fechei a porta do quarto, sentei-me no cadeirão de pele, peguei na *pen* e fiquei a ruminar no que aquilo significava. Só estava semiconvencido de que precisava de que algo mudasse. Para ser franco, nesse momento, creio que nem isso. Só de olhar já sentia o amargo da droga.

À mente, veio-me a imagem de Audra, encostada às cortinas.

– Não, por favor – suplicava.

Pois bem, acedi ao seu pedido.

Essa noite foi a primeira sem drogas em – nem sei bem... metade de uma década? Não, mais. Nem me consigo lembrar.

Na realidade, os tempos do MDA haviam sido os da inocência. Quando ali cheguei, já não era filósofo. As minhas ideias já nada tinham que ver com Sartre nem Camus (nem sequer Gödel ou Frege). Em geral, giravam em torno da matemática. A matemática do mundo moderno. Isto é, dinheiro.

Torna-se a nossa vida, tenho a dizer.

Portanto, porque dei comigo, subitamente, na disposição de mudar? Pode ter sido uma versão atualizada da velha força de vontade dos Andret. Pode ter sido a voz de magnólia de Audra, ainda ecoando-me nos ouvidos. Podem ter sido os beta-bloqueantes que me receitaram em Stillwater. Podem ter sido os miúdos. Fosse o que fosse, resultou pelo menos o bastante para estar aqui a narrar a história. Em Stillwater, todos os dias assistíamos a uma série de conferências e encontros, participando ainda numa aula prática antes de jantar. Nessa noite e no dia seguinte fiz tudo, limpo, tranquilo e sóbrio.

A ideia terapêutica, creio, consistia, pelo menos numa primeira fase, em não permitir que tivéssemos *demasiado* tempo livre para nos entregarmos a pensamentos.

Que pensamentos teriam sido esses? Que nada valia a pena? Que estava condenado a falhar, a seguir o mesmo triste caminho que o meu pai? Que na realidade *para mim* estava tudo acabado?

Audra insiste que é tudo um disparate.

Na quinta-feira anterior regressara tarde a casa. Com as diferenças horárias para os mercados asiáticos, essas noites funcionavam como o início dos meus fins de semana. Lembro-me de ter sentido que precisava de me abstrair de preocupações. Lembro-me de querer voltar a estar no comando. Nessa tarde, numa ou duas horas, fizera uma fortuna mediana para a empresa – talvez vinte milhões –: posições curtas e longas numa série de tranches com juros que oscilavam como rolamentos numa venda de moeda a partir de Hong Kong. Era a minha terceira melhor marca do ano.

Em casa, encontrei Audra na cozinha. Estava à mesa com Emmy, que comia uma taça de cereais com banana antes de ir para a cama. Niels já devia estar deitado.

Até então, nunca levara nada para casa. Nem sequer aos fins de semanas.

No entanto, mal entrei, percebi que aquele dia iria ser diferente. Aos poucos, o mundo havia-se tornado mais desinteressante, menos vivo – estou a falar dos meses anteriores –, mas, de repente, parecia prestes a apagar-se. Talvez tenha sido aquele dia. Continuava irritado com uma certa inclinação na curva da procura, que fizera a Shores-Durban perder uma fatia muito decente do bolo. Talvez mais de dois milhões. Tinha a certeza que poderia tê-los apanhado, mas não apanhou.

Precisava de descobrir porquê.

Se ao menos fosse capaz de dissipar as trevas do mundo... Beijei a minha mulher e a minha filha e, assim que pude, dirigi-me para a sala de estar.

– Espera – pediu-me Audra, saída da cozinha.

Eu inclinara-me sobre a mesa de pau-preto.

– Que é que estás a fazer?! – inquiriu ela, recuando até às cortinas.

Baixei a cabeça com avidez. Olhei-a de relance.

– Que queres dizer com isso?

– Espera. Espera. Espera. Que é isto, Hans? Estás a brincar comigo?

Num salto, disparei até ao frigorífico, onde me servi da água gelada por que ansiava. Já me sentia vivo, dentro de uma centelha de luz. À mesa, Emmy levantou os olhos.

– Olá, papá.

– Olá, querida – respondi, beijando-lhe a testa.

– Mais de vinte milhões! – expliquei a Audra, de regresso à sala.

– Quê? Hans, por favor, o que é isto? – sussurrou-me, ainda de pé, encostada às cortinas.

– Mais de vinte milhões hoje, Aud! – É possível que o tenha gritado. – Não é mau. Vem cá, querida, vamos celebrar.

Devo dizer que, a caminho de casa, Lorenzo fizera um pequeno desvio para me deixar num hotel, onde eu dera umas belas cambalhotas com uma analista minha conhecida, contra um armário de vidro deslumbrante, numa casa de banho toda em mármore requintado de um bar fantástico. Porém, naquele tempo uma cambalhota levava menos de nada.

– Hans – dizia Audra. – Não faço ideia do que estás a fazer. À minha frente, na tua casa e com a tua filha *ali* – exclamou, apontando para a parede. – Que é isto? Uma piada de mau gosto?

– A porta está fechada, Aud. Ela não vê nada.

Devo acrescentar que não era a primeira vez que ela assistia a uma cena daquelas. Uns anos antes, até *me acompanhara* – um pó mexicano qualquer diluído numa festa no meu primeiro ano em Nova Iorque, em casa de um cliente de Midtown Manhattan, cuja conta já pouco representava para mim. De qualquer maneira, não fingi tratar-se de uma primeira vez.

– Não te finjas tão indignada – disse eu. – Como achas que tenho conseguido fazer este dinheiro todo? – Deitei o resto do pó na água e meti os cubos de gelo na boca. Ao mordê-los, não soube se era o gelo se os meus dentes que se partiam. – Como é que achas que tenho conseguido manter o nosso doce lar, querida? Achas que consigo isto tudo *sozinho?*

Audra recuou para a cozinha. Ouvi-a abrir o telemóvel. Depois, fechá-lo.

– O quê? – inquiriu outra vez, ressurgindo à porta, a passar as mãos pelo cabelo. A boca parecia esboçar um grito, mas, ao invés disso, emergiu um breve soluço. Eu estava inclinado sobre a mesa a lamber os últimos vestígios do pó.

– Como é que achas que nos tenho mantido a todos dentro da nossa pequena pirâmide de fantasia? – continuei.

Com os dedos trémulos, apontei para o candelabro francês sobre a lareira. A sala parecia-me viva e luminosa. Depois passei esses mesmos dedos pelas gengivas e chupei.

O grito que ela deu a seguir foi real.

A desculpa de um topologista

Enquanto percorria a velha casa do meu pai, ia tentando acender as restantes luzes. O canto das refeições. As escadas. O alpendre. Todas se encontravam fundidas, exceto a da sala de estar. No corredor estreito, tirei o telefone do bolso e postei-o diante de mim qual lanterna. As paredes amareladas e o soalho gasto ajudavam a afugentar a escuridão. Por fim, na despensa, as velhas luzes fluorescentes acenderam-se.

A cozinha também estava limpa. Alguns pratos lavados no escorredor e uma esponja no lava-loiças. A torneira continuava a pingar. Fechei-a.
– Pai!
Junto do frigorífico, topei com a velha vassoura, pendurada no sítio de sempre. Bati no chão com o cabo, como a minha mãe fazia para nos chamar para o pequeno-almoço.
– Pai – gritei uma vez mais, batendo com a vassoura.
Nos armários, repousavam alguns mantimentos. Óleo vegetal. Um frasco de *pickles*. Um pedaço de pão. No frigorífico, uma embalagem de cachorros quentes e um pequeno pacote de leite.
Peguei novamente no telemóvel e digitei o número. Da sala, chegou-me o toque, assustadoramente alto. Mal encontrei a extensão, vi que a luz do atendedor de chamadas piscava. Sabia o que diria, mas, ainda assim, resolvi verificar: SEM ESPAÇO PARA NOVAS MENSAGENS.
Avancei até ao fundo das escadas.
– Pai?
Pela janela, avistei novamente o carro, só então verificando que tinha um pneu em baixo. O da esquerda traseiro, até à jante. Já não conduzia, portanto. Alguém lhe andaria a fazer compras.
Uma mulher.

Será que se ali esperasse, o veria entrar com ela? À janela, percebi que faria exatamente aquilo. Dali a cinco minutos, uma hora, transporia aquela porta com uma qualquer miúda desgrenhada pelo braço. Eis para o que me tinha de preparar.

Podia pôr-me a caminho do hotel.

Mas, e depois? Ele já nem as mensagens ouvia. Quando faláramos, indicara-lhe precisamente a que horas chegaria. Não era coisa de que se esquecesse: as datas eram números.

No armário ao fundo da despensa, encontrei os velhos lençóis da minha cama. Tesos, mas ainda moderadamente limpos.

No piso de cima, no meu antigo quarto, a lâmpada da mesa de cabeceira ainda funcionava. Nas janelas, pendiam as mesmas velhas cortinas. No chão, repousava, o mesmo tapete oval . O desenho de Paulie de um nascer do Sol permanecia na parede ao lado do espelho. Estendi os lençóis.

Que tipo de mulher aceitaria uma vida assim? A cozinha estava arrumada e havia a horta, mas não era possível ignorar o que significava tudo aquilo.

Senti algum receio ao abrir a porta do quarto dos meus pais. Creio que esperava encontrar o primeiro verdadeiro sinal de quem ela seria. Acendi a luz e percebi que aquela divisão tinha um aspeto completamente diferente do resto da casa. Os cobertores da cama haviam sido tirados e lançados a um canto. O chão estava coberto de beatas. Ninguém tomava conta dele, eis o que me ocorreu. Só então os meus olhos percorreram o espaço, vendo que, numa cadeira junto da janela, se encontrava um homem imenso, o cabelo desgrenhado, os olhos abertos.

– Desculpa – sussurou uma voz muito aguda. A cabeça não se voltou. Foi no espelho que lhe vi o rosto.

– Meu Deus – proferi.

A voz era a de uma menina. A voz da minha filha Emmy.

– És tu, Hans – perguntou ele naquele timbre frágil. – És tu, não és?

– Valha-me Deus, pai. Sou.

Já o vira doente, mas nunca assim. Parecia dois homens: um gordo sentado sobre um magro. A carne distendera-se até ao limite e o peso avançara-lhe o corpo até aos joelhos, onde braços imensos repousavam, lembrando outras duas pernas. Quase chegavam ao chão. Respirava de forma entrecortada e, sob as pálpebras inchadas, espreitavam dois minúsculos crescentes. No canto de um deles, contemplei uma cunha de sangue pisado. Foi aí que o meu olhar se deteve, no minúsculo triângulo vermelho naquele olho, o que me pareceu ainda assim uma maneira de chegar ao que restava do meu pai.

– Que aconteceu?

– A entropia.

– Não te preocupes, não há problema.

– Há problema, sim. Não está nada bem. Estou doente. – Baixou a cabeça, acrescentando naquele estranho tom: – Tenho muita pena, Hans. Tenho mesmo muita pena.

Na cozinha aqueci um dos cachorros quentes numa frigideira e levei-o para cima numa fatia de pão. A salsicha e o pão foram as únicas coisas que encontrei fora de uma garrafa.

– A entropia acaba sempre por ganhar – contou-me.

– Suponho que sim.

– Que estás tu aqui a fazer? Foi ela que te telefonou?

– Foi, sim, pai. Se é que estás a falar da Cle.

– Ela não tem nada que ver com isto.

– Bom, agora tem que ver comigo. Como é possível que não me tenhas contado?

– Que é que havia para contar? Tenho um problema qualquer. Amanhã o Dr. Gandapur pode dizer-te o resto.

– A mãe sabe?

Ele voltou-se devagar para a parede, após o que olhou para um jornal desfeito no chão.

– Espera lá, hoje não é terça-feira, pois não? – perguntou-me ao cabo de uns instantes.

– É domingo.

– Bom, seja como for, o médico vem amanhã. Vem sempre às segundas e às quartas. – Sorriu vagamente, voltando-se para a janela. – Apaga a luz.

– O quê?

– Apaga-a e vem para aqui.

No escuro, o aroma era mais forte: *bourbon*, suor e um azedo adocicado, lembrando o de uma lata de milho aberta.

– Olha para isto – pediu-me. – Vê-se a estrada. – Quando me aproximei dele, conseguiu levantar um braço. – Vejo tudo até ao fim. Vi-te chegar. Também te vi andar lá por baixo. – Ficara ofegante. – Está tudo mudado, não está?

Pelo vidro, observámos um carro avançar ao longo da baía. A meio caminho, virou para um acesso de uma casa e parou. A porta da garagem abriu-se. Um feixe de luz alongou-se até à superfície do lago, recuando logo de seguida.

Ao fim de algum tempo, olhou para cima.

– De qualquer maneira, obrigado por teres vindo.

O dilema do prisioneiro

– E ficou surpreendido? – perguntou Matthew. – Ficou surpreendido por a sua mulher parecer tão perturbada?

– Tenho de confessar que sim.

– Meu Deus – exclamou Audra.

Matthew era o meu terapeuta. Desconhecia-lhe o apelido. Em Stillwater não usávamos apelidos. Era um tipo vivo, musculado, de uns cinquenta anos, com um rosto surpreendentemente bondoso – talvez um militar reformado. Uma combinação poderosa. E fazia as coisas à sua maneira, algo que aprendi a apreciar muitíssimo.

– Bem-vindo ao Vermont, Hans, de um dependente para outro – eis as primeiras palavras que me dirigiu.

Cocaína, álcool e jogo haviam sido os seus inimigos particulares. Aquele tipo de associação constituía um dos motivos pelos quais o sítio era tão caro.

– Audra – disse, voltando-se para ela –, diga-me. Isto significa que não sabia que o seu marido consumia há... Há quanto tempo, Hans?

– Não sei. Um ou dois anos.

Lançou-me um olhar de viés.

– Dois ou três, mais ou menos – concedi.

Estudou-me novamente.

– Não, não sabia – retorquiu Audra. – Não sabia.

– Desculpa, querida, mas precisava de uma coisa que me acalmasse.

– Precisava de cocaína para o *acalmar*?

– Sim.

Matthew sorriu. Estava demasiado familiarizado com aquele assunto.

— E porque é que acha — voltou-se para mim — que escolheu essa maneira de o conseguir, Hans? Porquê diante da sua mulher e com a sua filha na sala ao lado? A maior parte dos dependentes que conheço faria *tudo* para se esconder. A grande *prioridade* da maior parte é essa: esconder-se.

— Não o fiz diante da minha mulher. E não estava a pensar na minha filha. Estava só a fazê-lo. Na minha própria casa. No meu próprio tempo. Acontece que, por acaso, elas estavam ali.

— Nós estávamos na nossa cozinha.

— Está bem. Na cozinha.

Audra olhou para Matthew, que inclinou a cabeça.

— *Por favor*, Hans — pediu Audra.

— Foi isso — concluí. — Não houve mesmo nenhuma outra razão. O balão estava a descer e eu só precisava de levantar novamente.

Nesse inverno, quando passei por Tapington para ajudar a minha mãe preparar a casa para a agência, ela foi buscar-me ao aeroporto de Springfield. (O automóvel novo tinha cinco meses e 378 quilómetros no contador, incluindo os 56 que fizera para me ir buscar.) Chegados a casa, constatei que andara a empacotar os pertences do meu pai. Nessa altura, havia quase dez anos que ele a abandonara. Deixara quase tudo, e pareceu-me que a maior parte dos bens — se não mesmo todos — ainda ali estava. Ela separara-os por caixas.

— Não estás a pensar em levar nada disto contigo, pois não?

— Não, querido. Vou dar tudo.

— Boa ideia, mãe.

Não creio que acalentasse a esperança de um regresso, mas talvez tenha acreditado que seria importante manter a recordação dele viva para mim e Paulie.

Quem sabe não se tenha sempre sentido insignificante sem ele. É bem possível. O meu pai podia estar certo em relação a isso.

As estantes da sala de estar continuavam repletas de livros de matemática. A um canto da despensa, ainda repousava um caixote de copos. Topei inclusive com um dos seus casacos de inverno no roupeiro à entrada. Quando lhe peguei ainda cheirava ligeiramente a tabaco.

A casa em nada mudara.

– Só deixei tudo na mesma por causa de ti e da Paulie – explicou-me.
– Não fosse um de vocês decidir voltar. Mas é claro que não o fizeram, coisa que percebo perfeitamente.

– Gostei de ter crescido aqui, mãe.

– Isso deixa-me muito feliz.

Fomos percorrendo a casa devagar. No peitoril da janela da casa de banho do primeiro piso, encontrei a lombada esmaecida do meu velho livro de enigmas matemáticos da *Scientific American* junto de outros. Quando tirei a obra ao lado – *Mulheres Artistas da Era Romântica* –, caiu ao chão uma medalha de ouro presa entre as páginas.

– Que é isto? – perguntei. – Parece um santo.

– Oh, isso? Sim... Deve ser São Francisco.

– É tua?

A minha mãe enrubesceu.

– Sim, é de certeza S. Francisco. De Assis. Não devo ter tido coragem de me desfazer dela.

– Que é isto na cabeça dele?

– Um pardal – respondeu, tirando-me a medalha da mão. – São Francisco falava com os pássaros, sabias? – Encolheu os ombros, acrescentando: – Tenho a certeza de que o teu pai teria dito que ele era doido.

– Sem dúvida.

– Sabes que ele uma vez me roubou uma coisa do apartamento? – contou-me, abanando a cabeça. – Já viste uma coisa assim? Fê-lo mal nos conhecemos.

– Que é que ele roubou?

– Um crucifixo. Arrancou-o da parede.

– Ah.

– Julguei que aquilo queria dizer que era um homem sensível.

Ri-me.

– De qualquer maneira, foi por isso que guardei o São Francisco no livro de arte. Sabia que ali ele nunca mexeria. – A minha mãe guardou-a no devido sítio. – Sei o que tu estás a pensar.

– Que estou eu a pensar?

– Que já não preciso de a esconder.

– Nem me lembrei disso, mãe, mas é verdade, já não precisas.

Ela subiu a persiana e contemplou o ribeiro atrás de casa. Naquela altura do ano, pouco mais era do que uma tira irregular de gelo. Um pássaro acinzentado saltitava-lhe em cima.

– Só para que saibas – concluiu –, não acredito em nada disso, o que não quer dizer que não represente um consolo para mim.

– Como tens vivido aqui, mãe?

– É frio – respondeu, baixando a persiana. – Mas não tem sido tão mau quanto isso.

– Queria saber como tem sido viveres sozinha.

– Oh, já nem penso nisso. – Pegou numa toalha seca pendurada no chuveiro e lançou-a ao cesto da roupa suja. – Ao fim de um ano ou dois, já nem sentia a falta de ninguém.

– A sério?

– Do teu pai, pelo menos, nenhuma. E de vocês os dois... Talvez não tanto como possam pensar. Em geral, pelo menos. Em geral, tenho passado bem. – Segui-a até aos quartos. – Por vezes, foi difícil viver sem vocês os dois.

– Agora, tens-me a mim, mãe. E aos teus netos.

– E à Audra. E à Paulie. A Paulie irá visitar-nos.

Entrámos no meu antigo quarto. Os livros sobre a secretária, o odor dos lençóis, as molas do colchão – tudo era um diorama requintado de outros tempos. Só a figueira mudara: crescera, pelo menos, meio metro. Lembrou-me um adolescente que não via há alguns anos.

Ao seu lado, na janela, a minha mãe subiu para o peitoril, onde se deixou ficar sentada, os calcanhares batendo no rodapé. Pareceu-me feliz. Ainda resistia nela algo infantil. Na verdade, *mais* infantil do que antigamente. Tinha sessenta e um anos.

– A figueira está bonita – comentou. – Não achas?

– Limpas o pó às folhas, não limpas?

– Limpo, pois – respondeu, passando o dedo por uma. – Caso contrário, não respiram.

– Incrível.

– No fundo, sou apenas uma dona de casa. – Encolheu os ombros. – E nem sequer especialmente boa. Nem isso consegui fazer muito bem. O teu pai tinha razão. Talvez tivesse ficado melhor com uma pessoa diferente.

Do lado de fora da janela, um casal de esquilos começou a abanar a velha amoreira. Pus-me a observá-los. Encontravam-se sobre um ramo, inclinados, como se conversassem. De quando em quando, um deles descia e voltava a trepar o tronco, correndo desenfreado. Em miúdo, fora à sombra daquele ramo que escutara do meu pai a primeira lição de cálculo diferencial.

– Espero que não acredites mesmo nisso.
– Em quê?
– Que não estiveste à altura. Que não eras a mulher certa para ele.
– Hum... Em parte, penso.
– O pai estava doente, mãe. Ele era... Nem sei bem...
– Não quero falar disso – rematou ela, cruzando os braços. – O teu pai é um homem espantoso – continuou. – É isso que precisam de recordar.

Saltou do peitoril e pôs-se a dobrar toalhas lavadas. Levantei-me e contornei a figueira. A terra estava mais escura e húmida, a superfície pontilhada de pequenas contas brancas.

– Continuas a deitar-lhe fertilizante, não é? – perguntei-lhe.
– E volto-a, por causa da luz.

Olhei para ela.

– Não tenho muito que fazer, querido.
– Alguma vez encontraste alguma coisa aqui, mãe?

Ela franziu o sobrolho, numa expressão inquisitiva.

– Que é que havia de ter encontrado aí?
– Aqui, no vaso da figueira.

A terra ficou agarrada aos meus dedos.

– Hans, que estás a fazer?
– O pai nunca te contou?
– Contar *o quê?!*
– Sobre *mim?*
– Não sei – retorquiu, concentrando-se novamente nas toalhas. Contudo, pouco depois ergueu outra vez os olhos na minha direção. – Que haveria ele de me ter contado sobre ti?
– É uma longa história.

– E contou à sua mãe? – perguntou Matthew.
– Não, na verdade não contei.

– O quê?! – inquiriu Audra.
– Nessa altura, não. Mas acabei por contar.
– Acabou por... – insistiu Matthew.
– Há dias.
– Só lhe contaste *agora?* – perguntou Audra.
– Bem, contei... – Forcei um sorriso. – Deixei algumas partes de fora.
– E que disse ela?
– Ficou muito espantada. Chocada, pareceu-me.
– Era o que estavas à espera, não era, querido?
– Sempre pensei... Não sei... Estive sempre convencido de que ela sabia. Já que o meu pai sabia. Apesar de... – Abanei a cabeça.
– Apesar de quê? – insistiu Matthew.
– Apesar de eu saber que o meu pai não lho contaria abertamente.
– E não o fez.
– Pelos vistos, não.
– Querido, se ela soubesse, é óbvio que te teria dito alguma coisa. *A tua mãe?!* De certeza que teria ficado preocupadíssima!
– Não vejo as coisas assim.
– Nesse caso, convenceu-se de que ela sabia – resumiu Matthew. – Só porque o seu pai sabia, apesar de estar convencido de que ele provavelmente não lho contaria.
– E convenceste-te de que *ela* não se importava... – concluiu Audra.
Encolhi os ombros.
– Sim. Portanto, porque haveria *eu* de me importar?
– É estranhamente lógico – observou a minha mulher.
Matthew sorriu. Depois, deixou que um silêncio se abatesse sobre nós. Que se instalasse. De seguida, fez uma bola de papel e atirou-a para um caixote do outro lado da sala.
– Boa jogada.
– Mas isso não é tudo – disse ele, estudando-me, os braços cruzados.
– Não é tudo?
– Não está a contar-nos tudo.
– Estou, sim.
– Porque não contou à sua mãe?
– Porque achei que ela já sabia. Ou o meu pai lhe tinha contado ou ela percebera por si.

– Sim, já nos disse. – Cruzou outra vez os braços, fixando-me. Depois, voltou-se para a janela. Amachucou outra folha e atirou-a para o caixote sem olhar. – E então?
– Sou matemático, doutor.
– Sem dúvida que é, embora eu não seja médico.
– Os matemáticos exigem demonstrações.
– E não há demonstração?
– Não.
– Mas, diga-me, os matemáticos não têm palpites?
– Têm, claro que sim. Mas não os publicam.
– Nesse caso, porque não nos fala do seu palpite? – pediu Matthew. – *Off the record*. Porque disse ao seu pai, mas não à sua mãe?

Cruzou novamente os braços, contemplando-me de um modo plácido. Audra imitou-o, com uma placidez sua.

– Porque não a queria trair – respondi por fim.

Teodiceia

Na velha casa do meu pai, ouvi a porta da frente, seguida do som de algumas coisas a serem dispostas na mesa e de armários da cozinha a abrir e a fechar. Alguém subiu as escadas. À soleira da porta, surgiu um homem alto, bem vestido, uma maleta de médico na mão. Inicialmente surpreendido, esboçou depois um sorriso satisfeito.

– O seu filho, suponho. – Pousou a maleta e estendeu-me a mão. Era indiano, ou paquistanês. A pele ainda jovem mas com rugas nos cantos dos olhos. Talvez tivesse a idade do meu pai. – Daneesh Gandapur – apresentou-se, inclinando a cabeça.

– O Danny – disse o meu pai. – Ou Dr. G., como lhe chamo. Por aqui tratam-no por Gandhi.

– Pois não podiam estar mais equivocados.

– É um prazer, Dr. Gandapur. Hans Andret.

– O prazer é todo meu.

O meu pai pegou num cigarro.

– O Hans veio por uns dias.

– Ah, ótimo. Estás a ver, Milo, que sempre é bom ter alguma companhia?

– Já te expliquei que não preciso de companhia. Não preciso de nada de ninguém.

O médico pousou as suas coisas.

– Nem do teu filho? – perguntou, olhando para mim.

– Só quero ficar sozinho.

O Dr. Gandapur abanou a cabeça.

– O meu pai disse-me que está a tratar dele.

– Na medida do possível, dadas as circunstâncias – respondeu, pousando o olhar no cigarro nos lábios do meu pai. Esboçando novamente

uma ligeira vénia, primeiro na direção de um e depois outro, inquiriu:
– E posso continuar na presença deste jovem?
– Desconfio de que o rapaz já viu pior, Danny.
– Desconfio que sim.

O médico dispôs as ferramentas do ofício sobre a cama, lembrando um vendedor a preparar as mercadorias. O meu pai observava-o, puxando baforadas incessantes, mas os seus olhos haviam começado a brilhar como se estivesse prestes a receber uma dose da melhor droga do mundo.

– Vou ter de te pedir que apagues isso, Milo.
– Como queiras, Danny – retorquiu ele, lançando o cigarro ao chão, onde o pé o pisou com a rapidez de uma lesma a avançar sobre uma folha de erva.
– Esvaziaste a bexiga?
– Claro que sim.

O médico aproximou duas cadeiras da cama e ajudou-o a sentar-se numa. O meu pai levantou a camisa. Em redor da barriga, exibia uma coisa que lembrava uma cinta para hérnia – um cinto largo de plástico reluzente com grossos atilhos no meio. Quando o médico a soltou, uma massa informe de ventre caiu qual saco de areia que alguém tivesse cortado. Aquilo sacudiu o meu pai para a frente. Mal se conseguiu equilibrar, abriu as calças e desceu-as até aos joelhos. Afastou as pernas e a barriga descaiu mais um pouco, espraiando-se sobre a segunda cadeira. Tratava-se de uma versão trémula e gargantuesca do ventre que lhe vira pela primeira vez na piscina de Tapington, uma dezena de anos antes. Ele estava tenso com o peso.

Sentado na orla da cama, o Dr. Gandapur esfregou a pele. Depois, deu-lhe uma pequena palmada de mão aberta, fazendo-a tremer como gelatina. Com a outra, esboçou um movimento veloz, estabilizando-a. Sobressaltado, apercebi-me de uma agulha saliente. Ao cabo de alguns gestos, um tubo surgiu ligado à agulha. O médico encaixou a outra extremidade a um frasco. Desviei o olhar. Quando o voltei novamente, vi o fluido. Uma coluna amarelada emergia do corpo do meu pai, avançando hesitante ao longo do tubo, qual cobra tímida a explorar a sala. Na outra extremidade, um líquido começou a pingar. A princípio, tratava-se apenas de uma ou outra gota, depois começou a pingar com regularidade, até que, por fim, era como se estivesse a urinar. Quando o primeiro frasco ficou cheio, o Dr. Gandapur mudou para um segundo. Depois para um terceiro. Ao longo deste tempo, o rosto do meu pai ia ficando cada vez mais animado.

No momento em que a agulha foi retirada, o homem que se ergueu da cadeira já me lembrava o meu pai. A cinta caiu ao chão e a barriga entrou-lhe facilmente nas calças.

– Meu Deus – exclamou, dando um passo para a frente. – Já posso voltar a respirar.

Atravessou o quarto e veio apertar-me a mão, após o que se dirigiu ao médico. Para celebrar, serviu-nos um copo de *bourbon* de uma garrafa sobre a cómoda.

– Reparou no que estive a fazer-lhe? – perguntou-me o médico, que pousando a maleta no balcão da cozinha e despejando o conteúdo do seu copo no lava-loiças. Bebi um gole e imitei-o. O meu pai ficara a dormir no piso de cima. – Chama-se paracentese – explicou. – Não há grande coisa a dizer acerca do procedimento. É o que parece. Introduz-se um trocarte e deixa-se o líquido correr. – Sorriu enquanto arrumava os instrumentos. – No entanto, é fundamental para o conforto dele.

– Obrigado, doutor. Eu percebi.

– Ainda bem que consigo fazer alguma coisa para o aliviar. Atualmente, considero o seu pai um amigo.

– Isso é de uma grande generosidade.

O médico olhou para mim.

– Apesar do estado em que se encontra, continua a ser o homem que demonstrou o teorema de Malosz. – Tive a impressão de que esboçou uma ligeiríssima vénia ao proferir aquelas palavras. – É claro que qualquer destas coisas seria suficiente para me trazer aqui.

– Nesse caso, sabe o que é o teorema de Malosz?

– Claro que sim. O seu pai não lhe deve ter dito, mas em tempos eu próprio quis ser matemático. – Ergueu os olhos na minha direção. – Mas não tardei a abandonar esse plano.

– Já somos dois.

O médico enrubesceu.

– Mas no meu caso, Mr. Andret, foi por isso não estar ao meu alcance. – Abriu a mala. – O seu pai, claro, falou-me de si.

– Qual era a sua área?

– Bem, posso dizer que era geómetra – continuou, sempre afadigado com os seus instrumentos. – O único problema é que o Senhor se esqueceu de me informar a tempo de que não era um bom geómetra. – Enfiou o estetoscópio no bolso. – Mas tratar um homem como o seu pai continua a ser um dos privilégios da minha profissão. Por estas bandas, não se encontram muitas Medalhas Fields.

Aproximando-se do balcão, pegou num dos frascos de líquido.

– O que aqui está – informou-me, observando-o em contraluz – é um subproduto da cirrose dele. O líquido pressiona os pulmões até que, para pôr as coisas de maneira clara, a vida dele se torna profundamente desconfortável. – Depois de atarraxar bem a tampa enfiou o frasco numa caixa. – É como tentar respirar dentro de uma mala cheia. No momento em que chega a este ponto, faço a paracentese. Durante algum tempo sente um certo alívio.

– Sim? Quanto tempo?

– Varia. Uma semana ou duas. Um mês, talvez.

– E depois?

– Por vezes, o alívio persiste. Ele é um homem formidável, mas esta doença é muito grave. Ora, como acontece com todas as pessoas que vivem com ela, tem altos e baixos. Já o vi andar ótimo semanas a fio.

– Mas, diga-me, isto volta *sempre?*

– Até agora, sim.

– Quanto tempo é que ele pode viver com isto?

O médico guardou delicadamente os outros dois frascos, reuniu os últimos apetrechos e encaminhou-se para a porta, que abri.

– Boa pergunta – retorquiu, descendo os degraus com um passo vivo, como se receasse que não fossem suficientemente fortes. – Gostava de lhe poder responder. A doença é muito grave, mas ele é um homem resiliente, como muitos outros com uma história semelhante. Os livros de medicina não lhe auguram nada de bom, mas ainda estou para encontrar um homem que obedeça aos livros de medicina.

– Ele não me pareceu assim tão resiliente quando aqui cheguei.

– Talvez por estar habituado a ver a flor em botão. Reparou como parecia melhor quando eu acabei?

Segui o médico até ao carro. Quando entrou no velho *Mercedes* estacionado à sombra do arvoredo, inclinei-me sobre a janela.

– Mas diga-me – insisti –, no estado dele acha que devia estar a fazer aquilo?

– Aquilo o quê, se me permite?

Apontei para a janela do piso de cima, onde ambos o vimos com um cigarro na boca e um copo na mão.

– Ah, Mr. Andret – suspirou, metendo a marcha-atrás. – Ele ainda tem os seus prazeres. Se fosse a si sentia-me satisfeito por ele ainda se conseguir levantar da cama e aproveitá-los.

– Paulie – expliquei. – Ele está muito em baixo.

– Que surpresa...

– Pior do que pensávamos.

Fez-se uma pausa.

– Ele tem estado em baixo a nossa vida toda, Hans. E provavelmente sozinho também.

– Neste caso, é diferente.

Silêncio. Estava a ligar-lhe da horta nas traseiras de casa.

– Porquê? – perguntou por fim.

– Porquê o quê?

– Porque é que este caso é diferente?

– Nunca o vimos assim. Tem cirrose. Está enorme. Todo inchado e com a voz de uma menina. Parece a Emmy.

– Mas melhorou desde que o médico aí foi, certo?

– O médico disse-me que o estado dele é muito *grave*, Paulie. Foi a palavra que ele usou: *grave*. Acho que devias vir.

– Não é a primeira vez que o estado dele é grave.

– Como sabes?

– Também já falei com esse médico.

Topei novamente com meu pai à janela do piso de cima, observando-me.

– E a mãe? – perguntei. – Achas que a mãe quereria vir?

– Estás a brincar, não estás?

– Não, não estou. Acho que se ela soubesse...

– Não, Hans, a mãe não quereria estar aí. Agora tem a vida dela, e levou bastante tempo a consegui-la.

– E *tu?*

– Eu o quê? Eu sobrevivi.

– Eu sei e percebo. Ouve, Paulie, queres saber o que vi aqui ontem? O *Victory*.

Ouvi a sua respiração calma.

– E o *Royal Sovereign*, Paulie. Continuam ambos aqui. Aposto que ainda flutuam.

Novo silêncio.

– Ainda cá estão, Paulie. Não te lembras? Nos arbustos perto da bomba do poço. Parecem duas arcas. Ainda te lembras, não lembras? Os canhões de batatas? A batalha de Trafalgar?

– Não.

– Vá lá, Paulie. Estás a brincar! Não é possível que não te lembres.

– Quero dizer não, não vou. Dos barcos lembro-me, claro que sim. Mas também me lembro de mais uma quantidade de coisas.

– Estás a falar a sério? Não vens mesmo?

– Hans – exclamou ela –, tu ainda não percebeste! Afundamo-nos nas mesmas areias movediças de sempre.

– Pai, tu e a Paulie continuam a não se dar?

– A tua irmã leva tudo muito a peito – comentou, acendendo outro cigarro. – Como a tua mãe.

– Ouve, pai...

– Não te rales com isso – retorquiu ele com um gesto displicente da mão. Estava encostado à janela e voltou-se para observar a paisagem. – Já ouvi tudo isso, Hans. Na verdade, paguei ao assassino da tua mãe pelo privilégio de o ouvir.

– A mãe teve de pagar contas.

– Ela tem um emprego, Hans.

– Tu também podias ter.

Ele riu-se, com ar miserável.

– Olha para mim. Davas-me emprego? – Bateu na barriga, que, embora não tivesse o mesmo aspeto, ainda fez uma espécie de eco. – Eu não me contratava nem para atirar uma pedra por um buraco. – Sentou-se numa cadeira enquanto lá em baixo uma carrinha atravessava a ponte e seguia pela baía. Voltou para uma das casas. – Descobriram petróleo aqui. É por isso que andam todos entusiasmados.

– Lá diferente parece.

– Podes agradecer aos especuladores. Se te distrais e deixas a porta de casa aberta, fazem-te um furo na cozinha. Também construíram um centro de serviços ali adiante. É o que são estas casas todas. É possível que isto ainda acabe por valer alguma coisa.

– Pai – interrompi-o –, já falaste com a Paulie?

– Não, não falo com ela há muitos anos. Olha para aquilo. Agora vê-se o caminho todo até à ponte. Repara nas garagens. Só no último ano, construíram dez. – Içou-se da cadeira com dificuldade, mas, uma vez de pé, estabilizou. Aproximou-se da janela. No sítio onde a carrinha parara, um homem montava uma roldana em cima do telhado. Vimos outra pessoa descarregar uma palete de telhas e enfiá-las num cesto preso à roldana. O cesto subiu puxado pelos cabos e o tchka-tchka-tchka de uma pistola de pregos ecoou pela baía.

– Pai – disse-lhe eu. – Acabei por não fazer nada com a matemática que me ensinaste.

– Os jantares em Nova Iorque não me pareceram maus – disse-me, olhando-me nos olhos.

– Mesmo assim, a matemática... A maior parte foi um desperdício.

– Nesse caso já somos dois – concluiu com uma gargalhada.

Procurei o número no registo de chamadas recentes do meu telemóvel. Ela respondeu ao primeiro toque.

– Oh, Hans! – cumprimentou-me do outro lado. – Ainda bem que és tu. Tenho estado preocupada com o teu pai.

– Ele está bem, Mrs. Biettermann. Já parece muito melhor.

– Ainda bem. – Fez-se silêncio; de seguida, sem razão aparente, ela riu-se. – Diz outra vez o meu nome.

– O quê?

– O meu nome completo.

– Cle Biettermann.

– Cle Wells. – E depois: – Vejam só...

– Queria agradecer-lhe ter-me telefonado a contar o que se passa. Quando aqui cheguei, encontrei-o realmente em baixo. Tinha razão. De momento ainda aqui estou, no Michigan.

– Mas ele está melhor?

— O médico drenou-lhe algum fluido ontem e isso parece tê-lo ajudado bastante.

— Aquele tipo indiano, baixinho, com o *Mercedes* velho?

— Sim, o Dr. Gandapur.

Houve uma nova pausa.

— Mrs. Wells?

— Sim?

— Bem, nada.

No último dia da minha visita, fui acordado pelo som de uma ferramenta. O Sol mal acabara de nascer quando espreitei pela janela, pelo que precisei de algum tempo para perceber o que se passava. O Dr. Gandapur encontrava-se em plena clareira. Com o sapato fazia força numa pá com que abria um buraco.

Estava a cavar a sepultura do meu pai.

— Ah – exclamou, mal me aproximei. – Espero não o ter acordado.

— Não, não. Estou só espantado por vê-lo aqui tão cedo. De qualquer maneira, já estava a pé.

Olhei melhor e percebi que plantava qualquer coisa.

— Ah, claro... – Apontei para os tomateiros: – Estava farto de pensar como é que ele conseguia manter uma horta.

A pá mergulhou novamente no solo. Depois de desviar um pouco de terra, levou a mão ao bolso e retirou alguns bolbos.

— Nem só de pão viverá o homem – comentou. – Gostava de plantar alguns bolbos de açafrão para lhe fazer uma surpresa no outono.

— E o resto? Foi o Dr. Gandapur quem fez isto tudo?

— Não, não. Tudo não. Uma parte é o seu pai que faz. Sempre é algo que o tira de casa. Agora, está numa fase difícil, como penso que percebe. Estes episódios vão e vêm. Mas ele é um touro. Não lhe parece estar muito melhor?

— E as mercearias na cozinha? É o Dr. Gandapur, não é?

— Não é quase nada...

— Na verdade, é. Agradeço-lhe muito.

O médico depositou um dos bolbos no buraco.

— E a casa? – perguntei. – É o Dr. Gandapur que tem mantido as coisas em ordem?

– Ele não me deixa mexer em nada no piso de cima.
– Sim, eu vi.
Passou-me pela cabeça tirar a carteira do bolso. Não sei como, ele percebeu e levantou a mão.
– Sabe – explicou –, os meus filhos já são adultos. Ele vive em Washington e ela, em Palo Alto. São bons miúdos, mas têm as vidas deles. – Baixando a cabeça, continuou: – A minha mulher já não se encontra entre nós, de maneira que, na realidade, é para mim que o faço. Nós, jesuítas, sempre abraçámos o conceito.
– Que conceito, doutor?
– De que fazer bem ao outro é na realidade fazer bem a nós próprios. – Voltou-se e do outro bolso tirou uma pequena pá de jardim, que me estendeu. – Mas, tome, não recuso ajuda. Queria fazer duas filas paralelas.
Aceitei a pá. Por toda a parte se viam rebentos de heras e embora em redor o terreno estivesse solto, as raízes continuavam a brotar de todas as direções. Pareceu-me um milagre que os feijões e os tomates tivessem crescido num local assim.
– Ele não se importa com o que está a fazer por ele? – perguntei-lhe.
– Na realidade, não parece importar-se nada.
– Apesar de insistir que quer ficar sozinho?
– Duvido de que seja sincero. Não acredito que alguém queira realmente estar só. Especialmente na nossa idade – retorquiu em cima do telhado, voltando ao trabalho.
– Tenho muita pena – disse eu.
– Não há razão para isso.
Trabalhámos algum tempo lado a lado em silêncio. Ele ia à frente, com um regador.
– Falamos de matemática, sabe? – contou, por fim. – Eu estou um bocado enferrujado, claro, mas ainda percebo uma boa parte do que ele diz. Não estou a ser muito humilde, mas, para mim, é profundamente entusiasmante. Chego a pensar que de certa maneira ele até aprecia a minha companhia. Falou-me do seu último trabalho.
– Tenho a certeza que ele aprecia muito a sua companhia – disse eu, usando a pá para abrir outro buraco para os bolbos. – Mas então o que é que ele lhe disse sobre o seu novo trabalho?

— Não lhe posso dizer – respondeu o médico, olhando-me de viés. – Ele pensa que podiam roubar-lho, como sabe.

— Sim, eu sei.

— Que é que se há de fazer... – continuou, com um olhar de relance ao piso de cima. – Posso dizer-lhe que é geometria. Pequenas dimensões. Mais que isso, não. Obrigou-me a jurar.

— Eu compreendo.

— Mas, na verdade, Hans – murmurou ele, pousando-me a mão no ombro –, acha mesmo que ele é capaz de fazer um novo trabalho? Nas condições em que está? Francamente, teria dificuldade em acreditar.

— Claro.

— Mas isto acontece – continuou, voltando-se outra vez para a horta. – Quer dizer, ao cérebro. É a bebida, como é evidente. E a função hepática. Mas há claramente mais qualquer coisa. Pelo menos, observei-o noutros homens. Há algo, em certas aptidões, que nunca está muito longe de... – disse o médico, olhando na direção do lago. – Não tenho a certeza.

— Não, por favor, continue.

— Longe do terror, talvez. Não é um fenómeno assim tão raro. Quando estava na universidade, observei-o várias vezes no departamento de Matemática e também aqui, no meu pequeno consultório de província. Parece uma coisa bastante primária. No estado mais puro, é verdadeira paranoia. Há muita gente na área acabada antes dos vinte. Também já vi isso. Pode ser um prenúncio. Estou convencido de que é fisiológico – explicou o Dr. Gandapur, os olhos postos no chão. – Por vezes ocorre-me que é a vingança de Deus.

— Contra os matemáticos?

— Temos de ter em conta que podem ser considerados espiões... – Sorriu.

— Pela divindade?

— Exatamente. Tem consciência de que o feitio destrutivo do seu pai, está relacionado com o fígado, não tem? E é claro que a bebida também joga o seu papel, mas é o próprio homem. As emoções dele estão exaltadas – continuou, pousando o balde. – Para pessoas como nós os dois... Bem, nós estamos protegidos por todas as relações com o exterior. Mantemos uma espécie de calafetagem, um amortecimento contra os estragos. Mas creio que com ele isso não existe.

O Dr. Gandapur estudou-me.

– Procure imaginar a vida para uma pessoa com a mente do seu pai. Quer dizer, a vida humana está rodeada e é atravessada pela tragédia. Eu nasci em Lahore; por isso, em certa medida, sei-o. Mas o seu pai também, ele também o sabe, à sua maneira. Eu aprendi a afastar semelhantes pensamentos. Creio que o Hans também, mas ele não consegue ignorá-los. Para ele, não há alegria na criação divina. Não há prazer na luz do dia ou na água. Não há prazer numa boa refeição. Não há prazer na companhia dos amigos. Não há nada. Nada que possa saciar a fome. Ele está no centro do vórtice. Acredito que é uma consequência de um cérebro como o dele. É o preço a pagar pela resolução de um enigma como aquele.

Antes de sair para o aeroporto, limpei o quarto do meu pai. Garrafas vazias. Copos sujos. Beatas. No meio do chão, um monte de jornais e revistas. As lombadas, vincadas, as diferentes secções, separadas, como se andasse a lançar tudo ao chão naqueles últimos meses. Ele ressonava sobre o cobertor sujo enquanto eu arrumava tudo nas estantes.

Foi então que a encontrei.

Estava de lado, num espaço vazio entre livros, manchada por copos. *The Northern European Review of Enumerative Combinatorics,* volume 13, número 2. Setembro de 1999. Na capa, o título do artigo de Benedek Fodor fora sublinhado com um lápis grosso, como no meu exemplar.

O previsível não tem nada a ensinar

Estava uma tarde quente. Lá fora, pela janela do gabinete de Matthew, via os pássaros saltitarem nas árvores.

– Aquilo que me disse no outro dia, Hans – lembrou-me Matthew –, que não queria trair a sua mãe, que significa ao certo?

– Não queria trair o otimismo dela.

– Dizendo-lhe a verdade?

– O otimismo é uma maneira de contornar a verdade.

– Uau! – exclamou Audra.

Olhei para ela.

– Pelo menos é assim que o vejo.

– Não pode ser só uma maneira de a tentar influenciar? – perguntou ela.

Dessa vez, encarei a minha mulher.

– E com isso estaria a ameaçar a interpretação otimista dela – avançou Matthew.

– Se lhe falasse de mim, teria de lhe falar *dele* também.

– Mas ela não sabia já sobre ele?

– Claro. Sabia e não sabia. Continuava a acreditar que tudo se iria compor.

– De facto... – observou Audra.

– É muito comum – interveio Matthew. – Acreditem.

– Talvez seja comum – retorquiu a minha mulher –, porque é comum as mulheres convencerem-se de que não têm alternativa.

Dessa vez, voltámo-nos ambos para ela, que cruzou os braços.

– É verdade – confirmou Matthew. – Mas, e depois? Que teria acontecido se lhe tivesse contado? Se lhe tivesse dito a verdade?

– Acerca de mim?
– Acerca de si e acerca do seu pai.
– Dizer-lhe que ele passava o dia fechado agarrado a uma garrafa?
– Sim, toda a verdade, como ela vos afetaria a todos.
– Que ele estava lá a beber e – naquele ponto a voz falhou-me – que não estava realmente a *trabalhar* em nada?
Matthew aguardou um pouco.
– Até proferir as palavras é difícil, não é?
– Ele era um matemático. Para ele, o trabalho era tudo.
– Diga-me uma coisa, Hans. Na sua área, as pessoas costumam deixar uma marca ainda muito jovens, não é assim?
– Está a falar da minha antiga área?
– Estou a falar da matemática.
É possível que me tenha encolhido.
– Não tenho a certeza – confessei. – Em geral é o que dizem, mas não sei se será mesmo assim.
– Mas é o que se diz?
– Sim, muitas pessoas estão convencidas disso. Abel deixou a marca dele muito jovem. O mesmo se passou com Eisenstein. E com Galois. Com Hardy, sem dúvida. Gauss escreveu as *Disquisitiones* ainda adolescente. Mas Euler trabalhou toda a vida.
– E o Hans? O Hans também é muito jovem. É muitíssimo jovem para fazer o que faz.
– Isso tem um custo.
– Que custo?
Apontei para as paredes, depois para Matthew, a seguir para o edifício da estalagem, com os seus cento e vinte quartos, do outro lado do relvado, lembrando o chalé de caça do rei de Inglaterra.
– O meu pai ensinou-me grande parte do que sei.
– Em todos os sentidos.
– Sim.
– E se o tivesse denunciado?
– Tudo seria diferente.
– Tudo o quê? – sorriu Matthew.
– Bem... – continuei, voltando-me para a janela. – A minha mãe teria percebido, percebido o que acabou por perceber.

– E que foi que ela percebeu? – perguntou Audra.

– Que unira a sua vida à de um homem genial que entretanto estava acabado. E que prestes a lançar-nos a todos por um precipício.

– Nesse caso *porquê?* – perguntou Matthew, no dia seguinte, na sessão do fim da tarde. – Porquê tudo isto de repente? Porque é que um dia vem para casa e faz uma coisa daquelas diante da sua mulher e da sua filha? – Audra estremeceu. – O Hans tinha muita prática de esconder – continuou ele. – Não acredito que como delinquente não fosse capaz de melhor.

– Não sei.

– Atire um palpite.

Matthew levantou-se, postando-se junto da janela. O trator acabara uma linha, descrevendo a curva para começar na seguinte.

– O génio é uma verdadeira psicose degenerativa – afirmou –, muito nas linhas da insanidade moral.

– Perdão? – perguntou Audra.

– Cesare Lombroso. Um criminologista. Morreu há cem anos, mas hoje em dia os neurobiólogos começam a concordar com ele. Menos recetores de dopamina ou coisa que o valha. A psicose e a criatividade parecem ligadas numa espécie de contínuo.

– Tenho estado a pensar no meu pai – disse eu.

Matthew voltou a sentar-se.

– Diga-nos.

– Começou a narrar-me a sua vida. Quando o fui visitar ao casebre. Na altura, já estava bastante doente.

– Lamento.

– Quando eu era miúdo, nunca me contou nada do seu passado. Como acontece com muitos pais. Depois fui vê-lo, nos bosques onde ele agora vive, e contou-me coisas de que eu não fazia ideia. Por exemplo, que em tempos ele próprio esteve internado num sítio assim.

– E o Hans não sabia de nada disso?

– Não, não fazia a menor ideia. O departamento dele em Princeton obrigou-o a fazer um tratamento. O segurança viajou de avião com ele para terem a certeza que ele ia – ri-me.

– O meu pai levou uma garrafa, claro.

– Como seria espectável.

– Mas eles tiraram-lha.
– Também não é invulgar. Quando é que isso aconteceu?
– Pouco tempo antes de ter ficado desempregado e de se ter mudado com a minha mãe para o Ohio. Provavelmente, um ano antes de eu nascer.
– E o tratamento resultou?
– O meu pai fugiu.
Matthew olhou para mim.
– O Hans também pode ir-se embora, como sabe.
– Sim, eu sei.
– Conta-nos o que aconteceu depois – pediu Audra.
– Tu sabes o que aconteceu.
– Conta ao Matthew. – Audra voltou-se para ele. – O pai destruiu a carreira, abandonou a família e por pouco não arruinou a *nossa*.
– Ele não arruinou a *nossa* família.
– Não? Olha só para ti!
– Que tenho eu? – inquiri, estendendo-lhe a mão.
Ela ignorou-a.
– Não está de acordo com a sua mulher? – perguntou Matthew. – Não lhe parece que ele *quase* acabou com a vossa família?
– Não me parece que agora o meu pai tenha a mais pequena coisa que ver com o assunto.
Audra riu-se.
– Às vezes és tão estúpido – comentou.
– Obrigado.
– Audra, porque não nos diz o que está a pensar?
– Estou a pensar no óbvio. O Hans *queria* ser apanhado. Querias, não querias? É óbvio que *querias* que eu pusesse fim a isso.
– Porque haveria eu de querer uma coisa dessas?
– Porque não podias continuar. *Precisavas* de parar.
– Eu não...
– Chiiiu – ordenou ela. – Cala-te por um minuto. Pensa no assunto. Há muito tempo que deves saber que, a menos que alguma coisa mude... – Fechou os olhos.
Matthew passou-lhe uma caixa de lenços de papel. Ao cabo de um minuto, perguntou-me:
– Então, Hans?

— Suponho que ela queira dizer que, a não ser que alguma coisa mudasse, eu ia pelo mesmo caminho que o meu pai.

— E...? – perguntou Audra.

— E acho que nem quero pensar no que isso representaria para os nossos filhos.

— Essa é uma das razões por que nunca os deixei conhecê-lo – partilhou Audra, na última sessão antes de regressar a Nova Iorque.

— Os vossos filhos não conhecem o avô?

— Não proibimos – expliquei. – Nunca calhou. *Ele* pelo menos nunca mostrou interesse nisso.

— Não sei se o Hans lhe contou – continuou Audra –, mas ele não veio ao nosso casamento.

— Foi convidado?

— Claro que sim – confirmou ela. – Mas deve ter tido medo.

— Medo? – perguntou Matthew.

— De ver a minha mãe.

— E o Hans concorda com isso? Acha que ele tinha medo de a ver?

— Bem... sim. Creio que tinha. E provavelmente também de me ver a mim e à Paulie.

— Eu percebo isso. – Era outra vez Audra. – Percebo que ele não quisesse aparecer convosco todos lá. Provavelmente, era demasiado doloroso. Decerto estaria envergonhado do que fez.

— A minha mulher está a ser generosa.

— Não é da mesma opinião?

— Trata-se de algo inerente à maneira de ser dele. É uma pessoa cheia de medo.

— Medo de quê?

— É difícil dizer. Das pessoas, talvez. Dos seres humanos como funções imprevisíveis. Não estou a ver outra maneira de explicar. Não me parece que ele estivesse realmente envergonhado. Não creio que funcione assim. Na minha opinião, trata-se de algo muito mais elementar. Acho que ele estava confuso. Ora, a confusão assusta-o. Não devia saber o que dizer à mulher prestes a casar com o filho. Não saberia o que dizer à família dela. Provavelmente também não saberia o que dizer aos nossos filhos. É por isso que bebe. E é por isso que está afastado de tudo.

– E o Hans prefere assim?
– Não disse isso.
– Mas *preferes* – disse Audra. – Tens medo da influência dele.
– E *tu* não?
Matthew deu tempo a Audra para pensar.
– Não sei – retorquiu ela por fim. – Claro que sim. Mas, por outro lado, isso já existe, não achas? Quer dizer, querido, olha para os nossos filhos – disse ela com uma gargalhada. – Não foi a *mim* que eles foram buscar nada daquilo, de certeza!

– Ainda há outra coisa – contei. Audra regressara a casa, e eu e Matthew fazíamos sozinhos a sessão da tarde. Era a minha última semana em Stillwater e já me apercebera de que provavelmente iria conseguir. – Quando estive em casa do meu pai, encontrei uma coisa interessante. A mesma publicação de matemática que alguém em tempos me enviou para o escritório em Nova Iorque.
– Não estou a perceber.
– Há uns anos, alguém me mandou um exemplar de uma revista de matemática. Julgo que também o enviaram ao meu pai. O mesmo artigo estava assinalado em ambos os exemplares. No entanto, não tinha nada que ver com as áreas de nenhum de nós. Tratava-se de combinatória. Fiquei espantado por encontrar a revista na estante dele.
– Combinatória?
– O triângulo de Pascal. O cubo de Rubik. A maneira como os objetos são ordenados. Eu não percebo muito de combinatória. Creio que o meu pai também não. O artigo foi escrito por um matemático chamado Benedek Fodor. Nele, havia uma frase. Na verdade nem era no artigo. Tratava-se apenas de uma nota de rodapé.
– Que dizia o quê?
– «Não escapou à minha atenção que esta descoberta contraria uma das demonstrações fundadoras da topologia do século XX.»
– Estou a ver que a sabe de cor – disse Matthew, recostando-se na cadeira.
– Uma frase destas, bem, pelo menos para um matemático, é um golpe de misericórdia. Fodor referia-se à demonstração do meu pai.
– Do teorema de Malosz?

— Sim.

— Nesse caso, e está a dizer-me que há um problema com a demonstração?

— Bem, isso nunca foi provado, mas é possível que sim. Pode haver uma dificuldade com a demonstração. Porém, um problema deste tipo pode levar muitos anos a resolver. Décadas. Estas coisas são assim. A conjetura de Kepler já foi resolvida há alguns anos, mas ninguém tem a certeza que a demonstração esteja mesmo certa. Ainda há quem a esteja a verificar e quem tente encontrar um erro na demonstração. A conjetura de Malosz é capaz de ainda ser mais difícil do que a de Kepler. Mas, sim – confirmei –, quando um matemático como Benedek Fodor diz uma coisa destas, uma sombra cai sobre o que o meu pai fez.

— O seu pai alguma vez lhe falou disto? Deste possível problema?

— Não, claro que não.

— Mas será que sabe?

— É possível. Não tenho a certeza. Uma demonstração daquelas representa anos de trabalho. Não há sequer muitas pessoas no mundo capazes de *ler* um artigo como o da demonstração do teorema de Malosz, quanto mais descobrir-lhe falhas. O artigo de Fodor surgiu numa revista obscura. Foi publicado na Europa. Era só uma frase. Outro matemático a pensar, noutra área, numa nota de rodapé. Limitou-se a lançar uma dúvida. É possível que o meu pai nem tenha ouvido falar de nada.

— Mas a revista estava na estante dele.

— Com centenas de outras.

— Ainda assim – aventou Matthew –, essa dúvida diz-lhe respeito.

— Não sei se diz ou não. Eu levaria tanto tempo a perceber o que aquilo significa como qualquer outro matemático. Talvez mais.

Matthew fechou olhos. Parecia pensar.

— Nesse caso, a sua teoria é que a mesma pessoa vos mandou a revista aos dois? E porque acha que alguém faria uma coisa dessas?

— Teria de supor que se tratava de um ataque.

— Contra si ou contra o seu pai?

— Contra ambos, creio.

— Bom, isso é perturbador.

— Claro que é. Não me agrada pensar que tenho por aí inimigos, como *ele*.

– O seu pai tem inimigos?

Ri-me.

– O meu pai *só* tem inimigos. Faz inimigos em qualquer sítio aonde vá. Mais ou menos todas as pessoas com quem já trabalhou. É mais fácil contar os que não são inimigos dele.

– Posso fazer-lhe uma pergunta?

– Faça.

– É por isso que o Hans se esforça tanto por não os fazer?

– É possível.

Matthew inclinou a cabeça e encostou-se na cadeira. Ficámos algum tempo ali sentados em silêncio.

– Sente-se melhor? – perguntou-me por fim.

– Porque haveria de me sentir?

– Por me ter contado. Se me tivessem perguntado, diria que há coisas muito mais difíceis de confidenciar, mas a verdade é que creio que o Hans me falou delas sem grande esforço. Mas isto, uma dúvida acerca de uma demonstração que o seu pai fez ainda antes de o Hans ter nascido, exigiu-lhe toda a sua força. Parece-me muito claro. A sua mulher já se foi embora e o seu tempo aqui está a terminar.

– Mais difícil do que uma dúvida acerca da validade do trabalho dele? Para um homem como o meu pai? Não há nada mais difícil que isso.

– Refiro-me a um homem como o Hans.

Ri-me.

– Não sei porque foi tão difícil. Não o deveria ter sido.

– Mas sente-se um pouco melhor, não? – insistiu com um sorriso.

– Para ser franco, sinto.

– A maior parte do nosso trabalho é ouvir confissões – expicou Matthew. – Não acha curioso? Temos aqui esta clínica moderníssima, um pessoal altamente treinado, mas, feitas as contas, a única cura a oferecer é a confissão.

Numa manhã de primavera, havia eu regressado a Nova Iorque uns meses antes, o meu telefone tocou. O Dr. Gandapur encontrara o meu pai adormecido num banco junto do rio, uma garrafa a seu lado. Corria o mês de março, e o gelo ainda não começara a quebrar. O meu pai envergava tão-só um par de cuecas pretas, meias escuras e sapatos de cabedal pretos, um dos pares que costumava usar em Princeton. Engraxara-os.

— A parte menos má é que ele é uma pessoa realmente resistente — disse o Dr. Gandapur. — Na realidade, uma coisa destas teria matado qualquer outro. Tenho a impressão de que ele ali esteve pelo menos uma hora ou duas.

— Mas já está melhor?

— Na verdade, parece-me que sim. — Soltou uma gargalhada, um pouco engolida pelo ruído da ligação. — Está a beber um *bourbon* gelado neste preciso momento.

— Ainda bem, fico aliviado por saber.

O Dr. Gandapur fez uma pausa.

— Mas, na verdade, estou preocupado — acabou por confidenciar. — Digamos que... Pondo a coisa de outra maneira, seria muito difícil afastar-se de Nova Iorque por algum tempo?

Aos poucos

Nos primeiros tempos, enquanto se ia habituando a Manhattan, a minha mãe visitava-nos todos os dias. De manhã, tomava o pequeno-almoço com os miúdos, após o que os levava a pé à escola. Enquanto estavam nas aulas, andava na sua vida. Por volta das três e meia, momento em que eles entravam num tropel pela casa, já ela havia traçado o plano para a tarde. Arrumadas as mochilas, comiam qualquer coisa e limpavam a cozinha, saindo de seguida todos juntos. Gostavam de passear os três. Visitavam pequenas galerias e lojas de artigos em segunda mão nas zonas mais antigas da cidade. Tomavam chá em pastelarias russas. Faziam exercício num dos parques. Na verdade, tinha a sensação de que os miúdos que conhecíamos haviam saído de casa certo dia, sendo substituídos por dois enérgicos descendentes de pioneiros do Oeste.

Apesar de pouco tempo ter passado desde que saíra de Stillwater, continuava a conseguir manter-me afastado das drogas.

Lorenzo levava-me todas as manhãs à Physico, onde eu e a Shores--Durban passávamos o dia a cortar umas lascas aos nacos financeiros mais suculentos do mundo. Via-me a perder energia e motivação. Contudo, não sentia falta delas – não, naquela altura. Quando o *Lincoln* me deixava em casa ao fim do dia, ia ao ginásio com Audra. A essa hora, a minha mãe passeava pela High Line com os miúdos ou lia-lhes, sentada no tapete da sala *O Vento nos Salgueiros* ou *A Arte através dos Tempos*. Também supervisionava as raras sessões de piano. Com Emmy, desenhava um pouco, apesar de ela não ter herdado nem um traço desse talento peculiar do meu pai. Já Niels, esse, parecia estar a tornar-se um engenheiro, em detrimento de um matemático. Já então, isso era claramente visível. A minha mãe pressentia-o com a mesma clareza que eu e com um alívio evidente. Fazia questão de requisitar da biblioteca livros sobre diques, máquinas e aviões. Audra talvez não reparasse na diferença entre matemática e engenharia, mas para mim e para a minha mãe não poderia ser mais óbvia. Eram como críquete e basebol.

Certo dia, encontrei Niels a construir uma espingarda a partir de um cabo de uma vassoura e alguns elásticos. Observei o acontecimento com alívio, da mesma maneira que o meu pai deve ter observado o próprio filho, quase daquela idade, sentado debaixo da amoreira a brincar com a demonstração de Euclides da infinitude dos primos.

– Olha para isto – disse-me a minha mãe uma noite depois de os meus filhos estarem deitados.

Tinha nas mãos a arma de Niels, que parecia bastante eficiente. Fizera cortes numa das extremidades do cabo da vassoura, onde prendeu os elásticos e colou algumas molas da roupa, que usava como gatilhos. Encontrávamo-nos no terraço. O dia estivera quente, e ela decidira tomar um copo de vinho. Pousou-o e, com o cano da arma, apontou aos transeuntes em roupas estivais na rua, trocando, a essa hora, os restaurantes pelos bares.

– O Niels está tão entusiasmado... – comentou a minha mãe.

– Eles hoje vivem num mundo tão diferente... Tudo passa a uma velocidade alucinante. Mas isto... *Isto* é novidade.

– É o tipo de coisas que os rapazes faziam quando *eu* era criança – retorquiu ela com um suspiro. – Agora, já viram tudo.

Um grupo de mulheres jovens passou na rua, os telemóveis a brilhar no escuro. Sempre gostei de estar assim sentado, com a minha mãe, a ver tranquilamente o mundo passar.

– Eu sei que tu quando tinhas a idade dele – continuou ela – brincavas no quintal.

– Era o que havia.

– E ainda bem. A tua infância foi uma tela em branco. – Pousou a arma e bebeu um gole de vinho. – Tela, tinta e algumas lições de matemática. Foi o que te demos. – Depois acrescentou, com menos firmeza: – Nem isso, na verdade. Esta geração... Às vezes, ponho-me a pensar...

– Andam a dizer o mesmo há uns mil anos.

A minha mãe franziu o sobrolho. No chão, aos seus pés, repousavam alguns jornais. Ela tirou-lhes os elásticos e prendeu um num gatilho.

Quando disparou, o elástico assobiou sobre as nossas cabeças, encaminhou-se até ao halo de luz do candeeiro de rua e, uma vez alcançado o ponto mais alto, desceu num percurso irregular, acertando no ombro de um homem que ia a passar. Depois de o sacudir, o indivíduo olhou para cima.

A minha mãe recuou.

Acenei-lhe.

– Caramba – exclamei no momento em que ela se sentou. – Pareces... Nem sei...

– O quê? Um bocado tocada?

– Não. Feliz.

– Eu sinto-me feliz. Sou muito feliz. – Baixou os olhos, admirando o agitação na rua, e acrescentou: – Mas não é só agora. Há muitos anos que sou feliz.

Ficámos um pouco em silêncio, os dois a pensar na mesma coisa, estou convencido.

– Mãe – acabei por dizer –, ele está doente. Tem estado a piorar.

– Eu sei, querido.

– Como é que sabes?

– A Paulie contou-me.

– Deve ser... Não sei, perturbador.

– Claro que é. É horrivelmente perturbador.

Pegou noutro elástico e prendeu-o na mola da roupa. Porém, logo de seguida, pareceu mudar de ideias e pousou a arma no chão.

– Eu não vou lá – declarou. – Queria que soubesses.

– Ninguém está a contar que vás.

– Estou farta de o ajudar.

– Eu sei, mãe.

Ficámos mais um pouco em silêncio, até que ela o interrompeu.

– Desta vez é grave, não é?

– Sim, mãe, desta vez é.

– Conta.

– Mas ele é forte, sabes? É muito forte. Tu sabes, não sabes?

– Não, na verdade não é.

Como se quisesse mudar de assunto, inclinou-se sobre a balaustrada. À esquina, um reboque encostara ao passeio e o seu condutor prendia as rodas de um carro, após o que regressou ao veículo. O automóvel pôs-se a estremecer, levantando e seguindo na esteira no reboque, qual animal arrastado pelo focinho.

– Aqui não dão grandes hipóteses, pois não? – inquiriu a minha mãe.

Acenei afirmativamente. Pareceu-me estar a rememorar a antiga vida em Tapington; eu próprio também o fazia. À luz do reboque, a árvore da esquina lembrava um pouco a velha amoreira.

– Já não estou mais para isso – continuou a minha mãe.

– Eu sei que não.

– Ele teve a oportunidade dele. Montes de oportunidades. – Desviou o olhar. – Pronto, querido, já disse o que tinha a dizer.

Nessa altura ouvimos o ruído de um camião do lixo. O copo da minha mãe começou a estremecer, o mesmo acontecendo com o resto da mesa. Pouco depois, eis que o veículo surgiu diante de nós na rua. Uma espécie de besouro corcunda e barulhento, com dois olhos brilhantes.

– Vai *tu* ajudá-lo – disse a minha mãe.

– Eu vou. Vou voltar para lá. O tempo que ele precisar.

Ela pousou novamente o olhar na rua.

– E o teu trabalho?

– Qual é o problema?

A minha mãe pegou-me na mão.

– Meu Deus, Hans, desculpa. Eu ajudo-te. Ajudo a Audra. Faço tudo pelo Niels e pela Emmy. Mas...

– Eu tomo conta dele, mãe, não te preocupes.

– É assim que as coisas têm de ser – concluiu, apertando-me a mão. – O teu pai já não me pode tirar mais nada.

Por fim, a verdade

Quando regressei a Michigan, mais tarde nesse mês, o verão parecia ter chegado a Nova Iorque. No Aeroporto de LaGuardia, o ar condicionado das limusinas deixava verdadeiras poças no cimento. Uma hora e meia depois, quando a porta se abriu em Grand Rapids, senti uma brisa marítima entrar pela cabina como água pelo casco de um navio abalroado.

Voltei a alugar um *Audi* e segui pela costa. A sul de Holland, encostei na berma da autoestrada Blue Star e deixei-me ficar ao abrigo das dunas, contemplando os pilares no lago. Ali ainda se sentia o inverno no ar. Ao longe, ondas altas rasgavam-se em espuma e, acima das falésias, os falcões pareciam imóveis no ar. Voltei para o carro. Quando a estrada curvou novamente para leste, as sombras das nuvens obscureceram os campos, que lembravam lagos, movendo-se, tal como eu, para o interior. Um pouco adiante, a meio do estado, a primavera chegara. Abri as janelas e inspirei a fragrância familiar.

Na velha casa, encontrei o meu pai no jardim.

Estava coberto de suor, a cavar. Plantava qualquer coisa, quiçá mais bolbos. Um monte deles repousava junto dos tomateiros. Do rádio, numa ferrugenta cadeira de jardineiro, tocava uma sonata para piano ao bosque. À primeira vista, pareceu-me saudável. De costas, excetuando o cabelo branco e desgrenhado que lhe descia pelos ombros, não parecia muito diferente do homem que outrora conhecera.

– Ah – rosnou quando lhe toquei no ombro.

– Magoei-te?

– Não, mas pregaste-me um susto de morte!

Deu um pontapé no balde e levantou-se, o suor escorrendo-lhe pelo queixo. Tinha a camisa ensopada. O rosto, sujo de terra; e as calças, coladas às pernas.

– Pai – disse-lhe eu –, já nem pareces doente. Aqui a trabalhar que nem um mouro.

– Isso é porque *não* estou doente. Os médicos não sabem o que dizem. – Enquanto falava agitava a pá na mão como se fora um badalo. – Estou a recuperar. Dieta e exercício. Estudo e moderação.

Continuava magro. Enquanto falava, os tendões dançavam-lhe no pescoço.

– Está assim porque voltei a drená-lo – explicou-me o Dr. Gandapur.

O médico viera jantar connosco e, depois da refeição, acompanhara-me até ao alpendre. Ao entardecer, o meu pai grelhara umas costeletas no pátio e deitara-se no sofá. Naquele momento, dormia

– Ele não é gordo e é um homem determinado – continuou o médico –, por isso é natural que lhe pareça saudável. Mas garanto-lhe – fez um gesto de quem dava a sua palavra – de que ele é capaz de nos enganar aos dois. Da última vez, tirei-lhe quatro litros de líquido, o que é muito. O problema é que vai voltar. Garanto-lhe, Hans.

– Estou a ver.

– Mas tem razão – concordou, dado-me uma palmada amigável nas costas –, tem toda a razão. Ele está com ótimo aspeto, não acha? Tem andado incrivelmente bem. Temos razão para nos sentir gratos.

– Não te preocupes – disse o meu pai, afastando o prato de si. – Eu pago.

Levara-o a jantar em Felt City, mas deixara a sua sanduíche quase intacta. O restaurante ficava por trás do armazém e, enquanto comia, vi-o observar alguns clientes que compravam ferramentas.

– Quando eras miúdo consumias aquela droga – disse-me de repente.

– Agora já não consumo drogas.

– Ainda bem – comentou. – Ainda bem.

– Acho que ainda não te contei, mas estive internado há pouco tempo para uma desintoxicação.

O meu pai olhou-me fixamente.

– Não me digas que acreditas nessas merdas.

– Se calhar, acredito.

– *Se calhar?* – Olhou-me, o sobrolho franzido. – Bom, pelo menos duvidas.

A empregada passou pela nossa mesa, e ele apontou para a chávena de café.

– Se não se importa, queria um pouco mais.

Ela seguiu caminho sem sequer responder.

– Nem que seja com borras... – atirou ele depois de ela passar.

Como não o serviu, o meu pai pegou numa série de embalagens de leite e deitou-as na chávena. Quando a empregada voltou a passar, levantou o dedo, mas ela ignorou-o de novo.

– Dei umas cambalhotas com ela – contou, inclinando-se na minha direção –, e agora faz-me sempre esperar.

– Não estou muito interessado no assunto – retorqui.

– Claro que não, disparate. Mas não foi mau. – Deitou outra embalagem de leite na chávena. – Pensei que agora já estivesses interessado em saber a verdade.

– Não neste caso particular.

De repente, ocorreu-me que a doença lhe estivesse a afetar a mente.

– Nessa altura, ainda estava com a tua mãe.

– Já te disse que o assunto não me interessa.

– Olha só para ela – disse-me, com um sorriso. – Adoro-as assim, insignificantes.

– Pai, a sério. Se não paras com isso, vou-me embora.

A mulher inclinara-se sobre o balcão, ele girou o corpo por completo, mas mudou de ideias e resmungou qualquer coisa.

– Está bem, como queiras. – Espreguiçou-se e esfregou os braços. – Sabes, nunca liguei ao dinheiro.

– Eu também não ligo muito.

Em resposta àquelas palavras, bateu na mesa com força.

– Com a tua idade – lembrou-me –, já te tinha a ti e à tua irmã. Não fosse isso, e nunca me teria preocupado com ganhar a vida. O dinheiro não me diz nada – continuou. Bebeu outro gole, fazendo uma careta. – De resto, também não posso dizer que vocês tenham sido uma parte importante da minha vida...

– Estou ciente disso. Ambos estamos.

– Naquele tempo era assim. Eu trabalhava. Era assim que vivíamos. – Com o dedo mínimo, fez um desenho invisível na mesa. – O meu melhor trabalho foi feito muito cedo.

Acabei a minha sanduíche e recostei-me. A verdade é que quando tinha a minha idade ainda nem sequer havia conhecido a minha mãe.

A empregada andava de mesa em mesa a arrumar a sala. O meu pai sorriu-lhe, mas ela ignorava-o. Estalou os dedos, mas nem assim se voltou.

– Andou a beber – disse.

– De certeza – respondi-lhe.

Cuspiu o café, sorrindo como se eu tivesse dito alguma coisa divertida. Contudo, logo de seguida, um esgar apagou-lhe a alegria do rosto.

– Merda – queixou-se, esfregando o ombro. – Seja o que for, ainda dói.

No dia seguinte, depois de almoço, o telefone tocou. Era Cle Wells. Queria passar por lá.

Tapei o auscultador com a mão. O meu pai estava a dormitar no sofá.

– Quando? – perguntou ele. – Quem?

– A semana que vem, acho. – Estendi-lhe o aparelho. – Vem cá e fala com ela.

– Não. Diz-lhe que está bem. Pede-lhe só que ligue antes de aparecer. Diz-lhe que avise quando estiver a uma hora de distância.

Pousou os pés no chão e levantou-se.

– Ele pede-lhe que ligue antes de aparecer.

– Uma hora antes – soprou o meu pai.

– Quando estiver a uma hora daqui.

– Pelos vistos, não mudou muito – disse ela. – Não acha?

– Não sei. Quando é que o viu pela última vez?

Ela fez uma pausa.

– Já foi há uns tempos.

– Nesse caso, é capaz de ter mudado.

– Que é que ela está a dizer agora? – perguntou o meu pai.

– Nada.

– Vem sozinha?

– Valha-me Deus... Diz-lhe que pegue no telefone – queixou-se ela, e depois acrescentou, levantando a voz: – Milo!

Estendi-lhe o telefone.

– Pergunta-lhe, Hans.

– Ele quer saber se vem sozinha, Mrs. Wells.

– Valha-me Deus – respondeu, respirando fundo. Depois perguntou:
– Como é que ele tem andado?
– Parece-me bem.
– Nesse caso, diz-lhe segunda-feira. Ao princípio da tarde.
– Ela disse *nós?*
– Porque é que não lhe perguntas, pai?
– Lembra-lhe que ligue quando estiver a chegar.
– Acabei de lhe dizer, pai.
– Hans, estou ansiosa por te conhecer.
– Obrigado, Mrs. Wells.
– Chama-me Cle, por favor – pediu-me.

Na manhã seguinte, fomos a pé até um salão de cabeleireiro improvisado numa caravana. O meu pai caminhava com passadas firmes. Fez bem o trajeto até à curva onde surgem as novas casas. Logo a seguir, entrevia-se a igreja. O cabeleireiro ficava um ou dois quarteirões atrás do parque de estacionamento. Subiu facilmente os degraus e sentou-se num dos bancos.

A rapariga tinha uma certa graça de província, um cabelo ruivo encaracolado que lhe caiu para a frente quando se inclinou para prender a bata ao meu pai. Porém, ele deixou-se ficar em silêncio diante dela enquanto lhe cortava o cabelo, tão branco que nem se via no chão de linóleo.

No regresso, o passo dele já não me parecia tão firme, e linhas de suor começavam a escurecer-lhe a camisa. Ainda assim, o corte assentava-lhe bem. Não parava de levar as mãos ao cabelo. Pelo caminho, contou-me a sua ida para Princeton e como conhecera a minha mãe na secretaria do departamento de Matemática.

– Eu disse-lhe que era professor assistente – contou-me, enquanto íamos caminhando devagar pelo acesso à casa. – Portanto, ela disse-me que era secretária assistente.

– Ela parecia encantadora, pai.

– E era – concordou. A meio dos degraus de casa, estacou. – Mas eu não a amava.

Dei-lhe o braço e subimos juntos até à porta.

– Pedi-lhe que casasse comigo, Hans, mas nunca tive o sentimento. Amava outra pessoa. Foi tudo um equívoco.

– A mãe merecia mais do que tu lhe deste.
– Não é disso que estou a falar. Só te estou a falar dos factos como os vi. – Soltou-se do meu braço e apoiou-se no corrimão. – Foi um erro de programação, Hans. Depois tudo acaba por se agravar por si só.

– Vamos arrumar a casa – disse-me na manhã seguinte, mal acordou.
Assim fizemos. Era difícil imaginar tudo o que havia a reparar numa casa como aquela, num bosque húmido, quando só o Dr. Gandapur ajudava o meu pai. Ainda assim, conseguimos reparar muitas coisas. Era o antiuniverso da Physico. Arranquei raízes e cortei heras. Segui com o carro cheio de lixo várias vezes até à cidade e tirei ninhos de ratos de armários. Lavei todas as persianas. O meu pai ajudou no que pôde. Seguia-me e ia acertando pormenores. Todos os dias almoçávamos em Felt City e, depois de voltarmos, ele dormia a sesta. Enquanto isso, eu trabalhava no quintal. Quando o meu pai acordava, pouco faltava para o jantar. Eram esses os momentos em que decidia falar comigo.

Algo nele se soltara. Começou a contar-me tudo.

Quando o telefone tocou, na segunda-feira à tarde, levantou-se do sofá, tirou um par de calças lavadas do armário e dirigiu-se para a casa de banho para fazer a barba.
– Como é que estou? – perguntou-me.
– Bem-parecido, como sempre.
Aproximou-se da janela e sentou-se, contemplando as árvores. Deixou-se ali ficar durante algum, mas acabou por se levantar e sair. Com a roupa melhor, o novo corte de cabelo e uma passada firme e decidida, parecia um homem respeitável.
Fiquei a observá-lo da janela da cozinha. Sentou-se junto da horta, no local onde se encontrava quando eu chegara na semana anterior. A mesma cadeira enferrujada e o mesmo canteiro de morangos. Pousou uma pá e pegou num ancinho. Atrás dele, a mangueira do jardim estendia-se até casa. Instalou-se e ficou a esquadrinhar o lago.
Quando o carro apareceu por fim e avançou veloz em direção a nós, o meu pai pegou na mangueira, rodou a torneira de segurança e molhou-se da cabeça aos pés.

– Professor – chamou ela, emergindo do automóvel pelo lado do condutor. Era um carro francês, um *Citroën*. – Professor Andret!

Tratava-se de uma mulher lindíssima – um rosto inteligente, elegante como só os ricos, um queixo vincado e o cabelo branco apanhado. A bagageira abriu-se e, nesse mesmo instante, a porta de trás oscilou ligeiramente, fechando-se logo de seguida, antes de se abrir outra vez. Alguém se debatia.

Ela encaminhou-se até à bagageira, regressando com uma cadeira de rodas. Por fim, a porta abriu-se de vez e dois pés pousaram no chão. Cle inclinou-se para abrir os suportes da cadeira, recuando. Com ambos os braços, um homem de fato escuro inclinou-se, apoiou-se na cadeira e sentou-se sozinho.

– Professor – chamou ela outra vez, mais animada, empurrando a cadeira ao longo do carreiro do jardim. Já estava inclinada para as traseiras da casa, onde o meu pai se sentara numa cadeira de jardim. – Milo! – chamou ela alegremente. – Milo, já chegámos.

– Oh, Hans – disse Audra. – É tão triste.

– Não sei. Não tenho a certeza de que seja triste. O amor romântico não faz parte das expectativas de todas as pessoas. Pode ter muitos significados diferentes.

– O que é que pode ter outro significado? Ele nunca ter amado a tua mãe? – ouvi-a pousar o telefone no balcão da cozinha. Eram cinco da tarde, estava quase na hora de jantar. Quando lhe voltou a pegar concluiu: – Ele deve estar com medo de que ela nunca o tenha amado *a ele*.

As batidas do metrónomo e da escala que Niels tocava no piano ouviram-se em toda a casa.

– Ele tem falado – continuei a contar-lhe. – Disse-me coisas que duvido que tenha contado a mais alguém.

– Que tipo de coisas?

– Não me parece que te agrade saber. Velhas paixões com quem foi para a cama. Uma por quem tem estado apaixonado. Muitas delas eu próprio dispensava saber.

– Continua a beber?

– Claro que sim.

– Tenho muita pena.

– Acho que a bebida lhe começou a afetar a mente.

– Se calhar não deves acreditar em tudo. – O ruído da misturadora abafou-lhe as palavras. Quando parou, Audra continuou: – E talvez não devas levar tudo a peito. Limita-te a ouvir. É para isso que lá estás. Não tens de descobrir se é verdade.

A misturadora voltou a funcionar. Uma colher bateu numa tigela e o forno acendeu-se.

– Mas *é*, Aud.

– O quê?

– O que ele diz. Tenho a certeza, é tudo verdade.

O cocktail de Brompton

O meu pai não sabia ou, então, não se lembrava de que Earl Biettermann tivera um acidente. Cle estendeu-lhe uma rampa junto à porta e, mal acabou, pediu ao meu pai que lhe mostrasse o lago. Enquanto os dois caminhavam na direção da água, Earl entrou sozinho em casa. Percorreu as divisões, levantando cortinas, abrindo janelas, refilando com as portas demasiado estreitas. Ao fundo das escadas, inclinou-se escrutinando o piso de cima.

Na margem, o meu pai e Cle observavam a baía. Ela era elegante, com a camisola de mangas largas, a mala de cabedal e os sapatos rasos de cor clara. Uma senhora do Upper East Side de fim de semana nos Hamptons. Atrás dela, o meu pai, encostado a uma árvore, apontava para a paisagem.

– Não queria vir – disse Earl, passando por mim. Estacou diante das estantes. – Caso não saiba.

– Então, lamento que tenha vindo.

– É uma má ideia. E eu não gosto de más ideias – continuou, apoiando-se na parede, as rodas de borracha a chiar. – É por isso que sou bom naquilo que faço. – Chegando à janela, abanou a cabeça em sinal de reprovação. – Olhem só para eles. Uns tolos.

– Isso é bem capaz de ser verdade.

– O seu pai sempre fez figura de palerma perto dela. E ela às vezes é ainda pior junto *dele*.

Do outro lado da clareira, o meu pai apontava para algo no bosque. A Cleo, tudo aquilo deve ter parecido horrivelmente pobre, mas manteve-se ao lado dele, fingindo e admirar a paisagem. Ia acenando enquanto ele falava, de pernas cruzadas. Biettermann puxou o travão da cadeira.

– Tenho de ir para o hotel – decidiu, passando diante do espelho do átrio, mas não foi para si que olhou. Era fácil perceber para onde os seus olhos se voltavam.

Apesar do acidente, era um homem bem-parecido. O queixo vincado, o nariz aquilino, a pele tão bronzeada que à luz refletida do lago parecia artificial. Um rosto como os que vira mil vezes em Wall Street, o tenente de cavalaria de linhagem nobre. Contudo, aqueles olhos perturbavam. Pareciam irreais.

– Não suporto que tenham pena de mim – afirmou, erguendo a cabeça para me encarar.

– Não tenho pena de si.

– Movo-me sem dificuldade, faço muitas coisas. A pena é uma emoção despropositada. Os animais não se compadecem, limitam-se a obter o que tudo o quer esteja ao seu alcance. – Apalpou os bolsos, perguntando: – Importa-se que fume?

– Deve ser a primeira pessoa que pede.

– Não estou a pedir. Estou só a perguntar se se importa – retorquiu ele com um sorriso.

Mal tirou a cigarreira do bolso, percebi o que era: o mesmo pedaço de prata que mostrara aos meus pais após o funeral de Hans Borland, havia trinta anos. Provavelmente andava a exibi-la desde então. Pousou-a no corrimão, e eu reconheci as figuras na parte de cima.

Earl observava-me.

– Prata quase pura – sublinhou, rodando-a para a fazer brilhar. – Da Ponte Vecchio. Custou mais ou menos o mesmo que o meu carro. – Abriu-a com um estalido. – Os italianos são capazes de ser ainda mais ladrões do que os americanos.

Quando a ergueu, pude contemplar as serpentes e esgares aterrorizados dos condenados. Lá dentro, os cigarros também pareciam obras de arte, enrolados à mão, uma fita vermelha separando-os.

– Estamos a dar-lhes uma oportunidade, seja como for – disse eu.

Depois de se permitir uma risada entrecortada, fechou a cigarreira, mergulhando-a novamente no bolso. Olhou-me nos olhos.

– Nós os dois conseguimos uma coisa que o seu pai nunca conseguiu.

– Que foi...?

– Fizemos alguma coisa da vida. Ele tinha o mesmo dom, mas nunca fez nada com ele.

– Acha que a Medalha Fields não conta?

Biettermann olhou-me com uma expressão neutra.

– Na verdade, acho – respondeu-me, voltando o olhar para a janela e tamborilando os dedos no braço da cadeira.

Lá fora, vi o meu pai inclinado e a esfregar os braços. Estava a ficar cansado. Biettermann voltou-se para mim.

– O Hans sustenta os seus filhos – disse.

– O meu pai também sustentou os dele. Nós limitámo-nos a vender-nos.

– Só não se vendeu quem não pôde

– Ele não *quis*.

– Duvido.

Aproximou a cadeira da estante e começou a tirar livros, lançando olhares desdenhosos aos títulos.

– Toda a gente quer.

– Ele não.

– Então veja onde isso o levou. Acabar os dias num sítio como este.

Afastei-me.

– Então? – insistiu. – Olhe bem. O Hans não viveria num sítio assim

– E daí?

– E daí? Foi o Hans quem o disse... Ele ganhou a Medalha Fields.

– E...?

– E...? – ecoou ele, aproximando-se de mim. – É esse o busílis, não é? O problema que nunca resolveu. E...? E... *o quê*?

– Toda a gente tem uma resposta diferente para isso – replicou o meu pai da porta. Encontrava-se no topo da rampa.

Biettermann girou a cadeira.

– Uma merda – disse ele. – Podia ter-te dito há muito tempo. Percebi-o desde o princípio.

– Dito o quê? – perguntou Cle.

– Como é que tudo iria acabar. – Apontou para o meu pai. – Podia ter-vos dito a ambos como iriam as coisas acabar para ele.

O meu pai entrou em casa.

– Então porque não disseste?

– Porque é que não disse? – perguntou, observando-nos com aqueles seus olhos estranhos. – Porque não quis estragar a surpresa.

Nessa noite, Cle e o meu pai voltaram para junto da água. Quem falava era o meu pai, que também gesticulava. Cle estava inclinada para ele, outra vez com as pernas cruzadas, o cabelo branco a soltar-se. Depois de jantar, eu levara Earl ao hotel e a seguir pus-me a lavar a loiça na cozinha. Quando acendi a luz, Cle voltou-se e olhou para a casa. Ao fim de um momento acenou-me. Apaguei a luz.

Voltaram os dois para casa ao longo da água. Com uma mulher pelo braço, o meu pai parecia dez anos mais novo. Dez não, *vinte*. Mesmo ao luar era evidente o prazer que isso lhe dava. Tinha os ombros direitos e o braço levantado. Sentaram-se juntos no alpendre e ela tirou um bloco da mala e entregou-lho. Depois recostou-se e ficou a olhar para a água. O meu pai pegou no bloco, abriu-o e inclinou-se sobre ele.

Quando vivíamos em Tapington, depois de ele voltar do hospital, o meu pai desaparecia no piso de cima, no escritório dele, e inclinava-se da mesma maneira sobre um bloco de papel. Às vezes ficava assim horas a fio. Costumávamos começar a jantar sem ele, a uma mesa estranhamente calma. Mas todos sabíamos que só estávamos à espera que ele rompesse essa calma. Que pusesse fim ao silêncio esperançoso, insuportável. Recordo-me de pensar que ele se tinha ido embora para algum sítio – de *desejar* que tivesse ido. Mas ficava sempre aliviado quando ouvia os passos pesados dele nas escadas.

Momentos mais tarde, voltou-se um pouco no banco e olhou para a Cle. Percebi que estava a desenhá-la.

Na manhã seguinte, Biettermann disse-me:
– Ao que consta a maçã não cai longe da macieira.
– O que é que isso quer dizer?
Atrás de nós, o meu pai dormia no sofá. Depois do pequeno-almoço tinha-se posto a contar uma história da terra – os índios, os madeireiros, os perfuradores de petróleo –, mas a certa altura perdeu o fio à meada. Tentou outra vez com qualquer coisa acerca da invenção de um sistema de transporte de madeira e voltou a perder-se. Por fim deitou-se no sofá e pôs-se a ressonar.

– Ao que consta, o Hans não anda sozinho – disse o Biettermann.
– E onde é que ouviu tal coisa?
– Nós os dois estamos na mesma área.
– Eu estou bem.
Mais uma vez levantou os olhos para mim, a avaliar-me.
– Ele costuma falar dela? – perguntou por fim.
– Da sua mulher? Não, na verdade nunca me tinha falado dela. – Voltei-me para a janela. – E se fala é porque começou a divagar. Não anda bem.
– É óbvio que não. – Puxou de um cigarro e bateu com ele na cadeira. – Mas eu também não. É a vida, não é verdade? Fazemos o que podemos. – Fechou a cigarreira com o estalido habitual. – Quer um?
– Não, obrigado.
Quando ele acendeu o isqueiro, e levantou o queixo, percebi o que se passava com os olhos dele. As pupilas eram pontos minúsculos.
– Tem dores? – perguntei-lhe.
– Meu Deus – foi tudo o que me respondeu.

O meu pai dormiu toda a manhã e enquanto isso Earl tratou de negócios por telefone da sala ao lado. A sua voz ecoava nas paredes. Estava a trabalhar num negócio qualquer com um investidor que mudara de ideias quanto à compra de uns títulos. Aquilo continuou horas a fio. Primeiro, elogiava os títulos, depois encorajava-o e lisonjeava-o. Falava com insolência com o seu assistente em Nova Iorque e obsequiosamente com o cliente. A cadeira fazia chiar o soalho e embatia na secretária. Cle fora à cidade fazer qualquer coisa. Na cozinha, liguei o rádio.
Por volta do meio-dia, Earl acabou por desistir. Minutos mais tarde, quando entrou na sala, trazia um haltere no colo. Pô-lo no chão, no centro da carpete.
– Mas não deixo que isso me impeça de viver e trabalhar – disse ele.
– Está bem.
– A dor. – Desdobrou uma toalha de ginásio e pô-la sobre os joelhos. – Desculpe se perdi a cabeça ontem. O Hans tinha um problema e procurou resolvê-lo.
– É uma maneira de ver as coisas.
– Quer saber o que eu penso?

– Quero...?

– Pó. – Prendeu a toalha com cuidado em volta das pernas. – Acertei? Não lhe respondi.

– É típico. – Enfiou as mãos num par de mitenes. – Quer dizer, típico de uma pessoa como o Hans. – Com cuidado, ajustou as luvas às mãos. – Sempre a mesma história. Já o vi algumas mil vezes. Cometem todos o mesmo erro.

Fechou os olhos e deixou-se ali ficar, respirando fundo, a um ritmo decrescente até que quase pareceu parar. Por fim, a cadeira avançou um pouco. No centro do tapete, Earl apanhou o haltere, ergueu-o à altura da cabeça e voltou a pousá-lo no chão. Fez o exercício cinquenta vezes. Depois, recuou com a cadeira, girou no sentido oposto ao anterior e repetiu os exercícios com o outro braço. Uma vez terminado, deixou-se ficar extático, no meio da sala, o suor a descer-lhe pelas têmporas.

– A verdadeira natureza do vosso desejo – disse. – É nisso que falham. É um vazio que não pode ser preenchido.

Secou o rosto com a toalha e fechou os olhos até a respiração regularizar, quase se silenciando. Quando os reabriu, impulsionou a cadeira para a frente e repetiu tudo.

Nessa tarde, depois de ter deixado Earl no hotel, uma carrinha surgiu no caminho até casa. As portas de trás abriram-se, e dois homens começaram a descarregar mobília: uma mesa, um conjunto de cadeiras, um tapete e um sofá. O tapete era persa e o sofá, de cabedal preto. Acartaram e reapareceram em casa com uma caixa de quadros – daguerreótipos de ruas de vilas no século passado. Cle seguia os indivíduos, indicando-lhes onde deixar as coisas.

Uma vez terminado aquele trabalho, o meu pai sentou-se no sofá novo. Não levantara objeções a nada. O velho linóleo havia sido deitado ao lixo, assim como as cadeiras desengonçadas e o banco rachado por baixo da janela. Enquanto o sofá velho saía pela porta, seguiu-o com os olhos, sem proferir palavra. Depois de a carrinha partir, Cle abriu uma caixa com velas em candelabros de peltre e distribuiu-os pelos peitoris das janelas.

À noite, ao jantar, acendeu-as. Nessa altura, já havia ido buscar o marido, que ficou sentado no lugar habitual, à cabeceira da mesa. Uma vez servidos os pratos, Cle pôs-se a olhar para uma das velas. Os lábios dele não tinham cor. Já o meu pai, esse, sentado do lado oposto, comia bem e conversava com a mulher elegante junto dele. De vez em quando, olhava para Biettermann, que não retribuía o interesse.

À sobremesa, a conversa entre o meu pai e Cle por fim acalmou, e o silêncio noturno instalou-se. Lá fora, os últimos vestígios do dia desapareciam e os pássaros pipilavam nos arbustos.

O meu pai comera uma costeleta quase inteira, salada e peras. Depois, recostara-se na cadeira nova, o sol pela janela iluminando-lhe os malares. Uma linha violeta iluminava os quadros novos. O meu pai levantou a cabeça e observou-os, até que os seus olhos desceram devagar para os nossos rostos. Foi em Biettermann que se detiveram mais tempo.

No dia seguinte à tarde, Cleo, vindo do pontão, perguntou-me se me importava de ir buscar o seu marido para jantar. Estivera sentada com o meu pai no banco, contemplando uma tempestade na distância, voltando para junto dele.

A caminho do hotel, onde iria buscar Earl, senti o ar carregado. O céu estava limpo, mas a ocidente a tempestade aproximava-se, lembrando um móvel a ser arrastado do outro lado de uma casa. Optei pelo trajeto mais longo e parei numa bomba de gasolina para tomar tranquilamente um café.

Mal subi a rampa das Lakeland Suites, ouvi um baque no lado de dentro do quarto. As cortinas encontravam-se corridas. Passei os pés pelo tapete, após o que bati à porta. As pancadas do lado de dentro pararam. E voltaram, uma, duas, três vezes, fazendo estremecer o chão. Do outro lado da porta, dei com Earl, de pé, à minha frente.

– Oh...

– O quê? Onde está a minha mulher?

A cadeira de rodas encontrava-se encostada à cama.

– Desculpe, pensava...

– Não é o primeiro. – Com o rosto contorcido num esgar de dor, apoiou um braço à porta e, com os punhos cerrados, ganhou balanço para aterrar no colchão com as pernas rígidas estendidas. Depois, aproximou a cadeira de rodas e sentou-se sozinho.

A caminho do casebre do meu pai, contou-me a sua história: uma noite de chuva, uma moto nova – um modelo *Ecosse* montado à mão, que ele andava a experimentar para um amigo. Um adolescente não parou num semáforo.

– E conseguira voltar a andar?
– Poucos o conseguiram.
– Desculpe, não sabia.
– Não sabia o quê?
– Que o Earl conseguia pôr-se de pé daquela maneira.
– E o quê? Tropeçar?
– Andar.
– Não consigo andar.
– Está bem.

Quando acabou a história, já estávamos a chegar. A noite instalara-se, mas ainda não chovia. Do outro lado do lago, os relâmpagos refletiam-se na água. Mal nos aproximámos da caixa de correio, buzinei algumas vezes antes de me meter pelo caminho de acesso.

– Podia ter sido pior – disse, talvez por me sentir perturbado.

Ele poupou-me e não me respondeu. Estacionámos e quando percebi o que iluminavam os faróis já desligara o motor. O meu pai e Cle estavam sentados um ao lado do outro no pontão. Ainda nem sequer haviam vindo jantar. Não consegui encontrar o manípulo das luzes, pelo que tentei abrir a porta, mas as luzes não se apagaram. Ao meu lado, ouvi a respiração regular de Earl. Limitou-se a ficar ali, olhando implacavelmente para os dois, até que por fim, com um clique, se diluíram na noite.

Na manhã seguinte, quando nos sentámos à mesa para o pequeno--almoço, espreitei pela janela e vi que a rampa havia sido tirada.

– Onde está o Earl?
– Voltou para Nova Iorque – respondeu Cle. – Vai ter uma semana muito ocupada.

O meu pai levantou os olhos do prato e sorriu.

A soma dos infinitésimos

Foi assim que passámos o início desse verão. Só eu, o meu pai e Cle, nos bosques e na casa destroçada, mas com mobília bonita. Liguei para Nova Iorque e prolonguei a minha estada. O que podia a Psysico dizer? Não ia ser fácil substituírem-me.

Do outro lado do lago, as cerejeiras brancas tornaram-se verdes. De manhã e ao fim do dia, acendia a pequena lareira, que tinha as paredes pretas de fuligem. Ao fim de algum tempo, passei só a acendê-la de manhã. De sul vinham baforadas de ar quente, como trombetas à cabeça de um exército. Os gansos passavam a voar. No banco junto do lago, Cle e o meu pai ficavam a observá-los.

Todos os dias antes de almoço eu e ele íamos juntos até ao lago. Cle aproveitava esse tempo para ir à cidade fazer compras. Era a minha hora com ele. Sentávamo-nos no pontão ou dávamos um passeio. Devo dizer que os dias ganhavam uma maleabilidade de que já quase não me recordava. Os gansos. Os mergansos. As martas a esgaravatar nas rochas nas manhãs de sol. Durante algum tempo telefonava todos os dias para o escritório, mas ao fim de algum tempo deixei simplesmente de o fazer.

Os nossos jantares eram tranquilos. Eles os dois sentavam-se ao lado um do outro como faziam no pontão, mas comigo à cabeceira da mesa a passar-lhes os pratos. O meu pai andava a comer bem, o que deixava o Dr. Gandapur satisfeito. Conseguia comer uma costeleta inteira. Apesar de à tarde continuar a sentir-se cansado, a sesta parecia sempre revigorá--lo e à noite ficava mais alerta. Depois havia a luz longa e avermelhada. A nitidez dos cedros contra o fundo da água. Ele levantava-se do sofá novo e olhava ora para mim ora para Cleo.

Certa manhã, observei-o a vestir-se. Percebi que se sentia bem. Calças passadas a ferro tiradas do armário. Uma camisola lavada da gaveta. Os sapatos engraxados. Ao espelho, penteou-se cuidadosamente e pôs água de colónia no colarinho.

– Importas-te de cheirar isto? – pediu-me quando viu que eu estava a olhar. Deu um passo em frente e perguntou: – O que é que aconteceu a esta colónia?

– Não sei, pai.

– Só estou a perguntar-te a que é que cheira – inquiriu, e pôs o colarinho a jeito para eu cheirar.

– Cheira a lima, pai. Como sempre.

– O quê? – perguntou, e cheirou ele próprio a camisa. – Cheira horrivelmente. Não sentes? Parece que apodreceu.

– O quê? Não, não sinto nada. Está como sempre.

Afastou-se de mim e à frente do espelho ajeitou os punhos da camisa. Depois inclinou-se para observar os pelos que lhe cresciam no pescoço, mas percebi que, na realidade, estava a tentar cheirar o colarinho outra vez.

– Não é incrível?

– O quê?

– Não sei – disse. – Não percebo o que está a acontecer comigo.

Começou a arranjar-se assim todos os dias. Os sapatos engraxados. O cabeço penteado. Às vezes, voltava a vestir o velho casaco preto de Princeton, com as mangas de cabedal puídas. Sempre lhe ficara pequeno, mas entretanto começou a servir-lhe. Cle dobrou-lhe as mangas de maneira a não ficarem a pender-lhe sobre as mãos. Usou-o nos dias frescos que vieram a meio do mês. O fecho corrido até meio, a gola levantada. Ela dava-lhe o braço e caminhavam juntos até à água.

O meu pai parecia estar a dar os primeiros passos num labirinto.

Era difícil perceber porque eram alguns dias melhores que os outros. De manhã, ele passeava com ela, um passo ou dois à sua frente. De vez em quando voltava-se para a observar por cima do ombro, como se ainda fosse a tempo de a agarrar caso tropeçasse. O sítio preferido dos dois era o banco na extremidade do pontão. A meio, algumas das tábuas haviam-se partido. Ele passava por cima delas e depois dava-lhe a mão para ela passar a seguir. A delicadeza diária dele. Ela cruzava o braço com o braço magro dele e passava pelas tábuas partidas. Depois, continuavam até ao fim.

Há um momento dessa época que recordo com clareza. Um dos rompantes de energia do meu pai. Uma manhã clara. Uma camada de orvalho. Ele e Cle a avançarem pelas tábuas molhadas do pontão. Chegam à tábua partida e ele dá-lhe o braço. Fazem o resto do caminho até à extremidade de braço dado. Os dedos ossudos dele. Os joelhos claros dela. O rosto dela voltado para ele.

Eu estava a lavar a louça do pequeno-almoço, em tempos uma tarefa da minha mãe.

Depois um pequeno movimento. Ela levanta um pouco o queixo.

E, de repente, estão a beijar-se. A mão dela sobe e toca-lhe no pescoço.

Emmy atendeu o telefone.

– Pai!

Estava a preparar o lanche para levar para a escola. Falou-me de uma pirâmide que construíra na véspera com caixas de fósforos. O número de caixas de cada nível era determinado por uma sequência de Lucas. Se eu sabia o que era uma sequência de Lucas. Sabia. Mesmo assim recitou-me a função. Depois informou-me de que os números de Lucas eram apenas um exemplo de uma sequência de Lucas. Disse-lhe que estava orgulhoso dela. E estava, mas também alarmado e com medo.

Perguntei-lhe como se estavam a entender.

– Não sei, espera só um bocadinho – respondeu, e passou o telefone a Niels.

O meu filho perguntou-me como estava. Depois perguntou pelo avô. E depois pela senhora que estava connosco. A seguir contou-me que Emmy se andava a portar um bocadinho mal, mas só à hora de ir para a cama, e que sentia a minha falta, mas não a ponto de querer que voltasse. Se eu precisava de ficar com o avô, então estava tudo bem. Disse-me que compreendia. Que *compreendia*. Disse-me que achava, que gostava tanto do meu pai como ele e a Emmy gostavam de mim. Eu disse-lhe que também gostava muito dele. Ele contou-me que a mãe estava bem e Nova Iorque também. Já tinha feito uma sandes de manteiga de amendoim e banana para levar para a escola. Se a mãe lhe pedisse, também fazia uma para a Emmy. Ela tinha de fazer um relatório sobre um livro para esse dia.

– Estudos Sociais – contou, baixando a voz. – Não é a melhor disciplina dela.

Contei-lhe que ela já tinha feito o lanche dela e ele despediu-se e desceu ao piso de baixo para preparar a mochila para o dia seguinte.

Depois veio Audra. Perguntou-me como estava eu. Contei-lhe. A seguir perguntei-lhe como estava ela. Falou-me de um evento para angariação de fundos na escola dos miúdos e de um construtor que estava a deitar a baixo uma casa antiga que pertencia a um xeque. Contou-me de um fim de semana que combinara para a Emmy brincar com uma amiga do bairro.

– Como é que vai a minha mãe? – perguntei-lhe no fim.

– Oh, está ótima. Está mesmo bem. Parece cheia de energia. Agora foi visitar Paulie.

– Não sabia que elas se encontravam assim.

– A ideia foi da tua irmã. Acho que ela pensou que a mãe conseguia arranjar algum tempo para ela enquanto tu estás fora. Na verdade, parece-me bom para as duas – acrescentou.

Enquanto falava, o meu pai apareceu à janela e depois seguiu em direção ao lago. Pouco depois, Cle foi atrás. Quando chegou à curva, ele deu-lhe o braço.

– E como é que vai a minha mãe? – perguntei.

Houve uma pausa.

– Estás a sentir-te bem? – perguntou Audra.

– Estou, estou ótimo. Estou muito bem.

– É que acabaste de me perguntar a mesma coisa – disse.

A feiticeira de Agnesi

A mão do meu pai tremia, mas ainda assim conseguiu dar um jeito ao pulso de maneira que o caracol de madeira cortado na direção das fibras lhe caiu na mão. Sentei-me ao lado dele.

– O que é que estás a fazer?

– Um apito – respondeu, e mostrou-mo. – É para o teu filho. Experimenta.

Produzi duas notas, uma grave e outra aguda.

– Duas frequências – disse ele. – Aprendi isso quando era da idade do Niels. Costumava fazer objetos pequenos como este no bosque. Passava assim os dias, sozinho. Ele gosta disso?

– O Niels adora o campo e as árvores.

O meu pai não levantou a cabeça. Tirou uma navalha mais pequena do bolso e começou a trabalhar no bocal. Cortou um pedaço em cunha e endireitou a extremidade.

– Eu referia-me a estar sozinho – corrigiu-se.

– Não. Nem por isso. Ele é o mais sociável.

– Ele sabe onde está?

Pus-me a olhar para a água.

– Ele não faz nada disso, pai. Mas a Emmy faz. Receio bem que ela tenha herdado tudo.

– Tens razão para ter medo. – Com a lâmina, lateralmente, alisou o apito. – Bem, seja como for, ele é capaz de gostar disto – disse o meu pai, e soprou.

De repente, o vento levantou-se e agitou as árvores. Depois, com a mesma rapidez com que surgira, voltou a acalmar-se.

– E a Emmy, pai?

– A Emmy o quê?
– Não podes fazer um apito *para ela também?*

– Em parte é uma surpresa – contou-me. – Olha para esta cor – e levantou a fralda da camisa, num sítio onde a pele estava bronzeada, como se houvesse usado creme para ganhar cor. – O meu fígado não funciona. As proteínas desapareceram. É o que me diz o Gandhi – explicou, tocando no inchaço que voltara a aparecer. – Pressão osmótica. A matemática elementar deu-se ao trabalho de me vir arreliar.
– Pelo menos está melhor do que estava.
– As coisas de que tu te convences... Começa numa ponta e vai tudo atrás. Passamos um ponto a partir do qual não temos mais nenhuma oportunidade. Quando faço a barba, fico a sangrar pelo menos uma hora. E olha para as minhas mãos – disse ele, e estendeu-me uma. – É tudo estranho.
– Dói-te?
– Não. Mas estão vermelhas como beterrabas, não vês? O que me dói são as articulações. E às vezes tenho comichão em sítios que nem te digo. A comichão é o pior. O resto pouco me importa. – Olhou para mim com ar infeliz e concluiu: – É como ver um filme de *zombies*, mas em que nós entramos.
Depois coçou-se e as marcas das unhas dele por baixo do colarinho ficaram à vista. Pôs-se se pé e abriu o resto da camisa.
– Alguma vez te mostrei isto?
– O quê? – perguntei, sem perceber a que se referia.
– Estou a transformar-me naquilo de que mais gosto – retorquiu, e quando acabou de desabotoar a camisa o peito grande dele descaiu. Quando levantou os ombros saltou. – Não está mal, hem?
– Já vi melhor.
Isto fê-lo rir. Quando recuperou o fôlego, apoiou-se na cadeira e abriu o cinto. Depois deixou as calças descaírem e pegou num dos testículos através da perna das cuecas. Era pequeno e não tinha pelos.
– E põe aqui a mão.
– Obrigado, pai, mas não é preciso.
Depois pegou no outro.
– Praticamente desapareceram, Hans.

Com um tremor, voltou a sentar-se.
– Mesmo os meus melhores amigos já debandaram.

As dores nas articulações haviam começado a acordá-lo a meio da noite, e um dia antes de ele se deitar o Dr. Gandapur passou lá por casa e deu-lhe um pouco de morfina. O meu pai engoliu o comprimido e deitou-se no sofá. Poucos minutos depois, levantou-se e vomitou.

Cle aqueceu um prato de sopa e voltaram a tentar. Dessa vez o meu pai aguentou-o no estômago, mas depois de o Dr. Gandapur sair deixou-se ficar no sofá o resto da noite, meio deitado meio reclinado no sofá de pele escura, a passar a língua pelos lábios e a olhar de olhos muito abertos para quem ia ver como ele estava, como se tentasse perceber se era eu ou Cle a estudar o ataque.

– Nunca mais me peça que faça uma coisa daquelas – pediu ao Dr. Gandapur na manhã seguinte, quando o médico voltou a passar por lá.

– Eu percebo – respondeu-lhe o Dr. Gandapur.

– Não – disse o meu pai, a olhá-lo de lado. – *Não* percebe. Eu preciso de *pensar*.

– Mesmo durante a noite?

– Sim, mesmo durante a noite.

Mais tarde, junto do *Mercedes* do médico, desculpei-me pelo episódio.

– Oh, não há razão para pedir desculpa. Eu é que fui além do que devia. Ele aguenta-se com o que está a tomar, talvez com um reforço pequeno da dose ao deitar. Uma mente como a dele... É natural que a droga o perturbe.

– Com franqueza, não me parece que haja grande coisa para *perturbar*.

O médico riu-se.

– Sabe, a questão é que há – comentou, sentando-se ao volante. – Nunca percebemos bem a existência do outro, não concorda? É natural que ele prefira a medicação que já conhece. – Inclinou-se e alcançou o retrovisor com a mão de dedos pálidos. – E é com ela que vamos mantê-lo, pelo menos enquanto for possível.

Cle tinha assado um frango e eu fiz uma salada de alface com cenoura e umas bolas de cera cor-de-rosa que no supermercado de Felt City eram vendidas como tomates. A tarde estivera quente, mas para o fim do dia o lago escureceu e o vento começou a agitar as árvores.

Íamos quase no fim do jantar quando percebi que o meu pai não estava a comer. Cle tinha vindo da cozinha e estava de pé ao lado dele, a servir-lhe vinho com uma das mãos e a acariciar-lhe o ombro com a outra. O meu pai pousou o garfo e levantou os olhos. Depois voltou a baixá-los para o prato. Ao lado dele, Cle também levantou a cabeça. Por fim eu próprio me voltei.

Pela janela do alpendre vi a cabeça da minha mãe e de Paulie a espreitar.

Uma conjetura unificadora

O congresso de análise combinatória foi organizado num hotel de luxo do West End de Londres, a quinze minutos a pé do meu hotel de luxo em Mayfair. Decorreu num dia frio de outubro, não muito depois da minha primeira visita ao meu pai. O Tamisa parecia vivo com barcaças e aves marinhas. Em frente do hotel, os vendedores de espetadas anunciavam pratos quentes e as portas de vidro do átrio começavam a ficar sujas com dedadas de gordura. Não era difícil distinguir os matemáticos, que andavam entre os carros dos vendedores a comparar preços.

    O congresso em si foi mais elegante do que contava. O recinto principal era um salão de baile do século xix com grandes candelabros e pinturas a óleo nas paredes. Nas mesas laterais viam-se anúncios discretos a companhias de jatos privados. Nos quartos, o murmúrio da água. Perguntei a mim mesmo porque haviam os matemáticos de escolher sítios como aquele se, na realidade, desejavam continuar nos departamentos de Matemática.

    Na Internet tudo o que encontrei acerca de Benedek Fodor não passava de uma história muito resumida. A página da Wikipédia dele mostrava uma foto com muito grão e uma frase acerca dos interesses dele, que eram um tanto divergentes – teoria de matróides, cálculo tensorial e geometria de Riemann. Acerca da vida dele, não havia nada. Acabei por descobrir meia dúzia de coisas por outros meios. Era um autodidata nascido numa aldeia das montanhas de Mátra. O pai era queijeiro. Com dezanove anos ganhou o Prémio Abel, aos vinte e nove recebeu a Medalha Fields. Só havia meia dúzia de artigos acerca de qualquer deles, e tinham todos a mesma fonte. Fodor nem sequer se dera ao trabalho de aparecer na cerimónia de entrega da medalha. Não era casado nem tinha filhos. Continuava a viver com os pais. Em todos os artigos referiam as mesmas informações, dadas por um polícia da aldeia e pelo dono de uma taberna, ao que tudo indicava as únicas pessoas do distrito que aceitaram falar com um jornalista. Todos sabiam que Fodor havia feito qualquer coisa importante, mas ninguém sabia o quê.

Deixara a minha roupa de Wall Street no hotel.

Quando o encontrei, estava à porta do auditório, a tentar espreitar para uma conferência com aspeto sorumbático acerca da série de Dirichlet. Na sala, onde cabiam pelo menos cem pessoas, havia meia dúzia de matemáticos.

– Dr. Fodor? – cumprimentei-o, estendendo-lhe a mão. – Dá-me licença que me apresente? O meu nome é Hans Andret.

Fodor não me estendeu a dele.

– Qual é o nome dele?

– Hans Andret.

– O *dele*.

– Quer dizer *Milo* Andret?

– Ah – disse. Cuidadosamente, estendeu-me a mão. Tinha a pele calejada e os punhos da camisa sujos. – Talvez – continuou, com uma pronúncia precisa. – Talvez o conheça.

Convidei-o para almoçar. Olhou para a carpete e por fim acedeu. Afastámo-nos do que quer que estivesse a ser revelado sobre a série de Dirichlet e descemos o quarteirão até um restaurante chinês numa rua secundária, que me chamara a atenção no caminho para ali. Não por causa da comida, mas porque me pareceu suficientemente calmo.

Fodor pediu duas sopas. Quando a primeira chegou, comeu-a até ao fim e depois levou a tigela à boca e bebeu o que restava. Tudo isto antes de termos trocado quaisquer palavras.

– Percebe? – perguntou-me ele por fim, pousando a tigela da sopa na mesa. – Percebe o que é?

– Percebo o que é o quê?

– O problema.

O empregado trouxe-lhe a segunda sopa e ele atacou.

– Percebo, sim.

Fodor fez um esgar.

– E daí ter vindo.

– Sim.

— É o primeiro – afirmou, tirando da colher um pedaço de carne que pôs sobre a mesa. – O primeiro que me perguntar. É especialista em topologia, como ele?

— Não, trabalho numa área muito diferente.

Mais um pedaço de carne na mesa.

— Numa área suja?

— Perdão?

— Uma área suja?

— Não é matemática. É isso que quer dizer, Dr. Fodor?

— *Irmão* Fodor – corrigiu-me, e voltou a enfiar o nariz na tigela. O empregado passou por nós e encheu-nos os copos de água. – Como o compatriota Erdös, irmão de todos os homens.

— Bom, está bem.

— Finanças? – perguntou por cima da colher fumegante.

— Se é isso que faço? É.

Por momentos pareceu-me radiante. Depois zangado. Depois perplexo. A seguir deitou a água na tigela e inclinou-a como um *sommelier*.

— É evidente que é três vezes mais inteligente que o seu pai.

— É evidente que não sou. – Fiz sinal ao empregado de que trouxesse mais água e depois um chá. – Ouça, eu li a sua demonstração. Li-a com atenção. É muito boa.

— É lógica.

— Sim, claro, é lógica. E compreendo a pertinência. E compreendo o que significa – continuei com um ar sério. – Acerca do teorema de Malosz, Dr. Fodor. Irmão Fodor – pigarreei. – Pode pôr em causa o que o meu pai provou. Aquilo pelo qual ganhou a Medalha Fields.

Fodor riu-se alegremente.

— A medalha não vale nada.

— Talvez não.

— Sim – disse ele para dentro da tigela. – Talvez não. Gosto disto. Talvez não.

Tentei sorrir.

— Fiz pelas calças.

Mais um pedaço de carne na toalha.

— As calças do saber. – Da boca dele saía vapor como fumo de uma chaminé. Fodor continuava a sorrir. – Fiz pelas calças da humanidade.

Olhei-o com atenção. Os lábios gordurentos, os óculos embaciados, os olhos famintos.

– Ah, claro – disse eu. – Claro. Tudo pela *causa* do saber. A *causa* da humanidade.

– Sim, desculpar! – riu-se. – *Nadrág*. Calças é *nadrág*. Eu queria dizer *causa*.

O seu próprio erro parecia tê-lo amaciado.

– Quer outra sopa?

– Sim, por favor.

O empregado foi rápido com a terceira. Fodor deitou-lhe mais um copo de água e lançou-se. Nessa altura já havia um semicírculo de carne à volta dele.

– É claro não querer atacar reputação de ninguém – continuou depois de acabar a sopa. A seguir pôs a colher no copo e uniu as mãos. – Ele é grande homem, o seu pai. E é o pai, por isso veio defender.

– Sim, talvez. Mas também é possível que não pensemos exatamente da mesma maneira. Sinto-me obrigado a defendê-lo, mas num certo sentido não sinto. Tenho uma obrigação maior com a verdade. As coisas são o que são. Estou convencido de que o meu pai concordaria.

Fodor olhou-me com curiosidade.

– Não quero ofendê-lo, Dr. Fodor.

– Diga-me, ele está bem?

– Não, na realidade não está. Está muito doente.

– Eu não quero fazer mal. Particularmente.

– Eu vejo que não quer.

– Tu és o filho amigável dele.

– Talvez.

– Porquê talvez?

– Sim, sou.

– Mas percebe contudo?

– Percebo o quê? A demonstração?

– Sim.

Bebi um gole de chá.

– A sua ou a dele?

– A dele. A minha não é demonstração. A minha é pergunta. A matemática é do pai.

– Sim, percebo. Uma boa parte, pelo menos. Penso que sim, mas a minha especialidade não é a topologia.

Novo silêncio.

O Dr. Fodor olhou-me com desconfiança.

– Quer outro prato de sopa?

– Não. Está bem.

Depois voltou-se de repente e olhou para a porta.

Por fim perguntei-lhe:

– Irmão Fodor, posso fazer-lhe uma pergunta?

Sem se voltar, respondeu-me:

– Por favor, pergunta.

– Acha que o meu pai sabia?

O chá chegou precisamente nesse momento. Serviram-nos. Fodor voltou-se e olhou para a chávena. Com as mãos por cima, sentiu o vapor. As costas das mãos estavam cheias de marcas de tinta. Por fim, olhou-me.

– Sabia o *quê?*

– Que havia um erro. Que a certo ponto a lógica... que a lógica da demonstração dele não está correta.

Ele inclinou-se sobre a mesa e olhou-me nos olhos. Com a mão desviou um pouco um pedaço de carne. Um pouco para a esquerda, um pouco para a direita, outra vez um pouco para a esquerda, um pouco para a direita. Tinha os olhos muito abertos, como se fixassem um ponto um pouco para lá de mim.

Depois, sem mais, endireitou-se.

– É demonstração complicada – disse ele, outra vez a fixar-me. – Mr. Andret, sabe quão complicada?

– Sim, penso que sei. Eu trabalho com probabilidades. Como disse, a minha área não é a topologia, mas penso que percebo. O que ele fez e o que o Irmão Fodor fez.

– É demonstração muito muito complicada. Viu isto? – Sorriu-me abertamente. Tinha os dentes escuros. – Muito. Muito. Muito. Muito. Muito. Quantos diria?

– Quantos quê?

– Quantos *muitos*.

– Cinco parece-me bem.

– Sim, concordo. Muito. Muito. Muito. Muito. Muito complicada. – Sorria como um rapaz. – Poucos percebem. Mesmo na topologia.

– Depois inclinou-se profundamente. – Eu também não topologia, claro. Penso em mim próprio como nada. Mesmo menos que nada. Só sombra de nada. – E acenou-me, sempre divertido. – Mas acho que na realidade é um.
– Um quê? Especialista em topologia? Não.
– Sim.
– A minha pergunta, Mr. Fodor, importa-se que lhe pergunte? Estou convencido que é um dos poucos, é possível que seja o único, talvez no mundo inteiro, o único que me pode responder a isto. – Inclinei-me e tentei fazê-lo olhar-me nos olhos mas ele desviou os dele. – O seu artigo não é bem uma refutação da demonstração do meu pai. Isso percebo. Mas ainda assim faz referência a um erro. Um erro fundamental.
– Um problema na matemática.
– Sim, exatamente. A minha pergunta, Mr. Fodor, a minha pergunta é se acha que o meu pai sabia desse problema.
– Ah... – O sorriso apagou-se como uma lâmpada e os seus olhos desviaram-se de novo. – Quer dizer no momento de *então?*
– Sim, acha que ele sabia, na altura em que esse erro aconteceu?
– Não vai dizer isto, por favor.
– Claro que não.
Depois refletiu no assunto. Da mesma maneira que outro homem podia ter pedido a conta, ou ter-se voltado de lado para fazer uma chamada, ou posto de pé para ir buscar o carro, Benedek Fodor pensou. Fechou os olhos, endireitou-se e deixou-se ficar sentado à minha frente, direito. No maxilar via-se uma veia a latejar.
Ao fim de quinze minutos – estive a olhar para o relógio – fez um gesto com a cabeça.
– Eu fazer pergunta – quebrou o silêncio.
– Que pergunta?
– Acha que ele sabia?
Fechei os olhos e vi-o. Os caixotes cheios de garrafas. Os desenhos inúteis.
Voltei a abri-los.
– Sim – disse eu. – Acho que quase de certeza sabia.
– Nesse caso, sim, Mr. Andret. Digo que concordo. Grande matemático sabe sempre.

Contra Deum

O Dr. Gandapur inclinou-se de maneira que meteu a cabeça pela janela.
– Os caminhos do Senhor são ou não insondáveis?
– Está assim desde que elas chegaram.
Com as mulheres dele todas à volta, o meu pai parecia recomposto. No jardim, Cle ia deitando água com um balde enquanto a minha mãe desfazia torrões de terra com um ancinho ferrugento. O meu pai seguia atrás, inclinado para diante, e tentava apanhar as ervas daninhas de maneira a arrancar a raiz. Aqui e ali conseguia. Ao lado do canteiro havia um carro-de-mão, para onde ele as atirava. Quando a minha mãe se inclinava para avançar mais um pouco, ele levantava a cabeça para a observar.
– E a sua mãe? – perguntou o Dr. Gandapur. – Não se importa com este arranjo?
– A minha mãe é uma santa.
– Ah... – O Dr. Gandapur fechou a mala e voltou para a janela. O meu pai estava envolvido num combate com um caule. Quando conseguiu libertá-lo cambaleou, mas depois equilibrou-se e atirou-o para cima do monte no carro-de-mão. A seguir avançou mais um pouco, com os olhos fixos nas pernas da minha mãe. Ao fim de um momento voltou-se e olhou para Cle.
– Lamento mas não posso concordar – disse o Dr. Gandapur.
– Com o quê?
O médico corou.
– Com o meu pedido de desculpa aos bons padres de Lahore – concluiu benzendo-se –, mas se há coisa que aprendi nesta vida é que não existem santos.

– Mas é o que ela *é* – disse Paulie. – Se ainda consegue preocupar-se com ele – e apontou para o pontão, onde estava sentado entre a minha mãe e Cle. – Uma pessoa que ainda consegue ralar-se com ele, meu Deus, olha para aquilo! Tem de ser mais que santa. Ela é bem capaz de ser uma *deusa!*

Estávamos no piso de cima, no nosso velho quarto, a olhar pela janela.

– A propósito, estás com bom aspeto – disse-lhe.

A roupa dela tinha dois vincos a condizer, como se a saia e a blusa tivessem acabado de sair do mesmo saco da lavandaria. Além disso, estava de saltos altos, uma coisa que era nova na minha irmã, e usava o cabelo preso.

– Pareces o presidente da Câmara de Zanzibar, Paulie.

– Pois tu, Hansie, pareces um dos meus selvagens.

Demos um abraço.

– Ainda bem que vieste.

– Bem, vamos a ver.

Os olhos dela desviaram-se para a minha mão.

– Sumo de toranja – levantei o copo. – Para o escorbuto...

Ela riu-se. Depois aproximou-se da parede, onde a cama dela continuava feita, com a velha colcha amarela. Ao lado, com a verde, estava a minha. A minha irmã pegou no aquário de vidro que estava na mesa entre as camas.

– Era aqui que eu tinha os meus lagostins – disse ela.

– Eu lembro-me. A mãe tinha de deitar a água fora quando recebíamos uma chamada do Departamento de Saúde Pública.

A minha irmã olhou para mim.

– O quê?

– Tu sabes, Paulie. Cheiravam tão mal que tínhamos de tapar o nariz com molas da roupa quando ela os levava para o lago.

A minha irmã pousou o aquário outra vez.

– Uma vez acho que sonhei que eles tinham fugido. Talvez tenha sido por isso que me esqueci. Tinha medo de os pisar quando ia à casa de banho.

Depois inclinou-se e espreitou por baixo da cama.

– Ainda por aí anda algum?

Pôs-se de pé com um sorriso.

– É incrível aquilo que as crianças metem na cabeça, Hans. Lembro-
-me de pensar que talvez não tivesse sido uma mãe suficientemente boa.
– Para os lagostins?
– Não te rias.
– Paulie – disse eu –, tu ias ser uma excelente mãe. Ainda serias.
– Obrigada – agradeceu, e deitou-se com os olhos fechados. – Posso perguntar-te uma coisa? Estás a dormir aqui?
– Tenho dormido no quarto dos pais.
Ela levantou-se e olhou para mim.
– Então onde é que dorme o pai?
– No alpendre. Não quero que tenha de subir as escadas.
– Oh... Então onde é que...
Depois interrompeu-se.
– Ela dorme no outro quarto, Paulie. No quarto lá de baixo.
A minha irmã olhou para mim de sobrancelhas levantadas.
– Não me parece – disse eu.
– Melhor que nada... – Levantou-se e foi ao armário. – Mas a casa toda... Não sentes o cheiro? Está a ser invadida por um fungo qualquer.
– Eu limpei-a o melhor que consegui...
– E aquela mobília toda... Também foste tu que lhe compraste aquilo tudo?
– Na verdade, Paulie, não fui.
Ela voltou a olhar para mim.
– Foi a Cle – contei.
– Era o que me parecia.
– Eu sei. Mas não me pareceu que ele se importasse.
– E se houver alguma coisa que *ela* não faça por ele, então faz a *mãe?* É essa a ideia.
– Vá lá, deixa-te disso. Olha bem para ele. Não estavas à espera que ele tivesse energia para aguentar isto tudo, ou estavas?
– E quando nós éramos pequenos?
– Nessa altura tinha mais em que pensar.
A minha irmã fez uma careta.
– Vá lá, Paulie. Não podes continuar assim contra ele o resto da tua vida.
– Eu sei. Mas tu também não podes continuar a *glorificá-lo* o resto da tua.

Quando a minha irmã se voltou e levantou a persiana os três continuavam juntos no pontão, mas estavam os três a rir-se. Cle ria-se de tal maneira que os ombros dela estremeciam, mas até a minha mãe parecia divertida. O meu pai inclinou-se para pegar num copo.

– Valha-me Deus – disse a minha irmã. – Ele acabou por conseguir tudo o que queria.

Com um gesto rápido, Paulie deixou as persianas caírem. Depois tirou um brinco minúsculo escondido pelo cabelo, a seguir o outro, e pô-los sobre a cómoda. Quando voltou a sentar-se na cama, as molas do colchão chiaram. Depois encostou-se à cabeceira da cama com uma almofada dobrada atrás das costas.

– Como é que ele está, Hans, *realmente?* – perguntou-me por fim, de olhos fechados.

– Parece bastante melhor que quando aqui cheguei. – Passei-lhe também a almofada da minha cama. – Mas a verdade é que não está nada bem.

– Tem dores?

– Acho que tem *algumas*. Mas parece-me que o que realmente lhe custa é ver tudo acontecer. Acho que está a fingir que se sente fascinado com o processo.

– Ele foi sempre assim.

– Não é bem assim – contei-lhe, sentando-me ao seu lado. – Acho que ele agora *sabe*, Paulie.

A minha irmã revirou os olhos.

– Meu Deus – disse ela, e levou as mãos atrás da cabeça para soltar o cabelo sobre os ombros. Depois, como se os ganchos fossem uma espécie de dique, começou a chorar. – Meu Deus – repetiu ela. – Eu sabia. Eu sabia que ia ser assim.

Continuava a chorar da mesma maneira que em criança, com as lágrimas a juntarem-se como gotas de solda aos cantos dos olhos. Depois recostou-se outra vez na cabeceira da cama, a soluçar. Uma a uma, as lágrimas minúsculas iam engrossando até lhe descerem pelo rosto.

– Afinal – disse eu à minha mãe à noite –, afinal sempre vieste.
– Claro que sim.

No escuro, ouvi o som do copo dela a encher-se e depois o da rolha a ser posta na garrafa.

– É difícil não ajudar quando ele está a sofrer.
– Deve ser especialmente difícil para *ti*.
Ela olhou para mim.
Apontei para a casa, onde Cle era visível à luz da lâmpada da cozinha, a limpar as panelas com um pano.
– Quer dizer, com *ela* aqui.
– Por favor! Como marido, o teu pai não podia significar menos para mim. – A garrafa fez barulho quando ela a pousou na madeira. – Além disso já tenho os meus netos. Achas que sou o tipo de mulher que tem ciúmes da mulher de outro homem?
Percebi que a minha mãe abanava a cabeça.
– Não sei, mãe. Não há luar suficiente para perceber.
A risada dela lembrou-me Paulie. Pouco depois, os passos dela afastaram-se. Quando voltou, pousou qualquer coisa no chão. Ouvi um ruído característico e depois vi uma luz. Era a velha lanterna de dínamo.
– E agora? – disse ela, e orientou a lanterna de maneira que o seu rosto se tornou visível. – Pareço-te o tipo de mulher que tem ciúmes da mulher de um milionário qualquer?
– Não, mãe, não pareces.
– Obrigada.
A minha mãe parou de rodar a manivela e ao fim de uns segundos a luz extinguiu-se.
– A Paulie está perturbada – disse eu.
– Claro que está – concordou. – Foi por isso que viemos. – Depois aproximou-se de mim. – E foi por isso que não avisámos. Ela não tinha a certeza de conseguir.
– Continua furiosa com coisas que aconteceram quando éramos miúdos.
– Isso é só tristeza.
– *Na altura* também estava furiosa.
– E na altura era a mesma coisa, querido – disse a minha mãe, e acariciou-me a mão. – Foi sempre tristeza.
Na cabina acendeu-se mais uma luz e a minha irmã apareceu por trás de Cle junto do lava-louças. Cle levantou os braços e desceu as persianas.
– Mãe – disse eu –, alguma vez estiveste apaixonada pelo pai?
– Se alguma vez estive apaixonada pelo teu pai? – Com um suspiro, a minha mãe respondeu-me: – Acho que estive apaixonada pelo que ele

tinha feito. Estava apaixonada pela mente dele. Quer dizer, pensa no que ele deu ao mundo. Pensa no que ele fez a partir do nada. – Voltou a suspirar. – Quanto ao resto, nunca soube o que pensar. Em geral ele era insuportável, mas outras vezes...

– Eu sei.

Com a lanterna apontada para o lago, a minha mãe voltou a dar à manivela. Sob o feixe de luz, alguns alfaiates ficaram imóveis como ladrões apanhados em flagrante.

– Suponho que pode ter sido um erro, mas vá-se lá saber... Eu não sei. Para o melhor e para o pior, foi uma pessoa extraordinária.

Na casa a luz acendeu-se no quarto de baixo e Cle abriu os cortinados. Depois voltou a apagar-se e quando voltámos a vê-la tinha uma candeia nas mãos.

– E *dela*, o que é que achas? – perguntei.

– Não sei que responder a isso.

– Tens razão, mãe. Desculpa ter perguntado – concedi ao fim de um bocado.

Ficámos ali parados, a ouvir a água bater nos pilares do pontão.

– Hans – disse ela por fim –, ele alguma vez te contou dela?

– Contou, mãe.

– Acho que é melhor eu não saber.

– É capaz de ser.

Nessa altura olhou para mim com uma expressão que não reconheci.

– É elegante – disse ela. – Tem estudos. Parece ter tanto dinheiro que não sabe o que fazer com ele. – Bebeu um gole de vinho. – E suponho que tem um *staff*. – Depois acrescentou: – Bah...

– Tu és mais elegante.

– Bah outra vez.

– Mas *és*.

– Não te preocupes, Hans. Eu sei o que sou.

Mas nessa altura aproximou-se de mim e eu percebi um leve aroma ácido que ela às vezes tinha. Em casa a cortina continuava aberta, e à luz da candeia vi Cle de pé afastada da janela. A minha mãe pôs-se de pé.

Procurei o dínamo e quando o encontrei pus-me a dar à manivela. A luz começou a tornar-se mais intensa no filamento, como um pirilampo que subisse por um cordel. Atrás de nós, um pequeno halo formou-se na baía: os insetos, os vairões, as plantas subaquáticas que oscilavam com a corrente, como braços que se erguessem para nos acenar.

– E és mais bonita.

– *Por favor*, Hans! – disse ela, mas a seguir acrescentou: – Bom, obrigada.

Depois de pousar o copo introduziu-se no arco de luz. À minha frente, à luz do luar, alisou a saia e a blusa. Mantive o dínamo a trabalhar e a pele de marfim dela pareceu brilhar. A minha mãe apoiou as mãos nas ancas e endireitou o pescoço. Depois inclinou-se para trás de maneira que o cabelo lhe caiu sobre os ombros. Manteve um pouco a pose, como uma atriz sob a luz de um projetor. Por um longo momento luminoso pareceu de novo uma jovem, sobre um pontão, a olhar um lago da Nova Inglaterra.

Depois ouviu-se um pop e atrás dela as estrelas cobriram de novo o céu.

– A bala mágica – disse o meu pai, a apontar para lá das árvores para o sítio onde as três estavam sentadas junto da água. Paulie tinha uma saia de pregas e a minha mãe usava um macacão, mas a parecença entre as duas era incrível. Tinham ambas a mesma postura e os mesmos braços elegantes e pernas compridas, apesar de nenhuma delas ser alta. – Olha para ali. Quem é que não é curado por uma coisa daquelas?

Depois de um gole pousou o copo na secretária. O barracão dele ainda cheirava mais a bafio que a casa antes de eu a ter limpado. Devia haver furos no telhado por onde a água escorria.

– Eu sei o que tu estás a pensar – disse ele. – É evidente que o teu pai é um monstro. A tua mãe disse-me isso. E o advogado dela também. E a tua irmã, muitas vezes. Mas tu deves saber que nem a tua mãe nem a tua irmã acham isso. O que elas na realidade acham é que são a minha salvação. – Remexeu a bebida. – E eu a delas.

– Pode ser.

– Repara – apontou ele. – Nem sequer prestam atenção uma à outra.

– Talvez a mãe.

– Queres dizer que ela se importa por já não ter o monopólio?

– É uma maneira de pôr a coisa.

– Ela é que quis vir, eu não a chamei.

Deixei-me ficar de pé mas aproximei-me de um monte de jornais que estavam espalhados sobre a carpete. Um pouco acima, na estante, estava uma prateleira com uma coleção de velhos livros com encadernações de cabedal e títulos gravados a ouro. Passei um dedo pelas lombadas: Santo Agostinho, Descartes, Hume, Locke, Russell. Uma série de filósofos por ordem alfabética.

– É isto que tens andado a fazer? – perguntei eu. – A ler filosofia?

– Tenho andado a tentar perceber o ser humano, Hans, se é isso que queres saber.

– E foi este o método que escolheste?

– Ainda estou à espera de encontrar melhor.

– Talvez pudesses sair à rua e falar com alguns exemplares reais.

– A tua geração é tão previsível – comentou. – Tem tudo a ver com comunicar, não é? A comunicação impôs-se. Nós, os isolacionistas, estamos escondidos nas nossas cavernas. Acredita, Hans, também tentei isso. – Depois voltou-se e encarou-me com franqueza. – O monstro não é grande coisa em conversa de chacha.

– Ninguém disse que eras um monstro.

– A tua mãe e a tua irmã disseram. – Voltou a encher o copo.

– E calculo que te tenham convencido.

– Acho que não tens grande controlo sobre isso.

Com a força do riso, o meu pai fartou-se de soltar gafanhotos.

– Foi essa a lavagem ao cérebro que te fizeram?

– Não foi lavagem ao cérebro. Eu tive um problema.

– Ah... Primeiro passo.

– Ora, Hans. Tem calma. Não é assim tão mau. Bebe um copo com o teu velho – disse ele quando viu a minha cara.

Pegou na garrafa e depois de apalpar por baixo da secretária conseguiu encontrar um copo.

– Vá, convido eu. Hoje sinto-me melhor. Bebe um copo comigo, para celebrar. Quer dizer, o teu problema não era a bebida, pois não? O teu problema eram aquelas drogas.

– As drogas eram só o sintoma.

– E qual era o problema?

– Ainda estou a tentar perceber.

Olhou-me com o sobrolho erguido.

– E foi este o método que escolheste?

– Muito engraçadinho.

– Ouve – disse, enchendo o outro copo. – Por mais voltas que dês, as demonstrações não valem nada. Acabas sempre por ficar só com os primeiros princípios. – Depois apontou para as estantes. – Santo Agostinho contra Pelágio. Por mim sou por Santo Agostinho. Estamos todos marcados pelo pecado.

Limpou o copo com a fralda da camisa e deu-mo. Nessa altura eu não gostava especialmente de *Bourbon*, mas acabei por aceitar.

– Obrigado, Hans.

Quando ele espreitou outra vez pela janela elas já se tinham levantado das cadeiras e vinham para casa pelo carreiro, como um trio de veados numa colina. Fiquei a observá-lo enquanto as observava a elas.

Os olhos dele acabaram por se desviar para mim.

– Quando te disse que desperdicei a *minha* – disse eu –, quer dizer, que *desperdicei a matemática*, disseste-me que já éramos dois.

– Para dizer a verdade, já nem sei do que estás a falar. – Abanou a cabeça e bebeu mais um gole. – Um matemático não é matemático por causa de nada que tenha feito, Hans. Na realidade a maior parte dos matemáticos acabam por concluir que não fizeram rigorosamente nada.

– Mas tu fizeste muito.

– Achas que sim? Acho que se pode dizer que a única coisa que acabamos por perceber é que o que queremos saber a seguir está apenas um grau acima na escala da ignorância. – O olhar dele desviou-se para a janela. – Um matemático está sempre consciente de que *não percebe nada*. Faz o que faz sobretudo porque essa ignorância o irrita. E é isso que procura corrigir. Tirando isso, há mil coisas com mais interesse. – Voltou a garrafa na mão. – Não há nenhuma pergunta última, que ponha fim à procura. E como é óbvio nunca haverá. O artista procura captar o mundo porque a natureza de tudo o que há é um mistério para ele. O filósofo persegue a natureza humana porque a natureza de todos os objetos é um mistério para ele. O mesmo acontece com os matemáticos. Tudo é ignorância, Hans. Ignorância e sofrimento. – Serviu-se de mais uma bebida. – Mas por outro lado é irresistível, não é? É assim que somos feitos. Não queremos aquilo que nos quer.

– Vai à merda, pai.

Com um sorriso de prazer genuíno, ou assim me pareceu, pela primeira vez em muitos anos, respondeu-me:
– Vai tu, filho.
Levantei o copo.
– É verdade, pai. Afinal ainda sabes falar.
– Ah, sim, Hans. Sempre soube.

Certo dia, quando andava a limpar a cozinha, encontrei o bloco. Estava debaixo de um monte de contas e de revistas. Na capa tinha manchas circulares escuras. Também havia outros desenhos, esboços rápidos de árvores e da baía, com a vista para o outro lado do lago, todos eles interessantes à sua maneira, apesar da sua simplicidade. Folheei-o com vagar, embora soubesse perfeitamente o que procurava. Encontrei-o quase no fim.

Ali estava ela. Elegante. O perfil contra a margem do rio. Era um desenho de um tipo diferente. Todas as madeixas haviam sido desenhadas uma a uma, cada sombra do rosto destacada com uma rede de traços finos. O meu pai tinha reproduzido com exatidão todas as pregas da saia, e a água que corria atrás, tudo com o traço da mesma caneta.

Mesmo assim demorei algum tempo a perceber o que via: era Cle Wells em jovem.

– Posso fazer uma pergunta?
– Depende – respondeu Cle.
Íamos para casa no *Citroën* dela com as compras do dia. Ela conduzia depressa, com os sacos às voltas na mala do carro.
– O meu pai costumava visitá-la em Manhattan?
Levou algum tempo a responder.
– Algumas vezes, sim – disse finalmente.
– Nesse caso quando ele partiu os vidros do restaurante isso teve a ver consigo.
– Teve mais a ver com estar bêbado.
– E aqui? Alguma vez veio *aqui* visitá-lo?
– Uma vez, estupidamente. Há alguns anos.
– Posso perguntar mais uma coisa?
– Acho que sim – respondeu ela.

– Que pensa o Earl de tudo isto?
– É complicado.
– Ama-o?
– Suponho que te referes ao teu pai.
– Sim.
– Na minha idade isso não quer dizer grande coisa.
– Nesse caso, ama.
– O que eu quero dizer é que *a palavra* não significa muito. Não que significasse quando éramos jovens... Amo o teu pai? Creio que sim. Nesta fase o amor é uma série de coisas, incluindo compaixão.
– Isso quer dizer que tem pena dele?
– Claro que sim. Mas também o amo. E sinto uma obrigação perante ele. Tenho pena e sinto um dever perante os dois. – Voltou-se para o espelho para se observar, para observar as suas feições estreitas que eu continuava a achar incrivelmente bonitas. – É natural que isto te pareça cruel.
– E *de si*, tem pena?
– Porquê?
– Por ter casado com o homem errado.
Ela riu-se.
– Eu e o Earl damo-nos lindamente.
– Ele disse-me que não gosta que tenham pena dele.
– Disse? Isso foi porque não sabia o que dizer.
Já íamos nas curvas da baía, mas ela acelerou. Num caminho de acesso um homem abanou a cabeça reprovadoramente.
– A Cle anda sempre com pressa – disse eu.
– A vida é breve.
– Nesse caso porque é que ficou aqui?
– Para ajudar. Para ser útil.
– Mas isso não é um bocado estranho com a minha mãe aqui? Não é doloroso para *ambas?*
Ela voltou a olhar para mim e quando virámos para o caminho de acesso à casa abrandou finalmente.
– Sabes, na verdade acho que isso torna tudo mais fácil. Para as duas. É difícil um jovem perceber isso. Mas a tua mãe tem sido muito prestável.
– E a Cle?

– Eu também. Acabamos por aprender, claro. Eu *tive* de aprender.

Quando parámos junto da casa ela abriu a mala do carro mas não saiu. Em vez disso, deixou-se ficar a olhar para o lago.

– O teu pai uma vez fez uma coisa por mim, Hans.

– Sim? O quê?

– É uma longa história. Mas só com esta idade é que percebi como posso retribuir.

– E como é?

Com a mão no fecho da porta, respondeu:

– Deixá-lo voltar a venerar-me.

– Dantes era como pedra – disse o meu pai –, aqui, à frente – e com o dedo pressionou as costelas. – Agora está vazio. Repara, Hans. E já quase não tenho comichão – disse ele, pegando-me na mão.

– Que é isto que eu estou a sentir? – perguntei.

– O meu fígado. Vê só como ficou pequeno.

Voltou a pegar-me nos dedos e pressionou-os contra qualquer coisa que parecia um saco cheio de cascalho.

– Eu sempre soube – afirmou. – Não soube? Sempre, sempre soube.

– Que é que sempre soubeste?

– Quando está alguma coisa para me acontecer. – Soltou-me a mão. – Dieta e exercício, Hans. E o próprio corpo. As análises também vão mostrar o que eu digo.

– Que é que vão mostrar, pai?

– Que estou a melhorar. – Depois apontou para a velha casa, onde a minha mãe e Cle cozinhavam. – Tenho a certeza, Hans. E são elas as duas. São elas que me vão curar.

A filha do senhor

Na primeira manhã de volta ao escritório, entrei cedo, mas, mal pus o pé no meu gabinete, um dos sócios principais na área do risco, encontrava-se já junto da secretária. Aquilo deveria ser prática corrente. Avisara-os de que não iria trabalhar durante uma semana; estivera ausente por pouco mais do que seis.

No momento em que fechei a porta, ele aproximou-se da fiada de janelas com vista para o rio. Os primeiros raios de sol surgiam por detrás das pontes.

– Estás de volta – declarou, com alguma amabilidade. – Estiveste de baixa de assistência à família, correto? Parto do princípio de que tudo está bem.

– Sim, está. Obrigado por perguntar. – Deslizei pela cadeira e liguei a minha fila de monitores. – Agora já estou de volta.

– Bom, eles querem falar contigo quando chegarem.

– Quem?

– Os Recursos Humanos.

– Ia dar uma vista de olhos a Londres.

Manteve os olhos fixos em mim.

– Julgo que, para isso, precisas de uma *password* – declarou.

Não me apercebera de que, por aquela altura, dezenas de matemáticos conseguiam fazer o que eu fazia, tendo todos eles, de uma maneira ou outra, aprendido comigo. Seria expectável que isso me desse, pelo menos, o mesmo número de dias de férias que um sócio.

Não dava.

E eis que aqui estamos hoje, Audra, eu e os miúdos, com dinheiro no banco que sobreviverá aos filhos *deles* (e aos filhos dos seus filhos), a viver numa terreola – Lasserville, Nova Iorque, população de 5813 pessoas –, onde a maior parte dos cidadãos não tem dinheiro que lhe dure até ao final do mês. Estamos duas horas mais perto de Kingston, Ontário, do que de Lower Manhattan. Também estamos a quinze minutos do rio Aldrich Gap, cuja corrente é veloz o suficiente no estreito a sul de nossa casa para que ali se encontrem trutas-arco-íris e lento o bastante na parte norte para que os nenúfares se estendam de uma margem à outra, lembrando uma carpete trabalhada.

Tem exatamente a cor do feltro de uma mesa de bilhar, o que Emmy adora, porque o tapete no seu quarto é daquele preciso tom. À semelhança de inúmeros entusiastas de teoria dos grupos, ela sente-se empolgada com todas as manifestações de simetria. Por vezes, deixa-se ficar na margem daquele rio durante uma hora enquanto eu, Audra e Niels almoçamos sob os bordo-açucareiros.

Fazemo-lo amiúde nos dias que correm.

Julgo que Emmy também gosta do mistério do lugar, da forma como sabe, pela ondulação sob o verde, que há água ali, mas nunca a vê. A sensação é bastante similar à alegria da própria matemática, o segredo original da associação: que o milagre do universo pode ser venerado sem que, na verdade, se assista ao divino.

Também me parece que ela poderia estar a contar nenúfares.

Há umas noites, ao jantar, contei um enigma aos miúdos. Encontrávamo-nos no alpendre. Pousei duas moedas na mesa e encostei-as uma à outra, de forma a que as orlas se encaixassem como rodas dentadas.

– Se mantiverem uma fixa – disse – e rodarem a outra em volta dela, quantas voltas dará George Washington?

Audra encarou-me.

– Hans – admoestou.

A minha mulher não gosta que eu jogue este tipo de quebra-cabeças com os miúdos, especialmente se seguirmos a regra do meu pai, e o mais novo puder responder primeiro. Suspeito que se preocupe com a possibilidade de o Niels não se conseguir destacar.

– Podem responder os dois – acrescentei.

Já agora, ao contrário do que muita gente pensa, Niels não é uma homenagem a Niels Bohr, o grande físico dinamarquês, mas a Niels Abel, o talentosíssimo matemático norueguês. Na verdade, Abel melhorou o trabalho de Euler e foi ensinado, não por acaso, pelo próprio pai. Por outro lado, o nome de Emmy – Emmy Lovelace Andret – foi escolhido por Audra, em honra de duas grandes mulheres matemáticas: Emmy Noether, cujo brilhantismo há muito é do conhecimento dos entendidos, e Ada Lovelace, que, muito provavelmente, escreveu o primeiro algoritmo informático e que também – de novo não por acaso – era filha de um poeta.

Porém, nessa tarde em peculiar, Niels foi mais rápido do que a irmã.

– Uma – disse, sem sequer ter de pensar.

– Porque dizes isso?

– Porque têm a mesma circunferência. A roda dentada. O George Washington só gira uma vez em volta de si próprio. – Olhou de viés para Emmy. – Não é óbvio?

A maior parte dos adultos com talento para a matemática chegaria, após alguma reflexão, àquela mesma resposta, à que Niels, com dez anos, descobrira num segundo. Porém, Emmy permanecia em silêncio.

O irmão soltou uma gargalhada, um pouco maldosa, na minha opinião.

– Estás a ver? – explicou, agarrando nas moedas.

Travei-lhe a mão.

– Não o podes *fazer* por ela – repliquei. – Tens de a deixar pensar no assunto por si mesma.

Ele baixou os braços.

– Vá lá, Emmy, não estás a ver?

Esperei pela minha filha. Audra cozinhara estufado picante, um resquício dos seus tempos do Texas, e temperara-o como se nunca tivesse saído de lá – à primeira dentada, parecia que uma cascavel se soltara na nossa boca. Misturei-lhe água. Enquanto esperávamos que Audra se sentasse, vi Emmy pensar.

Fá-lo como o meu pai – parece um exercício físico.

– Uau – exclamou ela enquanto Audra e Niels provavam o jantar, limpavam a boca e bebiam um gole de água fresca.

– Que se passa, querida?

– É espantoso. – Sorriu, muito ao de leve, na minha direção.

Devolvi-lhe, muito ao de leve, o sorriso.

– Não dá só uma volta – anunciou. – Dá duas.

*

    Na verdade, Lasserville é muito similar a Tapington. A última tinha uma fábrica enferrujada da Ford; a primeira, uma fábrica enferrujada da Maytag. Uma máquina de lavar nada tem que ver com uma carrinha, mas os trabalhadores da linha de montagem que costumavam aparafusar o tambor à turbina não são assim tão distintos dos trabalhadores da linha de montagem que aparafusavam uma transmissão a uma bateria. A diferença é que em Tapington eu vivia entre gente de engenho. Aqueles miúdos que haviam crescido a modificar carros antigos na garagem tinham-se mudado para a fábrica da Ford e, quando ela fechou, regressaram às garagens, personalizando motores e fabricando peças para o mercado de sobresselentes. Também havia a Fabricus, é claro.

    Tudo aquilo mantinha algo vivo na terreola. Quando era miúdo, Tapington tinha uma piscina e uma biblioteca pública, ambas abertas sete dias por semana. Aqui, em Lasserville, os homens e mulheres que já não fabricam máquinas de lavar não fazem grande coisa. Existem centros de bronzeamento, salões de beleza para humanos e para animais, as tabuletas enterradas no relvado diante de casas. Aqui, o orgulho está há algum tempo a desvanecer. A piscina encontra-se aberta todo o verão, mas a biblioteca só abre aos sábados.

    Por tudo isto, a nossa família anda nas bocas do mundo. Corre o rumor de que sou o pilar de Wall Street fugido à polícia. O magnata da banca que deixou tudo pela mulher. O conselheiro dos Rockefeller. O conselheiro dos conselheiros. O sábio que abdicou de uma fortuna para resolver um dos grandes problemas da matemática.

    É sobre esse último que mais me perguntam.

    Como todos os outros, claro, não tem uma ponta de verdade.

    Nunca o deixei despedir-me. Para ser franco, nem sei se o fariam. Nessa manhã, saí do escritório, tomei o pequeno-almoço no cais e, desfrutei, por longos minutos, do espetáculo de luz sob a ponte, visível àquela hora do dia, naquele local em Manhattan. Quando subi novamente o elevador, já os Recursos Humanos haviam chegado. Levei dois cafés ao sexagésimo quinto andar e expliquei ao indivíduo o que decidira fazer.

    A nossa vida aqui:

Emmy é a primeira a saltar da cama de manhã. Levanta-se de madrugada e verifica toda a casa, esquadrinhando os quartos, após o que se dirige até ao andar de baixo para contemplar pela janela da cozinha o campo de cevada para lá da vedação, onde um número impressionante de veados se reúne à primeira luz. Em certas manhãs, chegam a ser vinte e cinco. Emmy observa-os enquanto leva a cabo aquilo a que chama a sua *meditação*.

– *Sobre* que é que meditas? – perguntei-lhe certo dia.

– Ah – retorquiu ela, sorrindo pacientemente. – Não sei. Sobre a vida.

De quando em quando, os veados aproximam-se da vedação para mordiscar os ramos dos cedros. Dali, olham fixamente para o ponto onde Emmy está por detrás do vidro. Ela já me falou de um deles em particular, uma cria desengonçada com manchas brancas que deambula até à zona ceifada perto da cozinha e baixa a cabeça para comer, apesar da presença de Emmy. A minha filha acredita que aquele enho aprendeu a confiar nela.

A minha mulher gosta do facto de a filha acreditar naquilo. Julga que constitui a prova de que ela decidiu aventurar-se no mundo.

Devo dizer que ambos os miúdos mudaram.

Emmy frequenta agora o sexto ano. Todos os colegas têm onze anos e ela, nove. Quando a deixo na escola pela manhã, larga-me a mão e contempla o edifício, seguindo pelo trilho antes de se voltar para trás e me olhar. Aceno, qual treinador a mandar entrar um novo atleta. Não que ela precise disso, claro – pelo menos, não para os trabalhos escolares. Creio, na verdade, que ela já é capaz de resolver os conjuntos de problemas da maior parte dos finalistas em Matemática na Cornell, um *campus* não muito longe daqui. Porém, não quer chamar a atenção para isso, como se fosse a sua arma secreta. Nas aulas, mal fala e, no recreio, prefere as brincadeiras dos rapazes. No entanto, não é a única a fazê-lo, pelo que passa os fins-de-semana com umas quantas aliadas – miúdas tímidas, de cabelo oleoso, sempre nas primeiras filas na aula, que, ainda assim, gostam de mergulhar as mãos no rio lamacento atrás de casa e tirar rãs, girinos e até tartarugas.

Também consegue multiplicar mentalmente números de três dígitos e, a cinquenta quilómetros, apontar sem hesitação para a nossa casa. Se lhe perguntar o que quer ser quando crescer, olha-me nos olhos e responde:

«Mais velha.» Se mais alguém o quiser saber, responde: «Veterinária.» E, caso lhe peçam pormenores, acrescenta: «De animais domésticos.»

Gostaria de acreditar. Embora também acredite que o diz para me tranquilizar.

Sempre que tem algo para nos contar, age como um dos veados que tanto observa, rondando a mãe ou o pai da mesma maneira que uma cria ronda um cedro. Cautelosamente, mas por muito tempo. Ao meu lado no lava-louças enquanto eu passo os pratos por água antes de os meter na máquina, narra-me o pesadelo que teve na noite anterior ou pergunta-me o que fazer com o rapaz que a ofendeu na escola. Eu, por meu turno, devo agir como o homem que observa o veado. Nada de movimentos bruscos. Nada de respostas rápidas.

Quanto aos hábitos noturnos de Emmy, Audra não sabe o que fazer. Depois do jantar, a nossa filha despacha os trabalhos de casa em quinze minutos, após o que se põe a cozinhar bolos com a mãe ou se deixa ficar comigo no alpendre até serem horas de tomar banho. De seguida, vai para a cama. Na mesinha de cabeceira, repousa uma pilha de livros; Emmy pondera cautelosamente qual quer ler. Um de nós vai dar-lhe um beijo de boas-noites e, mais tarde, por volta das duas da manhã, terá de se levantar da cama, voltar ao quarto dela e arrancar-lhe o dito livro das mãos. Para jogar pelo seguro, tiramos a ficha da luz de cabeceira da tomada e pousamos a restante pilha de livros no outro canto do quarto. Era tão provável que a obra a que se entregava fosse *Caninos Brancos*, de Jack London, quanto *Rational Points on Elliptic Curves*, de Silvermann e Tate. Por vezes, julgo que Emmy precisa de ler apenas porque não sabe como parar de pensar. Exceder. Descobrir. Vencer. Eis a nossa filha.

Quanto a Niels, bom, é bem provável que também ele conseguisse resolver os trabalhos de casa de um finalista de Matemática na Cornell. Porém, levaria mais tempo do que Emmy e emergiria corado e com um lápis partido duas ou três vezes na ponta e, de seguida, ao meio. Niels sempre foi emotivo; e agora começou a conhecer a frustração. Aprendeu a lidar com ela atirando-se de cabeça a tudo: festas de anos, reuniões da associação de estudantes, caminhadas dos Lobitos, concursos de soletração e feiras de ciências, que já venceu algumas vezes.

Grande parte do seu sucesso deve-se a uma única capacidade que desenvolveu muitíssimo mais do que a irmã: o *trabalho*. No que toca a isso, o meu filho é um poço de energia – à semelhança do meu pai, por uns tempos. (Creio, também, que se lança tão ansiosamente em frente porque precisa de ouvir o som suave e cadenciado de passos atrás de si.) Niels pode ser capaz de multiplicar mentalmente números de seis dígitos, mas duvido de que conseguisse um terceiro, como Emmy. Porém, está a aprender a não se deixar perturbar por isso. Comunicar. Avançar. Contribuir. Eis Niels. Sempre foi o sociável e, agora, também um combatente. Quando lhe pergunto o que quer ser quando crescer, sorri vitoriosamente e responde: «Um professor de renome de Engenharia Mecânica ou Elétrica.» Quando pressionado, explica com pormenor: «Numa universidade com um dos melhores centros de investigação.» Mais ainda: «Em Caltech, talvez, como a tia Paulie.»

Audra, graças a Deus, não sente qualquer falta de Manhattan. Pelo menos, não mo diz. Prefere a vida aqui, onde o ponto alto do desfile de outono é o passeio errante e demasiado longo que o agricultor local faz até à Main Street (sim) no seu trator de meio milhão de dólares, que decora com faixas púrpuras dos Wilcats, arrastando atrás de si um atrelado onde se encontram todos os elementos da equipa de futebol, que abanam os capacetes e acenam. Audra acena-lhes de volta e aplaude. Sei que os jogadores gostam dela. Na escola, toda a gente gosta. Ainda tem aquele charme simples do Sul do Texas. Dá aulas em tempo parcial em Westinghouse – Apoio de Inglês três tardes por semana –, um horário que lhe permite passar os restantes dias em casa, a criar dois filhos que conseguem resolver mentalmente equações Korteweg-de Vries, mas que, ainda assim, só a grande custo fazem as camas de manhã.

Quanto a mim, dou dois módulos de Geometria, dois de Trigonometria e um de Cálculo Avançado. Pertenço ao Comité de Currículo e coorganizo a venda de garagem anual para angariação de fundos da Associação de Pais e Professores (na qual sou quem mais compra). Os meus outros trabalhos: treinador-assistente de corta-mato; orientador de caloiros; assessor no Clube de Matemática, o qual, devo já agora referir, se reúne cinco manhãs por semana, a pedido dos associados.

Gosto? Bom, sim.

Na maior parte das vezes.

Caso estejam a imaginar um especulador da bolsa metamorfoseado no Bom Samaritano numa sala de aula de uma pequena vila, bom, devo dizer-vos que não é bem assim. A verdade é que ainda sinto saudades da Physico. Por vezes, imensas. Não se trata de uma questão financeira (até porque ainda tenho muito dinheiro), mas antes de... Não sei que outro nome lhe dar. Talvez do jogo? Da adrenalina? Havia uma rotina naquela vida semelhante à desta, mas a da Physico acarretava mais sucessos.

Sinto saudades disso, de bater o punho de satisfação.

Porém, estamos agora em Lasserville. O meu instinto diz-me que aqui vamos ficar. Sempre que vejo Emmy e as amigas trotarem vagarosamente para casa nos seus sobretudos encharcados de água do riacho, sinto algo que nunca senti nos tempos em que estive no septuagésimo andar da Torre Trump. Quando vejo Niels ser içado para o atrelado pelo diretor da escola aquando do desfile do 4 de julho... Bom, que posso dizer? Gosto de pensar que lhes estou a dar uma oportunidade para algo. Uma vacina contra o futuro. Ou, quiçá, contra o passado, acerca do qual quase nada sabem. Por vezes, penso que o meu próprio pai, que provavelmente nem pensava acerca de tais coisas, mas que decerto se lembrava da sua própria infância, pode ter tentado fazer o mesmo comigo e com Paulie, com a casa do bosque.

De todo o modo, sinto saudades de bater o punho de satisfação.

Em Manhattan, devo acrescentar, costumava fazê-lo não mais de sessenta por cento do tempo (a Shores-Durbans, claro, era apenas probabilidades). Contudo, sessenta por cento era o suficiente para me colocar no topo da minha profissão com uma margem considerável e provavelmente irrefutável – irrefutável porque desde então legiões de matemáticos haviam entrado no jogo. Por outro lado, aqui, em Lasserville, não bato tantas vezes o punho de satisfação. Uma vez por semestre, se tanto. No inverno passado, tive um miúdo nas Olimpíadas da matemática de New England. *Batida*. Neste outono, descobri que o *emo* maldisposto numa camisola esmaecida e amarrotada no fundo da minha aula de Trigonometria não andava a ouvir Fall Out Boy nos auscultadores azuis brilhantes, mas sim a Roever Lecture[*] de Yakov Eliashberg acerca de variedades complexas afins.

Sim, isto aconteceu.

---

[*] Tratam-se de conferências levadas a cabo pelo Departamento de Matemática da Washington University em St. Louis . *(N. da T.)*

Batida. Batida.

Não me importo que os meus próprios filhos, uma vez chegados ao secundário, nem sequer se inscrevam no Clube de Matemática. Trata-se de uma garantia não verbalizada entre nós – o passo delicado numa batalha endurecida – que podemos navegar longe uns dos outros no que toca à *área*. Na verdade, tanto Emmy quanto Niels já se encontram a milhas de qualquer outra pessoa daqui – e provavelmente a milhas do ponto onde eu estava com a idade deles – e penso muitas vezes no que acontecerá quando chegarem a Westinghouse. Os dois no Clube de Matemática não dariam qualquer hipótese aos outros, nem sequer para o que chegou às Olimpíadas.

Sei que Audra também está receosa. Não com as suas aptidões, da forma como eu estou, mas com os seus legados. Provavelmente não o assumiria, mas aquela noite na Perry Street não andará longe da sua mente. Nos dias que correm, sempre que chego a casa do trabalho, bebemos os dois uma chávena de chá ao balcão da cozinha, contemplando o campo. Ela fala-me do seu dia e eu, do meu. Porém, por vezes, enquanto lhe falo do novo miúdo no Clube de Matemática ou de um momento agradável na sala de aula, ela olha-me de uma forma tão intensa que me questiono se não estará, na verdade, a recordar.

Terminado o chá, ela vai para o jardim por uma hora antes de ser tempo de preparar o jantar e eu instalo-me no alpendre, onde coloquei a minha secretária. Pego nos trabalhos de casa que preciso de corrigir. Porém, por uns minutos, nem lhes toco. Limito-me a ali ficar, contemplando a minha mulher ou, para além dela, as colinas de cevada a oscilarem à luz carmesim, que àquela hora parece um mar. Penso nos miúdos. Penso em todos nós. Sobre a secretária, repousa um pequeno fragmento de madeira finamente polido, um amuleto de faia, cujas curvas deslizam suavemente de encontro ao meu polegar. Esfrego-o sempre, pedindo-lhe sorte, antes de começar a trabalhar todos os dias.

Todos procuramos a ignorância para remediar.

Devo acrescentar que me divirto com os miúdos.

Menciono-o porque só me lembro de uma vez na vida o meu pai parecer estar a divertir-se connosco. O divertimento era coisa que não lhe interessava. Regra geral, também a mim não. Contudo, agora, todos os sábados, eu, Audra e os miúdos fazemos algo juntos em família, por norma nos abundantes bosques, riachos e prados que proporcionam refrigério em Lasserville.

Na maior parte das vezes, divertimo-nos.

Uma das coisas de que todos gostamos é piqueniques na margem do rio Aldrich Gap. Ao longo de meio quilómetro, as águas, de estreitas, passam a velozes e largas, ficando, por fim, paradas; a margem, essa, muda de granito escarpado para um suave prado, agraciado com todo o tipo de carriços, fetos e flores silvestres. A margem fervilha de escaravelhos, libelinhas e um espetáculo aéreo de traças de asas brilhantes. Usamos o outro lado do rio para praticar a geometria elíptica. Admito que fui eu quem o começou, mas Emmy também pegou na deixa e, claro, Niels transformou aquilo numa competição.

Ato um pedaço de tubo cirúrgico a duas estacas de cobre, que Niels enterra no solo a uma distância equivalente à sua altura. Eis que ficamos com uma fisga. Puxando o tubo bem atrás, conseguimos impulso suficiente para que um projétil do tamanho de uma bola de basebol atravesse o rio e embata nas árvores. O som lembra o de uma espada a ser arrancada velozmente da bainha; depois um silvo atravessa o rio. Na outra margem, ouve-se um chape, seguido de um ruge-ruge e de um sopro de folhas a flutuar. Audra já não nos deixa usar pedras porque tem medo que acertemos num pássaro ou num esquilo, pelo que nos servimos de balões de água. Por algum tempo, experimentámos pedaços de terra, que tendiam a vaporizar-se, e pequenas bolas de sanduíches mastigadas, que, por norma, rebentavam ainda na fisga. Sim, sabemos que os balões não são biodegradáveis – a caminho de casa, pomo-nos à procura dos pedaços.

Porquê mencionar isto? Por um lado, porque os miúdos adoram. Gritam e pulam de alegria. Eu também. Niels consegue disparar mais longe do que Emmy, mas tentei equilibrar as coisas, impondo a pontaria como fito. Regra geral, corre uma brisa forte e varia com a altitude sobre a superfície, pelo que não é difícil perceber que existe uma componente matemática, assim como espacial, no jogo. Também não é difícil imaginar quão bons são ambos os miúdos. Dividem as vitórias.

Porém, na verdade, não há neste jogo outro propósito que não o de nos divertirmos. Creio que o outro motivo pelo qual menciono isto se prende com o facto de me achar um homem diferente do meu pai.

Quanto à minha mãe... Bom, claro que pensámos que viria connosco, mas optou por ficar em Manhattan. Está sozinha de novo há cerca de três anos e continua tão dinâmica como sempre. Ora, uma mulher dinâmica e divorciada de sessenta e sete anos, que sempre aspirou a viver numa metrópole da Costa Leste, dificilmente abdicaria da oportunidade. Especialmente agora que vive sem dificuldades.

Vai a concertos, a *vernissages* em galerias e a eventos em museus, dando longos passeios pelos parques com as compinchas. Tem conta no Twitter e uma página de Facebook, assim como um cartão de plástico que lhe dá acesso a um carro sempre que precisa, através de uma empresa *online* que pretende democratizar, para não dizer capitalizar, os recursos mundiais dependentes de carbono. Também não tem medo de conduzir, nem sequer em Nova Iorque.

Ainda vive no lugar que lhe comprámos e continua a manter um olho nos nossos inquilinos (sim, mantivemos a casa, embora, por vezes, duvide de que por muito tempo), quase sempre sentada no Starbucks ao fim da rua à hora em que as crianças voltam da creche e os pais atormentados as levam a comer qualquer coisa num dos sítios elegantes do bairro.

– Na maior parte das noites, nem sequer comem em casa – relata a mãe. – E nem o fazem juntos. – Pausa. – Aquela família...

– As coisas agora são diferentes, mãe.

– Sempre comemos convosco. E sempre em casa.

– Eu sei.

– E nada de *telemóveis*.

Surpreendente mesmo é o facto de também ela comer nesses restaurantes requintados e de ter comprado um telemóvel. E dos bons. Joga Scrabble com Paulie no outro lado do país. Se lhe mandarmos uma mensagem, recebemos a resposta antes mesmo de guardarmos o telemóvel no bolso. A página de Facebook dela superou a minha capacidade de a seguir. Não julgo que haja um homem na sua vida, mas também nunca lho perguntei.

Como já mencionei, ela surpreende-nos. No outono passado, veio ter connosco no dia do Trabalhador. O tempo estava fresco em Lasserville e, quando saímos para ir ao cinema, vestiu um casaco novo, um elegante cardigã, que parecia debruado com pelo de arminho. No caminho, apercebi-me de que Audra o admirava.

– Aquilo era um Loro Piana – disse-me ela mais tarde.

— Estás a falar do quê?

— Do casaco que a tua mãe trazia vestido. Era um Loro Piana. Tenho a certeza. A tua mãe anda a usar caxemira Loro Piana.

— Decerto seria uma imitação.

— Não, não era.

— Bom, então, tenho a certeza de que comprou em segunda mão.

— Tem uma etiqueta da Neiman Marcus no bolso. Limpa, ainda com a geringonça de plástico.

— Como é que sabes?

— Ela pendurou-o no armário da frente.

Ficámos em silêncio.

— É um casaco de trezentos dólares – explicou ela. Após o que acrescentou: – *Pelo menos*.

Na manhã seguinte, à mesa do pequeno-almoço, mencionei-o à minha mãe, que pousou o café e me olhou nos olhos.

— Queres saber se é verdadeiro, não é?

— Sim, mãe, acho que sim.

— Bom, é.

— Uau!

Ela passou manteiga numa fatia de pão.

— E queres saber se o comprei numa loja solidária, não é?

— Andaste a falar com a Audra?

— Claro.

— Bom – retorqui. – Tenho a certeza de que fizeste um ótimo negócio.

— Não, não fiz. Comprei-o novo. Mas, sim, pelo menos, estava em saldo. – Sorriu. – As pessoas mudam, Hans.

— Eu sei que sim.

— E tu também podes mudar.

— Obrigado, mãe.

— De nada. – Deslizou uma torrada com manteiga pela mesa.

— Estava só curioso – disse – acerca do casaco.

— Eu sei. Eu sei que estavas. Paguei com o *teu* dinheiro, se queres saber. Pelo menos, uma parte.

— Claro, mãe. Não há problema. Foi para isso que o ganhei.

Ficámos um longo momento a comer em silêncio. Quando terminei a torrada, ela barrou-me outra.

– Já agora, que querias tu dizer com isso de que também eu posso mudar? – quis saber.

– O facto de o teu pai não ter conseguido... não significa que tu não o possas fazer. Também tens um pedaço de *mim* em ti, sabias? – Voltou a sorrir. – Eis outra razão pela qual o fiz. Para te mostrar que consigo fazê-lo.

– A sério?

– Em parte, sim.

– Bom – declarei –, obrigado.

– De nada.

– Mas, mãe, e tudo aquilo que nos costumavas dizer? Acerca do comedimento e da disciplina? Acerca da frugalidade? *Acreditei* em ti.

– E estás crescido, não estás?

Uma última coisa: aconteceu há algumas semanas, no rio, numa tarde quente de meados de setembro, enquanto fazíamos outro piquenique. Corria um vento constante de sul, e as traças e borboletas embatiam nele. Estivéramos a fazer pontaria com a fisga a um tronco de uma faia, provavelmente a cem metros para norte, deixando que os balões seguissem na direção do vento para alcançarem uma maior distância. O sol alto aquecia, o que nos ajudava.

Era a vez de Emmy disparar. Na anterior, Niels ficara a três ou quatro metros do alvo e estava ansioso por repetir a tentativa. Porém, Emmy levou o seu tempo. Neste tipo de coisas, sabe como enervar a concorrência. Lançou uma lasca de madeira ao ar, verificando o vento. Contemplou as árvores no outro lado da margem, cujas copas sussurravam. Esquadrinhou o céu, como habitualmente. Sempre foi uma calculadora eficiente, mas algo no seu feitio confiava na intuição, em especial em momentos como aquele. Não sei ao certo o que verá ela quando olha para o mundo, nem sequer o que procura, mas Emmy parece sempre reunir uma insondável sombra de informação, escondida do resto de nós. Tal como o meu pai.

Quando, por fim, o deixou voar, o balão de água, disparou qual míssil da plataforma de lançamento, transformando o seu destino trigonométrico numa brilhante elipse inclinada para a esquerda que se alongava obliquamente na brisa. Soube, no momento em que se ergueu, que iria alcançar o alvo.

Contudo, não foi por isso que o mencionei.

Ambos os miúdos lançam de modo impressionante – já quase nem faço observações. Porém, naquela tarde em particular, enquanto o balão de Emmy subia velozmente até meio do rio e transcendia o seu próprio vértice, vi-o explodir em milhares de pedacinhos brilhantes que dispararam em todas as direções.

Estranhamente, um segundo depois, ouvi-o embater na árvore na outra margem. Quando me voltei, as folhas da faia agitavam-se. Umas quantas flutuavam. Pestanejei. Esquadrinhei de novo o ar acima do rio. O fogo de artifício continuava, reluzentes transparências de brasas brancas arqueando-se dentro de um polígono oscilatório, ainda suspenso no apogeu. De seguida, começaram a organizar-se numa hesitante curva sinusoidal – de início, de forma subtil e depois evidente – qual televisão antiga a ligar. Por fim, espreitaram. Para quem deseja vê-lo descrito matematicamente – e ainda o lembro assim –, observei então, por um segundo ou menos, uma figura Lissajous móvel, transformando-se continuamente – de início, de forma homotópica, depois, homeomorfa e, de seguida, por completo – num conjunto de runas chamejantes e dispersas, toda a conflagração de um branco escaldante a brilhar e a tornar-se cada vez mais intensa enquanto caía.

Assim continuou, até eu ter virado a cabeça.

Chamamos-lhe intuição porque não temos um termo melhor.

Alguns dias depois de me ter despedido da Physico, quando ainda deambulava por Manhattan durante o dia como um homem acabado de sair da prisão, Audra sugeriu-me que fosse visitar o meu pai. Naquela altura, acabara de chegar a casa da segunda visita havia menos de uma semana. Não sabia se me sentia daquele modo devido ao meu pai ou porque não tinha trabalho.

– Bom – propôs ela –, porque não vais lá e descobres?

Dois dias depois, quando estacionei na enseada, esquadrinhei Cle, Paulie e a minha mãe a prepararem o banquete que me haviam prometido caso voltasse. Estavam as três na cozinha, esquivando-se umas das outras enquanto preparavam os pratos. O meu pai encontrava-se cá fora, numa nuvem de fumo no extremo do pontão, agitando umas pinças de churrasco na direção do carro. Quando me aproximei, ergueu o copo.

– O filho pródigo regressa.

– Pois regressa.

Bebeu um gole moderado de *bourbon*.

– À tua, então.

– E à tua, pai.

Um gole maior.

– Às nossas singularidades.

– E que singularidades são essas?

– Bom – retorquiu ele –, tu despediste-te, e o teu velho pai ainda se sente um rico homem.

Em matemática, as singularidades são inversões, pontos em que num gráfico ocorre uma reviravolta abrupta.

– À nossa saúde – disse ele. Outro gole. – E à nossa recém-descoberta liberdade.

Nem meia hora depois, enquanto eu colocava talheres no cesto de piquenique na cozinha, vi-o correr pelo pontão para ajudar Cle e a minha mãe, que se aproximavam com travessas. Nas escadas, guiou-as. (A mãe primeiro, seguida de Cle – a ordem que todos eles sempre haviam admitido.) O meu pai não sabia que eu o observava – ou talvez soubesse – e, enquanto elas se encaminhavam para o grelhador, permaneceu no cimo das escadas, contemplando-as. Devo dizer que tinha de novo bom ar, fitando as mulheres que o haviam guiado de volta à vida.

Nesse momento, Paulie saiu de casa, um jarro de limonada nas mãos, e, enquanto se aproximava da praia, o nosso pai também esperou por ela no cimo das escadas. Não tinha um ar propriamente feliz, mas lembro--me de me ter parecido otimista. Havia algum tempo que não a via assim. Estava ali há uma semana sem mim, e ela e o nosso pai pareciam ter-se aproximado como nunca antes. Ela subiu uns quantos degraus, e ele inclinou-se da orla do pontão, estendendo-lhe a mão. Paulie olhou para cima por instantes, sorrindo timidamente e agarrou-a. Algo no seu rosto – a esperança nele refletida – fez-me baixar os olhos para o cesto de piquenique. Eis porque não o vi acontecer.

Gostava que não tivesse sido Paulie.

O som lembrava um ramo a partir-se algures na floresta. Depois, o estrondo do jarro. Quando olhei para cima, a minha irmã caíra na areia. No pontão, o meu pai cambaleava para trás. Olhou para a mão, espetada

de um modo estranho para lá da manga. Por instantes, pareceu confuso. Depois, soltou um uivo. A minha mãe veio a correr. O meu pai agarrou-
-lhe o cotovelo e, berrando, descarrilou para a frente, para o cimo das escadas, onde tropeçou, falhou o corrimão e caiu de lado na praia.

Prova por exaustão

A tomografia veio cheia de manchas: demasiadas metástases para contar. No gabinete das Urgências, o Dr. Gandapur acalmou a minha mãe com uma mão.

Ele fraturara o braço ao tentar ajudar a minha irmã escada acima e estilhaçara-o no momento em que aterrara no chão.

Não o operaram. Em vez disso, puseram-lhe gesso até ao ombro, deixando só os dedos à vista. Estavam roxos. O médico não conseguira endireitar os ossos, pelo que o gesso se dobrava uma segunda vez a meio do antebraço, como se ali estivesse outro cotovelo.

Porém, no dia seguinte, quando o trouxemos de volta para a velha casa, o meu pai sentou-se no sofá com um copo e um cigarro, servindo-se da mão boa para o acender. Puxou uma fumaça, pousou-o e, de seguida, ergueu o copo.

Na entrada, o Dr. Gandapur estendeu um braço pela janela aberta do velho *Mercedes* e entregou-me um saco.

– A partir de agora, ele vai começar a precisar disto. Como sabe, não posso aqui vir todos os dias.

Olhei para o rótulo.

– Ele não vai gostar.

– Bem sei que não, mas vamos manter a dose no mínimo.

– Obrigado, doutor.

– Desculpe perguntar-lho, mas o senhor e a senhora Biettermann ainda estão de visita? – inquiriu, olhando de relance para o velho casebre.

– A senhora está.

– E o senhor... anda por perto?

– Não, voltou para Nova Iorque.

O médico permaneceu estático por uns instantes, esquadrinhando-me o rosto.

– Certifique-se de que guarda isso lá em cima – acabou por dizer.

Sei que Audra pensa que me custa muito falar do que é importante para mim. Também Matthew, em Stillwater, julgava o mesmo. Sei que ambos acreditam que não me quero expor ou que talvez nem saiba o que, na verdade, sinto.

Bom, têm razão: não sei.

Porém, não é que não pense nisso. Penso. Um matemático envida grandes esforços para definir coisas. Um plano em matemática não é apenas uma superfície lisa, mas uma superfície lisa infinita e infinitamente fina. Insignificante? Não para nós. Quando digo *plano*, não me estou a referir a um tampo de uma mesa, a um pedaço de vidro ou a uma folha de papel. Podem apontar para qualquer um desses objetos; contudo, todos eles são precisamente isso: objetos. Existem no mundo. E, porque assim é, definem-se pela sua vitalidade e limite. Para um matemático, um tampo de uma mesa é tão plano quanto uma fatia de bolo. Na verdade, no mundo tangível, a única coisa a que podemos, de facto, chamar plano – ou uma fração de um – é uma sombra.

Estão a ver?

Falham-nos as palavras. Até o mundo nos falha.

Não existem milhares de formas de lamento? Será o sofrimento da morte similar ao sofrimento de se saber que uma criança sentirá dor no futuro? E a melancolia da música? Será ela idêntica à do crepúsculo estival? Seria a perda que sentia pelo meu pai igual à que sentiria por um homem mais bem preparado para o mundo, um homem que tivesse jogado basebol comigo ou que me levasse a pescar? A ambas chamamos dor. Não creio que tenhamos palavras para o que sentimos, assim como não as temos para o que pensamos. Nem sequer creio que façamos aquilo a que apodamos de *pensar* e *sentir*. Fazemos algo, mas apenas por falta de melhor lhe chamamos pensar; e, quando fazemos a outra coisa, damos-lhe o nome de sentir. Porém, asseguro-vos, de que, se perguntassem a Arquimedes no século III a. C. ou a Brahmagupta no século VI d. C., ou mesmo a Hilbert no século XX, quando souberam que haviam resolvido o seu primeiro problema, suspeito que todos retorquiriam que tinham tido um *pressentimento*.

Talvez seja por isso que os matemáticos gostam de quadros de lousa. As palavras dirigem, ao passo que as equações se limitam a seguir. Quando os termos matemáticos falham, inventamos novos. Euclides. Diofanto. Viète. Descartes.

Sempre acreditei que pessoas como o meu pai, como eu, a minha irmã, a minha filha e muito possivelmente o meu filho estão sempre à caça. Sempre em busca da nova pergunta, que, regra geral, conhecem porque era a resposta à anterior. Tudo se constrói. Pouco a pouco. Não há uma única prova matemática que não possa ser desconstruída em passos suficientemente básicos para que uma criança os siga. O truque passa por acumular passos, cada um deles tão banais que possam ser compreendidos pela coisa mutilada a que chamamos mente. Concentração, se quiserem. Eis tudo o que temos. O desejo cria concentração.

Tenho amiúde pensado que o aspeto extraordinário acerca de problemas como o de Fermat ou o de Poincaré – e até o de Malosz – não é que tenham acabado por ser resolvidos, mas o facto de não o terem sido durante tanto tempo. Na verdade, cada um deles mais não é do que grãos de areia. O tempo que levaram a ficar resolvidos esteve, em grande medida, dependente da probabilidade; há muito mais maneiras erradas de amontoar areia do que certas.

Sob a nossa velha amoreira, quando me começou a mostrar cálculo diferencial, o meu pai disse-me certo dia que a descoberta de que as formas podem ser descritas recorrendo-se a outras cada vez mais pequenas, de que tudo poderia ser abordado de modo mais simples, o guiara em muitas das suas reflexões.

Relembro agora isso.

Ficará alguém mais sábio aos poucos? Fracionando uma vida e somando-a? Amontoando areia? Um bebé nos primeiros sonos tem de se soltar do mundo; um homem tem de aprender a morrer. Entre estes dois estádios, só há grãos de areia. Ambição. Perda. Inveja. Desejo. Ódio. Amor. Ternura. Alegria. Vergonha. Solidão. Êxtase. Dor. Rendição.

Vivendo-se o bastante, resolve-se todos eles.

Porém, como resolver a dor que sentia pelo meu pai naqueles últimos dias? Julgamos que a nossa mágoa, como os planos que conhecemos neste mundo, tem fronteiras. Mas, tê-las-á? Quando chegou a casa, nessa noite, vindo do hospital, o meu pai recostou-se no sofá de pele, uma expressão apagada, a mão ilesa em volta de um copo. Era o homem de sempre. Os mesmos olhos ensombrados. Os mesmos traços ligeiramente torcidos. Todavia, sabia que, num mesmo espaço de tempo, que já existia e que já quase fora alcançado, ele tinha partido. E então? Se se viajar para uma outra dimensão, pode-se voltar noutro ponto qualquer do tempo. Por essa altura, quando olhava para ele no sofá, já não o via ali, via apenas o lugar vazio, onde ele outrora vivera, como se contemplasse o futuro. Bom, estaria eu a fazê-lo? Será que a alma, à semelhança do plano, faz apenas uma interpretação truncada do nosso mundo? Damos-lhe orlas e dimensão tão-só para que possamos dizer que o compreendemos?

Mal submetemos algo à linguagem, alteramo-lo. Use-se uma palavra e metamorfoseou-se o mundo. Os poetas sabem-no. Eis o que tentam evitar com tanto afinco.

Não tenho grande paciência para religião nem para aquilo que em Stillwater apodavam de vida espiritual; não obstante, compete a um matemático não excluir uma possibilidade antes de a refutar. Poderia aquilo que senti ao pensar na minha vida na Terra sem o meu pai ter sido apenas o primeiro escaldo que se experimenta quando finalmente se pousa uma mão no infinito? Não a coisa delimitada cujas fronteiras contemplamos, mas a outra, cuja verdade só pode ser abordada se ignorarmos aquilo que julgamos saber?

Ter-se-ia o meu pai rido ante tal ideia? Na verdade, julgo que não. Pensava tanto nas verdades da vida quanto qualquer outro; a questão é que tinha relutância em falar delas até as ter entendido.

Eu próprio havia muito que me apercebera de que ele estava a morrer. Percebi-o no dia em que descobri que não ia voltar para Tapington. Era uma tarde fresca de setembro, umas poucas semanas antes da minha entrada na faculdade, e lá fora as folhas da amoreira começavam a murchar. Estava no meu quarto, contemplando uma pastilha amarela entre os dedos quando o telefone tocou na cozinha. Uns minutos depois, ouvi os passos lentos da minha mãe nas escadas e vi de súbito o rosto do meu pai, pardacento nas orlas, com os dias contados, olhar-me – de modo inequívoco, no olho da mente – da secretária no barracão. Parece estranho dizer que soube então que estava perdido para nós. Contudo, é verdade.

Não encontrara a solução de prova alguma, mas, por instantes, antes de desaparecer, vislumbrei um trilho.

No dia em que ele regressou engessado do hospital e se sentou no sofá de pele recém-comprado, caminhei na direção da água e depois ao longo da praia até um nicho de rochas no fim da enseada. Ali, são maiores do que as outras e existe um vislumbre de ordem na forma como se encontram dispostas que me evoca uma figura do passado, desenterrando-as pacientemente dos campos ou içando-as do fundo do lago por um hábito há muito esquecido ou por motivos de beleza. Sentei-me numa delas e contemplei a água.

Era noite, e, pouco depois, emergiram dois visons. Gostam daquelas rochas por serem um bom sítio para caçar caranguejos e patinhos, mas também porque ali conseguem brincar. São animais atentos e parecem gostar de se divertir. O focinho emana vigilância – as orelhas curtas e inclinadas para a frente, os olhos negros e concentrados – e dão a sensação de olhar para o mundo com uma expressão de surpresa. Algo nisso me evoca inteligência.

Os dois perseguiram-se mutuamente ao longo das rochas, saltitando que nem loucos pelas escarpas. O sol já se pusera, mas o céu do Oeste ainda se encontrava tingido de cor. Deixei-me ficar na calma enseada a observá-los. Mal se aperceberam de que eu ali estava, um escondeu-se, mas o outro trepou ao cume da rocha e encarou-me. Não sei porque terei sentido pena naquele focinho, mas a verdade é que senti. Foi então que, enquanto o vento amainava e o céu escurecia, despindo-se do violeta profundo e adotando o índigo, chorei por fim.

O meu pai precisava de comer cedo – uma torrada logo depois da alvorada; caso contrário, vomitaria o primeiro comprimido. Um pouco depois do meio-dia, dava-lhe o segundo, com uma tigela de sopa. O terceiro chegava entre o jantar e a hora de se deitar. Mal adormecia, não conseguia manter o que quer que fosse no estômago, pelo que tive de aprender a injetar-lhe a dose noturna. O Dr. Gandapur ensinou-mo. Ponho o despertador para as duas da manhã e, na escuridão, encaminho-me até ao corredor da casa de banho. A luz súbita e as bolhas prateadas em redor da seringa, aquele caos estranhamente alegre: era um sentimento intenso, o de saber que lhe podia aliviar a dor.

Mesmo àquela hora, o ar no alpendre estaria quente, pelo que ele teria afastado os cobertores. Eu levantava os lençóis, o mais suavemente que conseguisse, mas ele abria sempre os olhos. Rebolava, suspirando, até ficar de costas.

– Enfermeira noturna.

– Deixa-me em paz.

A carne fina da anca. A breve resistência, seguida do deslize da agulha, como se perfurasse seda. Quando a retirava, ele grunhia e voltava a pôr-se de lado. Aquela dose aguentá-lo-ia até ao pequeno-almoço. Daí até à madrugada seguinte, tomava comprimidos.

Por vezes, perdiam rapidamente o efeito, mas eu aprendera a reconhecer os sinais. Caso o meu pai estivesse de pé, pousava a mão no gesso e inclinava-se para respirar. Se se encontrasse a meio de uma frase, as palavras começariam a espaçar-se. Sentado, virava o pescoço e passava a mão ao longo do gesso, como se acariciasse um gato.

De quando em quando, estremecia no sofá.

Ainda assim, levantava-se todos os dias. Ia à cozinha buscar *bourbon* ou café. Caminhava até à orla da enseada para apanhar um pouco de ar fresco. Não comia muito às refeições, mas Paulie à noite preparava-lhe um leite-creme que ele levava para a cama e comia em colheradas extravagantes.

Certa manhã, percorreu todo o pontão, sentou-se no banco, um caderno enfiado na curva do gesso, e tentou desenhar a paisagem. A dada altura, vi-o baixar-se e inclinar-se lentamente de lado sobre as tábuas para salpicar o rosto.

Nessa noite, chegou uma encomenda – uma cadeira de rodas, acondicionada numa caixa. O meu pai observou Cle a desembrulhá-la, montá-la e colocá-la no canto, junto à porta.

– Para quem é isto? – perguntou, levantando-se e aproximando-se da dita cuja.

O momento depois do jantar continuava a ser o de maior lucidez: aquele pedaço entre a última refeição do dia e a misericórdia final do comprimido à hora de deitar. Acordava da sesta e começava a falar. Cle aproximava a cadeira, silenciosa, mas ao alcance da vista. A minha mãe ficava à entrada. Até Paulie gostava de se manter por perto. Não o admitia, mas eu via-o. Certas noites, à medida que a luz ganhava o tom do âmbar pelas redes e se matizava depois de um azul-acinzentado, ele erguia-se da cama no alpendre e dirigia-se até à sala, onde se sentava no sofá e batia um cigarro. Paulie deitara fora um maço, mas o Dr. Gandapur trouxera-lhe outro com um sorriso cortês.

Caso estivesse de bom humor, reclinava-se de encontro às almofadas e acendia um. Ainda conseguia falar. As palavras nunca o abandonaram.

Certa noite, narrou a sua viagem a Helsínquia para a conferência. A travessia do Atlântico no *Queen Mary*. O brilho noturno enquanto navegava pelo Golfo da Finlândia. Cle iria partir na manhã seguinte para Chicago – queria dar à nossa família uns dias a sós –, e eu vi-a a observá-lo de um modo distinto, como que tentando fixá-lo na sua mente. Sentou-se no sofá ao lado dele a piscar os olhos. A mãe estava à entrada e Paulie, à mesa, no outro canto da sala, a trabalhar no portátil. Encostei-me ao lado da minha irmã enquanto ela fingia ler um *email*. O sol estava baixo e a oscilação do mar fazia com que parecesse que, ao longo de toda a enseada, se estavam a riscar e a apagar fósforos.

– Uma rapariga espanhola – disse o pai, recostando-se às almofadas. – Casada com um milionário. Conheci-os aos dois ao jantar. À mesa do capitão... Já tinha ganho a Fields, estão a ver. O marido era um capitalista rude e ignorante, pelo que percebi logo que a sua lindíssima esposa estava aborrecida de morte. Eu tinha-me sentado entre os dois. – Olhou para a minha mãe e de seguida para Cle. – A beleza prefere a verdade.

Cle soltou uma gargalhada.

– À riqueza, queria dizer – explicou o meu pai.

– Então, não compreendes a beleza – retorquiu Cle.

Ele olhou para ela, um sorriso entusiasmado.

– No seu próprio camarote de luxo, entre a sobremesa...

Paulie fechou o portátil com um baque.

– Que nojo!

– Não há problema, Paulie – expliquei. – Isto foi antes de eles casarem.

– Não queremos saber! Não percebes isso? Nenhum de vocês? Não sabem nada de nada acerca de qualquer um de nós.

Quando a porta se fechou com violência, um dos quadros que Cle tão cuidadosamente pendurara caiu.

4656534

Dois dias depois, numa manhã limpa e sem vento, um carro alugado estacionou na entrada, e Niels saiu, seguido de Audra. Ao cabo de uns momentos, Emmy. A minha filha parecia perplexa, não se afastando da viatura, os olhos na areia. Já estivera em bosques assim, mas nunca antes vira o avô.

Ele encontrava-se debruçado na porta, ao cimo das escadas, agitando o braço.

Niels também nunca o vira, mas trotou na sua direção e subiu as escadas.

– És o meu avô – declarou no topo, estendendo a mão.

– Parece que sim.

– Sou o seu neto, o Niels.

– Já tinha imaginado. E quem é esta? – O meu pai encaminhou-se para um dos cantos do alpendre e olhou para o carro. – Será a outra jovem de quem tenho ouvido falar um bocadinho?

– Essa é a minha irmã. Atrasámo-nos porque ela se esqueceu da escova de dentes e não conseguimos encontrar uma na loja de ferragens.

– Pois, também me parece difícil.

– Era um bazar – explicou ela. – Não uma simples loja de ferragens. E não me esqueci. Precisava de uma nova.

– Tens uma para ela, avô?

– Sou capaz de ter, meu jovem. Sou capaz de ter.

Quando Audra alcançou as escadas, o meu pai fez uma vénia e beijou-a nas costas da mão. A minha mulher não é de corar, mas, quando ele fez aquilo, levou a mão livre ao pescoço.

Emmy permanecera junto do carro, pelo que Audra lhe fez sinal, mas só se mexeu dali quando a minha mãe surgiu à porta. Correu disparada, desviando-se de Audra e do meu pai para enterrar a cabeça na camisa da avó.

— Minha pequenina — disse a minha mãe —, que bom é ver-te aqui. Agora, por favor, cumprimenta o avô.

Porém, Emmy não o fez. Limitou-se a olhar para baixo, dobrando e esticando os joelhos.

Nessa noite, quando o pai acordou bem-disposto e se recostou nas almofadas para conversar, Emmy contemplou-o da porta da cozinha, rodando um *pretzel* no dedo. O meu pai fez-lhe sinal, mas ela continuou inflexível. Ele acendeu um cigarro e sorriu-lhe por entre a nuvem de fumo.

— Milo — admoestou-o a minha mãe do outro canto da divisão —, apaga isso, se faz favor.

Ele puxou uma fumaça voluptuosa e depois, lentamente, ergueu o gesso, pousando-o sobre o joelho de Niels.

— Porquê? O fumo não te agrada, meu rapaz?

— Na verdade — retorquiu Niels —, acho-o até bastante interessante.

Paulie soltou uma gargalhada do alpendre, olhando para mim.

— Que jovem cavalheiro tão afável.

— E isto, meu rapaz? — inquiriu o meu pai, erguendo o copo da mesa.

— Por mim, tudo bem, avô. Cheira a remédio para a tosse.

Ele soltou um riso abafado.

— Para ser franco, é um excelente *bourbon*.

Nesse instante, a minha mãe atravessou a sala numa passada enervada e arrancou-lhe o copo da mão, levando-o para a cozinha. Um pouco depois, voltou para fazer o mesmo com o cigarro.

— Há quem diga que ela já vai um bocadinho tarde — murmurou Audra.

— Bem, eu não sou uma dessas pessoas.

Sussurrávamos porque estávamos num quarto nas Lakeland Suites e, no outro lado da parede, Niels e Emmy fingiam dormir. Através do contraplacado conseguia ouvir cada silvo do taco daquilo que seria muito provavelmente um programa de destaques das jogadas dos Yankees na televisão. Aquilo era coisa do Niels, claro, mas também sabia que Emmy alinharia. Por vezes penso que, apesar de todo o seu talento, a minha filha o irá seguir sempre.

– A minha mãe tinha muito com que se preocupar enquanto nós éramos miúdos – retorqui. – Fez o melhor que conseguiu.

– Sim, tens razão. Julgo que sim. – Audra encontrava-se ao meu lado na cama, os olhos postos na ventoinha de teto. – Ainda assim... podia ter feito alguma coisa quanto a isso. Numa altura em que tivesse feito diferença.

Nesse preciso momento, os Yankees devem ter conseguido alguma proeza, porque Niels soltou um grito e, segundos depois, Emmy seguiu-o com um eia! Bati na parede. Precisava de dormir: dali a algumas horas, teria de me levantar e ir até à velha casa dar a injeção ao meu pai. Depois, passaria o resto da noite ali.

O som da televisão apagou-se, e ficámos em silêncio por alguns instantes, fixando a ventoinha.

– Também foi difícil para mim, sabias – disse Audra –, mas eu consegui-o. Travei-te.

– Bom, estavas numa situação diferente.

– Estava?

– Claro que sim.

– Não sei – retorquiu ela. – Ainda não fazia ideia do que iria acontecer. Contigo, comigo ou a qualquer um de nós.

– Como assim, o que ia acontecer? Achaste que me ia embora e que nunca mais voltaria?

Ela não respondeu, limitando-se a voltar para o outro lado e a fechar os olhos.

Mais tarde, nessa noite, no casebre, fui acordado aos empurrões.

– Viste? – perguntou numa voz rouca.

– O quê? – Sentei-me na cama dos meus pais: três e cinquenta e oito da madrugada. Dera-lhe a injeção uma hora antes. – Que estás a fazer aqui, pai?

– Ele está aqui.

– Quem?

– Tu sabes.

– Não, não sei. Meu Deus, pai... vieste até aqui no escuro?

– Esqueceste-te de trancar a porta.

– Sempre a deixámos destrancada.

Ele inclinou-se.
– Bom, ele entrou.
– Quem, pai?
– Erdös.
– Quem? – Levantei-me e enrolei-o no meu cobertor. – Toca a levá-lo de volta à cama. Anda, vamos lá. Eu ajudo-te.
– Ele não se vai embora.
– Então, vamos os dois tratar dele. Anda lá, pai. Ele é um bom tipo.
– Ele ficou com a cama e não quer ir embora. – O meu pai tremia. – Vai lá tu dizer-lhe. Eu fico aqui. Vai lá abaixo e diz-lhe que *não*.

Porém, na manhã seguinte, estava de novo bom. Dormiu até tarde e, quando acordou, parecia ter-se esquecido do episódio. Ao pequeno-almoço, parecia inclusivamente alegre e, depois dos ovos e bacon, levantou-se e dirigiu-se até à janela, na qual se debruçou para espreitar Emmy e Niels, que brincavam pela margem.
– E se levássemos os miúdos até ao riacho? – propôs.
– Irmos a pé até lá, pai? É capaz de ser um bocadinho longe.
– Estás a referir-te aos miúdos? – perguntou, voltando-se.
Olhei para Audra.
Estava uma bela manhã. Primeiro, conduziu-nos pela enseada até à curva. De seguida, pegou num ramo e voltou para norte rumo ao prado. Esperava que a erva alta o cansasse, mas não. Batia-lhe acima dos joelhos, mas ele abria caminho por entre ela, levando o seu tempo e usando o ramo como cajado, nunca tropeçando. Quando alcançámos o trilho sulcado no cimo, Audra deslizou para junto dele e enfiou o braço na curva do gesso. Vi-o inchar qual pássaro.
No momento em que chegámos ao macadame, o sol gotejava entre as folhas e o lago brilhava. O meu pai caminhava de costas direitas. Eu encontrava-me no fim, pelo que o contemplei a conversar com Audra, dizendo-lhe coisas que lhe arrancavam acenos, meneios de cabeça e por vezes umas gargalhadas. O braço dela continuava no dele. Atrás, Niels corria de um lado do caminho para o outro, apanhando coisas e metendo--as nos bolsos. Emmy seguia-os um pouco afastada.
Chegámos à ponte, onde ele parou e observou a água mover-se lentamente. Enrugava-se aqui e ali nos pontos onde os peixes saltitavam.

Pelas orlas, as ervas das margens sussurravam. Na distância, aparecia um minúsculo triângulo negro, que começou a descer a corrente na nossa direção.

– Que acham que é aquilo, meninos? – perguntou o meu pai, enquanto se aproximava.

– Um castor – retorquiu Emmy.

É capaz de ter sido a primeira coisa que lhe disse desde que chegara. O meu pai sorriu.

– É verdade, pequena. Como é que soubeste?

Ela não respondeu, limitou-se a encolher os ombros, voltando-se novamente para o riacho.

– Ele gosta de te ter cá – disse.

– Ele gosta é de mulheres – retorquiu Audra. Pousou o *necessaire* na bancada e inclinou-se diante do minúsculo espelho do hotel. – Acontece que sou a mais nova em idade legal na vizinhança.

– Lá isso és, e lá disso gosta ele. E também és linda.

– Bom, obrigada. – Ela desviou o olhar do espelho e encarou-me. – Como achas que os miúdos estão a reagir ao vê-lo assim?

– Parece-me que é a única hipótese que têm de o conhecer.

– Foi exatamente isso que o Niels me disse. – Pegou-me na mão. – O teu pai está a fazer um grande esforço por ser correto com eles.

– Eu sei, Aud, mas a Em mal olha para ele.

– Na verdade – retorquiu a minha mulher –, parece-me é que ela não consegue tirar os olhos dele. Não reparaste? Hoje, dei com a miúda em cima de um banco a espreitá-lo à janela.

– Bom, ele sempre é mais interessante do que os esquilos.

– Escondeu-se por detrás das cortinas para que ele não a visse. O teu pai estava no alpendre a uns centímetros.

– Bem, pelo menos sabe manter as distâncias. Pode ser uma coisa boa a longo prazo. – Ri-me.

– Achas que sim?

– Na verdade, não sei. Não sei mesmo *o que* pensar.

– Bom, parece-me que ela mantém as distâncias porque se sente absolutamente fascinada por ele – retorquiu. – Há algo tão cru no teu pai, Hans. Algo tão cru para o mundo. Creio que ela reconhece isso.

*

Na manhã seguinte, Niels veio a saltitar até ao alpendre. Abriu a mão diante de Emmy, que mal desviou os olhos do livro; de seguida, deu um pulo na minha direção e repetiu o gesto.

– Olha o que o avô me deu – Levou a mão à boca e soltou um trinado. – Funciona!

– Pelos vistos, sim – retorquiu Emmy.

– Olha, Emmy, tem duas frequências!

– Imbecil!

– Ele esculpiu dois buracos de tamanhos diferentes!

– Estou a ler.

Quando ele lhe soprou perto do ouvido, Emmy ergueu um pé para o empurrar, mas Niels precipitou-se para a porta rumo ao trilho. A rede fechou-se com estridor, e ele soltou outro sopro em dois tons.

Eu observava Emmy.

– Que livro tens tu aí, querida?

– *Os Robinsons Suíços*.

– Estou a ver.

– Deixa-me em paz.

– Podes ler o que quiseres, Em. Não quero saber.

– Obrigada – retorquiu, voltando a página.

– A tua mãe disse alguma coisa?

– Chiu!

– Bom, tudo bem, sabes disso, não é? No que me toca, podes ler o que quiseres.

Ela não levantou os olhos. Inclinei-me. Era, de facto, aquilo que eu pensara: *Trignometric Series*, de Zygmund e Fefferman.

– Sabes – retorqui –, quando eu era miúdo, a tia Paulie costumava pensar que o avô me ligava mais a mim do que a ela.

Emmy pousou o livro.

– A tia Paulie achava isso?

– Sim, achava. Eu não o acho. Julgo que ele prestava atenção a ambos, a cada um de maneira distinta. Mas a tua tia não o via assim. Será que ela te disse alguma coisa?

Emmy esboçou um esgar.

– É estranho que a tia Paulie fosse tua irmã.
– Ela ainda *é* a minha irmã, Ems.
– Eu sei, pai.
– Ela era muito parecida contigo, sabias? Excelente a matemática.
– Eu não sou excelente a matemática.
– Desculpa?
– O avô é melhor.
– Ah, estou a ver. – Olhei para dentro de casa, onde o meu pai dormia no sofá da sala, a cabeça recostada nas almofadas. – Podes fazer tudo o que quiseres, sabias? Esteja isso ligado à matemática ou não.
– Está bem, pai. – Voltou a pegar no livro.
– O teu avô adora-te, Em.
– Obrigada.
– As coisas eram diferentes nos meus tempos de miúdo.
– Hum-hum.
Pousei a mão no pé dela.
– Ele também te vai talhar um, Em. Sabes disso, não sabes?
– És tão esquisito.
– Vais ver que sim. Ele vai fazer um desses apitos para cada um de vocês. Vou certificar-me disso.
Emmy voltou a página. Uns minutos depois, sem levantar a cabeça, enfiou a mão no bolso e estendeu-a na minha direção.
– Ele já me deu um – retorquiu.

– Posso perguntar-lhe uma coisa, Dr. Gandapur?
– Claro.
Encontrávamo-nos os dois no pontão, aguardando um novo pôr do Sol. Por entre as nuvens fragmentadas, o disco flamejante metamorfoseava-se numa moeda de cobre antes de entrar na ranhura.
– Compreendo – disse – que nenhum exame é perfeito. Sei tudo acerca de especificidade e sensibilidade. Sei tudo acerca de resultados e probabilidades.
– Estou certo de que pouca gente no mundo os conheça tão bem – retorquiu ele, acrescentando: – Exceto, talvez, o seu pai.
– Mas tenho de lhe perguntar. Não mandou o meu pai fazer nenhuns exames recentemente, pois não?

– Nem podia, Hans. Ele não o permite.
– Não?
– Não foi o meu desejo, sabe, mas o dele. Desde o início. Nada de exames. Nada de tratamento. Ele proibiu tudo isso à cabeça. No seu estado, não podia dizer que discordava. – Mergulhou as mãos nos bolsos. – Porque mo pergunta?
– Por nada... Estava só a pensar nisso. Bem me parecia que tinha razão.
Ele desviou o olhar da paisagem e contemplou-me com aqueles seus olhos enrugados.
– És um bom filho, Hans – disse. – E Deus abençoe o teu pai também.

Nessa noite depois do jantar, o meu pai devorava um dos leites-cremes de Paulie. Tinha o cabelo fino coberto de suor, as saliências do crânio surgindo sempre que chupava os dedos.
– Por que raio é que não se vão todos daqui embora? – Exclamou de súbito. – Suas sanguessugas!
– Milo! – admoestou a minha mãe.
– Deixa-me em paz!
– Que é que se passa, avô? – perguntou Niels.
Encontrávamo-nos todos reunidos no alpendre, observando a Lua surgir sobre o lago. Estivera um belíssimo dia.
– Já disse para saírem daqui. Todos vocês... *rua*!
– Que se passa, avô?
Ele fixou o olhar nos olhos de Niels.
– Quero dar uma voltinha com a tua mãe, é isso que se passa.
Audra largou a rir à gargalhada. Paulie corou e, pegando em Niels e em Emmy, saiu porta fora.
A minha mãe empalideceu, após o que girou sobre os calcanhares e se afastou pestanejando.

Quando entrei na cozinha, os miúdos pareciam surpreendidos. Estava a passar um jogo dos Tigers na rádio, e Niels levantou-se de um salto para baixar o volume. Emmy desviou o olhar.
– Que estão vocês a fazer dentro de casa num dia como este?
– Orioles-Tigers – explicou Niels.
– Bom, quem está a ganhar?

– Não sei. – Niels aproximou-se rapidamente da janela e contemplou a água. Atrás dele, na mesa, junto da qual Emmy se encontrava sentada, repousava um copo que o meu pai andava a utilizar e um cinzeiro repleto de beatas de cigarro. Olhei para os dois.

– O vosso avô estava aqui convosco?

– O presidente de Harvard tentou fazer com que as *curveballs* se tornassem ilegais.

– Que estás para aí a dizer, Niels?

– O presidente Eliot disse que uma *curveball* devia ser ilegal para lançadores da Harvard porque era esganadora.

– Enganadora – emendou Emmy.

– Vá lá, Em! – Estava já à entrada, a tamborilar os dedos. – Vamos nadar.

A porta bateu e pouco depois já Niels se aproximara da água. Porém, Emmy não o seguiu. Manteve-se junto a mim, vendo-me levantar a mesa. Deitei as beatas fora e limpei os individuais. Quando todos os pratos repousavam no escorredor, pousei a mão em cima da dela.

– Ems, não experimentaste nada daquilo, pois não? – inquiri.

– Do quê?

– Daquilo que estava no copo do avô.

– Ah, não. É claro que não.

– Ainda bem.

Peguei no jornal e ajeitei as cadeiras. Enquanto esfregava os tachos, ambos observámos Niels. Estava concentrado a lançar pedrinhas à água, como faz com tudo: procurando atentamente cada pedra, pesando-a na mão, ensaiando o lance duas ou três vezes antes de a largar. Porém, ainda assim, de quando em quando, olhava para cima, tentando ver se a irmã ainda continuava dentro de casa comigo.

E ela continuava. Permanecia serenamente encostada a mim.

– Já o Niels, esse, experimentou – acabou ela por admitir.

Duas da manhã. A cama dele vazia. No escuro, tateei os lençóis. Os cobertores soltavam-se do colchão. Quando acendi a luz, a almofada estava amassada de encontro à parede.

A casa de banho vazia. A cadeira de rodas num canto do corredor.

– Pai?

Ei-lo lá fora, por fim, no feixe da lanterna, na orla do pontão. Ajoelhava-se diante da água, o pijama nos joelhos, o gesso em volta de uma das pernas do banco, atrás de si. Voltou-se. Na outra mão repousava um pénis frouxo, aquele braço ainda a latejar vagamente.

– Bom, pelo menos os miúdos não o viram – disse Audra.
– Graças a Deus.
Ela pegou-me na mão.
– De certa forma, trata-se de um sinal de vitalidade, Hans.
– Ou do contrário.
Encontrava-se de novo na cama do alpendre, tentando a custo acender um outro cigarro.
– Posso perguntar-te uma coisa? – quis saber. – No outro dia, quando disse que queria dar uma voltinha contigo... achas que ele julgou que fosses a minha mãe?
– Na verdade, não sei.
– Ou achas que ele pode ter pensado que o Niels era *eu*.
– Não sei, querido. Não sei mesmo.
Observei-o no alpendre.
– Ou será que estava mesmo a pensar em *ti*?
– Não sei, amor. – Ao cabo de uns instantes, disse: – Também não está habituado a receber tanta gente em casa. Deve ser confuso. Deve deixá-lo exausto.
– Sim, de certeza que é isso.
Ela deu-me a mão.
– Hans – disse ela –, estava a pensar... levar os miúdos para casa mais cedo.
Anuí.
– Sinto tanto – declarou ela.
– O que acontece é que agora gostaria que se tivessem conhecido mais cedo.
– Eu sei – disse ela. – Essa é uma das coisas que lamento.

A maldição do conhecimento

Certa manhã, a caminho da água, escorregou, o pé deslizou-lhe para a frente a toda a velocidade. Porém, agarrei-o pelo ombro e ergui-o, guiando-o entre as árvores o resto do caminho. Na margem, segurei-lhe o cotovelo.

Ele agitou-o, soltando-se.

– Já chega.

Agora, dentro de casa, andava de um lado para o outro como se tudo o aborrecesse. Pegava em papéis e deixava-os cair. Mexia nos interruptores. Do corredor, víamo-lo sempre que usava a casa de banho. Já nem se dava ao trabalho de fechar a porta, limitando-se a encostar-se à parede, numa espera interminável pelo alívio, as costas escolióticas inclinadas sobre o urinol. Cle voltara de viagem, mas, com Audra e os miúdos fora, o meu pai despojara-se de todo e qualquer pudor. Ficava ali, à luz fraca, voltando-se de quando em quando para encolher os ombros. O medicamento também lhe avariava os intestinos. Por vezes, sentava-se na sanita e fixava o vazio, um anel de fumo erguendo-se rumo à ventoinha. Cle levantava-se e fechava a porta.

Numa manhã, vi-o tentar fechar a torneira de água quente. Inclinou-se sobre o lavatório qual extraterrestre. Os dedos nodosos rodavam desastradamente os manípulos: primeiro, um; depois, o outro; e novamente o primeiro, voltando-os a todos para o lado errado, numa sequência cómica até que decidi ajudá-lo.

No barracão, encontrei Paulie sentada na cadeira dele. Tinha as mãos nas têmporas e encontrava-se inclinada sobre o mata-borrão.

– Tens uns filhos lindos – disse, sem levantar a cabeça.

– Têm os seus momentos, Paulie.

O quarto cheirava ao aroma que ela costumava emanar: a lama e champô de ervas. Paulie estava de fato-macaco.

– Estou a tentar imaginar – explicou.

– Imaginar o quê?

– A existência dele. Estou a tentar abarcá-la. Olha para isto. – Com o pé, afastou a tampa de um dos caixotes que se encontravam no chão atrás de si, e vi o lacre nas rolhas de garrafa. Era difícil acreditar que ainda se encontravam ali. – Passou o tempo todo a beber, o que já nem é surpreendente.

– Eu sei, Paulie. Era um sintoma.

– *De?*

– Da dor dele.

Ela ficou hirta.

– Durante toda a nossa vida, Hans... toda a nossa vida, a mãe fez tudo sozinha – retorquiu.

– Bom, por vezes, é assim que as coisas funcionam.

– Estás a brincar comigo? Achas mesmo que a nossa família era minimamente normal? A mãe trabalhou quem nem uma escrava para ele. Cuidou dele. Cuidou da carreira dele. Tomou conta de tudo, para que ele pudesse fazer algo grandioso. E ele teve oportunidade disso. – Pontapeou o caixote. – Mas só bebeu. A única coisa que fazia era *beber*. – Olhou para mim. – E depois abandonou-nos.

– Essa não é toda a história.

– E agora a mãe quere-lo de volta.

– O quê?

– Quer, Hans. Vejo-o. É mais forte do que ela.

Deixou cair a cabeça e, quando olhei em volta, apercebi-me de que tudo tinha sido remexido: os papéis estavam desorganizados; os livros, caídos nas estantes; os caixotes nas vigas, abertos.

– Paulie?

– Sim?

Apontei para o teto.

– Não sabias acerca de nada disto?

– Do que ele andava a fazer aqui? Claro que sim.

Nesse momento, do lado de fora da janela uma garça-real desceu a pique sobre a enseada e aterrou nos baixios. Ambos nos voltámos para a contemplar. Encolheu as asas e permaneceu imóvel qual estátua. Paulie manteve o olhar pousado nela.

– Para ser honesta, Hans, Não sabia. Não fazia a menor ideia.

– Bom, se te faz sentir melhor, deixa-me dizer-te que também me enganou *a mim*, Paulie.

– Não como me enganou *a mim*.

Na enseada, a garça-real inclinou-se e, de súbito, mergulhou. Quando reemergiu, contorcia a garganta. O velho rosto voltou-se lentamente para nós. Depois, batendo as asas, ergueu-se no ar.

– Uau – exclamou ela.

– Eu sei. Não há grande misericórdia no mundo, pois não?

– Não mudei de ideias acerca dele, Hans... Se é aí que queres chegar. O facto de estar doente não muda nada.

– Que te leva a pensar que sequer conheces tudo acerca dele?

Ela pestanejou.

De seguida, levantou-se, encostou a cadeira à parede e trepou para cima do assento. Ao descer, trazia uma caixa nas mãos, a tampa semiaberta. Pousou-a no chão.

– Força – instigou.

Quando a abri, a única coisa que vislumbrei foi um pedaço do saco de serapilheira. Ainda assim, foi o suficiente para saber do que se tratava.

– Meu Deus! – exclamei.

– Que *é* isso, Hans? Encontrei-a aqui. É uma das coisas mais estranhas que alguma vez vi.

– Não sabia que ele a tinha guardado.

– Mas guardado o quê?

Desapertei os atilhos e tirei um pedaço.

– É uma corrente que ele fez em miúdo, Paulie.

– Ele *fez* isso?

– Sim... de um único pedaço de madeira. Talhou tudo a partir de um tronco de uma faia. Julgo que não seria muito mais velho do que o Niels quando o fez.

Ela empalideceu.

– Oh, meu Deus! – Voltou-se, então, novamente para mim, e recompôs-se. Observei a forma como a dor se moveu ao longo daquele rosto, se concentrou e desapareceu de vista. – Não sei nada acerca dele, Hans. Tens a noção disso? Nada de nada.

Eu estava lá em cima quando a casa abanou. Depois, abanou uma segunda vez. Ouvi passos velozes. Quando cheguei ao alpendre, a minha mãe, Paulie e Cle já lá estavam. Ele encontrava-se junto das estantes. Com braços trementes, voltou-se e lançou outra fileira de livros ao chão.

Dois dias depois, numa manhã quente e húmida, perto do fim daquele mês, um táxi estacionou na clareira; o motorista saiu e instalou uma rampa nos degraus da entrada. Minutos depois, Earl Bietterman entrava porta dentro. Por essa altura, já Cle embalara os seus pertences, e o marido pousou uma das malas no colo e transportou-a até ao *Citroën* dela. Depois de a guardar no porta-bagagens, repetiu o trajeto para a seguinte.
Não me parece que houvesse feito a viagem para buscar a mulher. Ela poderia facilmente ter embarcado o carro e viajado de avião.
No momento em que a última bagagem tinha sido acondicionada na viatura, Earl rodou até casa e estacionou a cadeira na sala de estar. A minha mãe, Paulie e Cle encontravam-se em volta da mesa, admirando o que eu trouxera.
– Meu Deus! – exclamou a minha mãe. – Que é isto?
– Milo... Mas é claro que a mantiveste.
O meu pai ergueu os olhos. Estava a sair da cozinha, roçando o gesso na parede para efeitos de equilíbrio. Levou a mão ao candeeiro e depois às costas da cadeira. No sofá, baixou-se.
– Oh, meu Deus, Milo – exclamou a minha mãe, uma parte da corrente nas mãos.
O meu pai afundou-se nas almofadas. Os elos tinham cinquenta anos e, quando se moveram nos dedos dela, emitiram o tinido de pedra. Contudo, os veios pálidos mal haviam escurecido.
– Ah, pelos vistos, descobriste-a – declarou o meu pai, acenando vagamente. – A *magnum opus*. – Articulou mal as palavras, e, instantes depois, a expressão do seu rosto ficou apagada. No momento seguinte, adormecera.
Foi então que Biettermann se aproximou.

— Louco — declarou calmamente. Pegou na corrente e pousou-a no colo. Cada elo do tamanho de um punho, cada volta arqueando-se numa curva e numa espiral. Passou o dedo por uma das curvas. — É um talento nato — disse, espreitando o sofá pela frincha. — Há que admitir pelo menos isso.

— Com um só lado — explicou Paulie. — Sinta-o.

— Acabei de o fazer. — Pousou-a novamente na mesa e aproximou-se do sofá. — E sabem que mais? — Conseguia sentir que aquilo o irritava. — Não deu em nada... eis a questão. Aí reside o problema. Tal como tudo o resto que ele fez... não deu em nada.

— Oh, *por favor* — retorquiu Cle.

— No final de contas, nem sequer o teorema Malosz o ajudou.

Olhei para Earl. Estava também submerso numa dor só sua.

— Foi você, não foi? — inquiri. — Ele não respondeu. — Foi, não foi, Earl? Enviou-nos aquilo.

— Era mais forte do que ele — continuou Biettermann. — Estava tão perto, mas agarrou-se a uma má ideia. Toda a vida se agarrou a más ideias.

— Foi o Earl, não foi? Teria de estar felicíssimo por o encontrar.

— Toda a Malosz foi sorte, sabiam? — Girou a cadeira. — Têm noção disso, não têm? Foi pura sorte. — Bateu com as mãos nas barras e soltou uma gargalhada sonora. — A medalha Fields foi para um exemplo de sorte pura.

— Oh, meu Deus — exclamei.

— Earl — admoestou Cle —, já chega.

Porém, ele aproximou-se.

— Mas a sorte nunca bate duas vezes, pois não, Andret? — Abanou o ombro do meu pai. — Não conseguiste o que querias com a Abendroth, pois não?

Os olhos do meu pai não se abriam.

— Já chega Earl.

Na cadeira, puxou os ombros para trás, como fez antes de segurar os pesos.

— Agarraste-te a uma má ideia durante uma década. Caso não o tivesses feito, quem sabe o que poderias ter alcançado.

— *Já chega.*

— Deitaste a perder a tua última grande oportunidade.

A minha mãe caminhou até ao meio sala.

– O meu marido mudou a matemática. Nada do que possa ter feito se aproxima sequer disso – declarou.

Biettermann nem olhou para ela.

– Tinha uma boa mente – continuou ele –, sem dúvida. E, contudo, estava mutilada. Olhem para ele. Podem dizer o que quiserem, mas é essa a verdade. – Chegou-se ainda mais perto do sofá, e os olhos do meu pai por fim abriram-se, pestanejando. – Um desperdício. Nunca sóbria o suficiente para levar o que quer que fosse até ao fim.

Cle encaminhou-se até à cadeira de rodas.

– Não é, Milo?

– Nem sequer te vejo – retorquiu o meu pai.

Biettermann inclinou-se.

– Então, ouve-me. Consigo senti-lo. Algo vai mal no reino da Dinamarca.

– E eu que pensava que tinha vindo para se despedir – disse Paulie.

– É isso mesmo que estou a fazer. – Bateu nas barras. – Adeus, Andret.

Nesse momento, Cle agarrou na cadeira e afastou Earl tão rapidamente que os tacões dos sapatos dele arrastaram pelo soalho. Caso não o tivesse feito, julgo que a corrente lhe teria batido na cabeça. Paulie balançara-a com tanta força junto à anca que, ao não tocar nele, lhe acertara no joelho

– Au! – gritou ela, sacudindo-a.

Qual serpente incomodada na caverna, toda a cadeia escorregadia começou a deslizar da mesa, primeiro devagar e depois depressa, até ter caído no chão com um estridor repugnante.

– Oh, meu Deus – exclamou Paulie, caindo de joelhos. – Oh, meu Deus. – Inclinou-se e começou a puxá-la, passando as espirais pelos dedos e esfregando-as na camisola. Retirou o saco de serapilheira da mesa e acondicionou cuidadosamente os elos lá dentro. – Julgo que está tudo bem. Julgo que está... – Foi então que murmurou: – Oh, pai, lamento tanto...

No chão, encontrava-se uma única lasca curva.

Instalou-se um silêncio.

– Bom, Paulette, isso não correu como esperavas, pois não? – declarou Biettermann.

– Vá à merda, Earl. – Ela voltou-se para ele, furiosa. – Saia imediatamente daqui!

Biettermann franziu o sobrolho.

– Fique bem longe do meu marido – disse a minha mãe.

– Com qual de nós está a falar? – perguntou Earl.

– Com *ambos*.

– Bom, Helena, para começo de história, o Milo já não é seu marido – rebateu ele.

– Por favor – pediu Cle. – Por favor, viemos ajudar.

– *Ajudar*? Vieram *ajudar*? – replicou Paulie.

– Sim, viemos.

– Bom, então, podem ajudar saindo daqui para fora. Os dois. Nem acredito que ainda cá estejam. Vocês metem-me nojo.

A minha mãe aproximou-se da mesa e abraçou Paulie, após o que girou sobre os calcanhares e a encaminhou até à cozinha. Quando regressou, vinha só. Dirigiu-se para o meio da divisão, pegou na lasca e pousou-a na consola da lareira. Tratava-se de um crescente, tão longo e fino quanto um dos seus dedos, ainda ostentando ambos os lados da curva.

Dirigiu-se então ao meu pai, que voltara a adormecer.

– Porque não me contaste? – quis saber. Baixou-se e abanou-lhe o ombro. – Milo.

Um ronco.

– Nunca me mostraste isto, querido. – Agarrou no saco de serapilheira. – Mostraste-lhe a *ela*, mas não a mim. Se me tivesses amado, ter-me-ias mostrado. – Ajoelhou-se ao lado dele. – É extraordinário, Milo. Tão lindo...

– Helena – declarou Cle do outro lado da sala –, ele amava-te.

– Não, não amava. Sei que nunca me amou.

– Amou, sim. Amou-te, a ti. Amou os filhos. Amou-vos a todos.

Paulie surgiu no corredor.

– Ele nunca amou ninguém.

– Amou, pois – defendi-o eu.

– Sim – concordou Cle. – O Hans tem razão. Amou-vos a todos.

– Como pode sequer saber isso? – inquiriu a minha irmã.

– Porque ele mo disse.

A minha mãe estremeceu.

Aproximei-me dela. Continuava ajoelhada junto do meu pai.

– Só sei que nunca o disse a nenhum de *nós* – rematou ela, puxando os ombros para trás.

– Nunca o disse a ninguém – explicou Cle. – Ele era assim.

– Então porque to disse a *ti*?

– Porque não se preocupava realmente comigo, Helena. – Atravessou a sala compondo o cabelo que se desajeitara e, aproximando-se da minha mãe, estendeu-lhe as mãos. Para minha surpresa, ela agarrou-as. Sem uma palavra, Cle içou-a cuidadosamente. Levou os dedos aos lábios da minha mãe e ali os deixou ficar por longos momentos.

No fundo do quarto de hotel, Biettermann olhou para cima.

– Obrigado por teres vindo – disse. Encontrava-se diante do espelho raiado, tentando enfiar um botão de punho na manga. – Ontem, as coisas desencarrilaram um bocadinho. Peço desculpa por isso.

– Sim, é verdade.

– Julgo que esta deve ser a última vez que falo contigo... com *qualquer* um de vocês, provavelmente... mas não era essa a minha intenção. Vim cá por outro motivo. Queria dizer... Bom, queria despedir-me do teu pai. As coisas escaparam-nos do controlo. Sempre fui competitivo e ele também. Conhecemo-nos há muito tempo.

– Eu sei.

– Eu e a minha mulher voltamos para casa hoje à tarde.

– Também estou ciente disso.

O quarto era o melhor do hotel. Porém, o ar condicionado chocalhava contra a parede. Earl deu-lhe uma pancada.

– Sabes que esses comprimidos não vão bastar.

– Que comprimidos?

– Os que o médico lhe receitou. Aquilo é uma aspirinazinha para bebés.

– Bom, têm funcionado até agora, e ele usa outra coisa à noite.

Biettermann afastou-se da parede e rolou até junto da secretária.

– Também isso não vai funcionar para sempre. Não quando precisares mesmo. A minha mulher mostrou-me o que lhe estás a dar. – Ajeitou a manga, ainda às voltas com o botão de punho. – Era só isso que te queria dizer.

– Certo.

– Olha, obviamente sou sensato. Dirijo um dos departamentos mais rentáveis da empresa. Não posso ser descuidado.

– E?

Ele aproximou-se, agitando a manga.

– E a dor tem-me ensinado algumas coisas. Já alguma vez sentiste dores assim? Nem todos as conseguem suportar. – Ergueu os pulsos. – Eis o que aprendi: o que nos dizem é treta. Se se for disciplinado, consegue--se controlar tudo. Essa é a grande verdade. – Inclinou a cadeira para trás e assim a manteve até os braços tremerem, após o que a soltou. – Para responder à tua pergunta, sinto *imensas* dores. Nunca experimentaste nada parecido. E espero que nunca o venhas a sentir.

– Então que me querias dizer?

Biettermann aproximou-se do frigorífico e abriu a porta.

– Tens de a manter fresca – explicou. Quando voltou, segurava a cigarreira prateada. Inclinou-se e deu-ma. – Isto é para o teu pai, Hans.

Quando, nessa noite, desci as escadas, ele ressonava ligeiramente. Afastara parte da roupa de cama, pelo que lha embrulhei em volta das pernas. Não tinha a certeza de que precisasse do medicamento, mas decidira, ainda assim, preparar-lhe a dose, mexendo-me o mais silenciosamente possível e posicionando-me junto da janela para ver ao luar. Pelas redes, o lago parecia calmo. Contudo, ouvia-o bater nas rochas.

– Porque é que ainda cá estou?

Olhei para trás. Nem sequer estava certo de que ele tivesse acordado.

Aguardei uns instantes.

– Hans?

– Porque és forte, pai.

Um silêncio.

– Sabes, costumava pensar se teria medo – contou ele.

Acendi a lanterna e pousei-lha aos pés. Conseguia ver-lhe a barriga a elevar o lençol.

– Bom, e *tens*?

– Sim.

Sentei-me numa cadeira junto dele e dei-lhe a mão.

– Já não consigo manter nada cá dentro. Tudo cai. Nunca sei porquê nem quando. – Ergueu uma perna, mexeu-a um centímetro e pousou-a. Depois, ergueu a outra. Apercebi-me de que tentava pôr-se de lado, para que eu lhe desse a injeção. Contudo, quando me inclinei para o ajudar, ele recusou a ajuda.

– Eu faço – retorquiu.

Lentamente, mexeu a pélvis. Uma perna moveu-se um pouco; depois, a outra. O gesso manteve-se encostado à parede e, por fim, trouxe a mão ilesa ao lado.

– Mas, antes, um pouco de *ballet*.

Soltei uma pequena gargalhada.

Ele sorriu.

– Os teus filhos são fantásticos – disse.

– Obrigado, pai.

– Não são normais.

– Tenho consciência disso.

Apercebi-me de que ele estava a tentar recuperar o fôlego, pelo que me deixei ali ficar quieto.

– As mulheres são os sóis, sabes? Os homens são só as luas – declarou ao fim de algum tempo. Depois, fechou os olhos. Tapei-o com o cobertor, e ele ressonou. – Tanto trabalho – disse, de súbito.

Os músculos das comissuras dos lábios tremiam. Tive de novo a sensação de que o via num outro espaço de tempo. Porém, agora, andava para trás. Quiçá, algures no universo, seria de novo um jovem.

– Que queres saber? – inquiriu ele, acordando. Voltou-se para mim e estremeceu.

– Tenho a tua injeção.

Pensou no assunto.

– Está bem – murmurou.

Posicionei-o.

– Queres o meu conselho, Hans?

– Claro que sim. – Enfiei a agulha.

– Isso arde.

– Eu sei. Desculpa. Daqui a um instante, já te vais sentir melhor.

Levou as mãos atrás e tentou encontrar a seringa.

Outro silêncio. Desta volta, longo, enquanto os dedos se moviam lentamente sobre o osso. Tentava sentir a agulha que eu já retirara.

– Que tipo de conselho? – acabou por inquirir.

– O que quer que me queiras dar.

Ele ponderou no assunto.

– Tu eras um miúdo solitário, tal como eu. – Voltou a fechar os olhos. Quando os reabriu, declarou: – A vida é brutal. – Contemplou o lago. – Devia ter continuado – disse. Voltou os olhos para mim, desviando-os de seguida na direção da janela. – Estava já numa bela profundidade. Deveria ter seguido em frente.

Era meio da noite, mas Audra atendeu ao primeiro toque.

– Como está ele agora? – quis saber.

– Nada bem.

– Oh, querido, vou voltar para aí.

– Não sei se já terá chegado a hora.

– Estarei aí amanhã.

– Obrigado, Aud.

Encontrava-me no alpendre, observando-o enquanto dormia. Pelas redes, o sol começava a iluminar o horizonte.

– Sabes – disse-lhe –, julgo que percebi uma coisa. Algo que o Matthew me disse certa vez acerca da confissão. Ele era capaz de ter razão.

Ouvi a respiração dela.

– Explica-me o que queres dizer com isso – pediu.

– É um palpite. Por muito tempo, julguei que tivesse sido o Earl Biettermann a enviar-nos a publicação. Mas agora apercebi-me de que ele não tem conhecimento de nada disso. Caso soubesse, tê-lo-ia mencionado. – Esquadrinhei pela janela as montanhas próximas, cujos contornos começavam a surgir à luz do dia. – Acho que foi o meu pai.

– Querido, desculpa... Não estou a perceber.

– Acho que foi o meu pai quem me enviou a publicação combinatória, Aud. A que tinha o trabalho do Benedek Fodor. O pai enviou-ma ele mesmo.

Mysterium Cosmographicum

Quando sobreveio, o chão mal tremeu.

 Corri até ao alpendre, mas Paulie já lá se encontrava. O meu pai estava no tapete, o gesso encostado à parede. O enorme ventre pendia a seu lado lembrando uma mochila de campismo na qual tivesse tropeçado. Conseguia ver-lhe a respiração ofegante no peito.

 – Oh, meu Deus – exclamou Paulie, afastando-se. – Ele magoou-se.

 O gesso ergueu-se um milímetro, baixando logo de seguida.

 – Meu Deus – murmurou ele.

 – Vamos tratar de te levantar, pai. Anda cá, Paulie. Vamos içá-lo. Pai?

 – Não, Hans – retorquiu a minha irmã, que se afastara até à porta.

 – Pai – perguntei –, estás ferido?

 – Cima – retorquiu ele, num fio de voz.

 – Vamos levantá-lo, Paulie. Vá, anda cá ajudar-me!

 Ele aproximou-se e ajoelhou-se junto de nós. Levantei o ventre do meu pai até se alisar sobre as costelas.

 – Jesus – murmurou ela.

 – Eu sei. – Com o gesso coloquei-lhe o peso acima das ancas. – Certo. Levanta.

 – Oh, meu Deus – exclamou Paulie. – Que foi aquilo?

 – Podem ter sido as costelas dele. Pai, magoámos-te?

 Um arquejo.

 – Pousa-o, Paulie. Pousa-o. Pega-lhe nos ombros, enquanto eu o agarro pelas pernas. Pai, vamos tirar-te daqui.

 A minha irmã ajoelhou-se junto da cabeça dele. O meu pai tentava pôr-se de lado. Usei o gesso para lhe fixar o ventre, mas, quando lhe agarrei a anca, o meu polegar entrou no osso como se fosse um pedaço de esferovite.

— Ai, meu Deus, Paulie.

— Oh, não! Oh, não! — Ela levantou-se.

— Paulie, olha para mim! Temos de o levantar. — Endireitei-lhe a perna, mas ele afastou-a. — Vai buscar o cobertor, Paulie! Vai buscar o cobertor à cama!

— Ai, não, Hans. Ai, não. Vamos *magoá-lo*.

— Magoado já está ele. Caramba, Paulie, vai buscar o cobertor!

— Não.

— Paulie!

— Não, Hans. Não *conseguimos* fazer isto.

Arranquei eu próprio o cobertor do colchão, pousando-o sob as ancas dele. Quando tentei passá-lo por debaixo do restante corpo, ouvi um estalido como se tivesse aberto uma fileira de fivelas.

Paulie gritou.

Dirigi-me até à cabeça dele e tentei os ombros, mas senti um rasgão dentro do gesso. O meu pai tremia.

— Helena — chamou numa voz rouca.

A minha mãe encontrava-se à entrada.

— Ai, Jesus, Milo! Deus nos ajude. — Ajoelhou-se e agarrou-lhe na mão. — Onde é que te dói?

— Helena...

— Sê forte, meu amor. Agarra-lhe nos ombros, Hans.

— Já tentámos, mãe. Não me parece...

— Nós conseguimos. — Acocorou-se. — Um, dois... Oh, Deus, que foi isto?

— São as costelas dele.

— Vai ficar tudo bem, Milo.

Ouvi Paulie vomitar.

A minha mãe ajoelhou-se.

— Milo! — disse vivamente. Ele abriu os olhos. — Vamos deixar-te aqui. Vai ficar tudo bem. Vamos deixar-te aqui mesmo no chão. — Pressionava-lhe a barriga, e o movimento parecia aliviá-lo. Ele respirou mais fundo. — Está tudo bem — acalmou-o. Ele inspirou novamente. — Está tudo bem. — Estava a pressionar aquele peso para o manter acima das ancas. — Vamos pôr-te confortável, Milo, aqui mesmo, onde estás. Aqui mesmo, Milo. Aqui mesmo.

Levantou-se e começou a pegar nas almofadas que se encontravam sobre a cama; depois, nas das cadeiras, deslizando-as sob a cabeça, os ombros e de lado. Paulie voltou da sala de estar com mais umas quantas do sofá. O meu pai deixou que a minha mãe o movesse enquanto as deslizava em redor do seu corpo. As cores voltavam-lhe ao rosto. Durante todo aquele tempo, ela não deixara de lhe pressionar o ventre. Ele respirava mais fundo.

– Tudo se vai compor – disse ela. – Paulie, querida, está tudo bem. Hans, vai buscar o medicamento. Paulie, ele precisa de um copo de água. Vamos tomar conta de ti, aqui mesmo, meu amor. Oh, Milo. Vamos tomar conta de ti, aqui mesmo. Tudo se vai resolver.

E estranhamente assim foi... Tudo ficou bem. Nos seus últimos dias, o meu pai conseguiu uma derradeira convalescença, uma convalescença que parecia improvável a todos os outros, mas, dessa volta, fê-la na cama improvisada, no chão daquele vacilante alpendre com ecrã de rede. Dormia e acordava, comia um pouco, bebia em arranques, aliviava-se sem aviso nem vergonha, repousava o ventre na almofada e apoiava o restante esqueleto ao longo de uma jangada de almofadas e cobertores que haviam sido espalhados em redor dele quais tapeçarias num harém. A minha mãe afastou da parede o colchão que ele até então usara e fez dele a sua cama.

O Dr. Gandapur drenou-o uma vez mais, o que o ajudou bastante na respiração. Enquanto arrumava os frascos, voltou-se para o meu pai.

– Fiz uma chamada, Milo. Instalá-lo-iam com as melhores condições no hospital onde trabalho em Lansing e claro que eu também lá estaria.

O meu pai piscou os olhos para o teto e passou a língua pelos dentes.

– Vai à merda, Danny – disse, o mais alto que conseguiu.

Um sorriso aflorou aos lábios do Dr. Gandapur.

O médico dirigiu-se então à sala de estar para fazer a mesma oferta à minha mãe, e, apesar de estarem a murmurar, percebi que resposta ela lhe dera.

Depois dessa visita, o meu pai passou vários dias num estado de relativo conforto. Fumava. Bebia um bocadinho. Ouvia rádio. Falava, serena e esporadicamente, mas, de quando em quando, a fundo. Tentou, inclusive, desenhar de novo, pedindo a Paulie que lhe trouxesse o caderno – ela quase correu –, mas deixando-o cair pouco depois de ter começado. As traças batiam nas redes. Os esquilos abanavam os ramos dos abetos. Num dado momento, um veado aproximou-se do alpendre. Dava a sensação de que o mundo queria entrar ali.

Agora, a dor parecia abandoná-lo por completo durante algumas horas, como se tivesse acabado o trabalho antes do prazo e houvesse seguido em frente sem ele. Apoiava-se ligeiramente para ver a água. Não sei quantos ossos teria partidos, mas mal conseguia erguer a cabeça. A mão inchou até não a conseguir retirar do gesso. Dentro do buraco na massa, os dedos escureciam. Porém, ele não pedia mais analgésicos e, por vezes, enquanto lhe preparava a dose, avisava-me para não exagerar ou até para nem lha dar. Pode ser tão-só uma ideia reconfortante, mas creio que se tratava de um esforço para estar presente para todos nós.

Acima de tudo, para Paulie.

Depois daquele dia, ela passou a dormir no sofá da sala. Costumava sentar-se junto dele de manhã e à noite enquanto a minha mãe descansava um pouco.

A minha mãe, essa, estava sempre com ele. Passava-lhe um pano pela cara, massajava-lhe os pés, levava-lhe uma palhinha aos lábios. Limpava a arrastadeira e mudava-lhe os lençóis se os houvesse sujado. Mesmo a meio da noite, quando eu lhe administrava a injeção, acordava, no colchão atrás dele e – não querendo perturbar nenhum de nós – observava a cena em silêncio.

No que toca a Paulie, sei que aquilo deve ter sido uma dura prova. Não consigo sequer imaginar o que terá sentido ao tentar, por fim, tomar conta dele, num momento em que já era claramente tarde de mais ou mesmo ver a minha mãe a fazê-lo, como sempre fizera em todos aqueles anos de casamento. O homem que nos deixara sem qualquer remorso. O homem que nos abandonara a todos, claro, mas que, de algum modo, deixara atrozmente a minha irmã numa idade que agora parecia a que ela teria para sempre.

Certa noite, enquanto eu limpava os pratos, Paulie apareceu na cozinha. Trazia um vestido de verão esmaecido com um estampado às flores, semelhante aos que usava em adolescente. Parecia muito mais serena.

– Falaste com ele? – perguntei.

Ela girou sobre os calcanhares e o tecido do vestido cintilou.

– Sim – retorquiu. Lançou-se nos meus braços e enterrou a cara no meu ombro. Quando se afastou, disse: – Ele queria saber o que eu faço.

– E?

– Contei-lhe. Falei-lhe do meu trabalho e das minhas aulas, mas, sabes?, ele parecia genuinamente *interessado*.

– Ele está, Paulie. Eu sei que sim.

– Perguntei-lhe também pela vida dele.

– E ele falou-te de si?

– Contou-me uma história de quando era pequenina. Certa vez, quando a mãe teve gripe, ele teve de nos levar para o escritório. Ainda nem estávamos no pré-escolar; portanto, eu deveria ter uns dois ou três anos. Ele estava a trabalhar em alguma coisa nova, e eu não parava quieta, nem sequer quando ele me pegava ao colo. Então, encavalitou-me nos ombros, eu ali fiquei toda a tarde, claro, a passar-lhe os dedos pelo cabelo, enquanto ele trabalhava.

– E?

– E foi só isso. – Ela estava a piscar os olhos.

– É uma história amorosa, Paulie.

– Achas que é loucura pensar que nos lembramos de algo que nos aconteceu aos dois anos?

– Não sei, Paulie. Talvez não.

– Porque eu lembro-me. Sempre tive esta memória. Julgava que a tinha inventado, que era um sonho recorrente acerca da minha ansiedade profissional ou qualquer coisa assim. Pelos vistos, não. Afinal, é uma memória real. Estou encavalitada nos ombros dele, a olhar para um quadro de lousa, em cima da cabeça do meu pai, e sinto-me tão feliz.

Mais tarde, nessa mesma noite, o telefone tocou e, no dia seguinte, um carro estacionou à entrada.

Era Knudson Hay.

Não sei se a minha mãe lhe ligara ou se ele ficara a par da notícia de outra forma qualquer. Apanhara um avião da Flórida e conduzira de madrugada desde Detroit. Vendo o meu pai no chão entre almofadas, despiu o casaco de fato e sentou-se no tapete junto dele.

– Pai – disse eu da entrada –, é...

– O presidente Hay – murmurou ele. – Sempre pontual.

– Olá, Milo.

O meu pai conseguiu erguer a mão uns centímetros. Hay agarrou-a.

– Vou deixar-vos a sós por uns minutos – informei.

O meu pai contemplou o seu velho chefe e depois olhou para mim, movendo os lábios.

– Eu tinha razão – disse devagar.

Aguardei à porta.

– Em relação a quê? – inquiriu Hay, no seu tom moderado.

Conseguia ouvir os lábios do meu pai a estalar.

– Não importa – retorquiu ele.

– Está tudo bem, Milo.

– Não – replicou o meu pai. – Nada daquilo.... Eu tinha razão. Nada daquilo importava. Nada.

Algum tempo depois, Hay arrastou-se até à cozinha. Olhei para o alpendre e vi Paulie sentada na cadeira junto do pai, a ler. Ele dormia, a boca uma fenda contra as almofadas.

A minha mãe pôs água a aquecer na chaleira, e Hay sentou-se connosco à mesa. Ela parecia estranhamente confortável na sua companhia, e devo dizer que, ali, sentado entre eles, naquela velha casa no Michigan, precisei de alguns minutos para de súbito me lembrar de que ela trabalhara como secretária administrativa no departamento dele. Paulie tinha razão: quão pouco sabemos nós da vida dos nossos pais. Na cozinha, agora, ela serviu-lhe uma chávena de chá e preparou um prato de biscoitos, encaminhando-se para a bancada, onde, enquanto falavam, lhe fez uma sanduíche e a guardou num saco de papel para a viagem.

Era ele quem mais falava. Enquanto a minha mãe ouvia, primeiro na bancada e depois com as mãos entrelaçadas sobre a toalha de mesa ao lado dele, Hay informou-a acerca de todas as pessoas que tinham conhecido. Na reforma, permanecera um homem elegante, o cabelo ainda cuidadosamente escovado e o fato de verão engomado nos ombros. Mencionou todos os velhos funcionários, lembrando-se de tudo: nomes e datas, doenças, filhos e netos. Contou-lhe o que os elementos de corpo docente haviam feito e para onde tinham ido. Referiu alguns alunos com renome na área. Relatou-lhe o que andara ele a fazer desde que se reformara.

Num dado momento, do alpendre, um ronco atravessou a parede. Nesse instante, um esgar de dor aflorou ao rosto da minha mãe.

Hay pousou a chávena de chá.

– Não vale a pensa negá-lo – disse. – Ele era um homem difícil. Ambos o sabemos. – Sorriu pensativamente à minha mãe, olhando de seguida para mim. – E tu, Hans, também, estou certo.

Anuí.

– Mas havia algo nele a que alguns de nós reagíamos. De forma poderosa. Eu e tu fazíamo-lo, Helena. Não era só ao seu génio.

– De uma forma bizarra – retorquiu a minha mãe –, é possível que fosse a honestidade dele.

Hay esfregou lentamente uma mão na outra.

– Julgo que concordo – disse. – Não sei se muita gente assim o chamaria, mas acredito que era isso mesmo. Pelo menos, clareza. Visão incorruptível. Ele tinha repugnância a minorar a dor de quem quer que fosse, incluindo a sua. Não... Talvez não fosse repugnância. Uma total *incapacidade* de o fazer. A sua ou a de outrem.

A minha mãe baixou os olhos.

Hay partiu um biscoito e mastigou-o. A minha mãe serviu mais chá.

– Sempre sonhei – disse, afastando a sua chávena. – Sempre sonhei que, quando veio até cá para o ajudar, ainda lhe restasse um pouco de ambição. Pelo menos, o suficiente para aceitar o trabalho. – Levou o guardanapo ao queixo. – Ou humildade. Talvez, naquele momento, ele precisasse, acima de tudo, de humildade. – Sorriu debilmente, talvez ante a ideia de o meu pai ser humilde. – Sei que já foi há muito tempo – continuou –, mas sempre sonhei que as coisas tivessem corrido de modo diferente. Também sempre lhe quis agradecer a sua delicadeza, Knudson. Calculo que tenha enfrentado grande oposição. Já lho deveria ter agradecido há anos. – Levou a mão aos lábios. – Significou muito para todos nós.

– Pois foi.

Hay olhou-a.

– Adiante... – continuou ela. – Creio que as coisas não teriam sido...

Ele levantou-se, trouxe uma caixa de lenços de papel da bancada e voltou a sentar-se ao lado dela.

– Raios – exclamou – Eu não...

– Está tudo bem, Helena.

Um novo ronco atravessou a parede.

Creio que foi o risinho abafado de Hay ante o som que permitiu que a minha mãe retomasse a compostura. Devo dizer que, quando o fazia, ficava lindíssima. Pestanejou, limpou os malares e recompôs a familiar expressão decidida como se fosse algo que, por instantes, guardara na mala. No momento em que se endireitou, parecia a mulher que, quarenta anos antes, entrara pela primeira vez no departamento de Matemática. Também Hay, hirto na cadeira ao lado dela, ajeitando os punhos engomados, parecia um homem de um tempo distante e formal. Tratava-se de uma transformação visível para ambos.

– Não consigo deixar de pensar – continuou ela – que uma outra oportunidade o teria reanimado, o teria instigado a terminar mais alguma coisa merecedora do seu talento. – Ergueu o queixo. – Que todos teríamos... que todos teríamos sido... até as crianças...

Olhou pela janela.

– Lamento, Helena.

– Se ao menos ele tivesse sido humilde quando precisou de o ser. – Ainda esquadrinhava a distância.

Hay aclarou a voz.

Ela encarou-o, enxugando novamente os olhos.

– Muito obrigado pela sua coragem, Knudson. Os Andret ficar-lhe-ão eternamente gratos.

Ele tocou-lhe, ao de leve, no ombro antes de retirar a mão. De seguida, recostou-se e bebeu um longo gole de chá; via-o a ponderar. No momento em que pousou a chávena no pires, contemplou a minha mãe com uma expressão de amabilidade.

– Não gosto... – começou – Continuo a não gostar de ter uma conversa importante pelo telefone. O mesmo acontecia naquele tempo, Helena. Foi por isso que cá vim vê-lo.

A minha mãe ficou genuinamente surpreendida, creio, com as palavras que se seguiram. Ele expô-las com toda a transparência, de acordo com a sua incansável natureza, enquanto segurava na caixa de lenços. Quando terminou, a mão ergueu-se novamente e pousou no ombro dela por instantes, descendo logo de seguida até à mesa, onde se fechou, com bastante ternura, em volta do pulso da minha mãe. Depois, recuou.

O gesto ou a novidade pareceu sossegá-la – a um nível profundo –, como se Knudson lhe tivesse arrancado dos ombros uma capa de preocupação.

Lágrimas banhavam-lhe os olhos. Nesse momento, olhou para mim, um sorriso emergindo quase involuntariamente.

– Também sabias disto, Hans?

– Não, mãe. – Peguei-lhe na mão. – Mas não me surpreende.

Knudson Hay contara-nos que, quando viera até ali havia muitos anos, só o fizera para alertar o meu pai para um *paper* de que ouvira falar, um *paper* que Benedek Fodor estava prestes a publicar. Nunca houvera qualquer proposta para regressar a Princeton.

Pato

Nessa noite, quando me inclinei para lhe dar o medicamento, ele sobressaltou-se.

– Bateram-me – disse o meu pai.

Voltou a cabeça, tentado protegê-la com o gesso.

– Está tudo bem, Milo – garantiu a minha mãe.

Todo ele tremia.

– Está tudo bem, pai. Somos só nós: o Hans e a mãe. Não te vamos magoar.

De manhã, Danny Gandapur voltou. Ajoelhou-se junto das almofadas com uma minúscula serra elétrica e cortou o gesso. Tapado pela massa, o braço do pai estava verde e amarelo, ainda curvado em dois sítios, coberto de uma camada de pelo estranhamente voluptuoso. O médico embrulhou-o numa ligadura e apertou bem as faixas.

Nessa tarde, a dor regressou. O meu pai arqueou as costas e gemeu. O punho da mão ilesa, ossudo e cinzento, embateu no chão.

– Vá lá, pai – supliquei-lhe. – Já está na hora do analgésico.

– Não quero nada.

Continuou a contorcer-se. Aguardei um pouco antes de enfiar a agulha. Por instantes, tive de lhe agarrar o pulso para impedir que os ossos se partissem no chão.

– Ele e a minha mãe costumavam deitar-se nesta mesma cama – disse à noite. Audra chegara umas horas antes. – Costumavam deitar-se aqui, preocupados comigo e com a minha irmã.

Ela pegou-me na mão. Eu acabara de entrar no quarto depois de ir ver o meu pai. Lá fora, corria uma brisa e, abaixo de nós, as ondas estendiam-se nas rochas. Na verdade, não sentia mágoa, apenas uma espécie de fadiga marulhada.

– Um dia a Emmy estará na sua própria cama – disse ela – e o Niels na dele, preocupados com os seus filhos. É estranho pensar nisso.

O vento arquejava por entre os grandes pinheiros, que roçavam as agulhas no telhado.

– Sabes – refleti –, é quase impossível definir o tempo. Ninguém o conseguiu.

– Isso é muito estranho – assumiu ela.

– Creio que sim. Os físicos são quem trabalha a questão há mais tempo e julgo que foram quem mais perto esteve.

– Sim?

– Dizem que é a coisa que medimos com um relógio.

Ela soltou uma gargalhada.

– Sabes quem em tempos me disse exatamente isso?

– Quem?

– A Emmy. Essas mesmas palavras. Deve tê-las lido algures.

– Claro que sim.

– Mas sabes quem é que também pensava nesses moldes, não sabes? O teu pai. O teu pai e a tua filha... ambos se deixam absorver pelo mesmo tipo de coisas.

Voltou-se para o outro lado, coisa que faz antes de adormecer. Eu não queria deixá-la ir. Sentia que a estava a perder para o mar.

– Aud?

– Estou aqui.

– Acho que a dor também é assim. Não me parece que o pai acredite que ela existe. Não nos moldes em que nós acreditamos. Talvez exista enquanto medida do sofrimento, como o relógio, mas não em essência. Julgo que ele acredita piamente que há algo nela que ainda não descobriu. Se pensar bastante nisso, talvez a consiga definir e então seja capaz de a alterar. Parece-me que é isso que ele anda a fazer lá em baixo.

O meu pai acordou, pestanejou e voltou-se de lado. Bebeu um gole do copo e ergueu o rosto. Mal viu Audra atrás de mim, esboçou um sorriso. Ela aproximou-se, ajoelhou-se ao seu lado e beijou-o.

Mesmo naquele momento, consegui ver-lhe deleite no rosto.

Quando retirei a agulha, ele rodou novamente e ergueu o pescoço para vê-la de novo. Por fim, deixou a cabeça cair.

– Onde os patos descansam – declarou.

Dormiu uns instantes.

– Onde descansam – disse. – Deito-me na água.

– Está tudo bem, pai.

Ele apontou para as prateleiras.

– Desculpa – pediu Paulie. Estava à entrada.

– Que foi isso, minha querida? – perguntou ele ao cabo de uns momentos.

– Só queria dizer isso, pai... Queria dizer-te que lamento.

Audra levantou-se e saiu dali.

O meu pai fez sinal a Paulie, que se aproximou.

– Alguma vez o lamentaste?

– O quê?

– Tudo. O facto de nos teres deixado.

Com os dedos, torcia a camisola. Ele ergueu um braço, e ela ajoelhou-se para que o nosso pai lhe pudesse agarrar na mão.

– Lamentei muito antes disso – replicou ele.

– Previsão – declarou ele na manhã seguinte. Voltou-se para mim. – Era essa a palavra de que andava à procura.

– Uau, pai. Estás acordado. Que bela memória.

– Eles não – disse ele devagar – taxam a vida – inspirou – com *previsão* de dor.

– Que é isso?

– Não sei.

– É um poema – explicou Audra da entrada.

Ele ergueu os olhos, baixando-os de seguida. Peguei-lhe na mão. Tinha os dedos gelados e, enquanto ele mergulhava no sono, apertaram os meus num ritmo lento, tal qual Niels costumava fazer quando começou a andar, os seus minúsculos dedos agarrando os meus – apertado, solto, apertado – enquanto se afadigava para atravessar a sala.

– Eu deveria... – disse, acordando.

As pálpebras alvoroçaram-se.

Mais tarde, nessa manhã, voltou. Ficámos com ele no alpendre, mas o meu pai já não levantava a cabeça. A minha mãe aconchegou-o nas almofadas. Tinha os olhos abertos, mas vagueavam, as pupilas dardejando para um lado e para o outro como se minúsculos insetos pairassem diante de si. No início da tarde, a boca torceu-se num esgar e a mão encaminhou-se até ao ventre. Pressionou-o na zona do flanco.

Gemeu.

– Diz ao Earl – pediu. – Diz-lhe que estou pronto.

– O Earl já se foi embora.

Rangeu os dentes, olhou para o teto, esquadrinhou com a mão ao longo da carne.

Foi então que ele se ergueu apoiado nos cotovelos.

– Vai buscá-lo – indicou. – Diz-lhe que estou pronto para viajar.

A cigarreira ainda se encontrava no frigorífico. Dentro, as instruções. Do compartimento por detrás dos cigarros, retirei duas seringas. Já estavam cheias.

Nessa tarde, administrei a primeira, sentando-me a seu lado para o observar. Eu, Hans Euler Andret, seu companheiro matemático, seu companheiro de vício, seu companheiro de solidão e, porém, uma alma eternamente esperançosa, dei-lhe a dose de Earl Biettermann antes de me sentar a seu lado no chão. O rosto dele ficou calmo. A mão negra e mirrada ergueu-se e repousou semifechada sobre o ventre, que, numa pequena misericórdia por fim se retraíra. Era-lhe, finalmente, permitido imaterializar-se.

Conseguia ver que por detrás dos olhos ele fora para algum lado digno de interesse. As pálpebras esvoaçavam. Estavam fechadas, mas ele não dormia. Repousava tranquilamente.

Pergunto-me se não seria matemática.

Pergunto-me se não estaria a fazer isso. Esperei ardentemente, ali, sentado, no chão, que ele estivesse a testemunhar ao grande desvelar da sua pista. Tal como Kekulé, sonhando, topara com o seu Ouroboros; ou Howe, com as lanças dos seus canibais; ou Einstein, descendo velozmente a montanha, com a sua transformação das estrelas.

E ele continuava a viajar. Ao longo da tarde e noite dentro.

Perto do crepúsculo, as nuvens aproximaram-se, e o vento bateu mais forte nas redes. A minha mãe, Paulie e Audra viam e iam. Pousei um outro cobertor sobre o seu corpo.

Nos polos terrestres, o tempo deixa de existir; ou, melhor, deixa de fazer sentido, porque existe em todas as formas em simultâneo. É sempre madrugada e crepúsculo. Sempre meio-dia e meia-noite. Assim acontece porque aí todos os fusos horários coincidem. Nesses dois pontos – nessas *singularidade*s, com Forsyth lhe chamaria – a nossa construção do familiar falha.

Ao longo de toda a noite, ele permaneceu sob os cobertores, um ligeiro tremor no rosto, o pulso ferido abrindo-se e fechando. A minha mãe fez longos turnos. Paulie também.

Não muito depois do anoitecer, o meu pai abriu as pálpebras e respirou a custo. As costas arquearam-se-lhe e ele soltou um grito. A minha mãe pegou-lhe na mão.

Ao cabo de uns instantes, levantou-se e saiu dali. Quando regressou, trazia todos os frascos lá de cima.

– Isto é o suficiente – declarou.

Olhei para ela.

– Está tudo bem, querido – disse. – A sério que sim. Vamos só ajudá-lo.

Quando mais tarde apareceu na sala, pegou na mão de Paulie. Todos nos encaminhámos para o alpendre e nos sentámos junto dele. Assim ficámos, os três rodeando-o.

Espero que tenha voltado para o bosque. Que tenha regressado à enorme floresta frondosa da sua infância, onde pela primeira vez sentiu algum consolo.

A batalha de Trafalgar

– Nunca desistirei! – gritei da proa. – Nunca desistirei!
– É isso mesmo – rugiu o meu pai. – É o meu rapaz! – Vi-o olhar de relance para Paulie, que se afastara ante aquelas palavras. – É a minha menina!
Nesse momento, a minha irmã voltou o olhar para ele.
Encontrávamo-nos atracados numa enseada lamacenta a quatro quilómetros a norte do casebre. Na sua viagem inaugural, o *Victory* e o *Royal Sovereign* haviam-se provado dignos. Agora, Paulie e eu tínhamos estacionado o *Victory* à sombra de um chorão que se arqueava sobre os baixios. Na orla de um pontão a apodrecer, a menos de um quilómetro para este dali, balançava o *Royal Sovereign*.
– Longa vida para a Marinha de Sua Majestade – gritou o meu pai.
– Longa vida para Pascal! – gritei de volta. – Longa vida para o princípio hidráulico!
– O destino de Inglaterra depende desta batalha – incitou a minha mãe. – São chamados ao serviço todos os homens e mulheres. *Dei sub numine viget*!
Então, da proa deles, o meu pai fez pontaria. O seu longo braço desceu e, do cano espesso do canhão, um desequilibrado míssil amarelado surgiu, oscilando. Arqueou-se um pouco, desmoronando-se completamente e projetando um halo de gotas antes de aterrar com estrondo na água.
Encontrava-me a recuperar de uma pedrada: percebi que a batata falhada fora fruto do seu cuidado.
– Dispara, Hans – gritou a minha irmã. – Dispara!
– Que se lixe a Universidade de Princeton! – atroou o meu pai, que se inclinara para recarregar.

A minha mãe olhou-o de viés.

– Bom, não sei se...

– Sim! – devolvi o urro. – Que se lixem os Tigers! – Levei a mão à nossa reserva de batatas e, com satisfação, escolhi a esfera mais perfeita. – Voltaremos! – declarei.

– Batalha errada – sibilou Paulie.

– Eu sei, Pequenette.

– Século errado. – Olhou para mim, desconfiada.

Enfiei o míssil suavemente talhado no cano, fixei o alvo, empurrei o braço contra o pistão. O meu pai, claro, brocara buracos para reduzir a força hidráulica, mas, não sei bem como, a batata que eu escolhera, conseguira encontrar maneira de os vencer. O coice acertou-me de lado. Para meu grande espanto, um pálido projétil silvou ao longo do bucal e esmagou-se qual taco de críquete contra a popa da embarcação deles. Uma garrafa saltou do casco como um peixe lançando-se ao mar.

– Oh, meu deus – gritou Paulie. – Conseguiste, Hans! Um impacto direto. Feriste-o.

– Meu Deus – ouviu-se a voz tremente do meu pai. – Fomos atacados.

Recarreguei. Numa das orlas da batata seguinte crescera uma estranha excrescência arredondada lembrando uma pega numa garrafa de Klein – faltava-lhe apenas a cova na ligação –, mas o seu raio central parecia, à semelhança do da sua predecessora, ter crescido expressamente para o calibre do nosso canhão. Que maravilha! Quando disparei, vi que a minha arma havia sido arremessada por Deus. Do cimo da popa do *Royal Sovereign,* chegou-me o som de outra pancada ecoante, esta semelhante a uma bota a bater numa porta de um carro, após que se ouviu um gorgolejante mergulho enquanto a artilharia avançava descarrilada pelo canal. O meu pai ergueu os olhos, assustado.

– Meu Deus – disse num fio de voz. – Dois de seguida.

– *God save the queen* – gritou Paulie.

– Rendemo-nos – bradou a minha mãe, rindo e agitando o chapéu num pau.

– Disparate – respondeu o meu pai, ponderado. – Um triunfo precoce nada significa. Ainda agora começámos. Nunca desistiremos!

– Nem nós! – ecoou Paulie.

– Nunca desistas – sussurrei ao céu.

– Mas nós, sim – assegurou a minha mãe. – Nós desistimos!
– Jesus – ouvi o meu pai exclamar. – Estamos a meter água.

Estavam. Inclinei-me na direção da selha de batatas e, quando me reergui, vi que o meu pai conseguira tapar a fenda da popa com o pé. Enfiei a batata seguinte no cano e ouvi um puf abafado que me fazia lembrar de um saco de farinha a cair. Nesse preciso momento, o meu pai caiu comicamente de costas, os braços erguendo-se atrás de si e uma perna trespassando o casco, onde continuou a contorcer-se na água. Estava consciente, por instantes, de uma falha temporal: o meu míssil, embora ainda no cano, já lhe acertara.

Uma revelação vertiginosa.

Olhei por instantes para o céu pintado e, quando voltei a focar o olhar no meu pai, vi os seus braços oscilantes a alcançar primeiro uma amurada e depois a outra. Meu pobre pai. A proa do *Royal Sovereign* balançava de um lado para o outro como se um manatim lhe passasse por baixo. Tentou pôr-se de pé agarrando uma das quilhas. Ouviu-se um som de deglutição, uma série de garrafas surgiram e o longo convés ondulou qual acordeão.

Do ponto alto do gio, a minha mãe começou a chorar a rir.

O meu pai tentava levantar-se e caía de novo. Levantava-se e deslizava novamente.

Foi então que percebi: estava bêbedo.

Claro.

Por outro lado, nada provava que o tempo não tivesse, de facto, recuado.

– Fogo! – gritei à minha irmã.
– Leme – disse. – Perderam o leme.
– Fogo!
– Acredito que a vitória é nossa, Paulie. Tática superior e preparação... Triunfámos.
– Fogo, meu drogado!
– Quê?
– *Fogo!* – exclamou a minha irmã. – Oh, meu Deus, acho que ele se está a *divertir*.
– Malditos sejam todos vós – troou o meu pai numa voz roufenha. – Tentou a custo ajoelhar-se e conseguiu retirar a perna do buraco, baixando

os ombros e abanando a cabeça de um lado para o outro como um búfalo a lutar contra um dardo. – Lancem os torpedos!

– Queridos, queridos – disse a minha mãe –, nós rendemo-nos! Nós rendemo-nos! – Caminhou levemente atrás dele, ainda a rir-se e ajudou-o a levantar-se.

– Nunca...

– Não! Não! Não! – retorquiu ela. – Vamos, sim, e é neste preciso momento! Meninos, rendemo-nos!

– Nunca!

Já se encontravam semissubmersos. Ele voltou-se, tropeçou e subiu ao gio inclinado. Ali, cambaleou por instantes nas garrafas que chiavam antes de, com um rugido, se atirar de lado qual morsa. A laguna estilhaçou-se. Um polítopo cor de lama esvoaçou, brilhando no ar, onde permaneceu por instante como um estroboscópio nos meus olhos.

– Meu Deus – murmurei.

– A vitória é nossa – sussurrou Paulie.

– *Meu Deus!*

– Não disparem – pediu a minha mãe, agitando o chapéu. – Vimos em paz.

Aguardámos.

Observei o céu inescrutável.

– Aceitamos em paz – retorqui.

De seguida, regressei ao meu posto de combate. O resquício negro da gravidade do meu pai tinha-se, por essa altura, restabelecido, e tudo o que restava agora dele era uma dissipação ondulante da perturbação original. Pacientemente, traçou um gráfico na nossa direção. A enseada só tinha uns quantos centímetros de profundidade no ponto onde ele entrara, mas estava tão castanha quanto café. Ele parecia ter passado para o outro lado da Terra. A minha mãe reclamou o seu lugar no topo do barco e continuava a agitar o chapéu, sorrindo-nos como se fossemos os próximos convidados do seu *talk show*. O cano de plástico do canhão deles girava indolente na ondulação.

O meu pai lançara-se à água a dezoito metros de onde eu e Paulie nos protegíamos, sob o chorão, mas, no momento em que a sua esteira nos alcançou, não havia sinal dele. Apenas a inescrutável laguna, afundando-se meticulosamente. Uma garça guinchou. Um peixe-gato farejou os caniços. A esteira voltou da margem oposta e passou de novo sob nós. Ainda nenhum sinal dele. Naquele momento, já Paulie olhava em volta e o sorriso da minha mãe transfigurara-se. Esquadrinhei o horizonte, onde o rasto de um avião rasgava de forma nítida o céu. A minha irmã semicerrou os olhos e aproximou-se da água enquanto a minha mãe se levantava no agora exuberantemente flutuante convés.

– Milo – gritou, a medo. – As tábuas oscilaram. – Hans? – murmurou numa voz mais trémula.

– Tenho a certeza de que ele está bem, mãe.

– Mãe? – inquiriu Paulette. – Hans? Que aconteceu?

– Isso é um mistério – retorqui.

Mas não era. Na verdade, sabia exatamente o que se estava a passar. Enquanto a minha mãe franzia o sobrolho de preocupação e a minha irmã girava a cabeça nervosamente para a margem, primeiro sobre um ombro e depois o outro – como se o meu pai fosse um leopardo à nossa espera nas árvores –, eu permaneci langorosamente à vontade. Tirei outra batata da selha e pousei-a com toda a calma no cano, não fosse o diabo tecê-las.

– A ele me resigno – declarei, olhando para os céus. – E à causa justa que me confiou.

– *Quê?* – perguntou Paulie.

– Nelson. Na véspera da batalha.

A droga provocou-me um último arrepio. Na sua esteira, apercebi-me de que o meu pai iria sobreviver. Iria sobreviver àquilo; sobreviveria ao que quer que lhe acontecesse, então e para sempre. Compreendi que, apesar de todas as evidências – apesar dos destroços da sua carreira e da velocidade embriagada das nossas vidas, apesar da ininterrupta quarentena do seu génio e o sempre fiel tiquetaque da sua herança calamitosa –, ele permaneceria eternamente invencível, até na memória. Sempre lógico, sempre franco nas intenções.

Estava apenas a suster o fôlego, como treinara ao longo todo o verão.

– Vai correr tudo bem – garanti. Sentia-o avançar para nós como um torpedo.

– Hans? – murmurou Paulette. – Hansie, por favor...

– Ele está ótimo.

Quando o torpedo embateu em nós, a minha irmã gritou. Uma capa de ervas esvoaçantes voou atrás dele no momento em que nos bombardeou da água, a agarrou pela cintura e a ergueu no ar. Ela gritou de novo. Os braços tremiam-lhe enquanto a carregava ao longo da lama agitada até à margem. Quando a pousou na areia, ambos se riam.

Lembro-me de estar feliz.

Observei a minha mãe a empurrar os destroços do *Royal Sovereign* para terra e sair com o cesto de piquenique nos braços. Permanecera miraculosamente seco. Espalhou o conteúdo por uma manta, que também se mantivera miraculosamente seca. Assobiando baixinho, começou a retirar as tampas dos recipientes.

– Uau – exclamou o meu pai, caindo de joelhos. – Costeletas. Tranquila.

Eis o que éramos. A nossa família, naquele momento, estava *tranquila*.

– E até te lembraste de meter tudo em plástico.

– Sou brilhante – ecoou a minha mãe.

– Lá isso és.

Comemos.

Depois da refeição, todos nos deitámos para descansar. Os raios de sol alongavam-se. Para leste, as árvores projetavam-se em orlas prateadas, depois, num reflexo rosa e, mais tarde, numa opulência púrpura. À nossa volta, na margem, os pássaros noturnos surgiam; depois, as rãs começaram a cantar, as suas melodias disputando com os trilados crus dos grilos e o som elétrico das moscas que agora se reuniam acima de nós lembrando uma multidão de estrangeiros inquietos numa praça pública. As harmonias zumbidas entrelaçavam-se numa ária. Nas sombras da enseada, a temperatura da água derrotou por fim a da terra, e dos caniços uma brisa gelada subiu a furta-passo até nos encontrar. Sem pensarmos nisso, todos nos aproximamos uns dos outros. Sentia o calor que emanávamos, o calor do meu pai, da minha mãe e da minha irmã, todos enroscados em volta de mim na manta. Enquanto ali ficámos, o ritmo na nossa respiração começou a transmutar-se no ritmo de um só ser, subindo e descendo. Ao abrigo daquela paz pouco usual, contemplei o horizonte trepar até aos céus. Erguia-se cada vez mais alto, até que, por fim, o mundo pareceu acalmar-se de súbito. Um pássaro chamou. As nuvens escureceram e depois cintilaram nas orlas e, por alguns instantes, um crepúsculo começou a espalhar-se, o céu aceso tão-só por um fulminante fio de fogo.

Para examinar a verdade é necessário, uma vez na vida, pôr todas as coisas em dúvida, tanto quanto se puder.

RENÉ DESCARTES

AGRADECIMENTOS

Muitas pessoas me ajudaram com este livro. Entre as mais generosas, conta-se Jon Simon, topologista, amigo e professor jubilado na Universidade do Iowa, que leu o manuscrito com uma atenção surpreendente e ofereceu um conjunto extremamente generoso de notas, correções e sugestões no tocante à matemática. Igualmente prestável foi Chard deNiord, poeta, ensaísta, escritor de ficção e amigo de longa data, cuja franqueza permanece lendária. A minha agente, Jennifer Rudolph Walsh, forneceu a sua usual amálgama sensata de encorajamento e clareza, assim como Gina Centrello, presidente e editora da Random House. Steve Seller foi uma imensa dádiva, como sempre.

Na Penguin Random House, a minha editora, Kate Medina, leu o manuscrito tantas vezes que lhe perdi a conta, nunca deixando de o encaminhar na direção correta. A sua leitura cuidada e generosa, assim como o constante apoio, foi fundamental. Anna Pitoniak revelou-se inteligentíssima, compreensiva e confiável: uma pessoa maravilhosa com que se trabalhar. Também estou grato aos meus revisores de texto, Amy Ryan e Susan Betz – ambas heroínas secretas – e a Steve Medina, coordenador da produção do livro, meticuloso como eu. Também na Penguin Random House, Maria Braeckel e Alaina Waagner trataram das coisas para o resto do mundo. Também estou grato a Avideh Bashirrad, assim como a Benjamin Dreyer, Derril Hagood, Joe Perez e Simon Sullivan.

Muitos outros amigos maravilhosos foram particularmente generosos ao dedicarem-me o seu tempo, incluindo Liaquat Ahamed, Dan Baldwin, Alex Bassuk, Deb Blair, Nate Brady, Po Bronson, Michael Flaum, Alex Gansa, Dan Geller, Dayna Goldfine, Mike Lighty, Jon Maksik, Yannick

Meurice, Linda and John Spevacek, Jane VanVoorhis, Lauren White, Judith Wolff e Anne Ylvisaker. Tenho uma dívida de gratidão para com o meu irmão, Aram, e para com a sua mulher, Lianne Voelm, pelos seus conselhos pertinentes. Kurt Anstreicher apresentou-me a alguns dos problemas de matemática mais famosos da história, mas também a Bob Vanderbei, da Universidade de Princeton, que foi generoso o suficiente para me mostrar todo o departamento de Matemática. Agradeço a todos.

Devo alguns dos pormenores mais importantes ao meu amigo Comandante Thomas Corcoran, da Marinha norte-americana (reformado), um homem que domina tanto a história naval quanto programação. No que respeita aos aspetos relacionados com Wall Street, agradeço aos meus amigos Scott Lasser e Gray Lorig. Eric Simonoff, da William Morris Endeavor também foi muito generoso com o seu tempo. Agradeço novamente a Maxine Groffsky, que me tem vindo a apoiar há tantos anos. Envio um agradecimento especial a Wendell Berry e David Blackwell, por toda a orientação nas mais diversas coisas, desde questões ortopédicas até à cena da residência universitária da OSU. Também estou grato a Hadley Calloway, Rebekah Frumkin, Steve Markley, Fatima Mirza, Ali Selim e Tim Taranto.

Os meus filhos merecem um agradecimento especial por todos os anos de paciência. Estarei sempre em dívida para com os meus pais, Stuart and Virginia Canin, que significam muito para mim, e para com o meu tio-avô, Max Shiffman, que foi a génese de tudo isto. Também estou grato à John Simon Guggenheim Memorial Foundation, à Universidade de Iowa, às bibliotecas públicas da cidade de Iowa, Coralville e a bela Elk Rapids, no Michigan. Mas, correndo o risco de não fazer justiça a uma das pessoas mais importantes, envio os meus mais profundos agradecimentos – de longe – à minha mulher, Barbara, cujo amor, encorajamento, discernimento, dedicação e generosidade fizeram toda a diferença.

ETHAN CANIN

Coleção Minotauro Ficção

- Rapariga em Guerra, de Sara Nović
- O Homem que Duvidava, de Ethan Canin